Siegfried Frech, Frank Meier (Hrsg.)

Unterrichtsthema Staat und Gewalt

Kategoriale Zugänge und
historische Beispiele

Mit Beiträgen von
Wigbert Benz, Dieter Brötel,
Werner Bundschuh, Elisabeth Erdmann,
Siegfried Frech, Gerhard Fritz,
Frank Meier, Karl H. Metz,
Franka Rößner, Gerd M. Willers,
Elfriede Windischbauer

**WOCHEN
SCHAU
VERLAG**

Bibliografische Information der Deutschen Nationalbibliothek

Die Deutsche Nationalbibliothek verzeichnet diese Publikation in der Deutschen Nationalbibliografie; detaillierte bibliografische Daten sind im Internet über http://dnb.d-nb.de abrufbar.

www.wochenschau-verlag.de

Redaktion: Siegfried Frech

Titelgestaltung: Ohl Design
Gesamtherstellung: Wochenschau Verlag
Titelbild: Wochenschau Verlag

Gedruckt auf chlorfreiem Papier
ISBN 978-3-89974820-8

Inhalt

Vorwort

In historisch-politischer Perspektive ist Gewalt ein vielschichtiges Problem. Die Frage nach der Gewalt ist – so Karl H. Metz in diesem Buch – womöglich „die Urfrage des Menschen". Unterschiedliche Formen von Gewalt scheinen zu Menschen und Gesellschaften aller Epochen zu gehören. Gewalt in der Geschichte ist weder durch gute Wünsche noch durch Ignorieren oder durch so genannte „Zivilisationsprozesse" (Norbert Elias) auszublenden.

Der didaktisch angemessene Umgang mit dem Thema Gewalt im historisch-politischen Unterricht ist in vielerlei Hinsicht schwieriger, als es zunächst erscheinen mag. Denn die vielschichtige Thematik erfordert unterschiedliche didaktische sowie methodische Zugänge und wirft zahlreiche, nach wie vor aktuelle Fragen auf: Unter welchen Bedingungen hat ein Staat, wie die Römische Republik, das Recht zur Notwehr und darf gegen eigene Bürger einschreiten? War die mittelalterliche bzw. frühneuzeitliche Strafjustiz in einer Gesellschaft ohne Staat tatsächlich ein „Theater des Schreckens"? Sind Utopien wie die des Thomas Morus wirklich gewaltfrei und ideal? Welche Rolle spielen philosophische, religiöse bzw. soziale Utopien etwa in der Frage der nationalen Befreiung bzw. der Dekolonisation? Unter welchen Bedingungen dürfen sich Bürger dem Staat verweigern und haben darüber hinaus das Recht zu Widerstand oder Fahnenflucht? Wie wirkt sich ein totalitärer Staat auf die Kriegsführung aus? Welche konkreten Möglichkeiten und Potenziale bietet die Regionalgeschichte? Warum ist Gedenkstättenarbeit für die Opfer staatlicher Gewalt notwendig, aber auch schwierig? Ist die vielschichtige Thematik auch für den „offenen Unterricht" geeignet?

Aufgabe der historisch-politischen Bildung ist es, Kontraste und Veränderungen zu verdeutlichen, auf Unausgewogenheiten in der Wahrnehmung von Gewalt aufmerksam zu machen und vor einseitig konstruierten Geschichtsbildern zu warnen. Gerade die Vergegenwärtigung anderer Epochen und Gesellschaften kann Fragehaltungen fördern und zur gedanklichen Präzision beitragen. Die Geschichte zeigt Lösungsmöglichkeiten für vergleichbare Probleme in der Vergangenheit und hält einer gegenwartsbezogenen Politik den Spiegel hin. Erst der Blick in den Spiegel offenbart, ob wir uns im Umgang mit Gewalt in all ihren Facetten weiterentwickelt haben oder unseren anthropologischen Dispositionen nicht entrinnen können.

Das Wissen um das menschlichen Potenzial, gewalttätig handeln zu können und Macht missbrauchen zu wollen, führte im Zuge der neuzeitlichen Staatenbildung zu Vereinbarungen über Formen und Formeln der Koexistenz, die den inneren Frieden moderner Gesellschaften gewährleisten. Das Gewaltmonopol des Staates zivilisiert Gesellschaften, indem es Gewalt zu bändigen versucht. Das Resultat ist ein Staat, der sich selbst den Einsatz von Gewalt vorbehält und gesellschaftliche Konflikte so entschärft, dass miteinander konkurrierende Individuen und Gruppen auf physische Gewalt als Mittel der Konfliktregelung verzichten. Das rechtsstaatlich kontrollierte Gewaltmonopol des Staates gilt als zivilisatorische Errungenschaft. Gemeinsames Kennzeichen aller Diktaturen ist es ja gerade, dass sie sich gegen den liberalen Verfassungsstaat, der Legitimationsmuster ganz anderer Art verkörpert, wenden und dessen Errungenschaften negieren. Moderne Staatlichkeit orientiert sich an der Würde des Menschen und an seinen Rechten, will diese gewährleisten und durch Grundsätze wie die Teilung der Gewalten, durch die Unabhängigkeit der Rechtsprechung und Gesetzgebung, durch Konkurrenz um die Macht in Wahlen schützen.

Es käme einer Bankrotterklärung gleich, wenn man angesichts alltäglicher Gewalt, internationaler Krisenherde und kriegerischer Konflikte die Ohnmacht der Bildung beschließen würde. Das Unterrichtsthema Staat und Gewalt hat - so gesehen - auch etwas mit Werteerziehung zu tun. Werte sind Vorstellungen von gesellschaftlich Wünschenswertem. Aufgrund ihrer Verbindlichkeit bieten sie eine Orientierung für individuelles Handeln. Es geht im Prinzip um eine bekannte Sache: Junge Menschen müssen die Tauglichkeit der Werte, die wir ihnen ansinnen, erfahren. Viele Unterrichtsinhalte des historisch-politischen Unterrichts berühren Werte und Normen, d.h. Fragen des guten und richtigen Lebens. Werteerziehung meint nun, die werthaltigen Aspekte der Inhalte wieder stärker ins Zentrum des Unterrichts zu rücken. Gemeint ist nicht eine „Moralisierung" von Unterrichtsinhalten, vielmehr geht es um eine sachbezogene Auseinandersetzung mit solchen Werten und Normen, die im historisch-politischen Unterricht zum Vorschein kommen. Die Schülerinnen und Schüler werden über Unterrichtsinhalte mit Werten konfrontiert, mit denen sie sich reflexiv auseinandersetzen können. Die Schule „lehrt" also keine Werte, sondern sie übt deren Reflexion.

Der vorliegende Band der Didaktischen Reihe geht auf die Tagung „Individuum und Macht – Im Spannungsfeld von Gewalt und Freiheit" zurück. Diese 34. Internationalen Lehrplan- und Lehrmittelgespräche (2011) wurden von der Internationalen Gesellschaft für Geschichtsdidaktik und der Landeszentrale für politische Bildung Baden-Württemberg gemeinsam initiiert, geplant und durchgeführt. Dank gebührt den Herausgebern, allen Autorinnen und Autoren, die engagiert und kompetent die Diskussion ermöglicht und geführt haben, sowie Siegfried Frech für die redaktionelle Betreuung und dem Wochenschau Verlag für die stets gute und effiziente Zusammenarbeit.

Lothar Frick
Direktor der Landeszentrale für politische Bildung
Baden-Württemberg

„In der Geschichte ist immer Gewalt –
und immer das Streben nach Frieden.
Die Frage nach der Gewalt ist womöglich die Urfrage des Menschen.
Aus ihr geht alle Religion hervor und alle Politik:
Die Religion als Versuch einer symbolischen Antwort auf die Frage,
warum die Menschen die Gewalt nicht loswerden,
die Politik als Versuch einer praktischen Bewältigung der Gewalt
durch eine Herrschaft, die sie zu zähmen vermag."

(Metz 2011, 7)

Siegfried Frech, Meier

Einführung: Gewalt als Thema des historisch-politischen Unterrichts

1. Gewalt – zwischen Dramatisierung und Ausblendung

Eine Bemerkung vorab: Es geht uns Deutschen trotz vieler Probleme gut! Beschränkt man die Perspektive auf Europa, vor allem auf Westeuropa, waren die vergangenen Dekaden Jahre des Friedens. Für Südosteuropa gilt das freilich nicht. In Bosnien steht Srebrenica für Krieg und Völkermord, den man nach dem 8. Mai 1945 – dem „Tag der Befreiung" (Richard von Weizsäcker) – und dem Zerfall der Sowjetunion überwunden glaubte. Trotz dieser Tatsache offenbart sich im Alltag unserer Gesellschaft unter der (manchmal dünnen) zivilisatorischen Decke latente oder offene Gewalt. Vielleicht ist gerade die lange friedvolle Periode mithin ein Grund, dass Gewalt in modernen Gesellschaften stets für Schlagzeilen sorgt, Bestürzung hervorruft und Ängste weckt. Stellt man den Fernseher an, wird binnen kürzester Zeit mit einer Gewaltszene aufgewartet – wenn nicht in den Nachrichtensendern, dann in Spielfilmen oder Dokumentationen. Sensationsgierige Darstellungen in den Medien erschrecken viele und faszinieren manche. Letzteres deshalb, weil mediale Gewaltdarstellungen Machtphantasien und vermeintlich kontrollierte Affekte reaktivieren können. Diese „Grausamkeit der Bilder" (Hartwig 1986) gilt im Übrigen für „alte" und „neue" Medien, für historische und aktuelle Bilder.

Symbolisiert wird durch diese Art der medialen Berichterstattung, dass Gewalt zum Schlüsselproblem moderner Gesellschaften schlechthin geworden sei. Gewalt scheint unsere Alltagswahrnehmung maßgeblich zu bestimmen (vgl. Negt 2002). Obwohl moderne Gesellschaften gemeinhin als zivilisiert, gewaltfrei und befriedet gelten, werden immer wieder (Horror-)Szenarien einer allgegenwärtigen Gewalt entworfen: „Jugendgewalt, rechte Gewalt, Gewalt in den Medien, Gewalt in der Schule, Gewalt in der Familie, Bandengewalt" (Liell 2002, 4). All dies verdichtet sich zum kulturpessimistischen Bild des Zerfalls. Neu ist das nicht. Bereits der konservativ-nationale Geschichtsphilosoph Oswald Spengler (1880–1946) sprach nach 1918 in seinem Hauptwerk von einem „Untergang des Abendlandes" (vgl. Hufer 2012, 65 ff.). Durch diese Dramatisierung wird ein Bild gezeichnet, das der Klischeebildung Vorschub leistet – sowohl im Hinblick auf das Ausmaß von Gewalt als auch hinsichtlich ihrer Ursachen und möglicher Lösungswege.

Ebenso lassen sich sozialwissenschaftliche und gelegentlich auch historische Analysen zwischen den beiden Polen der Dramatisierung bzw. Ausblendung von Gewalt verorten. Dementsprechend kontrovers sind die Ergebnisse, Erklärungen, Einschätzungen. Die Vergleiche zwischen Gegenwart und Vergangenheit muten historisch oftmals fragwürdig an. Dennoch sollte es Aufgabe der historisch-politischen Forschung sein, Kontraste und Veränderungen zu verdeutlichen, auf Unausgewogenheiten in der Wahrnehmung von Gewalt aufmerksam zu machen und vor einseitig konstruierten Geschichtsbildern zu warnen. Die Vergegenwärtigung anderer Epochen und Gesellschaften kann Fragehaltungen fördern und zur gedanklichen

Präzision beitragen. Die Geschichte zeigt Lösungsmöglichkeiten
für vergleichbare Probleme in der Vergangenheit auf und hält
einer gegenwartsbezogenen Politik den Spiegel hin. Erst der
Blick in den Spiegel offenbart, ob wir uns im Umgang mit Gewalt in all ihren Facetten weiterentwickelt haben oder unseren
anthropologischen Dispositionen nicht entrinnen können. Im
Geschichts- oder Politikunterricht kann gerade ein vergleichbares
historisches Beispiel etwa in einer Klasse mit bosnischen und
serbischen oder mit kurdischen und türkischen Kindern und
Jugendlichen gegenwärtigen Konflikten die Schärfe nehmen –
ohne das aktuelle Problem an sich zu relativieren.

2. Gewalt – ein viel- und uneindeutiger Begriff

Gewalt ist ein reichlich komplexer Begriff. Der Begriff „Gewalt"
impliziert verschiedene Bedeutungen. In öffentlichen und in me-
dialen Debatten werden unterschiedliche Sachverhalte in einem
Atemzug als Gewalt bezeichnet (vgl. Gugel 2006, 247 ff.). Die
Uneindeutigkeit des Begriffs spiegelt sich in seinen vielfältigen
Definitionen wider, die allesamt die existierenden Gewaltfor-
men in ihrer unterschiedlichen Reichweite erfassen wollen (vgl.
Nunner-Winkler 2004; Negt 2002, 3 ff.). Umgangssprachlich wird
Gewalt in der Regel negativ belegt, als verletzend und schädigend
beschrieben. Dem stehen positive Konnotationen gegenüber,
nämlich in den Fällen, in denen Gewalt der Wiederherstellung
von Menschlichkeit dienen und Gewalt beenden soll. Der Begriff
„Gewalt" beinhaltet im deutschen Sprachgebrauch mehr als nur
eine Bedeutung: Er deckt ein großes Bedeutungsfeld ab und ist
eine Bezeichnung für „öffentliche Herrschaft, eine Beschreibung
für Staatsgewalt und deren Träger, benennt Verfügungs- und
Besitzverhältnis und stellt eine Kennzeichnung für Gewaltan-
wendung als physische Verletzung und Zwangseinwirkung auf
Personen dar" (Gugel 2004, 247).

In einem engen Begriffsverständnis liegt Gewalt immer dann
vor, wenn Menschen gezielt oder fahrlässig physisch oder psy-

chisch verletzt oder geschädigt werden. Eine Beschränkung auf diesen engen Bedeutungskern vermag jedoch die „Einschreibung sozialen Handelns (eben auch Gewalthandelns) in sozial, kulturell und historisch verschiedene Kontexte nicht aufzuheben" (Liell 2002, 7). Gewalt spielt sich auch in sozialen, strukturellen und kulturellen Kontexten ab (siehe unten), in Macht- und Ordnungssystemen einschließlich ihrer ökonomischen Prinzipien, die materielle, soziale und ideelle menschliche Entwicklungen beeinträchtigen oder verhindern (vgl. Galtung 1975; 1993). Welche Ereignisse als Gewalt thematisiert werden, hängt von deren Kontexten ab; und gerade „dafür sensibilisieren sowohl historische als auch kulturanthropologische Studien" (Liell 2002; 7).

Ein weiterer, eng verwandter Begriff ist „Zwang". Zwang bewegt sich im Grenzbereich zur Gewalt, weil er mit Gewalttätigkeit droht, um Kontrolle auszuüben und ein bestimmtes Verhalten bewirken oder erzwingen möchte. Bedrohungssituationen in Form von Nötigung oder zum Beispiel in Form von Unterdrückung sowie Diskriminierung zeigen sich in den Begrifflichkeiten der strukturellen und kulturellen Gewalt von Johan Galtung (vgl. Galtung 1975; 1993). Der norwegische Friedensforscher Johan Galtung hat die Debatte über den Gewaltbegriff maßgeblich geprägt. Galtung hat in den 1970er Jahren die Begriffe „personale Gewalt" und „strukturelle Gewalt" in die sozialwissenschaftliche Diskussion eingeführt. Gewalt liegt nach Galtung dann vor, wenn „Menschen so beeinflusst werden, dass ihre aktuelle somatische und geistige Verwirklichung geringer ist als ihre potentielle Verwirklichung" (Galtung 1975, 9). Im Falle personaler Gewalt sind Täter und Opfer zumeist eindeutig identifizierbar. Strukturelle Gewalt hingegen ist die vermeidbare Beeinträchtigung grundlegender menschlicher (Lebens-)Bedürfnisse aufgrund sozialer und gesellschaftlicher Strukturen, die den realen Grad der Bedürfnisbefriedigung unter das herabsetzen, was potenziell möglich ist. Galtung hat seinen Gewaltbegriff Anfang der 1990er-Jahre um den Begriff der kulturellen Gewalt ergänzt (vgl. Galtung 1993, 106 ff.). Alles, was Menschen daran hindert, ihre

Anlagen und Möglichkeiten voll zu entfalten, ist demzufolge eine Form von Gewalt. Hierunter fallen nicht nur alle Formen der Diskriminierung, sondern auch ungleiche Lebenschancen.

Gewalt hat im Deutschen auch die Konnotation „Macht" (vgl. Eppler 2002, 10). Gewalt ist stets an Macht geknüpft – man muss die Macht haben, um Gewalt ausüben zu können. Jedoch muss Macht nicht immer eine negative Konnotation besitzen und mit destruktiver Gewalt verknüpft sein. Verantwortlich wahrgenommene und einvernehmlich anvertraute Macht hat mit verletzender sowie schädigender Gewalt nichts gemeinsam. Macht beschreibt die Fähigkeit und Möglichkeit, Interessen oder den eigenen Willen auch gegen Widerstände anderer durchzusetzen. Macht ist ein Phänomen, das in vielen Bereichen unseres sozialen Lebens präsent ist. Obwohl Macht auch positive Effekte haben kann, ist der Machtbegriff häufig negativ besetzt. Er wird definiert als Dominanz, Gewalt, Unterdrückung, Autorität oder Herrschaft und verweist auf Konzepte der (sozialen) Ausgrenzung und Unterdrückung, auf persönliche und kollektive Entfremdung. Dem stehen jedoch Ansätze gegenüber, welche die gestalterischen, schöpferischen und produktiven Merkmale von Macht betonen. Beispiele sind hier etwa Hannah Arendts Konzeption von Macht als „Macht zu", d.h. als Fähigkeit, sich mit anderen zusammenzuschließen und im Einvernehmen mit ihnen zu handeln (vgl. Arendt 1990). Dabei muss es nicht unbedingt zur Verletzung oder Schädigung anderer kommen. Während Gewalt immer an Macht gekoppelt ist, kann Macht als zentraler Faktor zur Ausübung von Einfluss auch ohne Gewalt und im Interesse aller Beteiligten ausgeübt werden (vgl. Bierhoff 2007).

3. Gewalt in der Geschichte

In historischer Sicht ist Gewalt ein vielschichtiges Problem. Unterschiedlichste Formen von Gewalt scheinen zu Menschen und Gesellschaften aller Epochen zu gehören. Nüchtern betrachtet ist Gewalt so alt wie die Geschichte der Menschheit und ein sozialer Tatbestand, der zum menschlichen Handlungspotenzial gehört. Erkenntnisse der Gewaltforschung legen nahe, dass es eine durchgängig gewaltfreie Gesellschaft bislang nicht gegeben hat und auch künftig nicht geben wird (vgl. Imbusch/Zoll 2005, 76 ff.). Gewalt in der Geschichte ist weder durch (gute) Wünsche noch durch Ignorieren oder durch so genannte „Zivilisationsprozesse" (vgl. Elias 1983) auszublenden. Der Mensch ist, so die Sicht vieler Anthropologen, letztendlich ein unbezähmbares Wesen (vgl. Heer 1978, 6 ff.). Deshalb ist es ein Kennzeichen jedweder menschlichen Kultur, das „unbezähmbare, nie ganz zu domestizierende Lebewesen Mensch in etwas zu ‚zähmen', es durch Kultur, Zivilisation, durch Rechtsordnungen, durch Friedensordnungen zu bilden" (a.a.O.). Dieses negative Menschenbild aber, die nüchterne Erkenntnis der Bedingtheit aller menschlichen Handlungen im sozialen Raum, brachte letztendlich den demokratischen Gedanken hervor, während scheinbar positiv besetzte Menschenbilder, die einseitig auf die Schaffung eines neuen Menschen durch (Um-)Erziehung setzten, geradewegs in Diktaturen mündeten.

Es sind vor allem neuere Veröffentlichungen in der (Sozial-) Geschichtsschreibung, die zur Differenzierung beitragen, indem Parallelitäten, Unterschiede, Hintergründe und Zusammenhänge zwischen Kulturen und Epochen im Hinblick auf Gewalt und deren Eindämmung analysiert werden (Hobsbawm 1995; Mazower 2000; Traverso 2007; Metz 2010; Pinker 2011). In der Summe zeigen diese Veröffentlichungen, dass Frieden nichts Selbstverständliches ist – schon gar nicht in Europa. Europas Geschichte ist auch eine Geschichte von Kriegen: Des 30-jährigen, 7-jährigen und jene Jahre der Barbarei, die halbe Völker vernichtet, ganze Städte und Landstriche verwüstet haben. Es ist gerade ein gutes halbes Jahrhundert her, dass wir im hoch zivilisierten Europa Millionen Tote zu beklagen hatten. Es waren im Übrigen, daran erinnert der von Hegel, Marx und Freud inspirierte Sozialphilosoph Oskar Negt, einer der führenden Vertreter der so genannten

Frankfurter Schule, nicht nur die marodierenden Horden der
SA und SS, welche die NS-Gewaltgesellschaft am Leben hielten.
Es war auch „das wohlgeordnete System aus Militär, Polizei,
Bürokratie, Lehrern, (...) die alle ihren Teil der Gewalt zu diesem
System beitrugen" (Negt 2002, 4). Das stimmt aber nur insofern,
als der NS-Staat selbst und somit seine Institutionen an sich
verbrecherisch geworden waren, was nicht den Automatismus
nach sich ziehen darf, dass auch alle Staatsdiener selbst ohne
Ansehen der Person zu Verbrechern wurden. Es ist gerade diese,
die NS-Verbrechen verharmlosende links-ideologische Sichtweise,
die unterschiedslos von faschistischer Gewalt spricht und dabei
vor allem die bürgerlich-demokratischen Kräfte meint, ganz zu
schweigen davon, das man den im Namen des Kommunismus
verübten Völkermord unter Stalin und Mao negiert (vgl. Courtois u.a. 1998). So behauptete die DDR stets von sich selbst,
dass mit ihrer Staatsgründung der Faschismus auf ihrem Boden
ausgerottet sei. Tatsächlich fand dann auch keine ideologisch
vorurteilsfreie Auseinandersetzung mit NS-Verbrechen in Staat
und Gesellschaft statt, was nach 1990 eine der Ursachen rechts-
extremer Anschläge in den neuen Bundesländern war.

Warum aber kann der Mensch nicht aus seinem Steinzeitkörper
heraus? Warum mordet er seit Kain und Abel seinen Bruder?
Die Antwort erscheint in ihrer Banalität erschreckend. Es bedarf
lediglich gewisser historischer und/oder persönlicher Umstände,
und die Bestie im Mensch kommt wieder zum Vorschein. Dann
wird aus dem unscheinbaren Beamten plötzlich der Kommandant eines Vernichtungslagers (vgl. Arendt 1964; Browning 1993;
Mulisch 1994; Welzer 2005). Man muss nicht unbedingt das
„Unbehagen in der Kultur" von Sigmund Freud beschwören (vgl.
Hufer 2012, 109 ff.). Aber trotz aller kulturellen Überformung
muss man sehr wohl die Fähigkeit des modernen Menschen zu
äußerster Grausamkeit und zum Genozid diagnostizieren. Die
„große Erzählung" von der Veredlung der menschlichen Gesit-
tung war nur eine Fiktion, ein Mythos (vgl. Sofsky 2002). Nicht

nur der Erste und Zweite Weltkrieg, alle späteren Konflikte bis hin zum Krieg in Bosnien und im Kosovo sind triftige Belege.

Als das 20. Jahrhundert zu Ende ging, keimte für kurze Zeit die Hoffnung auf, eine Epoche der Gewalt und Bedrohung sei vorüber. Nach dem Ende der Ost-West-Konfrontation schien ein neues Zeitalter der Demokratie und des Friedens angebrochen zu sein. Mit dieser historischen Wende und der so genannten „Dritten Welle" der Demokratisierung (vgl. Huntington 1991) keimte die Hoffnung auf eine friedlichere und gerechtere Welt auf. Francis Fukuyama orakelte 1992 gar das „Ende der Geschichte" herbei und vertrat die These, dass die Verbindung von Demokratie und kapitalistischer Wirtschaftsordnung alternativlos sei. Dieser Optimismus wurde recht bald enttäuscht. Ein Blick auf die Weltkarte zeigt, dass autoritäre politische Systeme im 21. Jahrhundert – entgegen der normativen Warte westlicher Demokratieforschung – eine politische Konstante sind (vgl. Albrecht/Frankenberger/ Frech 2011). Schlimmer wiegt jedoch ein anderes Phänomen. Die Rede von „Friedensdividenden" und einer auf friedlichen Interessenausgleich zusteuernden „Weltgesellschaft" wurde von der Wirklichkeit eingeholt. In den vergangenen zwanzig Jahren hatte es den Anschein, dass die Geschichte scheinbar rückwärts rollt und längst bewältigt geglaubte Gräuel der Vergangenheit die Gegenwart Europas und der Welt überschatten. Parallel zum globalen ökonomischen und kulturellen Zusammenwachsen erlebte Europa im ehemaligen Jugoslawien nationalistische Konflikte und Auswüchse primitivster Art. Der Krieg als Fortsetzung der Politik mit anderen Mitteln ist wieder möglich geworden. Und auch die Ursachen von (kriegerischen) Konflikten sind dieselben geblieben: Gebietsansprüche, Separatismus und Sezessionen, ideologisch unüberbrückbare Gegensätze, das Streben nach Macht, der Kampf um Ressourcen, die Befreiung oder Unterdrückung von ethnischen Gruppen. Konflikte werden ausgetragen, um das eigene Weltbild durchzusetzen oder den Geltungsbereich der eigenen Religion zu erweitern, um ökonomische Vorteile zu erlangen, um Unterdrückung abzuwehren (vgl. Müller 1999,

407 ff.). Wenn dem so ist, dann dürften die Verteilungskämpfe auf der Erde, auf der gegenwärtig sieben Milliarden Menschen leben, in einer Zeit sich verknappender Rohstoffe, begrenzten Acker- und Siedlungslandes in Zukunft an Schärfe zunehmen (vgl. Welzer 2008).

Die oben erwähnten Katastrophen des 20. Jahrhunderts sind ohne Zweifel ein Tiefpunkt der menschlichen Geschichte (vgl. Steinbach 2007, 28 ff.). Protagonisten dieser Katastrophen waren die Diktatoren, die „Monster" des Jahrhunderts (vgl. Schwarz 1998). Sie wollten die historische Entwicklung an „ihren Endpunkt führen, eine neue Gesellschaft mit neuen Menschen schaffen, sei es um den Preis der Vernichtung der Menschheit, ihrer Kultur, ihrer Traditionen, ihres Glaubens" (Steinbach 2007, 31). Historiker apostrophieren diese totalitären politischen Systeme als „moderne Diktaturen". Dieses Attribut deutet den Unterschied zu antiken Diktaturen an: Handelte es sich in der Antike um eine streng reglementierte Zuteilung von Macht, legitimieren sich moderne Diktaturen aus dem Gedanken des Fortschritts. Moderne Diktaturen verschreiben sich „einer Zukunftsvorstellung, setzen sich von Traditionen ab und diffamieren das Hergebrachte, indem sie eine neue Welt versprechen" (a.a.O.).

Tyrannen und Despoten gab es zu allen Zeiten. Man übertrug ihnen eine beinahe uneingeschränkte Macht, um u.a. auch Gefahren vom Gemeinwesen abzuwenden. Die griechische Staatstheorie definierte die Tyrannei als Fehlform oder „Abart" der Monarchie, als eine „Allein- oder Gewaltherrschaft über die staatliche Gemeinschaft" (Aristoteles). Sie galt als die schlechteste aller Staatsformen. Obwohl auch diese Herrschaft illegitim, selbstsüchtig, grausam und despotisch war, besaß sie noch nicht die ideologischen und vor allem technologischen Möglichkeiten unseres Jahrhunderts, die Diktatoren im 20. Jahrhundert eine kaum zu begrenzende Macht gaben (vgl. Steinbach 2007a, 36). Diese Möglichkeiten sind ausschlaggebend, dass die Signatur der Epoche zwischen 1914 und 1945 von einer beispiellosen Entfesselung der Gewalt gekennzeichnet ist. Wolfgang Sofsky weist auf den paradoxen Sachverhalt hin, dass die Moderne gleichermaßen die Kreativität und Destruktivität zu steigern vermag. Demnach ist die Moderne keine hinreichende, wohl aber notwendige Bedingung des Terrors und der Potenzierung der Gewalt: Die „Intelligenz der Moderne, ihre Disziplin und Rationalität haben nicht die Konstitution des Menschen verändert, sondern seine destruktiven Erfindungsreichtum ins Unermessliche gesteigert" (Sofsky 2002, 67). Dies erklärt auch den Umstand, dass ein Gutteil der in diesem Band versammelten Beiträge das Verhältnis von Individuum und Macht im Spannungsfeld von Gewalt und Freiheit im 20. Jahrhundert fokussiert.

4. Das Gewaltmonopol zivilisiert Gesellschaften

Gerade das Wissen um das menschliche Potenzial, gewalttätig handeln zu können und Macht akkumulieren zu wollen, führte im Zuge der neuzeitlichen Staatenbildung zu Vereinbarungen über Formen und Formeln der Koexistenz, die den inneren Frieden moderner Gesellschaften gewährleisten. Eines der zentralen Begründungsprobleme moderner Demokratien war die Frage, wie mit der Pluralität der Interessen und Wertvorstellungen der Individuen umgegangen werden soll und wie in pluralistischen Gesellschaften Konflikte ohne Androhung oder Anwendung von Gewalt ausgetragen werden sollen (vgl. Senghaas 1995, 199 ff.).

Um innerhalb der Gesellschaft ein Mindestmaß an sozialem Frieden und somit den Fortbestand einer auf Gleichheit und Gleichwertigkeit bedachten Gesellschaft sichern und garantieren zu können, ist es die Aufgabe des modernen Staates, das „gewaltsame Handlungspotenzial den Gesellschaftsmitgliedern durch rechtliche Sanktionierung zu entziehen und den Einsatz physischer Gewalt allein sich selbst zu erlauben" (Imbusch/Zoll 2005, 77). Beim Gewaltmonopol des Staates geht es also zunächst um die Monopolisierung von Gewalt, die sozial reguliert werden muss. Es bezeichnet die ausschließlich staatlichen Organen vorbehaltene Legitimation, physische Gewalt auszuüben oder zu legitimieren. Der Begriff für dieses Prinzip moderner Staatlichkeit wurde von Max Weber geprägt, war in seinen Grundzügen jedoch bereits in der politischen Philosophie von Thomas Hobbes angelegt (vgl. Schulze 1994, 64 ff.). Diese legitime Gewalt rechtfertigt sich dadurch, dass sie illegitime, illegale Gewalt zu brechen und zu bändigen versucht. Resultat ist ein Staat, der sich selbst den Einsatz von Gewalt vorbehält und gesellschaftliche Konflikte so entschärft, dass miteinander konkurrierende Individuen und Gruppen auf physische Gewalt als Mittel der Konfliktregelung verzichten. Das rechtsstaatlich kontrollierte Gewaltmonopol des Staates gilt als zivilisatorische Errungenschaft. Gemeinsames Kennzeichen aller Diktaturen ist es ja gerade, dass sie sich gegen den liberalen Verfassungsstaat, der Legitimationsmuster und Herrschaftsprinzipien ganz anderer Art verkörpert, wenden und dessen Errungenschaften negieren. Moderne Staatlichkeit orientiert sich an der Würde des Menschen und an seinen Rechten, will diese gewährleisten und durch Grundsätze wie die Teilung der Gewalten, durch die Unabhängigkeit der Rechtsprechung und Gesetzgebung, durch Konkurrenz um die Macht in Wahlen schützen (vgl. Steinbach 2007a, 17 ff.). Der Verfassungsstaat mit seinem Gewaltmonopol ist das Gegenmodell totalitärer bzw. diktatorischer Staaten.

Soll das Gewaltmonopol als legitim akzeptiert werden, bedarf es „der Institutionalisierung rechtsstaatlicher Prinzipien und öffentlicher demokratischer Kontrolle, auf deren Grundlage sich Konflikte in einem institutionellen Rahmen fair austragen lassen" (Senghaas 1995, 199). Dies funktioniert jedoch nur dann, wenn Bürgerinnen und Bürger dieses staatliche Gewaltmonopol selbst wollen und mittragen. Gewaltmonopol und Rechtsstaatlichkeit müssen in der politischen Kultur einer Gesellschaft verankert sein, damit eine rationale sowie emotionale Akzeptanz gegeben sind. Die bloße Existenz des Gewaltmonopols besagt freilich nicht, dass dies von allen Mitgliedern einer Gesellschaft akzeptiert wird. So kann eine Konfliktpartei durchaus der Ansicht sein, dass der Einsatz von Gewalt aus ihrer Perspektive rechtens

ist. Unter den Stichworten „Entstaatlichung und Kommerzialisierung" erleben wir – zumindest im internationalen Rahmen
– gegenwärtig eine Privatisierung der Gewalt und damit eine
Abkehr vom Gewaltmonopol des Staates zugunsten der gewaltsamen Durchsetzung von Partikularinteressen Einzelner oder
gesellschaftlicher Gruppen (vgl. Eppler 2002; Frech/Trummer
2004; Reemtsma 2006, 346 ff.).

Auf einen weiteren Aspekt sei noch hingewiesen: Frieden ist
im Übrigen mehr als die Abwesenheit von Gewalt. Auch wenn
„Frieden" ein viel strapazierter Begriff ist, meint eine „Kultur des
Friedens" (Dieter Senghaas) mehr: In modernen Gesellschaften
wird Frieden durch ein Zusammenwirken mehrerer Faktoren
bewirkt: (1) durch das staatliche Gewaltmonopol; (2) durch die
Kontrolle des Gewaltmonopols mittels Rechtsstaatlichkeit; (3)
durch Affektkontrolle, die aus vielfältigen Rollen und sozialen
Interdependenzen resultiert; (4) durch demokratische Partizipation und (5) durch Bemühungen um soziale Gerechtigkeit und
Fairness sowie (6) durch eine Kultur der konstruktiven Konfliktbearbeitung (vgl. Senghaas 2008, 22 ff.). Mithin geht es nicht nur
um äußeren Frieden. Ein auf Gerechtigkeit beruhendes System
gesellschaftlicher Arbeit und sozialer Koexistenz, ist „ein guter
Nährboden für innergesellschaftliche Friedenssicherung" (Negt
2002, 4). Wird hingegen ein sozialdarwinistischer Existenzkampf
geführt, der nur Gewinner und Verlierer produziert und keine
Teilhabe an den materiellen Ressourcen einer Gesellschaft er-
laubt, entstehen Angst, Enge und Gefühle der Beklemmung, die
Gewalt auslösende Faktoren sein können. Genau dies erleben
wir gerade an vielen Orten der Welt.

5. Gewalt als Thema der historisch-politischen Bildung

Die „Entprivatisierung" der Gewalt sowie die Akzeptanz des Gewaltmonopols konnten nur durch eine fortschreitende Affekt-kontrolle der Menschen erfolgen (vgl. Elias 1983; Hufer 2012, 175 ff.). Dabei ging und geht es darum, dass Menschen lernen mussten – und nachfolgende Generationen dies stets aufs Neue lernen müssen –, mit den Energiepotenzialen Kraft und Stärke, aber auch mit Wut, Zorn und Stress möglichst nicht schädigend umzugehen, Interessengegensätze sowie Konflikte konstruktiv zu lösen, um in Frieden miteinander leben zu können. Affektkon-trolle meint somit Selbstkontrolle und Selbstbeherrschung. Sie ist eine der wesentlichen Grundlagen für Aggressionshemmung und Gewaltverzicht, für Toleranz, Respekt und Kompromissfähig-keit. Diese Einstellungen sind „wahrscheinlich überhaupt nicht denkbar ohne vorgängig eingeübte Selbstdisziplin" (Senghaas 1995, 200). Dass dies möglich ist, zeigt sich in der einzigartigen Fähigkeit des Menschen zum Denken und zur Antizipation. Antizipation meint die Fähigkeit, Gedanken zu sortieren, diese Gedankenkette zu verändern und je nach eigenem Belieben neu zu ordnen. Menschen besitzen die erstaunliche Fähigkeit, sich für einen Verzicht auf (vor-)bestimmte Handlungsweisen oder sogar Gewalttätigkeiten selbst entscheiden zu können.

Der didaktisch angemessene Umgang mit dem Thema Gewalt im historisch-politischen Unterricht ist in vielerlei Hinsicht schwieriger, als es häufig erscheinen mag. Denn die vielschichtige Thematik erfordert unterschiedliche didaktische sowie metho-dische Zugänge und wirft zahlreiche, bis heute hin bedeutende Kernfragen auf, die in den einzelnen Beiträgen des Bandes gestellt werden: Unter welchen Bedingungen hat ein Staat, wie die Rö-mische Republik, das Recht zur Notwehr und darf gegen eigene Bürger einschreiten? War die mittelalterliche bzw. frühneuzeitliche Strafjustiz in einer Gesellschaft ohne Staat tatsächlich ein „The-ater des Schreckens"? Sind Utopien wie die des Thomas Morus wirklich gewaltfrei und ideal? Welche Rolle spielen religiöse bzw. soziale Utopien etwa in der Frage des realen Befreiungskampfes? Schütze der frühmoderne Staat seine Untertanen besser als die mittelalterlich-feudale Herrschaftsordnung oder schränkte er ihre Rechte stärker ein? Unter welchen Bedingungen dürfen sich Bürger dem Staat verweigern und haben darüber hinaus das Recht zu Widerstand oder Fahnenflucht? Wie wirkt sich ein totalitärer Staat auf die Kriegsführung aus? Welche konkreten Möglichkeiten und Potenziale bietet die Regionalgeschichte? Warum ist Gedenkstättenarbeit für die Opfer staatlicher Gewalt notwendig, aber auch schwierig? Ist die vielschichtige Thematik auch für den „offenen Unterricht" geeignet.

Geschichte kann Lernenden nicht nur „verkündet" werden. Sie muss von ihnen auch verstanden und angemessen beurteilt werden. Dafür sind spezifische didaktische Zugänge – wie sie von Frank Meier ausführlich in diesem Band skizziert werden – unerlässlich (vgl. Seite 43 ff.). Ein Letztes sei dem noch hinzugefügt: Historisch-politische Bildung wird oft gleichgesetzt mit „Kopflernen": Wissen wird vermittelt, Probleme werden diskutiert, Rationalität steht im Vordergrund. Für die Entwicklung von friedliebenden und demokratischen Einstellungen werden eine Reihe von Lernbedürfnissen und Lernchancen oft noch zu wenig berücksichtigt: die emotionale Beteiligung der Lernenden, ihre Fantasie ebenso wie ihr eigenes – auf historisch-politischem Wissen basierendes – moralisches Urteil. Die Anstrengungen der historisch-politischen Bildung haben im Übrigen eine gemeinsame Schnittstelle mit der Friedenspädagogik (vgl. Grasse/ Gruber/Gugel 2008). Friedenserziehung legitimiert sich durch ihre Zukunftsbedeutung für das gesellschaftlich-politische Leben jetziger und kommender Generationen. Sicher ist es illusorisch anzunehmen, Gewalt und Krieg könnten völlig aus der Welt geschaffen werden, wenn Menschen nur konsequent genug auf den Frieden hin erzogen werden. Frieden ist und bleibt in erster Linie eine politische Aufgabe. Trotzdem darf aus dieser Feststellung nicht der Schluss gezogen werden, dass schulische (und außerschulische) Bildungsarbeit folgenlos wäre. Es käme einer Bankrotterklärung gleich, wenn man angesichts alltäglicher Gewalt, internationaler Krisenherde und kriegerischer Konflikte die Ohnmacht der Bildung beschließt. Das Unterrichtsthema Gewalt hat – so gesehen – auch etwas mit Werteerziehung zu tun (vgl. Giesecke 2005). Werte sind Vorstellungen von gesellschaftlich Wünschenswertem und normative Grundelemente von Kulturen, die im Plural zu denken sind. Aufgrund ihrer kollektiven Verbindlichkeit bieten sie eine Orientierung für individuelles Handeln. Durch ihre Verinnerlichung werden Werte zu Werteorientierungen und handlungsleitenden Normen, die individuell durchaus verschieden ausgeprägt sein können. Es geht im Prinzip um eine bekannte Sache: Junge Menschen müssen die Tauglichkeit der Werte, die wir ihnen ansinnen, erfahren. Viele Unterrichtsinhalte des historisch-politischen Unterrichts berühren Werte und Normen, mithin Fragen des guten und richtigen Lebens. Werteerziehung meint nun, eben die werthaltigen Aspekte der Inhalte wieder stärker ins Zentrum des Unterrichts zu rücken. Gemeint ist nicht eine „Moralisierung" von Unterrichtsinhalten, vielmehr geht es um eine sachbezogene Konfrontation mit solchen Werten und Normen, die im historisch-politischen Unterricht zum Vorschein kommen (vgl. Giesecke 2005, 135 ff.). Die Schülerinnen und Schüler werden über Unterrichtsinhalte mit Werten konfrontiert, mit denen sie sich reflexiv auseinandersetzen können. Die Schule „lehrt" also keine Werte, sondern sie übt deren Reflexion. Das Ergebnis ist prinzipiell offen: Ein solcherart verstandener Unterricht „kann zur Wertebildung beitragen, diese aber durch kein denkbares Arrangement präjudizieren" (a.a.O.).

Der vorliegende Band geht auf die Tagung „Individuum und Macht – Im Spannungsfeld von Gewalt und Freiheit" zurück. Diese 34. Internationalen Lehrplan- und Lehrmittelgespräche wurden von der Internationalen Gesellschaft für Geschichtsdidaktik und der Landeszentrale für politische Bildung Baden-Württemberg gemeinsam initiiert, geplant und in enger

Kooperation realisiert. Die Herausgeber möchten sich an dieser Stelle bei allen Autorinnen und Autoren für ihr Engagement und für die gute Zusammenarbeit bedanken. Dank gebührt des Weiteren dem Wochenschau Verlag für die stets gute und effiziente Zusammenarbeit.

Karlsruhe/Stuttgart, Februar 2012

Literatur

Albrecht, Holger/Frankenberger, Rolf/Frech, Siegfried (Hrsg.) (2011): Autoritäre Regime. Herrschaftsmechanismen, Legitimationsstrategien, Persistenz und Wandel. Schwalbach/Ts.

Arendt, Hannah (1964): Eichmann in Jerusalem. Ein Bericht von der Banalität des Bösen. München.

Arendt, Hannah (1990): Macht und Gewalt. 7. Auflage, München.

Bierhoff, Hans-Werner (2007): Der Einfluss von Macht auf das Handeln von Einzelpersonen und Gruppen. In: Frankenberger, Rolf/Frech, Siegfried/Grimm, Daniela (Hrsg.): Politische Psychologie und politische Bildung. Schwalbach/Ts., S. 75–94.

Browning, Christopher R. (1993): Ganz normale Männer. Das Reserve-Polizeibataillon 101 und die „Endlösung" in Polen. Reinbek bei Hamburg.

Courtois, Stéphane u.a. (1998): Das Schwarzbuch des Kommunismus. Unterdrückung, Verbrechen und Terror. 3. Auflage, München und Zürich.

Elias, Norbert (1983): Über den Prozess der Zivilisation. Soziogenetische und psychogenetische Untersuchungen. Erster Band: Wandlungen des Verhaltens in den weltlichen Oberschichten des Abendlandes. 9. Auflage, Frankfurt/M.

Elias, Norbert (1983): Über den Prozess der Zivilisation. Soziogenetische und psychogenetische Untersuchungen. Zweiter Band: Wandlungen der Gesellschaft, Entwurf zu einer Theorie der Zivilisation. Frankfurt/M.

Eppler, Erhard (2002): Vom Gewaltmonopol zum Gewaltmarkt? Die Privatisierung und Kommerzialisierung der Gewalt. Frankfurt/M. 2002.

Frech, Siegfried/Trummer, Peter I. (Hrsg.) (2004): Neue Kriege. Akteure, Gewaltmärkte, Ökonomie. Schwalbach/Ts.

Fukuyama, Francis (1992): The End of History and the Last Man. London.

Galtung, Johan (1975): Strukturelle Gewalt. Beiträge zur Friedens- und Konfliktforschung. Reinbek bei Hamburg.

Galtung, Johan (1993): Kulturelle Gewalt. Zur direkten und strukturellen Gewalt tritt die kulturelle Gewalt. In: Der Bürger im Staat, 2/1993, S. 106–112.

Giesecke, Hermann (2005): Wie lernt man Werte? Grundlagen der Sozialerziehung. Weinheim und München.

Grasse, Renate/Gruber, Bettina/Gugel, Günther (2008): Friedenspädagogik. Grundlagen, Praxisansätze, Perspektiven. Reinbek bei Hamburg.

Gugel, Günther (2006): Zum Verständnis von Gewalt. In: Haußmann, Werner/Biener, Hansjörg/Hock, Klaus/Mokrosch, Reinhold (Hrsg.): Handbuch Friedenserziehung. interreligiös – interkulturell – interkonfessionell. München, S. 247–254.

Gugel, Günther (2007): Konstruktive Konfliktbearbeitung. In: Frankenberger, Rolf/Frech, Siegfried/Grimm, Daniela (Hrsg.): Politische Psychologie und politische Bildung, Schwalbach/Ts., S. 328–349.

Gugel, Günther (2010): Gewalt. In: ders.: Handbuch Gewaltprävention II. Für die Sekundarstufen und die Arbeit mit Jugendlichen. Grundlagen – Lernfelder – Handlungsmöglichkeiten. Tübingen, S. 53–91.

Hartwig, Helmut (1986): Die Grausamkeit der Bilder. Horror und Faszination in alten und neuen Medien. Weinheim und Berlin.

Heer, Friedrich (1978): Das ABC der Menschheit. In: ders. (2004): Für eine gerechte Welt. Große Dokumente der Menschheit. Überarbeitet und erweitert von Sabine Freitag und Klaus Günther. Überarbeitete und erweiterte Auflage, Darmstadt.

Heitmeyer, Wilhelm/Schröttle, Monika (2006): Zur Einführung. In: dies. (Hrsg.): Gewalt. Beschreibungen, Analysen, Prävention. Bonn, S. 15–22.

Hobsbawm, Eric (1995): Das Zeitalter der Extreme. Weltgeschichte des 20. Jahrhunderts. München, Wien.

Hufer, Klaus-Peter (2012): Jahrhundertbücher auf dem Höhepunkt der Moderne. Klassiker der Kultur- und Sozialwissenschaften wieder gelesen. Schwalbach/Ts.

Huntington, Samuel P. (1991): The Third Wave. Democratization in the Late Twentieth Century. London.

Imbusch, Peter/Zoll, Ralf (Hrsg.) (2005): Friedens- und Konfliktforschung. Eine Einführung mit Quellen. 3. Auflage, Opladen.

Liell, Christoph (2002): Gewalt in modernen Gesellschaften – zwischen Ausblendung und Dramatisierung. In: Aus Politik und Zeitgeschichte, B 44/2002, S. 6–13.

Mazower, Mark (2000): Der dunkle Kontinent. Europa im 20. Jahrhundert. Berlin.

Metz, Karl Heinz (2010): Geschichte der Gewalt. Krieg – Revolution – Terror. Darmstadt.

Müller, Jürgen (1999). Die Entstehung von Konflikten in Europa. In: Köpke, Wulf/Schmelz, Bernhard (Hrsg.): Das gemeinsame Haus Europa. Handbuch zur europäischen Kulturgeschichte. München, S. 407–412.

Mulisch, Harry (1994): Strafsache 40/61. Eine Reportage über den Eichmann-Prozess. Wien.

Negt, Oskar (2002): Gewalt und Gesellschaft. In: Aus Politik und Zeitgeschichte, B 44/2002, S. 3–5.

Nunner-Winkler, Gertrud (2004): Überlegungen zum Gewaltbegriff. In: Heitmeyer, Wilhelm/Soeffner, Hans-Georg (Hrsg.): Gewalt. Frankfurt/M., S. 21–61.

Pinker, Steven (2011): Gewalt. Eine neue Geschichte der Menschheit. Frankfurt/M.

Reemtsma, Jan Philipp (2004): Gewalt. Monopol, Delegation, Partizipation. In: Heitmeyer, Wilhelm/Soeffner, Hans-Georg (Hrsg.): Gewalt. Frankfurt/M., S. 346–361.

Schulze, Hagen (1994): Staat und Nation in der europäischen Geschichte. München.

Schwarz, Hans-Peter (1998): Das Gesicht des Jahrhunderts. Monster, Retter und Mediokritäten. Berlin.

Senghaas, Dieter (1995): Frieden als Zivilisierungsprojekt. In: ders. (Hrsg.): Den Frieden denken. Frankfurt/M., S. 196–223.

Senghaas, Dieter (2008): Über Frieden und die Kultur des Friedens. Welche mak-
    ropolitischen Rahmenbedingungen eine Friedenspädagogik zu bedenken hat.
    In: Grasse, Renate/Gruber, Bettina/Gugel, Günther (2008): Friedenspädagogik.
    Grundlagen, Praxisansätze, Perspektiven. Reinbek bei Hamburg, S. 21–34.

Sofsky, Wolfgang (2002): Zeiten des Schreckens. Amok, Terror, Krieg. 2. Auflage,
    Frankfurt/M.

Steinbach; Peter (2007): Gedenkstätten und politische Bildung in Baden-Württem-
    berg. In: Pflug, Konrad/Raab-Nicolai, Ulrike/Weber, Reinhold (Hrsg.): Orte des
    Gedenkens und Erinnerns in Baden-Württemberg. Stuttgart, S. 28–38.

Steinbach, Peter (2007a): Diktaturen im 20. Jahrhundert – Kategorien, Vergleiche,
    Probleme. In: Borgstedt, Angela/Frech, Siegfried/Stolle, Michael (Hrsg.): Lange
    Schatten. Bewältigung von Diktaturen. Schwalbach/Ts., S. 17–48.

Sutor, Bernhard (2004): Vom gerechten Krieg zum gerechten Frieden? Stationen
    und Chancen eines geschichtlichen Lernprozesses. Schwalbach/Ts.

Traverso, Enzo (2007): Im Bann der Gewalt. Der europäische Bürgerkrieg 1914–1945.
    Berlin.

Welzer, Harald (2005): Täter. Wie aus ganz normalen Menschen Massenmörder
    werden. Frankfurt/M.

Welzer, Harald (2008): Klimakriege. Wofür im 21. Jahrhundert getötet wird. Frankfurt/M.

Gewalt als Thema der Geschichtswissenschaft, der Geschichtsdidaktik und des Geschichtsunterrichts

Karl H. Metz

Gewalt in der Geschichte

1. Geschichte als Schwierigkeit

Lassen Sie mich am Anfang zwei Sätze sagen, die das riesenhafte Territorium der „Gewalt in der Geschichte" in etwa vermessen, zwei Sätze, die nicht von mir stammen: „Im menschlichen Verhältnis gilt Recht bei Gleichheit der Kräfte, doch das Mögliche setzt der Überlegene durch, der Schwache nimmt es hin [...] jeder [...] würde ebenso handeln" (Thukydides, Melier-Dialog). Diese Worte klingen durch die Geschichte, selbst wenn wenige sie aussprechen. Die Gewalt ist die große Tatsache der Geschichte, gleichwohl nicht ihre einzige. Denn es gibt die Geschichte – und es gibt den Menschen, und der Mensch ist mehr als Geschichte. Das ist dann mein zweiter Satz: „Das Elend hindert mich zu glauben, dass alles unter der Sonne und in der Geschichte gut sei. Die Sonne lehrte mich, dass die Geschichte nicht alles ist" (Albert Camus, Licht und Schatten). Der Mensch ist Inhalt und Grenze der Geschichte, oder anders gesagt, er ist einer, der sich in seinem Handeln Grenzen setzen muss. Freiheit ist damit die den Menschen aus der Natur heraushebende, ihn mit Geschichte quälende Fähigkeit, sich Grenzen zu setzen – oder es nicht zu tun. Alle Religion, alle Philosophie fließt aus diesem schmalen, abgrundtiefen Spalt der Freiheit und alle Geschichtsschreibung tut es ebenso. Damit mache ich eine Aussage über einen Umgang mit Geschichte, über meinen „Beruf zur Geschichte", und ich mache sie mit einem dritten Satz: „Ich würde gerne in der einen Hand eine Kerze für den heiligen Michael und in der anderen eine Kerze für seinen Drachen halten" (Michel de Montaigne, Essais). Wer nur eine Kerze für den Heiligen tragen will, um die Finsternis umso einfacher erkennen, umso müheloser verachten zu können, der wird entweder selbst zum Heiligen oder zu dessen weltlichem Gegenbild, dem Ideologen. Als Historiker ist er unbrauchbar.

Der Historiker ist einer, der unter Fremden geht. Die Erkenntnis des Fremden ist schwierig und dennoch zutreffender als die Erkenntnis des Eigenen, weil ihr jener ferne Blick fehlt, der Distanz schafft, d.h. die Bedingung jeder Erkenntnis. Am Ende wölbt sich alles in einen weiten Raum, an dessen Grenzen die Sonne spielt und vor denen die Historie einhält.

Albrecht Altdorfer hat das im grandiosen Gemälde seiner „Alexanderschlacht" (1529) vorgeführt. Im Vordergrund drängen sich Menschen, die aufeinander einschlagen (Issos, 333 v. Chr.). Der Perserkönig wendet sich zur Flucht, die „große" Geschichte kippt in ein neues Zeitalter, reißt unzählige kleine Menschengeschichten mit sich. Die Gewalt beherrscht alles, von den gepanzerten Leibern der Kämpfer bis zu den Ruinen zerstörter Häuser, bis zur ummauerten Stadt. Doch der Blick verliert sich im Glanz der Sonne, die ihr Licht aus einem ungeheuren Himmel über eine ungeheure Landschaft wirft, in der die Menschen und ihr Tun zu Gewimmel werden, Gezeiten einer Menschenzeit vor der schieren Ewigkeit des Spiels von Sonne und Mond, Licht und Dunkelheit.

2. Gewalt als Geschichte

Es gibt die Geschichte, es gibt die Sonne, und es gibt das Taumeln der Menschen dazwischen. Vielleicht ist das alles. Man kann aber auch sagen, es gibt die menschliche Freiheit. Gäbe es sie nicht, wir bräuchten nicht weiter zu reden. Dann wäre alles ein Verhängnis, das wir Gott zuschreiben könnten, wenn wir an Gott glauben, oder einer in der Biologie des Menschen unausrottbar wurzelnden Determiniertheit. Wenn wir von der Freiheit ausgehen, nicht als Möglichkeit, vielmehr als Zwang der Menschengattung, die sich in einer Natur einzurichten hat, in der keine ökologische Nische für sie bereitsteht, dann begegnen wir der Gewalt als Ausdruck einer solchen Freiheit. Menschen sind nicht zur Gewalt verdammt.

„Die Alexanderschlacht bei Issus 333 v. Chr.", Gemälde (1529) von Albrecht Altdorfer (um 1480-1538); Alte Pinakothek, München (Picture Alliance).

Sie handeln nach Gründen und geben welche als Begründung an, wenngleich der Zweck des Redens, wie wir alle wissen, mindestens ebenso darin besteht, Gründe zu verbergen als sie zu offenbaren. Das Entscheidende der menschlichen Gewalt, im Unterschied zur tierischen, scheint mir daher darin zu bestehen, dass das Menschentöten der Rechtfertigung bedarf, dass Menschen die Götter anrufen, wenn sie ihresgleichen umbringen – oder wenn sie daran nicht mehr glauben, die Tugend, die Geschichte, die Rasse, die Zivilisation.

Die ganze Geschichte ist von Gewalt durchzogen und dennoch gäbe es sie nicht, wäre sie nichts als Gewalt. Eine Geschichte der Gewalt, wie ich es unternommen habe sie zu schreiben, vermag dieser Zwiespältigkeit nicht zu entrinnen. Sie wird jedoch versuchen, diese ein stückweit zu entwirren, indem sie die Formen darstellt, in denen Gewalt sich zeigt, und dabei die Gewalt auf das Politische bezieht, d.h. auf das Bemühen, sie als Herrschaft zu binden. Herrschaftlich gebundene Gewalt begründet den Friedensraum der „Civitas", des „Staates", in dem allein die Herrschaft noch gewaltberechtigt ist. Sie begründet ebenso den Krieg als Gewalthandeln der Herrschaft gegen andere Herrschaftsträger im Ringen um Territorium und Arbeit, menschliche Arbeitskraft, durch die ein Territorium erst in einen ökonomischen Raum verwandelt werden kann. Politische Gewalt zielt auf die Schaffung von Institutionen. Sie ist etwas anderes als kriminelle Gewalt, als das private Beuteverhalten Einzelner oder kleiner Gruppen, wenngleich die Grenzen zwischen beiden Formen fließend sind. Politische Gewalt sucht nach Legitimation. Sie sucht den Einsatz physischer Gewalt zu minimieren, indem sie Formen struktureller Gewalt maximiert. Institutionen erzwingen Gehorsam durch den Normdruck ihrer organisierten Abläufe wie durch Sanktionen der Ausschließung, moralischen Bedrohung, bis hin zur physischen Drohung mit Gewalt. Institutionelle Gewalt strebt nach Kontrolle des Bewusstseins. Sie bedarf daher der Rechtfertigung, der Priester, Richter, Lehrer, auch der Geschichtsschreiber. Sie zerfällt, wenn sie die Rechtfertigung im kollektiven Bewusstsein verliert, d.h. wenn die Beachtung der Normen in der Gesellschaft ohne zunehmenden Einsatz physischer Gewalt nicht länger zu erreichen ist. Der Friedenszweck der politischen Gewalt löst sich auf, bis hin zum Bürgerkrieg, bis hin zum Terror. Der Zweck des Friedens in der politischen Gemeinschaft, das Grundvertrauen in die gewaltlose Wechselseitigkeit, ist dahin.

Frägt man daher nach den kennzeichnenden Formen einer politischen Gewalt jenseits des Friedenszwecks, so ergeben sich „Krieg", „Revolution" und „Terror" (vgl. Metz 2010). Der Krieg ist die Elementarform der Gewalt. Aus ihm gehen die beiden anderen Formen hervor: die Revolution als Krieg in der Gesellschaft, der Terror als Versuch, entweder einen solchen Krieg zu entfesseln oder ihn durch die Errichtung eines Gewaltregimes zu beenden. Doch besteht zwischen Krieg auf der einen, Revolution und Terror auf der anderen Seite eine Bruchlinie, die man als „Civitas-Linie" bezeichnen könnte. Der Krieg verteidigt die politische Gemeinschaft, die „Civitas", nach außen. Er hat seinen Zweck verfehlt, wenn die Gewalt in sie einbricht. Revolution und Terror wollen gerade das. Die Revolution ist Krieg zwischen Bürgern. In ihr wird die Legitimität der bestehenden herrschaftlichen Ordnung verworfen, indem man ihr Gewalt entgegensetzt, d.h. sie zwingt, ihre überlegene Gewaltfähigkeit zu beweisen. Gelingt ihr das nicht, droht ihr der Kollaps. Siegt hingegen die Revolution vollständig, gelingt ihr also die umfassende Zerstörung der überkommenen politischen Ordnung (wie 1792 in Frankreich, 1917 in Russland, 1933 in Deutschland, 1949 in China), dann wird die Gewalt zur dominanten Struktur. Die Civitas stirbt, d.h. die Beachtung der Normen aus einer bewussten Anerkennung der Autorität der die politische Gemeinschaft repräsentierenden Institutionen und Personen durch die große Mehrheit der Bürger. „Autorität" ist da, wo die Bürger - jenseits des Egozentrischen, Privaten - in der politischen Ordnung ihre „öffentliche" Seite, ihre Angelegenheit erkennen, ihre „res publica". Deren Ausdruck ist das Rechtsgefühl, das Vertrauen darauf, dass die Beziehungen zwischen den Bürgern wie zur Herrschaft durch ein öffentliches, einforderbares Recht geregelt werden. Das Wesen des Schreckens jedoch ist seine Willkür. Sie ist die Ursache seiner Wirksamkeit. Eine Herrschaft übt den Schrecken aus, wenn sie keine Autorität besitzt. Es gibt aber noch eine andere Art des Terrors, den „von unten", also die einschüchternde Gewalttätigkeit einer kleinen Gruppe von Personen, die durch ihre Provokation des staatlichen Gewaltmonopols die politische Herrschaft in eine Eskalation der Gewalt hinein zu ziehen sucht. Indem man den Staat immer mehr auf Gewalt reduziert, zerstört man seine Autorität und seine Fähigkeit, den Bürgern Sicherheit zu geben. Der Partisanenkampf wäre dann die Vermittlungsform zwischen Terror und Krieg.

Eine solche Formenlehre der Gewalt verweist auf die historische Zeit, auch auf den historischen Ort. Und sie verweist auf ihr Gegenteil, den Frieden. Es ist spannend zu hören, dass das althochdeutsche Wort „fridu" einen abgegrenzten Wohnbezirk bezeichnet, innerhalb dessen ein unbedingtes Gewaltverbot herrscht. Jede Civitas „friedet" sich ein, real durch das Ziehen einer Grenze im Raum, symbolisch durch das Ziehen einer Grenze im Sozialen. Nicht alle gehören „zu uns", sonst wüssten „wir" nicht, wer wir sind. Die Civitas begründet sich durch Abgrenzung, was keineswegs negativ sein muss, denn das Imperium gründet sich durch Eingrenzung möglichst aller, was ohne Gewalt, Krieg nicht zu erreichen ist. Das Wunder der Civitas ist das der Grenzen, der Selbstbegrenzung, insbesondere ihrer Mitglieder, die sich Grenzen ihres Handelns auferlegen, weil nur innerhalb von Grenzen, d.h. Selbstdisziplin, Frieden möglich wird. Die Idee des Friedens gründet sich aus der Erfahrung der Civitas. Der „ewige" Frieden wäre dann einer der universal gewordenen Civitas, eines Weltstaates, der alle „einfriedet" und an dessen Grenzen keine „Barbaren" lauern, keine Menschen also, die nicht kommunikationsfähig sind, weil sie an der Sprache der Bewohner einer Civitas keinen Anteil haben oder haben wollen. „Sprache" bezeichnet dabei einen allgemeinen Kommunikationszusammenhang, die Anerkennung redender, „dialektischer" Wechselseitigkeit, d.h. sie ist Ausschließung der Gewalt durch die Versprachlichung von Konflikten.

Gewalt ist demnach ein Handeln zwischen Fremden: vor den Grenzen der Civitas als Krieg, in ihren Grenzen als Bürgerkrieg in seinen wechselnden Formen zwischen Revolution und Terror. Fasst man diese Begriffe allgemein genug, so kann man sie für

alle Geschichte gebrauchen, sofern diese nur „politisch" ist,
d.h. ein herrschaftlich geordnetes, seine Ordnung reflektieren-
des soziales Gefüge, das – nach innen wie nach außen – durch
„Grenzen" funktioniert (Metz 2012). Fasst man diese Begriffe
jedoch enger, ergibt sich die Entscheidung für Zeit und Raum,
in unserem Fall also für Europa und für die Epochen seit dem
Ende des Mittelalters. Die Überlegung, dafür zugleich eine
Schwelle im Bewusstsein auszumachen, zielt auf einen Wandel
im Menschenbild, der auf eine Moderne verweist, in der wir
leben. Sie verweist also auf eine spezielle Geschichte, in der
wir uns und unsere Gegenwart wiederfinden. Es ist der Mensch
als Materie aufgefasst und es ist ein Politisches, aus dem das
Theologische entfernt wurde, wenngleich es als ein Ideologisches
wiederkehrt. Thomas Hobbes hat diesen Menschen und sein
neues Paradox um die Mitte des 17. Jahrhunderts am eindring-
lichsten beschrieben. Der sich als Materie verstehende Mensch
stürzt in einen radikalen Egoismus, weil er sein Wissen um die
Sterblichkeit nicht länger zu Gott hin zu entlasten vermag. Das
hat zugleich enorme gesellschaftliche Folgen, denn die Autorität der politischen Ordnung besitzt keinen Bezug mehr, der
über ihre bloß pragmatischen Sicherungszwecke hinausreicht.
Ohne einen solch transpragmatischen Bezug jedoch kann eine
soziale Kommunikation nicht längerfristig werden, weil ihr die
Gemeinsamkeit einer Wertbasis fehlt. Die physische Furcht
des Körpers vor seiner Vernichtung, das Kalkulieren materieller Nutzen reichen nicht aus, um aus einer Ansammlung
einzelner Menschen eine politische Gemeinschaft werden zu
lassen. Die reine Gewalt bzw. die Furcht vor dem gewaltsamen
Tod formen keine Civitas, allenfalls die Zerfallsprodukte der
Despotie. Erst die Französische Revolution gibt eine Antwort
auf das Bewusstseinsproblem des materialisierten Menschen in
Gestalt der „Ideologie". Die Ideologie deduziert alles aus dem
Körper des Menschen: seine Gleichheit in der Erklärung der
Menschenrechte wie seine Ungleichheit in der Behauptung einer
Hierarchie der Rassen, sein „Streben nach Glück" als Vorgang,

in dem der Mensch seine Individualität realisiert, wie seine Selbstherstellung durch Arbeit aus dem Tierreich. Die Ideologie wird damit zum Paradox des modernen Materialismus, dem sie eine (scheinbar) transpragmatische Beziehung verschafft, ohne den Materialismus zu verlassen. Der Schlüssel dazu heißt „Utopie", die sie umsetzende Gewalt nennt sich „Tugend", weil diese Gewalt nur das Gute verwirklicht, also nichts anderes sein kann als selbst gut und tugendhaft.

Der Mensch lebt in seinem Bewusstsein ebenso wie in seinem Leib: Er muss in beidem befriedet werden. Er kann in beidem mit Gewalt bedroht werden. Mehr noch: Gewalt findet stets auch im Bewusstsein statt – und wäre alle Gewaltsamkeit des Bewusstseins zur physischen Gewalttätigkeit geworden, die menschliche Gattung hätte womöglich nicht überlebt. Die Befriedung der Gewalt im Bewusstsein funktioniert ähnlich wie ihre Befriedung im Territorium: Man zeigt den Feind und identifiziert sich selbst mit der Wahrheit. Doch erst Robespierre und Saint Just verbinden die aus den Menschenrechten abgeleitete Tugend mit dem Terror und einem Krieg, der „mit unreinem Blut unsere Ackerfurchen düngt" (Refrain der Marseillaise). Nun ist die moderne Gewalt nicht grausamer als ihre früheren Formen. Das zu sagen, würde die Vergangenheit verklären, die an Brutalität nichts ausgelassen hat. Das Neue an ihr ist, dass sie sich als innerweltliches Erlösungshandeln behauptet und also als tugendhaft. Und noch etwas kommt hinzu: Die Industrialisierung verschafft ihr technische Mittel, vor denen alle früheren Möglichkeiten menschlicher Menschenvernichtung kleinlich erscheinen in Wirkungsgrad und Wirkungsweite (Metz 2006). Waren die Menschen vor 1945 noch der Überzeugung, allein eine Gottheit sei imstande, die Erde zu zerstören, so wurde mit Hiroshima am 6. August 1945 eine Finalität erkennbar, die vom Menschen selbst herbeigeführt werden konnte. Nie zuvor ist die Vernichtung eines menschlichen Feindes in solcher Radikalität buchstäblich „ins Visier" genommen worden, im Grenzgedanken einer Entzündung der Atmosphäre, im Kalkül einer atomaren

Eiszeit als Preis für den Sieg über einen Feind, der längst zur apokalyptischen „Bestie" geworden war. Im Übrigen verweist das Moment dieses Grenzgedankens geringer Eintrittswahrscheinlichkeit auf einen Grundzug moderner Technologie, die zwar einen „GAU" – einen größten anzunehmenden Unfall – nicht auszuschließen vermag, seine geringe Wahrscheinlichkeit aber wie eine faktische Unmöglichkeit behandelt. Der Mensch drang in Bereiche der Materie ein, die sein „nasses Gehirn" nicht mehr zu fassen vermochte, die er zunehmend in die trockenen Gehirne der Rechner ablagerte. Sein nasses Gehirn zerfiel in Atavismus: Nach „Gomorrha" (der Ausbrennung Hamburgs bei 800–1000 Grad am 28.7.1943) folgten Vorbereitungen für „Troja" (einem atomaren Angriff auf Moskau und andere sowjetische Städte, Ende 1948), schließlich Überlegungen zu einem „Golgatha", zu dem die Deutschlands (beide) wohl werden würden, sollte man die errechnete Führbarkeit eines Atomkrieges tatsächlich erproben.

Karikatur: Paul Vallery

Das Bild der Erde, wie sie am Blindenstock durch eine kosmische Leere tappt, zeigt die Verlassenheit einer Menschheit, die nichts mehr hat außer sich selbst. Ob sie sich fürchtet? Vielleicht haben die Menschen mit der Tragödie die Fähigkeit verloren, sich vor sich selbst zu fürchten. Vielleicht hat die Farce das Tragische ersetzt, wenn man etwa zur Feier der ersten Explosion der Superbombe, der Wasserstoffbombe im Sommer 1946, eine Torte in Bombenform verspeist oder eine minimalistische Badebekleidung für Damen entworfen wird, die mit dem Namen des Bomben-Inselchens „Bikini" die Sexualität zelebriert. Das Verbrennen, Verstrahlen, die Energie der Sonne auf der kleinen, nassen Erde von nassen Gehirnen in Vernichtungsapparaturen gefasst und als Kuchen verzehrt: Die Menschheit am Blindenstock, ohne Weg und Ziel.

Vizeadmiral William H. P. Blandy, seine Frau und Konteradmiral Frank J. Lowry (von links nach rechts) schneiden im November 1946, beim Empfang zum erfolgreichen Verlauf des Atombombentest „Operation Crossroads", eine Torte in Form eines Atompilzes an.

(Balfour Films)

Für den modernen Krieg ist die Dreiheit von Ideologie, Technologie, Demografie entscheidend geworden. Das demografische Wachstum seit Mitte des 18. Jahrhunderts schuf die materielle Voraussetzung für die Massenheere des 19. und 20. Jahrhunderts und für den Massenverbrauch von „Menschenmaterial". Die industriell entfesselte Technologie ermöglichte die massenhafte Produktion von Vernichtungswaffen mit Massenwirkung, von Maschinengewehren und Gasgranaten, Fernbombern, Raketen,

Atombomben. Und die Ideologie formierte das Bewusstsein der Massen für die Kenntlichmachung des Feindes mithilfe medialer Technologie, der Massenpresse, des Rundfunks. Der Funktionskreis des modernen Krieges war geschlossen und er ist es geblieben bis hin zum „Cyberwar" des 21. Jahrhunderts als der technologischen Fortschreibung des modernen Krieges in die Gegenwart hinein. Im computerisierten „Netzkrieg" jedoch kollabiert nicht nur die Utopie von der Herstellbarkeit der Utopie, sondern ebenso die Utopie eines militärischen Endzustandes, in dem derjenige immer Sieger bleibt, der über die größten technologischen Ressourcen verfügt. Wenn es je einen utopischen Zustand gegeben hat, d.h. den Zustand einer völlig menschengemachten Welt, dann ist es jener der Netzwelt gewesen, des „Cyberspace". Es gibt dort keine biologischen Viren, keinen epidemischen Kollaps – aber der Mensch stellt es her. Es gibt dort nur Kommunikation – aber der Mensch schüttet die Gewalt in sie hinein, den Krieg, den Hass, die Vergewaltigung. Und wenn es je einen technologischen Zustand gegeben hat, d.h. den Zustand einer Steuerung der Technik ohne Arbeitsmühe, nur durch Befehle, dann ist es jener der Kriegsführung durch robotisierte Systeme. Und dennoch vermag sie den Terroristen, den Partisan nicht zu vernichten. Der Partisan insbesondere ist jener, der die Asymmetrie radikalisiert und dadurch aus aller symmetrischen Regularität, Erwartbarkeit heraustritt. Soldat wie Partisan kämpfen in zwei Territorien zugleich, doch während der Soldat seinen Sieg in einem geografischen Territorium erringt, siegt der Partisan in einem psychologischen. Er führt einen Zermürbungskrieg im kollektiven Bewusstsein des Feindes und er trägt den Krieg nicht mit Bombern in das Hinterland des Feindes, sondern erschöpft die feindliche Zivilgesellschaft durch seine Existenz im Untergrund, die Unfähigkeit, ihn – endgültig – zu liquidieren. Von allen Gestalten der politischen Gewalt ist der Partisan die modernste, vom spanischen Guerillero bis zum Computer-Hacker der Gegenwart.

3. Geschichte als Wissen

Der Historiker schreibt (nur) für jene, die nach Wirklichkeit verlangen. Er blickt in das Gesicht des Helden und sieht hinter dem Heroischen den Totenschädel. Er blickt in das Gesicht des Soldaten und sieht eine riesenhafte Erschöpfung und Hände, die sich am Gewehr festklammern wie ein Ertrinkender an einem zugeworfenen Strick. Das ganze Leben ist Gewalt geworden und es erhält sich nur noch durch Gewalt. Was aber, wenn die Gewalt das Leben an einen Körper fesselt, der nicht mehr „ganz" ist?

Lassen Sie mich zitieren:

> Now, he will spend a few sick years in institutes,
> And do whatever things the rules consider wise,
> And take whatever pity they may dole.
>
> Tonight, he noticed how the women's eyes
> Passed from him to the strong men that were whole.
>
> How cold and late it is! Why don't they come
> And put him into bed? Why don't they come?

(Wilfried Owen, Disabled)

Für mich ist in diesem Gedicht eines englischen Soldaten aus dem Lazarett, verwundet in einem Krieg, den er nicht überlebte (1918), die ganze Unbehaustheit der Gewalt, ausgedrückt in einer Sprache, die man kaum zu berühren wagt. Die Gewalt ist ortlos, unbehaust, „elend" im alten Wortsinn. Sie ist in der kurzen, flüchtigen Zeit, sie verwirklicht sich in Ereignissen und hinterlässt ihre Spuren in menschlichen Überresten. Auch die Geschichtsschreibung handelt zumeist von der kurzen Zeit, bevorzugt Ereignisse als das, was in der Geschichte die „Zeit" entstehen lässt, als Abfolge unumkehrbarer Geschehnisse. Ereignisgeschichte und Gewaltgeschichte sind daher so eng miteinander verbunden. Sie teilen denselben Modus der Zeit, das rasche Nacheinander. Erst mit der Hinwendung zur langen Zeit, zu den „Strukturen", weitet sich die Perspektive: von den „großen Männern" zu den „kleinen Leuten", zu struktureller Gewalt und sozialer Kontrolle. Die Wahrnehmung von Gewalt verändert sich, vor allem in langen Friedenszeiten. Ein Friedensblick auf die Gewalt entsteht, dessen Problematik nicht nur darin besteht, dass ihm nichts problematisch wird, weil er seine Urteile aus der Moral ableitet, sondern mehr noch darin, dass ihm die geschehene Vergangenheit so eindeutig geworden ist wie die eingeforderte Zukunft.

Doch die Geschichte bleibt schwierig und ebenso der Umgang mit ihr. Sie hinterlässt uns Erbschaften, die wir oft gerne ausschlagen würden. Ich muss allerdings hinzufügen, dass ein Volk, das an seiner Geschichte nichts fände, welches es gerne ausschlagen würde, mir etwas unheimlich bliebe. Wie ich denn auch der Auffassung bin, dass es unter solchen Voraussetzungen keine wirkliche Geschichtswissenschaft geben kann, nur Geschichtspolitik (Metz 2003). Das Geschäft der Historie ist die Kritik, nicht nur die philologische, vielmehr eine intellektuelle, d.h. eine, die es sich schwer macht und die den Ratschlägen der jeweils Mächtigen wie den Warnungen der Polizei gleichermaßen misstraut, die zu beachten bereits Napoleon (1806) den Historikern dringend empfahl. Das Schwierigkeits-Gebot einer kritischen Historie und das „Überwältigungs-Verbot" (Beutelsbacher Konsens) ergänzen einander. Damit ist die didaktische Relevanz der Historie bereits benannt, sofern es darum geht, Schüler, Studenten zum Gebrauch ihres Verstandes zu ermutigen. Wenn Politische Bildung tatsächlich den Schüler zur „Gewinnung eines selbständigen Urteils" befähigen will, dann kann ihr an einer Geschichte „in der richtigen Tendenz geschrieben" (um noch einmal Napoleon zu zitieren) nicht gelegen sein. Hier zeigt sich dann – und nur dann – der größte Nutzen der Geschichte „für das Leben" als Versuch der Mündigkeit, also jener „republikanischen Freiheit", die Friedrich Schiller sich einst für ein Publikum erhoffte, welches sein Theater in die Schwierigkeit entließ, eine Freiheit, die sich jeder wahre Lehrer für seine Schüler erhofft als Lohn seiner Anstrengung, ihrer Anstrengung mit Geschichte: von der Hauptschule bis zur Universität. Es gibt kein anderes Fach, das den „Mut, sich seines Verstandes zu bedienen" so sehr fordert wie fördert, es gibt allerdings auch keines, das so leicht der Indoktrination dienstbar gemacht werden kann. Für alle, die sich daher mit der Vermittlung von Geschichte beschäftigen, sollte ein „Beutelsbacher Imperativ" gelten, also die Verpflichtung, es weder sich, noch den Schülern, auch nicht den Politikern, zu leicht zu machen.

Denken ist die Bewältigung von Schwierigkeiten. Es ist die Aneignung von Wissen durch den Zweifel, durch Fragen, Weiterfragen. Eine endgültige Ankunft gibt es nicht. Auch Geschichte, historisches Wissen ist Denken, Nachdenken über Mensch und Gesellschaft in den unzähligen Windungen der Zeit. Wie aber könnte man dies konkreter ausdrücken, „didaktischer" formulieren?

Zunächst denke ich bietet es sich an, die eingangs genannten drei Sätze von der Schwierigkeit zu erörtern: die Herausforderung durch Thukydides, dass im letzten Macht vor Recht geht. Aber gibt es nicht ein Vorletztes, ist dieses nicht der Raum des Lebens, ist nicht das Letzte: die Gewalt etwas, das nur fallweise auftritt, das Recht aber fast immer, weil die Menschen nur mit dem Recht, nicht mit der Gewalt leben können? Gerade deshalb jedoch ist die Frage nach der Gewalt so elementar. Der Bogen der Gewalt, wie ich ihn in meiner Darstellung (vgl. Metz 2010) gezogen habe, bietet hinreichend Möglichkeiten der Anknüpfung, nicht nur an „große" Ereignisse, Kriege, Terror, Genozid, auch an „kleine", die noch beredter sind und in denen die „Gesichter" ganz konkreter Menschen in ganz konkreten Situationen uns unvermittelt anblicken, Sterbende und solche, die sterben lassen, Helden von oft merkwürdiger Art: Was hätte ich getan, wenn eine Frau mit einem Judenstern in das Bahnabteil kommt? Im Nachhinein des Jahres 2011 wären wir natürlich alle solidarisch gewesen. Darüber, gerade auch über das Nachhinein, könnte man nachdenken. Ist - womöglich - der Mut von heute nur der Opportunismus von heute und war die Feigheit von gestern nur der Opportunismus von gestern? Vielleicht hat der Mut in der Geschichte aber auch mit dem zweiten, dem Camus-Satz zu tun. Vielleicht ist der mutig in dieser „einfachen" Art, der weiß, dass die Geschichte nicht alles ist, also der jeweils vorhandene Zustand der Macht und Opportunität, der weiß, dass es noch „etwas anderes" gibt, das sich um die Geschichte nicht kümmert, „die Sonne", „Gott". Wären wir ohne ein solches Wissen (über-) lebensfähig? Der dritte Satz, jener Montaignes, summiert die Schwierigkeit, über Geschichte nachzudenken, als Redlichkeit. Wer nur für den Heiligen eine Kerze halten will, sieht nicht weit, versteht wenig, hält sich bald selbst für einen. Die Wirklichkeit ist „bunt", vielfältig, sie lässt sich nicht nach Schwarz und Weiß beschreiben. Für die Geschichte als die elementare Wirklichkeits-Wissenschaft gilt nichts anderes. Historisches Wissen vermittelt die Erfahrung des Nicht-Eindeutigen: Die größte Erfahrung des Eindeutigen jedoch ist die der Gewalt und ihres Niederschlags im Bewusstsein, die Ideologie.

Wäre die Welt eindeutig, wir bräuchten keine Historiker mehr. Das Eindeutige ist ein Schein, der uns die Wahrnehmung benebelt. Unser Blick geht auf Fassaden, die nur dann von ihrer Geschichte erzählen, wenn man ihre Eindeutigkeit aufbricht. Es ist wie ein Palimpsest, eine Urkunde also, deren ursprünglicher Text buchstäblich ausrasiert, mit anderem überschrieben worden ist, doch so, dass ein Anschein des Alten gewahrt wurde. Ein genaues Lesen entdeckt das Überschriebene, entdeckt das scheinbar Eindeutige als ein Zweideutiges.

Die Welt ist nicht eindeutig. Wir brauchen die Historiker. Wir brauchen sie an den Schulen. Vor allem dort.

Literatur

Metz, Karl H. (2003): Geschichtsschreibung und öffentliches Bewusstsein. In: Fleischer, Helmut/Azzaro, Pierluca (Hrsg.): Das 20. Jahrhundert. Zeitalter der tragischen Verkehrungen. München 2003, S. 442–480.

Metz, Karl H. (2006): Ursprünge der Zukunft. Die Geschichte der Technik in der westlichen Zivilisation. Paderborn 2006, S. 380–446.

Metz, Karl H. (2010): Geschichte der Gewalt. Darmstadt 2010.

Metz, Karl H. (2012): Theorie der Geschichte. Darmstadt 2012.

Frank Meier

Individuum und staatliche Gewalt als Thema der historisch-politischen Didaktik

1. Didaktische Begründungen und thematischer Zuschnitt in vergleichender Perspektive

„In der Geschichte ist immer Gewalt – und immer das Streben nach Frieden. Die Frage nach der Gewalt ist womöglich die Urfrage des Menschen", stellte Karl Heinz Metz mit Recht fest (vgl. Metz 2001, 7) (vgl. den Beitrag von Karl H. Metz in diesem Band). Die Gewaltfrage ist ein „epochaltypisches Schlüsselproblem" (Wolfgang Klafki) und ihr kommt kardinale Bedeutung für den Geschichtsunterricht zu. Gehörten in der Vergangenheit große Kriege zum selbstverständlichen Unterrichtskanon des Geschichtsunterrichts, so sind durch die sozialwissenschaftliche Wende der Geschichtswissenschaft und Geschichtsdidaktik und jüngst durch den „Cultural turn" eher gesellschaftliche und kulturelle Themen in den Fokus gerückt. Unlängst hat die Geschichtsdidaktik mit der Hinwendung zu gesellschaftlichen Kompetenzen eine Trennung von Kompetenzen und Inhalten vollzogen und letztere der Beliebigkeit anheim gestellt. Damit ist jede Lehrkraft stärker gefordert, die thematische Auswahl und die detaillierte Gliederung einer Unterrichtseinheit selbst vorzunehmen, da die auf Bildungsstandards basierenden Curricula für die praktische Unterrichtsgestaltung kaum Hinweise geben.

Fünf grundsätzlich verschiedene didaktische Zugänge zu dem komplexen Themenfeld, die zum Teil in den folgenden Beiträgen näher ausgeführt werden, sollen skizziert werden: erstens die Klärung der verfassungsrechtlichen Voraussetzungen von Ausnahmezustand und Notstandsrecht in historischen und

gegenwärtigen Verfassungen, zweitens die Analyse von sozialen
Utopien im Hinblick auf ihre wünschenswerte gesellschaftliche
Realisierbarkeit, drittens die Untersuchung der Abgrenzung der
staatlichen Souveränität gegenüber den Freiheitsrechten von
Individuen in idealen Verfassungsentwürfen der Frühen Neuzeit,
viertens die Erörterung der mit Verweigerung, Widerstand und
Tyrannenmord zusammenhängenden Probleme und fünftens die
Analyse alteritärer, d.h. fremder Gesellschaftsordnungen ohne
staatliches Gewaltmonopol im Hinblick auf die Regulierung
der Gewalt.

Diachrone (zeitversetzte) und synchrone (zeitgleiche) strukturelle Vergleiche erlauben in der methodischen Umsetzung
die Feststellung von Gemeinsamkeiten und Unterschieden, um
Fortschritte oder Rückschritte in der historischen Entwicklung
besser beurteilen zu können. Personalisierende wie personifizierende Zugänge ermöglichen nötige Konkretisierungen durch
Veranschaulichung.

Schließlich muss überlegt werden, welche Kompetenzen für
die historisch-politische Bildung entwickelt werden können. Der
Sozialphilosoph Oskar Negt, einer der führenden Denker der
Kritischen Theorie, einer von Hegel, Marx und Freud inspirier-
ten Gesellschaftslehre („Frankfurter Schule"), entwickelte Mitte
der achtziger Jahre des letzten Jahrhunderts auf der Basis seines
Konzeptes der „soziologischen Phantasie und exemplarischen Lernens" (Negt 1975) verschiedene „gesellschaftliche Kompetenzen",
die den Menschen befähigen sollten, „Wissenszusammenhänge
der heutigen Welt zu erkennen und die bestehende Wirklichkeit
unter dem Gesichtspunkt ihrer notwendigen Umgestaltung der
praktischen Kritik zu unterziehen" (vgl. Negt 1993, 662). Diese
umfassen die „Identitätskompetenz" (Umgang mit bedrohten
und gebrochenen Identitäten), die „technologische Kompetenz"
(Begreifen gesellschaftlicher Wirkungen von Technik), die „ökologische Kompetenz" (pfleglicher Umgang mit Menschen, Dingen
und der Natur), die „ökonomische Kompetenz" (Begreifen der
Marktgesetze), die „Gerechtigkeitskompetenz" (Sensibilität für

Recht und Unrecht, für Gleichheit und Ungleichheit) sowie die „historische Kompetenz" (Erinnerungs- und Utopiefähigkeit) (vgl. Negt 1993).

Johann Dvorak, Christine Zeuner und Annemarie Franke verstehen unter der historischen Kompetenz „die Konstruktion und Anregung eines historischen Bewusstseins im Zusammenhang mit individuellen wie kollektiven Bedürfnissen und Interessen". In den Rezipienten soll das Verständnis dafür wachsen, welche historischen Brüche und Versuche radikaler Veränderung es in Gesellschaften gegeben habe, wo und aus welchen Gründen sie gelungen und wo sie gescheitert seien. So können Utopien und Visionen einer gerechteren Gesellschaft entwickelt werden. Historische Kompetenz bestände aus dem Wissen über historische Vorkommnisse und Entwicklungen, aus dem Denken in Zusammenhängen in Bezug auf die Gegenwart und aus dem Entwurf praktischer Utopien (vgl. Dvorak/Zeuner/Franke 2005, 2).

Franz E. Weinert bezeichnet Kompetenzen als „die bei Individuen verfügbaren oder durch sie erlernbaren kognitiven Fähigkeiten und Fertigkeiten, um bestimmte Probleme zu lösen, sowie die damit verbundenen motivationalen, volitionalen (d.h. willensmäßigen) und sozialen Bereitschaften und Fähigkeiten, um Problemlösungen in variablen Situationen erfolgreich und verantwortungsvoll nutzen zu können" (vgl. Weinert 2002, 27 f.). Er unterscheidet als mögliche Erträge des schulischen Unterrichts „fachliche Kompetenzen", „fachübergreifende Kompetenzen" und „Handlungskompetenzen". Für ihn ist Kompetenz eine „Disposition", deren individuelle Ausprägung Fähigkeit, Wissen, Verstehen, Können, Handeln, Erfahrung und Motivation umfasst (vgl. Klieme 2003, 21 f., 27 f., 72 ff.). Aus Jörn Rüsens Regelkreis der „historischen Vernunft" (vgl. Rüsen 1983, 29) lassen sich mit Andreas Körber, Waltraut Schreiber und Alexander Schöner (FUER-Geschichtsbewusstsein) drei übergeordnete, sich gegenseitig beeinflussende Kernkompetenzen ableiten, die „historische Orientierungskompetenz" (Organisation von Geschichtsbewusstsein), die „historische Fragekompetenz"

und die „historische Methodenkompetenz" (Re- und Dekonstruktionskompetenz). Die „Sachkompetenz" (Begriffs- und Struk-
turierungskompetenz) als dynamische, durch Versicherung und
Verunsicherung immer wieder neu gebildete Schnittmenge der
drei genannten Kompetenzen umfasst den Aufbau historischen
Denkens, seine Voraussetzungen und seine Ergebnisse (Körber/
Schreiber/Schöner 2007). Wolfgang Hasberg versteht unter Kompetenzen „Fähigkeiten und Bereitschaften, die Problem lösend
zur Anwendung kommen können" (vgl. Hasberg 2010, 174).
Er unterscheidet im Anschluss an Jörn Rüsen zwischen „Kompetenzen historischen Denkens" (historische Fragekompetenz,
Organisationskompetenz, Re- und Dekonstruktionskompetenz,
Orientierungskompetenz, Reflexionskompetenz), „Prinzipien his-
torischen Denkens" (Reziprozität aller Geschichtsbeschäftigung,
Gegenwartsbezug), Konstruktivität (instrumenteller Theoriege-
brauch), Multiperspektivität (Perspektivität, Kontroversität, Plura-
lität), Multikausalität (Relevanz), Selektivität (Auswahlproblem),
Themen- bzw. Problemorientierung) und „Kategorien historischer
Deutung": erstens historische Kategorien (Beziehungsbegriffe),
nämlich Zeitdimensionen, Dauer und Wandel, Veränderlichkeit,
Gewordensein, Aufstieg und Fall, Fortschrittsidee, Geschlecht,
zweitens Sachbegriffe (Gattungsbegriffe, Strukturtypen), z.B.
Evolution, Revolution und Reform, Epochenbezeichnungen,
sozialwissenschaftliche Gattungsbegriffe (Nation, Herrschaft,
Staat, Recht) und drittens historische Theorien und Begriffe
(vgl. Hasberg 2010, 170).

Die abgehobenen Kompetenzmodelle scheitern in der Unter-
richtspraxis immer wieder. Zunächst sind die Kompetenzen kein
genuin geschichtsdidaktisches Konzept, sondern eine Übernahme
und Weiterentwicklung der bereits erwähnten Ansätze Oskar
Negts. Ferner gibt es zu viele verschiedene Modelle. Auch fehlt
es trotz zum Teil vorgenommener Graduierungen in verschiedene
Niveaus bislang an notwendigen Konkretisierungen. Fraglich
ist auch, ob eine historische Kompetenz an sich teilbar ist. Die
„Sachkompetenz" des Modells der FUER-Geschichtsbewusstsein-

Gruppe ist denn auch die (notwendige) Schnittmenge der zuvor getrennten Kompetenzen. Es gehört eben zusammen, was vorher künstlich getrennt wurde. Die vollständige Loslösung von Kompetenzen und Inhalten setzt stillschweigend voraus, dass jede Kompetenz an jedem x-beliebigen Inhalt entwickelt werden kann. Das ist aber eine rein hypothetische Annahme. Vor allem aber formulieren Kompetenzen hehre Ziele, die im schulischen Lernen zu weit von jeder möglichen Realisierbarkeit entfernt sind.

Dennoch ist der Kompetenzansatz für unsere komplexe Thematik unverzichtbar. Denn historisch-politisch kompetent zu sein, bedeutet in einer demokratischen Gesellschaft, Toleranz zu üben, aber auch ihr Grenzen zu setzen, immer wieder neu die Frage nach der Abgrenzung staatlicher Gewalt und individueller Freiheit zu stellen und mit Kompromissen leben zu können. Kompetenzen setzen also geschichts- wie politikdidaktisch lebenslanges Lernen voraus und dürfen deswegen keine reinen Lehrziele, sondern müssen geradezu Lernziele sein, die in jeder Generation neu aufgebaut werden müssen, um die demokratische Gesellschaftsordnung am Leben zu erhalten. Wir müssen uns also fragen, welche Kompetenzen die nun näher vorgestellten didaktischen Zugänge im Hinblick auf demokratische Erkenntnisse und demokratisches Verhalten fördern können. Die aufzubauende Sachkompetenz ist in jedem Fall die Demokratiekompetenz, verstanden als Wissen und Befähigung zur Wahrnehmung der Bürgerrolle. Im Einzelnen geht es um die Perspektivenübernahme, die politische Responsibilität, das sozialwissenschaftliche Analysieren, das politisch wertende Urteilen, die Vermittlung einander entgegenstehender Urteile in der sozialen Auseinandersetzung und schließlich um die Bereitschaft zur Realisierung der einzelnen Kompetenzen (May 2007; Marker 2009).

1.1 Erster Zugang:
Ausnahmerecht und Opfer staatlicher Gewalt

Das Problem der Abgrenzung der staatlichen Gewalt gegenüber den individuellen Freiheitsrechten der Staatsbürger wurde in der

Geschichte immer wieder anders beantwortet (zur Geschichte der Theorie des Ausnahmezustandes vgl. Carl Schmitt (1921); Frederick M. Watkins (1940); Carl J. Friedrich (1941); Clinton L. Rossiter (1948); Herbert Tingsten (1934) und jüngst Giorgio Agamben (2004)).

„Ausnahmezustand" (bzw. Staatsnotstand, Verfassungsnotstand) bezeichnet die existentielle Gefährdung des Staates selbst oder einzelner seiner staatlichen Grundfunktionen durch äußere oder innere Gefahren. Nach der Feststellung einer Bedrohung der „öffentlichen Sicherheit und Ordnung" kann der Staat außerordentliche Maßnahmen zur Gefahrenabwehr ergreifen, wobei die Verfassung eingeschränkt und mit Notstandsrecht regiert wird. Dieses ist entweder Bestandteil der Verfassung (intrakonstitutioneller bzw. intralegaler Art) oder entspringt spontanen Maßnahmen zur Gefahrenabwehr ohne rechtliche Grundlage (extrakonstitutioneller bzw. extralegaler Art). Der „Ausnahmezustand" setzt die Verfassung oder einzelne ihrer Bestimmungen zeitweilig außer Kraft, schränkt etwa die Grundrechte ein und stärkt die Kompetenzen der Exekutive, was zur Aufhebung der Gewaltenteilung führt.

Das Grundproblem ist damit umschrieben. Inwieweit darf ein demokratischer Staat zur Terrorabwehr im Inneren oder zur Niederschlagung von Aufstands- oder Umsturzversuchen Maßnahmen zur Einschränkung individueller Freiheitsrechte ergreifen, ohne selbst zur Diktatur zu werden? Der bis heute hin in diesem Zusammenhang zitierte Kirchenrechtler Gratian brachte es im 12. Jahrhundert auf den Punkt: „Si propter necessitatem aliquid fit, illud licite fit: quia quod non est liticium in lege, necessitas facit licitum. Item necessitas legem non habet." („Wenn etwas aus Not geschieht, geschieht es legitimer Weise, da Not, was nach dem Gesetz nicht legitim ist, legitimiert. Desgleichen gilt: Not kennt kein Gesetz."). Strittig ist, ob der Ausnahmezustand zu einer demokratischen Rechtsordnung gehört. In der Tradition des Naturrechts steht das Recht über dem Gesetz und bleibt in Kraft, auch wenn es durch Ausnahmegesetze eingeschränkt wird.

Ist der Ausnahmezustand Teil der Rechtsordnung (Unterscheidung von „pouvoir constituant" (konstituierende Gewalt) und „pouvoir constitué" (konstituierte Gewalt) bzw. Unterscheidung von „Norm" und „Entscheidung") wird das Recht durch den Souverän garantiert. Der umstrittene Staatsrechtler Carl Schmitt und auch spätere Theoretiker unterschieden zwei Formen der Diktatur, die „kommissarische" („verfassungsmäßige") und die „souveräne" („nicht verfassungsmäßige") Diktatur. Während in der „kommissarischen Diktatur" der Diktator zur Bewahrung der Verfassung an einen definierten Auftrag (Kommission) gebunden ist, setzt er sich in der „souveränen Diktatur" über die suspendierte Verfassung hinweg, um diese umzustürzen.

Didaktisch gesehen kann ein kategorial-vergleichender Zugang zur Frage des Ausnahmezustands gewählt werden, um in einem schlaglichtartigen Längsschnitt Beispiele aus verschiedenen Epochen heranzuziehen, historische Sachurteile zu bilden und abschließend moderne Werturteile vorzunehmen. Da das Mittelalter keinen Staat kannte, bieten sich für einen Vergleich nur die Antike und die Neuzeit an.

In der römischen Republik gab es drei verschiedene Arten des Ausnahmezustandes: die Diktatur, die Ausweitung der Verfassung durch spezielle Gesetze (Triumvirat) und den „letzten Senatsbeschluss" (senatus consultum ultimum).

Bei der ältesten dieser Formen, der Diktatur (dictatura), wurde alle staatliche Gewalt auf ein halbes Jahr auf einen einzigen Amtsträger, den Diktator, übertragen. Diese Regierungsform kam ursprünglich nur im Falle des Todes beider Konsuln zum Tragen, also in höchster Not. Auftrag und politischer Handlungsspielraum des Diktators waren klar definiert. Er stand verfassungsmäßig über den Konsuln und konnte die Befugnisse der Volkstribune und das Berufungsrecht römischer Bürger vor Strafgerichten außer Kraft setzen, aber weder die Verfassung abändern, Kriege erklären, noch neue Steuern erheben.

In der vergleichend-didaktischen Analyse sollte die Frage der Legitimität der Regierung im Vordergrund stehen. Die römische

Diktatur war eine legitime institutionalisierte Form der Krisenre-
gierung im Falle eines staatlichen Notstandes und hob Schwächen
der Kollegialverfassung auf (Übergangsdiktatur, kommissarische
Diktatur). Als eine ähnliche Form der legitimen Diktatur lässt
sich in vergleichend-diachroner Perspektive der Staatsstreich
des Generals Charles de Gaulle von 1958 betrachten, der in
der Verfassung der „Fünften Republik" endete. Die totalitären
Diktaturen Napoleons I. (1799), Francos, Mussolinis, Hitlers
oder Stalins endeten dagegen in einem Verfassungsumsturz
(souveräne Diktatur).

Neben der Diktatur kannte die römische Republik das Triumvirat als Regierungsform. Im zweiten Triumvirat erhielten 43 v.
Chr. Octavian, Marcus Antonius und Marcus Aemilius Lepidus
durch ein Gesetz der Volksversammlung (lex titia) auf zunächst
fünf Jahre diktatorische Vollmachten „zur Wiederherstellung des
Staates". Die Einführung dieser „verfassungspolitischen Verle-
genheitslösung" in der Bürgerkriegszeit wurde notwendig, da
der eigentliche Ausnahmezustand der römischen Republik, die
Diktatur, gerade abgeschafft worden war (erstes Triumvirat 60 v.
Chr. mit Pompejus, Crassus, Caesar) (vgl. Bleicken 1989, 90–93).
Vergleichbare Triumvirate zur Erreichung politischer Ziele gab es
auch in der Frühen Neuzeit. Zwischen 1561 und 1567 verbanden
sich in Frankreich drei Adlige (Anne de Montmorency, Jacques
d`Albon, Francois de Lorraine) gegen Katharina von Medici, um
den katholischen Glauben zu bewahren. In der Französischen
Revolution setzten sich drei liberale Abgeordnete (Antoine
Barnave, Adrien Duport, Alexandre de Lameth) als politische
Erben Mirabeaus für die konstitutionelle Monarchie und die
Einhaltung der Verfassung von 1791 ein. Nach der Annahme der
Direktorialverfassung durch den Nationalkonvent wählte der Rat
der Ältesten am 31. Oktober 1795 die fünf Mitglieder des ersten
Direktoriums, welches nach dem Staatsstreich vom 4. September
1797 von einem Triumvirat (Paul de Barras, Louis-Marie de la
Révellière-Lépeaux, Jean Francois Reubell) dominiert wurde. In
der Römischen Republik von 1849 (Republica Romana) schlos-

sen sich drei radikale Demokraten (Guizeppi Mazzini, Carlo Armellini, Aurelio Saffi) am 5. Februar zur verfassungsgebenden Versammlung zusammen. Im Osmanischen Reich übernahm nach einem Attentat auf den Großwesir Mahmud Sevket Pascha im Januar 1913 ein Triumvirat der so genannten „Jungtürken" (die Generäle Enver Pascha, Talaat Pascha, Cemal Pascha) die Macht und regierte mit diktatorischen Vollmachten. Nach Lenins Tod 1924 bildete sich ein kommunistisches Triumvirat (Josef Stalin, Lew Kamenew, Grigori Jewsejewitsch Sinojew). In Brasilien schlossen sich 1969 drei hohe Offiziere (Aurélio de Lyra Tavares, Augusto Hamann Rademaker-Grünewald, Márcio de Souza Melo) während der Erkrankung des Staatspräsidenten Arturo da Costa e Silva zusammen und verhinderten die verfassungsgemäße Amtsübernahme des Vizepräsidenten. Die Analyse einiger dieser Verbindungen kann im historisch-politischen Lernen die Rolle von Netzwerken zur Gewinnung politischer Macht beleuchten.

Ferner konnte der römische Senat im Falle eines zu erklärenden Staatsnotstandes das „senatus consultum ultimum" („letzter Beschluss des Senats") verhängen, welcher die beiden Konsuln bevollmächtigte, alles zu unternehmen, um Schaden vom Staat abzuwenden (Videant consules, ne quid res publica detrimenti capiat). Nach Sallust war danach staatliche Gewalt gegenüber römischen Bürgern, ja sogar die Hinrichtung, ohne Gerichtsurteil möglich und konnten Truppen ausgehoben werden (De coniuratione Catilinae 29,3). Jedoch konnten deren Vollstrecker später belangt werden, da insbesondere die Popularen gegen diesen letzten Senatsbeschluss votierten. Lucius Opinius wurde als Mörder des Gaius Gracchus vor Gericht gestellt, aber freigesprochen, während Marcus Tullius Cicero für die Niederschlagung der Catilinarischen Verschwörung und damit zusammenhängenden Hinrichtungen verbannt wurde. Insgesamt vierzehn Mal wurde das „senatus consultum ultimum" zwischen 121 v. Chr. bis 43 v. Chr. angewendet, darunter 121 v. Chr. gegen Gaius Sempronius Gracchus und Fulvius Flaccus und 49 v. Chr. gegen Gaius Julius Caesar (vgl. Mommsen 1888,

1240–1251; Plaumann 1913, 321 ff.; Mendner 1966, 258 ff.; Rödl
1969; Ungern-Sternberg von Pürkel 1970; Guarino 1970, 281 ff.;
Raaflaub 1974, 72–99; Nippel 1988, 83–85; Bleicken 1993, 115 ff.;
Lintott 1999). Gaius Sempronius Gracchus (153–121 v. Chr.) setzte
sich als Volktribun unter Übertretung alter Vorrechte des Senats
für eine umfassende Landreform zu Gunsten des Volkes sowie
einer Stärkung der Popularen im Senat ein und wurde dafür von
den konservativen Optimaten des Hochverrats angeklagt und
nebst vielen Anhängern erschlagen. Der revolutionäre Elan der
Gracchen war freilich begleitet von Karriereabsichten im Sinne
der römischen Nobilität und die Instrumentalisierung des Volkes
auch Mittel zum Zweck (Christ 2000; Bringmann 2002; Ottow
2003; Bleicken 2004). Ein der römischen Republik vergleichbares
Notstandsrecht findet sich auch in demokratischen Verfassungen
der Neuzeit. Das preußische Gesetz über den Belagerungszustand vom 4. Juni 1851 legte fest, dass im „Fall eines Aufruhrs
[...], bei dringender Gefahr für die öffentliche Sicherheit, der
Belagerungszustand sowohl in Kriegs- als in Friedenszeiten
erklärt werden" konnte. Nach Artikel 68 der Reichsverfassung
von 1871 durfte der deutsche Kaiser unter Verweis auf das ältere
preußische Gesetz den Belagerungszustand, „wenn die öffentliche
Sicherheit in dem Bundesgebiete bedroht ist, einen jeden Teil
desselben in Kriegszustand erklären". Auch ohne Feststellung des
Belagerungszustands besaß die Reichsleitung die Möglichkeit,
bei dringender Gefahr für die öffentliche Sicherheit Grundrechte
außer Kraft zu setzen (Jesuitengesetz 1872, Sozialistengesetz
1878). Der Artikel 48 der Weimarer Reichsverfassung als Teil
der so genannten „präsidialen Reserveverfassung" war in Kom-
bination mit dem Recht des Reichspräsidenten, den Reichstag
aufzulösen, ein Gegengewicht zum absoluten Verhältniswahlrecht
(ohne Fünfprozentklausel) und sollte es der Reichsregierung
ermöglichen, mit Notstandsgesetzen zu regieren, falls demokratische Parteien sich ihrer Verantwortung entzogen oder die
Parlamentsmehrheit aus undemokratischen Parteien bestand.
Hitler ermöglichte dieses zum Schutz der Demokratie erlassene

Verfassungskonstrukt paradoxerweise die schnelle Errichtung der nationalsozialistischen Diktatur auf scheinbar legalem Wege („Notverordnung zum Schutze von Volk und Staat" vom 28. Februar 1933) unter Beseitigung der Gewaltenteilung. Hitler und sein „Drittes Reich", staatsrechtlich gekennzeichnet durch den Ausnahmezustand in Permanenz, steuerten planmäßig auf einen Vernichtungskrieg zu, in dem nicht nur Juden, politische Gegner und geistig oder körperlich behinderte Menschen (vgl. hierzu den Beitrag von Franka Rößner in diesem Band) ermordet wurden, sondern auch Millionen von Menschen in Polen und der Sowjetunion verhungern sollten, um den „Lebensraum" für das deutsche Volk zu sichern (vgl. hierzu den Beitrag von Wigbert Benz in diesem Band).

Bis 1968 blieben in der Bundesrepublik Deutschland in den Deutschlandverträgen die Vorrechte der Alliierten in Kraft, nach denen diese im Falle eines Notstands die Regierungsgewalt in der Bundesrepublik übernehmen konnten. Die Große Koalition verabschiedete am 24. Juni 1968 ein „Gesetz zur Ergänzung des Grundgesetzes" („Notstandstandgesetze"), wonach in genau definierten Fällen einer inneren oder äußeren Bedrohung die Bundeswehr im Innern eingesetzt, die legislativen Funktionen von Bundestag und Bundesrat von dem „Gemeinsamen Ausschuss" übernommen und einige Grundrechte eingeschränkt werden können.

Geht man im historisch-politischen Lernen davon aus, dass eine Struktur dort, wo sie das erste Mal auftritt, ausführlich zu behandeln ist, dann kommt dem Notstandsrecht der römischen Republik in Zusammenhang mit den Gracchischen Reformen allergrößte Bedeutung zu. Dieses Fallbeispiel fördert die historische Fragekompetenz: Heiligt der Zweck die Mittel? Unter welchen Bedingungen dürfen Gesetze zum Erreichen vermeintlich legitimer politischer Ziele verletzt werden? Inwieweit will man Amtsträgern für die Propagierung und ggf. das Erreichen sozialer Ziele zugunsten der Mehrheit eine persönliche Machterweiterung zugestehen? Unter welchen Bedingungen darf die staatliche Gewalt einschreiten und die individuellen Rechte von Bürgern einschränken (vgl. hierzu den Beitrag von Elisabeth Erdmann in diesem Band)?

In einem zweiten Schritt ließen sich Verfassungen der Neuzeit heranziehen und mit der Verfassung der römischen Republik vergleichen. Oder man könnte in einem zeitversetzten Vergleich das Problem der Land- und Bodenreform in Latein- und Mittelamerika untersuchen, um so einen Aktualitätsbezug herzustellen.

Dieser didaktische Ansatz fördert neben der Entwicklung der historischen Fragekompetenz vor allem die historische Orientierungskompetenz durch die Verbindung von Vergangenheit und Gegenwart. Die Methodenkompetenz besteht in der Anwendung des diachronen (zeitversetzten) Vergleichs. Im Sinne von Oskar Negt wäre die Gerechtigkeitskompetenz ein zentrales Moment. Zusammengenommen führt dieser Ansatz somit zu einer Stärkung der Demokratiekompetenz durch die unbequeme Einsicht, dass demokratische Verfassungen notwendigerweise Sicherungssysteme besitzen müssen, die letztendlich ihren Bestand garantieren.

1.2 Zweiter Zugang: Utopien – nur Träume?

Als Utopie bezeichnet man eine denkbare oder erstrebenswerte Wunschvorstellung, die in ihrer Entstehungszeit nicht realisiert worden ist. Den Begriff selbst hat als erster der englische Staatsmann Thomas Morus in seinem 1516 erschienen visionären Roman mit dem Titel „De optimo rei publicae statu deque nova insula Utopia" („Vom besten Zustand des Staates oder von der neuen Insel Utopia") verwandt.

Utopien müssen nicht „Luftschlösser" bleiben, sondern können real bedeutsam werden. Sie besitzen in Europa eine alte Tradition, sind Zeichen fortschreitenden politischen Denkens und nehmen im demokratischen Europa immer mehr Gestalt an (Foerster 1967; Fuhrmann 1981; Tielker 1998; Koschorke 2007). Gingen noch die griechischen Philosophen, allen voran Aristoteles, von einem zyklischen Geschichtsbild aus, das jede gesellschaftliche Utopie ausschloss, so entstanden im Mittelalter zahlreiche religiöse Utopien. Bereits der große Kirchenlehrer Augustinus (354–430) sah als Endziel seiner teleologischen Geschichtsauffassung die Errichtung des Gottesstaates. Christlich-fundamentale Prediger des Endzeitdramas überschwemmten Europa, angefangen von den Apostelbrüdern in Italien in der zweiten Hälfte des 13. Jahrhunderts unter Gerardo Segarelli und Fra Dolcino bis Thomas Müntzer (auch Münzer) (um 1489–1525) in der Frühen Neuzeit. Im Mittelalter konnte sich, einigen arabischen Staaten der Neuzeit gleich, gesellschaftliche Kritik nur als religiöse Kritik äußern. Denn die sich aus der Armutsbewegung des Hochmittelalters speisenden religiösen Utopien enthielten auch politisch-soziale Forderungen, die an den reichen Obrigkeiten Anstoß nahmen und damit die angeblich gottgewollte Ständegesellschaft in Frage stellten. Verschiedene Geschichtsphilosophen der Neuzeit griffen diese Gedanken wieder auf und konzentrierten sich nun auf deren soziale Komponente. Thomas Morus kritisierte in seinem 1516 erschienenen Werk „Utopia" die gesellschaftlichen Zustände seiner Zeit (vgl. hierzu den Beitrag von Siegfried Frech in diesem Band). Sein der Realität seiner Zeit weit vorausschauender Roman beschreibt eine Inselstaatgesellschaft mit republikanisch-demokratischen Grundzügen, die auf rationaler Gleichheit, Arbeitsamkeit und dem Streben nach Bildung beruht. Der italienische Philosoph und Dominikaner Tommaso Campanella (1568–1639) stellte in seinem Hauptwerk „Civitas solis" („Der Sonnenstaat") ein visionäres Gesellschaftssystem dar, welches als irdische Umsetzung der göttlichen Ordnung ein Gemeinwesen ohne Privateigentum vorsah, in dem sich alle menschlichen Fähigkeiten optimal entfalten sollten. In seinem 1605 erschienenen Buch „Monarchie Messiae" blickte er weit in die Zukunft, als er die wirtschaftlichen Vorteile einer europäischen Völkergemeinschaft beschrieb. Der humanistisch gebildete englische Lordkanzler Francis Bacon stellte 1627 mit seiner Schrift „Nova Atlantis" („Das neue Atlantis") auf der Grundlage von Platos Schilderung der sagenumwobenen

Insel Atlantis einen utopischen Wissenschaftsstaat vor. Georg Friedrich Wilhelm Hegel ging 1807 in seiner „Phänomenologie des Geistes" von einem stetig fortschreitenden Weltgeist im Hinblick auf die Vervollkommnung des Menschen aus. Die bekannteste soziale Utopie einer klassenlosen Gesellschaft ist sicherlich das 1848 gedruckte „Manifest der Kommunistischen Partei" von Karl Marx. Der nationalsozialistischen „Weltanschauung" liegt dagegen keine wissenschaftlich begründete Ideologie zu Grunde, sondern sie ist eine Zusammenschau und brutale Radikalisierung älterer rassistischer Vorstellungen, nach denen der vermeintlich bessere Arier im „Kampf ums Dasein" siegen oder untergehen muss.

Jede ideologisch determinierte Utopie, die auf der Voraussetzung einer fundamentalen Änderung des Menschen zum „Besseren" basiert, negiert die anthropologischen Voraussetzungen und rechtfertigt nur allzu leicht die Unterdrückung des Menschen durch den Menschen in der Gegenwart mit der Begründung der notwendigen radikalen Umgestaltung aller gesellschaftlichen Verhältnisse im Hinblick auf das Endziel einer besseren Zukunft. Damit wird der Zukunftsbezogenheit philosophisch-historischen Denkens die Gegenwart untergeordnet. Eine derart lineare gesellschaftliche Konzeption verneint zwangsläufig humane Errungenschaften der Vergangenheit und zieht ideologisch einseitige Lehren aus der Geschichte. Das beste Beispiel für eine derartige Utopie ist der Marxismus, der als ideologische Grundlage in sozialistischen bzw. kommunistischen Staaten geradewegs in brutale Diktaturen mündete. Denn mit der Aufhebung der Gewaltenteilung kann es keine Freiheit mehr geben. Bedenklich ist daher, wenn in den immer dünner und offener werdenden Curricula der schulischen historisch-politischen Bildung Themen wie die Geschichte der DDR, der Sowjetunion oder der Volksrepublik China unter Mao wegfallen.

Zweifelhaft ist angesichts der großen Verbrechen des 20. Jahrhunderts, ob die Menschheit zur fortschreitenden Zivilisation fähig ist, wie der Soziologe Norbert Elias (1897–1990) in seinem Werk „Über den Prozess der Zivilisation" behauptet hat. Elias ging von der Grundüberzeugung aus, dass in Westeuropa zwischen 800 und 1900 nach Christus eine fortschreitende „Zivilisierung" zu beobachten sei. Im ersten Band seines Werkes beschrieb er die Psychogenese der modernen Persönlichkeitsstruktur, die sich in drei Stufen, von der mittelalterlichen courtoisie, der höfischen civilité, zur neuzeitlichen civilisation entwickelt haben soll. Elias nahm später Einschränkungen an seiner umstrittenen Theorie vor, indem er etwa von „Entzivilisierungsschüben" sprach, zu denen auch der Nationalsozialismus zählte (Elias (1939) 1992). Die Geschichtswissenschaft wird eher zu der fatalistischen Erkenntnis neigen, dass die Zeitläufte kein Ziel besitzen und Fortschritte und Rückschritte sich abwechseln (Duerr 1998–2002).

Dennoch sind religiöse und soziale Utopien geschichtsdidaktisch bedeutsam. Soziale Utopien als tragende Kräfte gesellschaftlicher Veränderungen ermöglichen einen Blick in die dann nur noch bedingt offene Zukunft (Habermas 1970). Diese ist so kein „Wolkenkuckucksheim" mehr wie in der Komödie „Die Vögel" des griechischen Dichters Aristophanes oder in der mittelalterlichen Legende vom „Schlaraffenland". Der Philosoph Ernst Bloch (1885–1977) ging in seinem zentralen Werk „Das Prinzip Hoffnung" von der Kategorie der Möglichkeit aus, die er in das „formal Mögliche", das „sachlich-objektiv Mögliche", das „sachhaft-objektgemäß Mögliche" und das „objektiv-real Mögliche" einteilte. Im vierten Teil des zweiten Bandes analysierte Bloch verschiedene Grundrisse einer besseren Welt, ärztliche, technische, architektonische, geographische, künstlerische Utopien sowie verschiedene Sozialutopien von Solon und Diogenes über Thomas Morus bis hin zu Edward Bellamy und William Morris. Die „Sozialutopie arbeitete als ein Teil der Kraft, sich zu verwundern und das Gegebene so wenig selbstverständlich zu finden, dass nur seine Veränderung einzuleuchten vermag", schrieb Bloch (Bloch 1985, 557). Der Geschichtsdidaktiker Klaus Bergmann unterschied in Anlehnung an Bloch in seinem

Ansatz der Gegenwarts- und Zukunftsbezogenheit historischen
Denkens zwischen „unechter" und „echter" Zukunft, worunter er
einerseits „die gedanklich in die Zukunft verlängerte Gegenwart"
und andererseits „die vermutete Verwirklichung von humanen
und humanitären Hoffnungen" verstand. Diese „hypothetische
Vorwegnahme der Geschichte" dürfe jedoch „keine ideologische oder doktrinäre Spekulation" sein, sondern diene dem
„Nachdenken über Möglichkeiten menschenwürdiger Existenz".
Geschichtsdidaktik und -unterricht müssten deshalb von der
„Suche nach der Zukunft in der Vergangenheit" geleitet sein und
sollten sich nicht an „einer ahistorisch gegenwartsbezogenen,
gegenwartsverhafteten Denkweise" orientieren, da diese zu einer
„hoffnungslosen Anpassung an das je Gegenwärtige" führe (vgl.
Bergmann 1998, 148).

Die Einbeziehung „konkreter Utopien" in das historische
und geschichtsdidaktische Denken darf jedoch nicht zur teleologischen Chimäre oder zum naiven Postulat einer rundum
gerechten Gesellschaftsordnung werden. Denn die Umsetzung
der marxistischen Ideologie hat, wie bereits betont, in den sozialistischen Staaten bekanntlich zu totalitären Regimes geführt.
Eingedenk dieser Gefahren wird ein gegenwarts- und zukunfts-
bezogener Geschichtsansatz historische Fragen aufwerfen, die
zum Erkenntnisgewinn im Hinblick auf die moralisch-ethische
Entwicklung des Menschen beitragen. Die historisch hart er-
kämpften demokratischen Errungenschaften treten damit als
erhaltenswerte Gesellschaftsordnung deutlich zu Tage. Deutlich
wird auch, dass erst eine reflektierte Traditions- und Normenkritik
ohne „utopische Ungeduld" (Bergmann) zur demokratischen
Emanzipation führt. Es geht um den „Erkenntnisfortschritt
durch Kritik". Nach Bergmann wird „eine Geschichtsdidaktik,
die sich so versteht, (...) einen Geschichtsunterricht anstreben,
der die vielen denkbaren Hinsichten auf die Vergangenheit nicht
nur nicht ausschließt, sondern sie durch eine bewusst multiperspektivische Präsentation von Geschichte geradezu herausfordert",
denn allein der multiperspektivische Zugang führe aufgrund

der „unterschiedlichen historisch-politischen Sozialisation zu unterschiedlichen Deutungen, Beurteilungen, Bewertungen und Identifikationen". Damit ist die größte Gefahr eines einseitigen Zugriffs auf die Geschichte im Sinne einer ideologischen Utopie gebannt (vgl. Bergmann 1998, 152). Eine Auseinandersetzung mit den sozialen Utopien der Vergangenheit und Gegenwart fördert im historisch-politischen Lernen im Sinne von Oskar Negt die Erinnerungs- und Utopiefähigkeit als grundlegende Bestandteile jeder historischen Kompetenz.

Soziale Utopien sind im historisch-politischen Lernen für unser Thema daraufhin zu überprüfen, inwieweit sie das Verhältnis von Individuum und staatlicher Gewalt regeln und zur Emanzipation des Menschen von Herrschaft und Knechtschaft beitragen. Die Auseinandersetzung mit ihnen fördert die eigene Standortbestimmung und das Nachdenken über künftige Ziele im gesellschaftlichen Leben. Ideale, und darin liegt die Stärke dieses Zugangs, sind der Ansporn, an der gegenwärtigen Situation etwas zu ändern. So wird die Demokratiekompetenz gefördert.

1.3 Dritter Zugang: Gibt es eine ideale Verfassung?

Die Frage nach einer idealen, gerechten Verfassung ist eine der Kernfragen der Staatsrechtslehre, die auch im historisch-politischen Unterricht wegen ihrer Gegenwarts- und Zukunftsbezogenheit berücksichtigt werden sollte.

Für Aristoteles war der Mensch ein soziales, auf Gemeinschaft angelegtes und Gemeinschaft bildendes Lebewesen und die „Polis" daher die vollkommene Gemeinschaft. Im vierten Kapitel seiner „Politik" behandelt und bewertet er die möglichen Verfassungen. „Gute Verfassungen" waren für ihn die Monarchie, die Aristokratie und die Politie, entartete Verfassungen die Tyrannis, die Oligarchie und die Demokratie (Staatsformenlehre, Pol. III, 6 ff.).

Im Mittelalter galt das Gottesgnadentum als eine Form gerechter Königsherrschaft und die Salbung als Ausdruck einer übernatürlichen Weihe (rex et sacerdos). Der König war an das göttliche Recht gebunden und wurde auf eine gute und rechte

Erfüllung seiner Aufgaben verpflichtet. Im Königsheil sahen die Zeitgenossen ein Zeichen seiner Gottgefälligkeit.

In Humanismus und Aufklärung stand die Entwicklung der Staatsrechtslehre im Vordergrund, die ohne die sozialen Utopien der vergangenen Jahrhunderte nicht denkbar gewesen wäre. Niccolò di Bernardo dei Machiavelli (1469-1527) rühmte in seiner Schrift „Discorsi" die republikanische Verfassung, während er im „Il Principe" Alleinherrschaft und Machtpolitik eines Fürsten betonte. Jean Bodin (1529-1596) begründete den modernen Souveränitätsbegriff und befürwortete in seiner Schrift „Les six livres de la République" („Sechs Bücher über den Staat") von 1576 den Absolutismus. Thomas Hobbes (1588-1679) kam in seinem „Leviathan" von 1651 zu dem Schluss, dass der von Furcht, Ruhmsucht und Unsicherheit geprägte gesellschaftliche Naturzustand nur durch die Gründung des Staats, also der Übertragung der Macht auf einen Souverän mittels eines Gesellschaftsvertrags, überwunden werden konnte. John Locke (1632-1704) war neben George Berkeley (1684-1753) und David Hume (1711-1776) der bekannteste britische Aufklärer. Seine politische Philosophie wurde zum Kernstück der amerikanischen Verfassung. In seinem Hauptwerk „Two Treatises of Government" betonte Locke, dass die Legitimität einer Regierung an die Zustimmung der Regierten gebunden ist und die Naturrechte Leben, Freiheit und Eigentum beschützten muss; andernfalls hätten die Untertanen ein Widerstandsrecht. Charles-Louis de Secondat, genannt Montesquieu (1689-1755), legte in seiner zentralen Arbeit „Vom Geist der Gesetze" von 1748 die Grundlagen der Gewaltenteilung zwischen Exekutive, Legislative und Judikative. Jean-Jacques Rousseau (1712-1778) bestimmte 1762 in seinem Werk „Du contract social ou principes du droit politique" („Vom Gesellschaftsvertrag oder Prinzipien des Staatsrechtes") die volonté générale („allgemeiner Wille") als alleinige Grundlage legitimer politischer Macht. Rousseau ging von drei Grundmaximen aus: Ein Vertrag (frz. pacte social) ist Voraussetzung jeder menschlichen Gemeinschaft (frz. l'état civil) im Gegensatz zum Menschen im Naturzustand (frz. l'état de nature). Grundlage dieses Vertrages ist der „Gemeinwille" (frz. volonté générale), der nicht mit der Summe der Einzelinteressen übereinstimmt, sondern absolut ist. Dieser von allen ausgehende Wille zielt auf das Wohl aller ab. Gemeinwille und Gerechtigkeit stimmen bei Rousseau überein, gehen auf die Vernunft zurück und beruhen auf Gegenseitigkeit. Alle müssen sich diesem Vertrag freiwillig unterordnen. Da aber der Gemeinwille unfehlbar ist, ist die freiwillige Zustimmung erforderlich.

Die komplizierten staatsrechtlichen Schriften lassen sich allenfalls in Auszügen im Geschichts- bzw. Gemeinschaftskundeunterricht behandeln, wobei zudem der historische Hintergrund ihrer Entstehungszeit zu berücksichtigen und das hinter ihnen stehende Menschenbild herauszuarbeiten ist. Machiavelli, Bodin, Hobbes, Locke und Montesquieu gingen in ihren Überlegungen von einem negativen Menschenbild aus, bei dem die Menschen der Kontrolle durch einen Souverän bzw. durch eine demokratische Verfassung bedürfen, um den Frieden zu sichern. Sie bejahten daher die positive Rolle jeder staatlichen Souveränität. Rousseau, Hegel und Marx betonten dagegen die Lernfähigkeit des Menschen und wollten diesen gar verändern. Vorrang haben angesichts des kostbaren Gutes Unterrichtszeit freilich politische Utopien mit konkreten demokratischen Verfassungsentwürfen. Lieber im Geschichtsunterricht Auszüge aus den Schriften „Two Treatises of Government" (1689) von John Locke und „De l'esprit des loix" (1748) von Montesquieu behandeln, die mit der Entwicklung der Gewaltenteilung mit gegenseitiger Kontrolle die Grundlage aller demokratisch-repräsentativ verfassten Staaten bilden, als an den nebulösen politischen Utopien des Werkes „Du contract social ou principes du droit politique" (1762) von Rousseau scheitern, die in der Gewaltenvereinigung und der Diktatur Robespierres mündeten.

Ferner könnte man in Schülergruppen ideale bzw. gerechte Gesellschaftsordnungen und Verfassungen entwickeln lassen und die Ergebnisse mit den Überlegungen der frühen Staatsrechtler oder der gegenwärtigen gesellschaftlichen Ordnung vergleichen. Dies führt zur Erkenntnis, dass Ideal und Wirklichkeit oft nicht deckungsgleich sind und der Kompromiss die Basis der Demokratie ist (Neumann 1997). Als Denkanstoß bietet sich die Inschrift auf dem Sockel der Freiheitsstatue an:

> Give me your tired, your poor,
> Your huddled masses yearning to breathe free,
> The wretched refuse of your teeming shore.
> Send these, the homeless, tempest-tossed to me.
> I lift my lamp beside the golden door.

Auch politische Lieder, etwa aus dem Vormärz oder von modernen Liedermachern, wie Joan Baez oder Bob Dylan, die oft voller Ideale sind, ließen sich heranziehen (Förderung der ästhetischen Kompetenz). Im Vordergrund all dieser Überlegungen steht jedoch die Orientierungskompetenz, hier verstanden als die Fähigkeit, Vergangenheit, Gegenwart und Zukunft auf der Suche nach einer gerechteren Gesellschaft in Verbindung zu bringen.

1.4 Vierter Zugang:
Widerstandsrecht und Tyrannenmord

Eine weitere Kernfrage ist die des Verweigerungs- und Widerstandsrechtes gegenüber einer Gesellschaftsordnung oder einem Staat. Unter welchen Bedingungen darf geltendes Recht für die Erreichung legitimer Ziele gebrochen werden? Wir beschränken uns hier auf die Frage des Tyrannenmordes.

Die Anschläge auf die Tyrannen Hippias und Hipparchos 514 v. Chr. gelten als die „Geburtsstunde" der athenischen Demokratie. Die Ermordung von Julius Caesar 44 v. Chr. wurde als legitimer Versuch betrachtet, die Republik zu retten. Johannes von Falkenberg rechtfertigte um 1410 unter dem Eindruck der verlorenen Schlacht von Tannenberg den Tyrannenmord (vgl. Bess

1896). Die Scholastik entwarf Theorien zum Widerstandsrecht gegen ungerechte Herrscher, die vom christlichen Verständnis einer gerechten Königsherrschaft abwichen (vgl. Miethke 1999). Verweigerung und Widerstand bis hin zum Tyrannenmord in totalitären Regimen wird heute als legitim anerkannt. In der Bundesrepublik Deutschland ist das Widerstandsrecht in Artikel 20 des Grundgesetzes festgeschrieben. Bei der gezielten Tötung von Terroristen jedoch herrscht Rechtsunsicherheit vor (vgl. die jüngsten Irritationen zur zustimmenden Äußerung der Bundeskanzlerin Angela Merkel zur gezielten Tötung Osama bin Ladens).

Oft sind es im Geschichtsunterricht „große" Männer oder Frauen (Personalisierung), die als Beispiele herhalten müssen, wenn es etwa um Fragen des Widerstands gegen die nationalsozialistische Diktatur geht (vgl. hierzu den Beitrag von Gerd M. Willers in diesem Band). Dass neben diesen personalisierenden Ansätzen auch personifizierende Ansätze möglich sind, kann am besten an regionalen Beispielen gezeigt werden, etwa an den Mössinger Demonstranten gegen die Ernennung Hitlers zum Reichskanzler oder an Deserteuren aus Hitlers Wehrmacht (vgl. hierzu die Beiträge von Werner Bundschuh und Frank Meier in diesem Band). Dieser Zugang verdeutlicht, dass Verweigerung und Widerstand in totalitären Systemen das eigene Leben und das der Familie gefährden. So wird die Erkenntnis reifen, dass eine „wehrhafte Demokratie" eine Notwendigkeit darstellt.

Auch wäre zu überlegen, unter welchen historischen Rahmenbedingungen und gesellschaftlichen Begleitumständen friedliche bzw. gewaltsame Revolutionen gerechtfertigt erscheinen (vgl. hierzu den Beitrag von Dieter Brötel in diesem Band).

1.5 Fünfter Zugang: Verzicht auf das staatliche Gewaltmonopol – eine Alternative?

Das Mittelalter kannte keinen Staat, aber auch keine Anarchie. Vielmehr ist die mittelalterliche Feudalgesellschaft, sieht man von der Stadt ab, charakterisiert durch Herrschaft und Knechtschaft.

Daher legten die Herren fest, was Recht ist. Gleichheit vor dem
Recht gab es allenfalls in der mittelalterlichen Stadt und auch das
nur bedingt. Die Adelsherrschaft unterschied sich vom modernen
Staat grundlegend. Ein Adliger war Grund-, Leib- und Gerichtsherr
in einer Person. Gewalt wurde unmittelbar ausgeübt. Dennoch
war die mit Gott legitimierte Herrschaft des Adels kein Freibrief
für alle erdenklichen Grausamkeiten gegenüber dem Volk. Denn
der Adel war an das göttliche Recht gebunden und durch altes
Herkommen und vertragliche Bindungen eingeschränkt.

War aber die mittelalterliche Gesellschaftsordnung, die uns
heute so fern und fremd erscheint, eine alteritäre, d.h. gegen-
sätzliche Alternative zum modernen Staatswesen? Bei genauem
Hinsehen zeigt sich schnell, dass Gewalt auf der Straße an der
Tagungsordnung war. Dennoch gibt es auch heute noch gewisse
Viertel in Los Angeles, New York oder Rio de Janeiro, die zum
Teil von Gangs beherrscht werden, der von Norbert Elias auf-
gestellten These einer fortschreitenden Zivilisation zum Trotz.
Im Mittelalter ging Gewalt im Alltag stärker als heute von unten
aus. Räuberei war eine Folge von Krieg, Not, Teuerung und Arbeitslosigkeit. Die im Spätmittelalter entstehende Massen- und
Elendskriminalität der Räuber-, Diebes- und Mörderbanden –
der „landschändlichen Leute" – war eine Bedrohung von Leib
und Leben, Hab und Gut. Vor allem marodierende Reisbuben,
arbeitlose Landsknechte, machten die Straßen unsicher. Auf
kriminelle Delikte standen drakonische Strafen, die freilich in der
Realität nicht schreckten. Die Angst vor Entdeckung war gering.
Mord, geschweige denn Körperverletzung, war kein Offizialdelikt
und wurde vom Gerichtsherrn nur auf Anzeige hin verfolgt. Im
Frühmittelalter konnte man sich sogar mit Wehrgeldzahlungen
von verübten Verbrechen loskaufen (die einen freilich finanziell
ruinieren konnten). Kurz, wir sehen, in Gesellschaften ohne Staat
gehört das Problem der Gewalt zum Alltag.

Dieser Zugang verdeutlicht, warum ein funktionierendes
staatliches Gemeinwesen mit staatlichem Gewaltmonopol notwendig ist. Aber, und das muss betont werden, das gilt nur für

demokratisch verfasste Staaten. Denn die alternativen Modelle individueller Gewaltausübung sind historisch gescheitert. Die mittelalterliche Gesellschaftsordnung hat nicht überlebt und ist auch nicht erstrebenswert. Auch dieser Zugriff fördert in erster Linie im schulischen Lernen die Orientierungskompetenz bzw. das Historizitätsbewusstsein (Veränderungsbewusstsein). Die besondere Schwierigkeit liegt darin, dass hier zwei komplette Gesellschaften miteinander verglichen werden müssen. Da ein derart umfassender Vergleich in der Schule kaum zu leisten ist, könnte man sich auf die Gerichtsherrschaft in Mittelalter und Früher Neuzeit in bewusster Gegenüberstellung zur modernen Rechtsprechung in demokratisch verfassten Staaten konzentrieren. Denn während in der Feudalgesellschaft Gericht (Judikative) und Herrschaft (Exekutive) unmittelbar miteinander verbunden waren, sind diese beiden Gewalten in demokratischen Staaten getrennt. Wer als Gerichtsherr im Mittelalter einen Verbrecher verurteilte, tat dies in aller Öffentlichkeit und mit großer Theatralik, um die eigene Macht zu demonstrieren. Davon ist bei uns nichts geblieben. Zwar gab es mit der Criminalis Carolina, der Peinlichen Halsgerichtsordnung Karls V. von 1532, eine allgemeine Prozessgrundlage, vergleichbar dem heutigen Strafgesetzbuch, doch mit einem wesentlichen Unterschied: die einzelnen Territorien im Reich konnten selbst entscheiden, ob sie die Carolina annahmen oder nicht. Eine derartige Vielfalt an lokalen Rechten erscheint uns heute sonderbar. Der frühmoderne Fürstenstaat hat dann auch viele dieser Sonderrechte eingeebnet, um die eigene Machtposition zu untermauern, schneller allerdings in England und in Frankreich als im Reich. Der Preis für die Vereinheitlichung des Rechts ist der Verlust partikularer Freiheiten. Die didaktische Kernfrage ist damit gestellt: Wie viele partikulare Freiheiten sind wir unter welchen Rahmenbedingungen bereit aufzugeben, um eine Vereinheitlichung des Rechts zu erreichen? Vorsicht ist jedoch bei modernen Werturteilen angebracht, die in der Gerichtspraxis des Mittelalters oder des frühmodernen

Fürstenstaates nur ein „Theater des Schreckens" sieht (vgl. hierzu den Beitrag von Gerhard Fritz in diesem Band).

2. Ergebnisse

Die genannten geschichts- bzw. politikdidaktischen Zugänge zum Spannungsfeld von staatlicher Gewalt und individueller Freiheit beleuchten unterschiedliche Facetten des Themas. Sie zeichnen sich durch eine hohe Komplexität aus und erfordern Kooperation. Damit ist eine wichtige didaktische Voraussetzung für „echte" Gruppenaufgaben gegeben, deren Schwierigkeitsgrade so groß sein müssen, dass sie nicht effektiver in Einzelarbeit erledigt werden können. Deswegen ist es methodisch sinnvoll, offene Unterrichtsformen (Projektunterricht, handlungs- und produktionsorientierter Geschichtsunterricht, wechselseitiges Lehren und Lernen) anzuwenden, die „lernendes Handeln" fördern (vgl. den Beitrag von Elfriede Windischbauer in diesem Band). Alle Zugänge fördern die demokratische Kompetenz, wenn auch auf unterschiedliche Weise. Dabei steht die Kernfrage der Grenzen der staatlichen Souveränität immer im Mittelpunkt. Als methodische Umsetzung lassen sich diachrone (zeitversetzte) Vergleiche anwenden. Die Komplexität der Themenstellung erfordert fächerübergreifendes Arbeiten (Geschichte, Gemeinschaftskunde, Ethik oder Religion).

Literatur

Agamben, Giorgio (2004): Ausnahmezustand. Frankfurt/M.

Bergmann, Klaus (1998): Geschichtsdidaktik. Beiträge zu einer Theorie historischen Lernens. Schwalbach/Ts.

Bess, Bernhard (1896): Johannes Falkenberg O.P. und der preußisch-polnische Streit vor dem Konstanzer Konzil. In: Zeitschrift für Kirchengeschichte, Band 16, 1896, S. 385–464.

Bleicken, Jochen (2004): Geschichte der römischen Republik. 6. Auflage, München (Oldenbourg Grundriss der Geschichte 2).

Bleicken, Jochen (1989/1993): Die Verfassung der römischen Republik. 5. Auflage, Paderborn.

Bloch, Ernst (1985): Werkausgabe. Band 5: Das Prinzip Hoffnung. Frankfurt/M.

Bringmann, Klaus (2002): Geschichte der römischen Republik. Von den Anfängen bis Augustus. München.

Christ, Karl (2000): Krise und Untergang der römischen Republik. 4. durchgesehene und aktualisierte Auflage. Darmstadt.

Duerr, Hans Peter (1988–2002): Der Mythos vom Zivilisationsprozess. 5 Bände. Frankfurt/M.

Dvorak, Johann/Zeuner, Christine/Franke, Annemarie (2005): Politische Partizipation durch gesellschaftliche Kompetenz: Curriculumentwicklung für die politische Grundbildung. Flensburg. URL: http://www.uni-flensburg.de/allgpaed/grundt-vigprojekt/ HistorischeKompetenzA.pdf [14.02.11].

Elias, Norbert (1939/1992): Über den Prozess der Zivilisation. Soziogenetische und psychogenetische Untersuchungen. 2 Bände. 17. Auflage, Frankfurt/M.

Foerster, Rolf Hellmut (1967): Europa: Geschichte einer politischen Idee; mit einer Bibliographie von 182 Einigungsplänen aus den Jahren 1306–1945. München.

Friedrich, Carl J. (1953): Der Verfassungsstaat der Neuzeit. Berlin, Göttingen, Heidelberg.

Fuhrmann, Manfred (1981): Europa – zur Geschichte einer kulturellen und politischen Idee. Konstanz.

Guarino, Antonio (1970): Senatus consultum ultimum. In: Becker, Walter G./Schnorr von Carolsfeld, Ludwig (Hrsg.): Sein und Werden im Recht. Festgabe für Ulrich von Lübtow. Berlin, S. 281–294.

Habermas, Jürgen (1970): Zur Logik der Sozialwissenschaften. Frankfurt/M.

Hasberg, Wolfgang (2010): Historiker oder Pädagoge? Geschichtslehrer im Kreuzfeuer der Kompetenzdebatte In: Zeitschrift für Geschichtsdidaktik, 9. Jahrgang, 2010, S. 159–190.

Hinz, Michael (2002): Der Zivilisationsprozess: Mythos oder Realität? Wissenschafts-soziologische Untersuchungen zur Elias-Duerr-Kontroverse. München.

Klieme, Eckard u.a. (2003): Zur Entwicklung nationaler Bildungsstandards. Eine Expertise des Deutschen Instituts für Internationale Pädagogische Forschung (DIPF). Hrsg. vom Bundesministerium für Bildung und Forschung (BMBF). Frankfurt/M.

Körber, Andreas/Schreiber, Waltraut/Schöner, Alexander (Hrsg.) (2007): Kompetenzen historischen Denkens. Ein Strukturmodell als Beitrag zur Kompetenzorientierung in der Geschichtsdidaktik. Neuwied.

Koschorke, Albrecht (2007): Der fiktive Staat. Konstruktionen des politischen Körpers in der Geschichte Europas. Frankfurt/M.

Lintott, Andre (1999): Violence in Republican Rome. Oxford.

Marker, Michael (2009): Demokratiekompetenz durch lernendes Handeln – Das Projekt „Schule als Staat". In: Lehren und Lernen. Zeitschrift für Schule und Innovation in Baden-Württemberg, 7/2009, S. 14–19.

May, Michael (2007): Demokratiefähigkeit und Bürgerkompetenzen. Kompetenztheoretische und normative Grundlagen der politischen Bildung. Wiesbaden.

Mendner, Siegfried (1966): Videant consules. In: Philologus 110, 3-4/1966 (1966), S. 258–267.

Metz, Karl Heinz (2011): Geschichte der Gewalt. Krieg – Revolution – Terror. Darmstadt.

Miethke, Jürgen (1999): Der Tyrannenmord im späteren Mittelalter. Theorien über das Widerstandsrecht gegen ungerechte Herrschaft in der Scholastik. In: Beestermöller, Gerhard/Justenhoven, Heinz Gerhard (Hrsg.): Friedensethik im Spätmittelalter. Theologie im Ringen um die gottgegebene Ordnung (Beiträge zur Friedensethik 30). Stuttgart, S. 24–48.

Mommsen, Theodor (1888): Römisches Staatsrecht. Dritter Band, 2. Teil. Tübingen.

Negt, Oskar (1975): Soziologische Phantasie und exemplarisches Lernen. Zur Theorie der Arbeiterbildung. Frankfurt/M.

Negt, Oskar (1976): Keine Demokratie ohne Sozialismus. Über den Zusammenhang von Politik, Geschichte und Moral. Frankfurt/M.

Negt, Oskar (1991): Lernen aus der Geschichte. Geschichte in der politischen Bildung. In: Brock, Adolf/Negt, Oskar/Richartz, Nikolaus (Hrsg.) (1991): Bildung – Wissen – Praxis. Beiträge zur Arbeiterbildung als politische Bildung. Köln, S. 56–73.

Negt, Oskar (1993): Wir brauchen eine zweite gesamtdeutsche Bildungsreform. In: Gewerkschaftliche Monatshefte, 11/1993, S. 657–668.

Negt, Oskar (1998): Lernen in einer Welt gesellschaftlicher Umbrüche. In: Dieckmann, Heinrich/Schachtsiek, Bernd (Hrsg.): Lernkonzepte im Wandel. Die Zukunft der Bildung. Stuttgart, S. 21–44.

Negt, Oskar (2010): Der politische Mensch. Demokratie als Lebensform. Göttingen.

Neumann, Horst (1997): Mit Gegensätzen leben. Baustein A. Ideal und Wirklichkeit. In: Landeszentrale für politische Bildung Baden-Württemberg: Politik und Unterricht, 2/1997, S. 5–7.

Nippel, Wilfried (1988): Aufruhr und „Polizei" in der römischen Republik. Stuttgart.

Ottow, Raimund (2003): Die Gracchen und ihre Rezeption im politischen Denken der frühen Neuzeit. In: Der Staat. Zeitschrift für Staatslehre und Verfassungsgeschichte, deutsches und europäisches Öffentliches Recht. 42. Bd., 2003, S. 557–581.

Plaumann, Gerhard (1913): Das sogenannte Senatus consultum ultimum. Die Quasidiktatur der späteren römischen Republik. In: Klio, 13, 1913, S. 321–386.

Price, Bronwen (Ed.) (2002): Francis Bacon's New Atlantis. New interdisciplinary essays. Manchester.

Raaflaub, Kurt (1974): Dignitatis contentio. Studien zur Motivation und politischen Taktik im Bürgerkrieg zwischen Caesar und Pompeius (Vestigia 20). München.

Rödl, Bernd (1969): Das Senatus Consultum Ultimum und der Tod der Gracchen. Bonn.

Rossiter, Clinton L. (1948): Constitutional Dictatorship. Crisis Government in the Modern Democracies. Princeton.

Rüsen, Jörn (1983): Historische Vernunft. Göttingen.

Sauer, Michael (2002): Methodenkompetenz als Schlüsselqualifikation. Eine neue Grundlegung des Geschichtsunterrichts? In: Geschichte, Politik und ihre Didaktik, 3-4/2002, S. 183–192.

Schmitt, Carl (1921): Die Diktatur. Von den Anfängen des modernen Souveränitätsgedankens bis zum proletarischen Klassenkampf. Berlin.

Schmitt, Carl (1922/1928): Politische Theologie. Vier Kapitel zur Lehre von der Souveränität. Berlin.

Schreiber, Waltraut (o. J.): Geschichte denken statt pauken. Die Entwicklung von Schülern im Geschichtsunterricht fördern. URL: http://www.geschichtsunterricht-anders.de/ lehrerfortbildung/Theorie.pdf [14.02.11].

Tielker, Wilhelm (1998): Europa – die Genese einer politischen Idee: von der Antike bis zur Gegenwart. Münster.

Tingsten, Herbert (1934): Les pleins pouvoir. Paris.

Ungern-Sternberg von Pürkel, Jürgen Baron (1970): Untersuchungen zum spätrepublikanischen Notstandsrecht. Senatus consultum ultimum und hostis-Erklärung. München.

Watkins, Frederick M. (1940): The Problem of Constitutional Dictatorship. In: Friedrich, Carl von/Mason, Edward S. (Hrsg.): Public Policy. New York, S. 324–380.

Weinert, Franz E. (2002): Vergleichende Leistungsmessung in Schulen – eine umstrittene Selbstverständlichkeit. In: Weinert, Franz E. (Hrsg.): Leistungsmessung in Schulen. 2. Auflage, Weinheim, S. 17–31.

Elfriede Windischbauer

Individualisierter Geschichtsunterricht zum Thema „Krieg" – Möglichkeiten und Grenzen

1. Einleitung

Aus geschichtsdidaktischer Sicht sind eine Reihe von Wegen möglich, um das Thema „Krieg" für den Geschichtsunterricht aufzubereiten, wie z.B. der traditionelle Zugang, der Ursachen, Kriegsverlauf und Folgen vermitteln will. Seit den 1980er Jahren wurde dieser Weg im Gefolge von Entwicklungen der Geschichtswissenschaft zunehmend abgelöst von einem alltagsgeschichtlichen Zugang, der das Leben der Soldaten und Zivilbevölkerung in den Mittelpunkt stellt. Verbreitung fanden in den letzten Jahrzehnten auch friedenspädagogische Gesichtspunkte, die auf eine „Sensibilisierung gegen Ungerechtigkeiten und Menschenrechtsverletzungen und die Förderung der Auseinandersetzung mit und das Ringen um Meinungen und Standpunkte" (Verein für Friedenspädagogik) abzielen. Dabei wird der Standpunkt vertreten, dass sich Pädagogik nicht scheuen dürfe, deutlich und klar „Nein" zu jeder Art von Gewalt zu sagen.

Neuere geschichts- und politikdidaktische Zugänge schlagen eine Beschäftigung mit den Faktoren vor, die Kriege bedingen, ermöglichen oder wahrscheinlich machen (vgl. z.B. Pöschko 2001, 4; Jäger 2001), andere wiederum mit der Frage, wie sich aus Kriegserlebnissen Erfahrungen, Verarbeitungstechniken und Legitimationsformeln entwickelten (vgl. Schulz 2006) oder mit der Rolle der Medien in der öffentlichen Darstellung von Kriegen (vgl. Hemberger 2001; Wilke 2001).

2. Historische Kompetenzen am Beispiel „Krieg" entwickeln

Im Folgenden wird der Frage nachgegangen, wie historische und aktuelle Darstellungen von Kriegen dazu genutzt werden können, um im offenen Geschichtsunterricht historische Kompetenzen zu entwickeln.

Im Zuge der konstruktivistischen Debatten im pädagogischen und didaktischen Umfeld wurden in der deutschsprachigen Geschichtsdidaktik in den letzten Jahren die im Geschichtsunterricht zu erwerbenden historischen Kompetenzen intensiv diskutiert und mehrere Kompetenzmodelle vorgelegt, die im Kern alle zum Ziel haben, ein reflektiertes Geschichtsbewusstsein bei Schülerinnen und Schülern anzubahnen (vgl. Gautschi 2009; Körber et al. 2007; Pandel 2005; Sauer 2002). Im vorliegenden Beitrag wird im Bereich der historischen Kompetenzen dem Modell der internationalen Projektgruppe FUER-Geschichtsbewusstsein (Körber et al. 2007; Kühberger 2009) gefolgt, das auch Eingang in österreichische Lehrpläne fand.

Ein an Kompetenzen orientierter Geschichtsunterricht hat den Erwerb jener (Teil)Kompetenzen zum Ziel, die man an unterschiedlichen Fallbeispielen flexibel anwenden kann. Anhand inhaltlicher Beispiele (z.B. Alltagsleben im Ersten Weltkrieg) „geht es nicht vorrangig oder gar ausschließlich um einen Erwerb von Daten und Fakten, sondern primär um den Erwerb eines konzeptionellen und prozeduralen Wissens, das dazu beiträgt, zu verstehen, wie historisches Denken funktioniert und wo die Grenzen einer triftigen Erzählung über die Vergangenheit (Geschichte) liegen" (Kühberger/Windischbauer 2011, 19). Das Arbeiten mit historischen Quellen (z.B. Tagebucheintragungen) und/oder Darstellungen (z.B. Schulbuchtexte) steht dabei im Mittelpunkt.

Abbildung 1: Historische Kompetenzen

Historische Fragekompetenz

Geschichte (verstanden als Erzählung über die Vergangenheit) gibt Antworten auf Fragen, die aus dem Heute an die Vergangenheit gestellt werden. Es gilt daher im Unterricht, vorhandene Fragestellungen in Geschichtsdarstellungen aufzuzeigen und die Schülerinnen und Schüler zu befähigen, Fragen an die Vergangenheit zu erkennen und selbst zu formulieren. Dabei sollte etwa deutlich gemacht werden, wie die Fragen selbst bereits die Antwortmöglichkeiten einschränken.

Historische Methodenkompetenz, Rekonstruktionskompetenz, Dekonstruktionskompetenz

Die historische Methodenkompetenz soll die Eigenständigkeit im Umgang mit historischen Quellen zum Aufbau einer Vorstellung über die Vergangenheit (Geschichte) sowie einen kritischen Umgang mit historischen Darstellungen (z.B. Ausstellungen, Spielfilme mit historischen Inhalten, Schul- und Fachbücher) fördern. Dazu sind fachspezifische Methoden zu vermitteln, um Analysen und Interpretationen vornehmen zu können.

Schülerinnen und Schüler sollen dazu Lerngelegenheiten erhalten, selbst Geschichte zu erzählen. Neben Einzelfähigkeiten, die auch schon bisher geschult wurden (z.B. Arbeiten mit Text- und Bildquellen), soll ihnen nun – in altersgemäßer und den Lernmöglichkeiten angepasster Form – auch die Möglichkeit geboten werden, anhand von unterschiedlichen historischen Quellen und Darstellungen aus Sachbüchern Aussagen über die Vergangenheit zu treffen.

Die Schülerinnen und Schüler erzählen also selbst über die Vergangenheit. Dieser Vorgang (Rekonstruktion), der realistischerweise nur in Teilschritten erworben werden kann, soll den Schülerinnen und Schülern verdeutlichen, dass das Schaffen von Darstellungen über die Vergangenheit (i. e. Geschichte) von der konkreten Quellenlage abhängt und das Auftauchen neuer Quellen oder die Neubewertung bereits bestehender Quellenbestände zu einer neuen Sichtweise auf die Vergangenheit führen kann.

Die Lernenden sollten jedoch auch jene Fähigkeiten und Fertigkeiten erwerben, die notwendig sind, um mit Erzählungen über die Vergangenheit (Geschichte), die von anderen Menschen erstellt wurden, kritisch umzugehen. Dies können neben den bereits oben genannten Darstellungsformen auch Comics, Zeitungsberichte, Denkmäler, Oral-History-Interviews, TV-Dokumentationen, Geschichtserzählungen in Schulbüchern, Rekonstruktionszeichnungen etc. sein. Den Schülerinnen und Schülern soll dabei verdeutlicht werden, dass jede Darstellung der Vergangenheit eine Konstruktion ist: Die Regisseurin, ein Zeichner, eine Drehbuchautorin, ein Journalist – sie alle konstruieren eine (ihre) Sichtweise auf die Vergangenheit, die abhängig ist vom individuellen Informationsstand, der politischen Haltung, dem technischen Können usw.

Aufgabe des Unterrichts ist es, die Darstellungen systematisch und kritisch zu analysieren, um etwa Intentionen und gattungsspezifische Merkmale der Erzählung (z.B. Einsatz von Filmmusik bei Spielfilmen über die Vergangenheit oder das Verwenden von positiven Adjektiven zur Beschreibung einer historischen Persönlichkeit, um diese in ein besseres Licht zu rücken) sichtbar zu machen. Da es sich dabei um die Umkehrung jenes Weges handelt, der bei einer Rekonstruktion gegangen wird, spricht man von Dekonstruktion.

Historisch Sachkompetenz
Im Unterricht dienen Begrifflichkeiten und Konzepte zur Erfassung von historischen Sachverhalten. Der altersgemäßen Konkretisierung und Weiterentwicklung dieser Begrifflichkeiten und Konzepte ist dabei besondere Aufmerksamkeit zu schenken. So sollte man sich dabei allgemeinen und historischen Begrifflichkeiten widmen (u.a. Polis, Pharao, Faschismus), systematischen Konzepten der Gesellschaftswissenschaft (u.a. Herrschaft, Macht, Staat), aber auch analytischen und methodischen Konzepten (u.a. Perspektive/Blickwinkel, Objektivität, Geschichtlichkeit, mündliche Quelle).
Historische Sachkompetenz meint daher nicht die Anhäufung von Fachwissen oder das unreflektierte Auswendiglernen von Begriffsdefinitionen, sondern eine Auseinandersetzung mit den unterschiedlichen Bedeutungen, die Begriffe und deren inhaltliche Ausfüllung einnehmen können, sowie ihre Nutzung zur Strukturierung von Gedankengängen.
Historische Orientierungskompetenz
Historisches Lernen soll zum besseren Verstehen von Gegenwartsphänomenen und von zukünftigen Herausforderungen beitragen. Da unterschiedliche Schlüsse aus der Geschichte gezogen werden können, ist im Unterricht auf die Pluralität in der Sinnfindung zu achten. Es geht also darum, welcher Sinn aus der Beschäftigung mit der Vergangenheit (etwa aus historischen Quellen) oder aus Erzählungen über die Vergangenheit (Geschichten) gezogen wird. Dieser Sinn ergibt sich nicht zwangsläufig aus der Vergangenheit, sondern erst durch Bewertungen im Heute.
Schülerinnen und Schüler sollen dazu selbstständig die Gelegenheit erhalten. Dabei gilt es in unserer multikulturellen und postmodernen Gesellschaft besonders auf die Offenheit und die Meinungspluralität im Klassenzimmer zu achten. So können hier etwa Konzepte der Politikdidaktik herangezogen werden (u.a. Urteilskompetenz).

Quelle: Kühberger/Windischbauer 2008; vgl. Körber et al. 2007.

3. Individualisierung von Geschichtsunterricht durch offene Lernformen

Schülerinnen und Schüler unterscheiden sich u.a. hinsichtlich ihrer sozialen und kulturellen Herkunft, ihres Geschlechts, ihres Lern- und Lebensalters, ihrer Lernfähigkeit, Intelligenz, Vorkenntnisse, Lernstile, Arbeitshaltung, Interessen und ihres Lerntempos. Darüber hinaus wird in modernen Lerntheorien davon ausgegangen, dass alle Prozesse der Wissenskonstruktion und Kompetenzbildung hochgradig individuell sind, dass das Lernen als stark individuell geprägte aktive Tätigkeit der Lernenden von außen nur angeregt und durch Impulse und Rückmeldungen beeinflusst, nicht aber linear-kausal gesteuert werden

kann (vgl. zur konstruktivistischen Didaktik Reich 2005, 187 ff.;
Voß 2005, 8 ff.; Siebert 2005, 133 ff.). Wird den Anforderungen
der Heterogenität im Unterricht gefolgt, so ist es unerlässlich,
neben Phasen der direkten Instruktion verstärkt Phasen einer
individuellen Bearbeitung von Lernangeboten durchzuführen
(Feindt 2010, 86).

Im Zusammenhang mit dem Thema „Krieg" gilt es hierbei
zu beachten, dass sich in den Klassen neben behüteten Kindern
auch solche befinden, welche unbegleitet Informationen (realer
und fiktionaler Art) über Krieg und Gewalt aus unterschiedlichen
Medien beziehen. Nicht vergessen werden dürfen aber auch
jene Schülerinnen und Schüler, welche z.B. als Flüchtlinge aus
Kriegsgebieten gekommen sind und möglicherweise Traumatisie-
rendes erleben mussten. Ein unbedarftes Aufgreifen des Themas,
möglicherweise in Form einer persönlichen Involvierung der
Betroffenen, welche aufgefordert werden, eigene Erlebnisse zu
berichten, kann Emotionen hervorrufen, die alle Betroffenen
überfordern.

Diese Vorerfahrungen gilt es in die Planung eines individualisierten Unterrichts mit einfließen zu lassen, und obwohl sich
nicht jeder Bereich aus dem Themenkreis „Krieg und Gewalt" für
individualisierten Unterricht eignet – die vermittelnde Funktion
des Lehrers/der Lehrerin mag oftmals hilfreich sein –, scheint
eine individualisierende Herangehensweise besonders angesichts
dieses doch emotionalen Themenkreises sinnvoll. Schülerinnen
und Schüler möchten vielleicht unterschiedliche thematische
Schwerpunkte setzten: Während sich die einen mehr für den
Kriegsverlauf und die Kriegsführung interessieren, möchten andere
sich vielleicht ausführlicher mit dem Kriegsalltag beschäftigen.
Darüber hinaus können auch unterschiedliche Teilkompetenzen
angebahnt und Herangehensweisen gewählt werden: Während
sich einige möglicherweise mit mehr Interesse der Analyse von
Postkarten aus dem Ersten Weltkrieg zuwenden, möchten andere
vielleicht lieber TV-Dokumentationen über den Ersten Weltkrieg
analysieren, wieder andere möchten sich mit der Darstellung

des Weltkriegs in Schulbüchern beschäftigen. Darüber hinaus können die Angebote hinsichtlich des Schwierigkeitsgrades und der Anforderungen unterschiedlich gestaltet sein.

Vor diesem eben skizzierten Hintergrund wird im Folgenden unter Individualisierung ein Unterricht verstanden, der zum Ziel hat, den „Schüler/inne/n durch Aufgabenstellungen und flexible Unterrichtsmethoden solche Lernwege und Lernziele zu ermöglichen, die ihren individuellen Voraussetzungen im Hinblick auf Leistungsvermögen, Interesse usw. gut entsprechen, sie durch die ‚Passung' zu optimaler Ausschöpfung ihrer Lernpotenziale motivieren und sie dabei auf ihrem Lernweg zu unterstützen" (Altrichter 2009, 344). Unterrichtselemente, die individualisiert werden können, sind dabei Lerntempo, Arbeitsmenge, Lernmaterialien, Leistungsniveau und -ziele, Lernhilfen, Arbeitsweisen, Lerntypen und Interessen.

Soll dieser individualisierende Unterricht historische Kompetenzen vermitteln und nicht der völligen Beliebigkeit überlassen werden, so ist es unerlässlich, den Schülerinnen und Schülern didaktisch gestaltete Materialien und dementsprechend formulierte Aufgaben zur Verfügung zu stellen. Was dies konkret bedeuten kann, wird im Folgenden anhand von drei Formen offenen Unterrichts (Projektunterricht, Stationenlernen, Wochenplanarbeit) veranschaulicht.

4. Strukturen und Regeln im offenen Unterricht

Noch bevor mit offenem Unterricht begonnen wird, sollte die Lehrerin/der Lehrer mit den Schülerinnen und Schülern einige Regeln vereinbaren, um die Rahmenbedingungen des Lernens und die erwarteten Verhaltensmuster zu klären. Zunächst können diese Regeln vorgegeben werden, da Schülerinnen und Schüler kaum eine Vorstellung davon haben, welche Anforderungen offene Lernformen an sie stellen. Sind die Schülerinnen und Schüler mit der Lernmethode vertraut, können sie in eine Neugestaltung miteinbezogen werden. Um die Regeln allen Schülerinnen und

Schülern zugänglich zu machen, werden diese offen im Klassenraum präsentiert (Kühberger/Windischbauer 2011).

Die hier vorgeschlagenen Regeln (vgl. Abb. 2) betreffen vor
allem die Organisationsstruktur (Umgang mit den Materialien,
Kontaktaufnahme zueinander und mit der Lehrperson, mögliche
Arbeitsplätze) und die Arbeitshaltung (Lautstärke, Vermeidung
von Störungen).

Abbildung 2: Vorschlag für Regeln im offenen Unterricht

Regeln für das offene Lernen im Geschichtsunterricht

1. Ich klebe den Wochenplan in mein Heft, sobald ich ihn bekomme.

2. Bevor ich einen Auftrag erfülle, schreibe ich den Titel des Auftrages genau in mein Heft.

3. Ich beende einen Auftrag, bevor ich den nächsten beginne.

4. Ich hake meine erledigten Aufgaben auf meinem Plan ab.

5. Ich zeige still auf, wenn ich eine Frage habe.

6. Wenn ich einen Auftrag erfüllt habe, den ich nicht in mein Heft schreiben muss (Spiele, Folienstift usw.), lasse ich mir das Zeichen der Lehrerin/des Lehrers sofort geben. (Ich zeige still auf.)

7. Ich flüstere oder spreche leise.

8. Ich halte mich im Klassenraum oder in der Arbeitsnische vor der Klasse auf.

9. Ich gehe ruhig und nicht schnell durch die Klasse.

10. Ich störe die anderen nicht.

11. Ich schreibe nicht ab und schummle nicht.

12. Nach Beendigung der Arbeit lege ich das Material an seinen Platz zurück, wie ich es vorgefunden habe.

Quelle: Strotzka/Windischbauer 1999, 42.

5. Drei Formen offenen Unterrichts – Unterrichtsbeispiele

5.1 Projektunterricht

Projektunterricht ist eine Form offenen Unterrichts, in der eine Gruppe von Lernenden ein Thema wählt, sich eine Aufgabe stellt, sich Ziele setzt, sich über die Aufgaben verständigt, gemeinsam die Arbeitsfelder entwickelt, in Gruppen-, Partner- oder auch Einzelarbeit die geplanten Arbeiten durchführt, bei denen meist ein am Ende vorzeigbares Produkt entsteht (vgl. Frey 1996, 13 ff., bm:bwk 2001, 16). In Geschichtsprojekten wird häufig an den unmittelbaren Lebensraum der Schülerinnen und Schüler oder an aktuelle Ereignisse angeknüpft, lokale Quellenbestände werden erforscht usw. (vgl. für den Geschichtsunterricht: Barricelli 2007, 111 ff.)

Abbildung 3: Merkmale von Projektunterricht

Projektunterricht ist

- interdisziplinär angelegt
- an der Lebenswelt der Schüler/innen orientiert
- an den Interessen der Beteiligten orientiert
- auf eine konkrete Situation bezogen
- für die gesellschaftliche Praxis relevant
- durch Selbstorganisation und Selbstverantwortung gekennzeichnet
- zielgerichtet geplant
- produktorientiert
- mit sozialen Lernprozessen verknüpft
- gekennzeichnet durch problemorientiertes und entdeckendes Lernen

---

Quelle: Jung 2005, 21 f.; Lange 2005, 72.

5.1.1   Ein Beispiel für Projektunterricht: Why War[1]

Individualisierungsbereich: Interesse.
Kompetenzen: Historische Sach-, Methoden- und
                      Orientierungskompetenz.
Notwendige Vorkenntnisse: Mit der Projektmethode vertraut sein.

Nach der traditionellen unhinterfragten Abhandlung von Kriegen
im Geschichtsunterricht in der Abfolge Ursachen – Kriegsverlauf
– Folgen waren die 1980er und 1990er Jahre geprägt „von einer
Anti-Kriegs- und Katastrophenpädagogik, die den Protest und
die Empörung pädagogisch vorwegnahm, nahezu einforderte
und den natürlichen Widerstand der zu Belehrenden hervorrief"
(Graß 2009, 41).

Das Projekt „WhyWar.at" des Friedensbüros Salzburg setzt
weniger auf Anti-Kriegspädagogik als vielmehr auf die Entwicklung historischer und politischer Kompetenzen:

- Auf mehr als 300 Seiten einer Website werden verschiedene,
  vorwiegend aktuelle Kriege multikausal thematisiert. Die hier
  angeführten Kriege oder eine Auswahl daraus könnten als
  Grundlage für eine Schwerpunktsetzung dienen, bei welcher
  die Schülerinnen und Schüler mitbestimmen. Die Texte werden
  – je nach Leistungsniveau und Alter – von den Schülerinnen
  und Schülern selbst bearbeitet oder die Lehrerinnen/Lehrer
  passen die Texte dem Leseniveau ihrer Schülerinnen und
  Schüler durch Kürzungen bzw. Vereinfachungen an.
- Texte, Bilder, Quellen, Video-Interviews mit Expertinnen,
  Experten und Links stehen zur Bearbeitung zur Verfügung.
  Die Schülerinnen und Schüler können somit aus unterschiedlichen Medien und Angeboten wählen.
- Neben der thematischen Beschäftigung werden auch Handlungsoptionen angeboten (Sich zu Wort melden, Projekte
  unterstützen, Künstlerisch ausdrücken, Konsumverhalten).
  Unter „Konsumverhalten" sind z.B. einerseits Hinweise zu
  finden, auf welche Weise persönliches Konsumverhalten
  auf wirkungsvolle Weise verändert werden kann. Es werden

aber auch andere Handlungsmöglichkeiten wie das Projekt „Ökologischer Fußabdruck" vorgestellt. Unter „Künstlerisch ausdrücken" sind konkrete Anregungen für künstlerische Handlungsoptionen zu finden. Die große Bandbreite ermöglicht es den Schülerinnen und Schülern, für sich eine adäquate Handlungsoption zu finden.

- Darüber hinaus werden für Lehrende unterschiedlichste handlungsorientierte und aktivierende Methoden vorgestellt, z.B. Diskussionsmethoden, die sich besonders dafür eignen, „schwierige" Themen zu behandeln, die starke emotionale Bezüge, negative Assoziationen oder gesellschaftliche Tabuisierungen aufweisen.

- Berichte über bereits durchgeführte Projekte können Anregungen für eigene Planungen bieten und die Mitbestimmung der Schülerinnen und Schüler anregen.

Will eine Lehrperson ein Projekt zum Thema Krieg in einer Klasse initiieren, so kann die Website WhyWar in vielfältiger Weise hilfreich sein. So könnten die dort genannten und dokumentierten Konflikte bzw. Kriege beim Finden eines konkreten Themas als Entscheidungshilfe herangezogen werden. Die Texte können (neben anderen) als Informationsquellen für die Recherchen der Schülerinnen und Schüler dienen und die Handlungsoptionen können Anregungen für eigenes Handeln bieten. Somit kann WhyWar in jeder Phase eines Projektes zum Thema Krieg als unterstützende Plattform eingesetzt werden.

Abbildung 4: Phasen eines Projektes

1. (Interne oder externe) Projektinitiative
2. Beratung und Abstimmung über die Projektinitiative
3. Entwicklung der Betätigungsgebiete
4. Unterbrechung der Tätigkeit (Fixpunkte) zur Reflexion des Tuns
5. Produktpräsentation und Abschluss

Quelle: Jung 2005, 22.

5.2 Stationenlernen

Beim Stationenlernen steht eine größere Anzahl von Lernangeboten zu einem Thema im Unterrichtsraum bereit. Die Schülerinnen
und Schüler müssen jedoch nicht alle Aufgaben (= Stationen)
bearbeiten, sondern sie entscheiden selbst über Auswahl und
Reihenfolge und arbeiten unabhängig von den Lehrpersonen.
Festgelegt sind das Thema, manche „Pflichtstationen" und
möglicherweise die Sozialform(en).[2]

Bei der Gestaltung der Lernumgebung ist darauf zu achten, dass
die Stationen sichtbar beschriftet und die dort vorzufindenden
Arbeitsaufträge klar und deutlich formuliert sind. Arbeitsmate-
rialien und Hilfsmittel (z.B. ein Laptop und Kopfhörer, um die
TV-Dokumentation anzusehen, Schulbücher, aus denen Texte
gelesen werden sollen) müssen übersichtlich und gut zugänglich
angeordnet sein.

Die teilweise verbreitete Praxis, die Arbeit an jeder Station
zeitlich zu limitieren und den Wechsel von einer zur nächsten
Station durch ein akustisches Signal kundzutun, ist im Sinne der
Wahlfreiheit für die Schülerinnen und Schüler, der Bestimmung
des eigenen Arbeitstempos und auch unter dem Aspekt, dass
es kaum gelingen wird, alle Stationen so zu gestalten, dass ihre
Bearbeitung einen ungefähr gleich langen Zeitaufwand erfordert,
abzulehnen. Um einen Ansturm auf eine oder mehrere Stationen
zu verhindern, könnte z.B. die Regel eingeführt werden, dass
niemals mehr als sechs Schülerinnen bzw. Schüler gleichzeitig
an einer Station arbeiten dürfen.

Ein Laufzettel kann den Schülerinnen und Schülern den
Überblick und die Strukturierung der Arbeit erleichtern. Auf
dem folgenden Beispielzettel finden sich Kurztitel der Stationen
(vgl. Abb. 5).

5.2.1 Ein Beispiel: Stationenlernen
   zum Thema „Erster Weltkrieg"

Individualisierungsbereiche: Interesse (Wahlstationen), Tempo (Pflicht- und Wahlstationen, Zusatzaufgaben bei den einzelnen Stationen), Anforderungsniveau.

Kompetenzen: Historische Methoden- und Sachkompetenz.

Notwendige Vorkenntnisse: Einführung in den Ersten Weltkrieg (Doppelungen mit Informationen aus den Stationen vermeiden!); Einführung ins Stationenlernen (Stationen kurz vorstellen, Form der Sammlung der Arbeitsergebnisse festlegen, Kriterien einer möglichen Leistungsbeurteilung offen legen).

Abbildung 5: Beispiel für einen Stationenlernen-Laufzettel

Erster Weltkrieg – Stationenlernen

Laufzettel für (Name): _____

Zeitrahmen: 2 Unterrichtseinheiten

Arbeite an den folgenden Stationen selbstständig in Einzel- oder Partnerarbeit. Die Stationen 1 bis 5 (◉) sind Pflichtstationen – teilweise kannst du bei diesen freiwillige Zusatzaufgaben lösen. Die weiteren Stationen (✚) sind Wahlstationen, die du erledigen kannst, nachdem du an den Pflichtstationen gearbeitet hast.

- Die erste Station (Zeitleiste) muss von allen zu Beginn erledigt werden.
- Die restlichen Stationen können in beliebiger Reihenfolge ausgeführt werden – orientiere dich aber immer an deiner Zeitleiste, damit du weißt, um welche Phase des Krieges es sich handelt!
- Hake jede erledigte Station in der rechten Spalte ab.
- An jeder Station arbeiten maximal sechs Personen.

Viel Erfolg bei der Arbeit! (♟ Einzelarbeit; ♟♟ Partnerarbeit)

Station 1 ⊙	⸙	Gestalte eine Zeitleiste zum Ersten Weltkrieg
Station 2 ⊙	⸙	Erster Weltkrieg: Die Ursachen für den Ausbruch des Krieges
Station 3 ⊙	⸙⸙	Ausbruch des Ersten Weltkriegs – Analyse einer TV-Dokumentation
Station 4 ⊙	⸙⸙	Einstellungen zum Ersten Weltkrieg
Station 5 ⊙	⸙	Der Friedensvertrag von Saint Germain und seine Auswirkungen
Station 6 ✚	⸙⸙	Kriegsverlauf
Station 7 ✚	⸙	Das Schlachtfeld von Verdun
Station 8 ✚	⸙	Friedensverträge

Bei jeder Station liegen die benötigten Hilfsmittel (Schulbücher, Analyseraster usw.) bereit. Zur Veranschaulichung ist ein Beispiel für einen Arbeitsauftrag angeführt, wie ihn die Schülerinnen und Schüler an einer Station vorfinden könnten (vgl. Abb. 6). Die Aufträge müssen deutlich formuliert sein und es muss daraus hervorgehen, welche Hilfsmittel (in diesem Fall Bausteine einer TV-Dokumentation und Begründungskärtchen) zur Verfügung stehen. In diesem Auftrag wird einerseits historische Sachkompetenz (Gestaltungselemente von TV-Dokumentationen kennen) und historische Methodenkompetenz (Zusatzaufgabe) angebahnt.

Abbildung 6: Arbeitsauftrag Analyse eines Dokumentarfilms (Station 3)

Ausbruch des Ersten Weltkriegs – Analyse eines Dokumentarfilms

Partnerarbeit:

1. Seht euch den 3-minütigen Filmausschnitt über den Ausbruch des Ersten Weltkriegs *einmal* an: www.youtube.com/watch?v=CPw1FzZxB0s

2. Fasst den Inhalt der Dokumentation in ca. 50 Wörtern zusammen.

3. Nehmt die blauen Kärtchen aus der Schachtel („Bausteine einer TV-Dokumentation"). Seht euch den Filmausschnitt noch einmal (oder auch mehrmals) an und findet jene Bausteine heraus, die im Filmausschnitt verwendet werden. Falls ihr noch weitere Bausteine findet, zu denen ihr kein Kärtchen findet, schreibt diese auf.

4. Ordnet nun den Bausteinen die Begründungskärtchen (siehe Schachtel „TV-Dokumentation – Begründungskärtchen") zu.

5. *Freiwillige Zusatzaufgabe:* Führt anschließend ein Gespräch: Hat der Ausbruch des Ersten Weltkriegs so stattgefunden, wie ihr das im Filmausschnitt gesehen habt? Mögliche Meinungen können sein: Ja – nein – könnte sein/kann auch nicht sein. Begründet eure Meinung(en) und sammelt diese auf einem A-3-Plakat. Präsentiert die Ergebnisse in der Abschlussrunde des Stationenbetriebes vor der Klasse.

Abbildung 7: Bausteine von TV-Dokumentationen

Zeitzeugeninterview	kein Bild
Interview mit Historiker bzw. Historikerin	eingespielte Geräusche
historisches Filmmaterial	eingespielte Musik
nachgestellte Szenen/ szenische Rekonstruktionen	unsichtbarer Sprecher/unsichtbare Sprecherin (aus dem Off)
abgefilmtes Archivmaterial	Beleuchtung
heutige Aufnahmen am Originalschauplatz	sichtbarer Sprecher/ sichtbare Sprecherin

Quelle: Kühberger/Windischbauer 2011, 70 ff.

Abbildung 8: Begründungskärtchen
(kopieren und laminieren)

... damit wird versucht, das Dargestellte zu belegen.	... damit wird versucht, das Dargestellte zu beweisen.	... damit wird die Dokumentation aufgelockert.
... damit wird versucht, die Vergangenheit anschaulicher zu machen.	... damit wird die „Echtheit"/ „Authentizität" des Dargestellten unterstrichen.	... damit wird eine Spurensuche im Heute verdeutlicht.
... damit fühlt man sich unmittelbar als Mensch betroffen.	... damit versucht man, bewegte Bilder anzubieten, wenn Filmmaterial fehlt.	... damit wird auf die Seriosität (Ernsthaftigkeit) der Dokumentation verwiesen.
... damit werden komplexe Ereignisse ins Bild gesetzt.	... damit kann man die Zuschauerinnen und Zuschauer faszinieren.	... damit fühlen wir uns als Menschen angesprochen.
... damit können verschiedene Sichtweisen auf die Vergangenheit gerichtet werden.	... damit wird versucht, den Eindruck wissenschaftlicher Wahrheit zu vermitteln.	... damit wird ein eindeutiger Zusammenhang zwischen der Vergangenheit und der Gegenwart hergestellt.
... damit werden bei den Zuschauerinnen und Zuschauern bestimmte Gefühle wachgerufen.	... damit kann eine bestimmte Atmosphäre erzeugt werden.	... damit werden sachliche Erklärungen in die Dokumentation eingebracht.
... damit werden einzelne Bausteine der Erzählung miteinander verbunden.	... damit nehmen wir einen Ort oder eine Person als sympathisch/unsympathisch wahr.	... damit werden kurze Zusatzinformationen geboten, die mit Bildern nicht vermittelt werden.
... damit werden unterhaltende Elemente in die Dokumentation eingebracht.	... damit werden neueste Erkenntnisse der wissenschaftlichen Forschung berücksichtigt.	... damit kann mehr Bewegung in Dokumentationen gebracht werden.
... damit wird die nächste Szene intensiver wahrgenommen.	... damit wird ein Bruch in der Erzählung über die Vergangenheit eindeutiger.	... damit wird ein neuer Abschnitt in der Darstellung verdeutlicht.

Quelle: Kühberger/Windischbauer 2011, 70 ff.

Als Abschluss des Stationenlernens empfiehlt sich eine Reflexionsphase, in welcher die Schülerinnen und Schüler sowie Lehrerinnen bzw. Lehrer Rückmeldungen geben und erhalten.

5.3 Die Wochenplanarbeit

Das konstituierende Element dieser Form offenen Unterrichts ist der Plan (siehe Abb. 10, S. 87), den die Schülerinnen und Schüler erhalten und auf dem die Aufgaben für eine Woche festgehalten sind. Die Schülerinnen und Schüler bestimmen aus einem Angebot von Pflicht- und Wahlaufgaben die Reihenfolge der Aufgaben, die Sozialform und das Tempo ihrer Arbeit. Wochenplanarbeit sollte Schritt für Schritt freier gestaltet werden, z.B. indem die Schülerinnen und Schüler an der Planerstellung beteiligt oder indem möglichst offene Aufträge formuliert werden, die nicht nur eine einzige Lösung zulassen.[3] Denn eine Gefahr dieser Form offenen Unterrichts besteht darin, dass die Instruktion durch die Lehrperson ersetzt wird durch das Material, das den Schülerinnen und Schülern wenig Freiraum und Möglichkeit zur eigenständigen Arbeit lässt.

Kompetenzorientierte freie Arbeitsaufträge sind in der Regel schwieriger zu gestalten als inhaltsorientierte Aufträge. Die folgenden Leitfragen (Abb. 9) zur Gestaltung bzw. Beurteilung von Materialien des offenen Lernens im Geschichtsunterricht zielen insbesondere auf die Kompetenzorientierung ab und sollen die Qualität der Materialien sichern.

Ein Wochenplan muss neben den Pflicht- auch Wahlaufträge umfassen, um die Wahlfreiheit der Schülerinnen und Schüler zu garantieren. Darüber hinaus gilt es, unterschiedliche Lerngeschwindigkeiten der Schülerinnen und Schüler einer Klasse durch entsprechende Angebote auszugleichen.

Wochenpläne können Aufträge *eines* Unterrichtsfaches enthalten, sie eignen sich aber auch besonders für fächerübergreifende Unterrichtsvorhaben, wie aus dem vorliegenden Plan ersichtlich ist (vgl. Abb. 10, S. 87).

Abbildung 9: Leitfragen zur Sicherung der Güte von Materialien des offenen Lernens im Geschichtsunterricht

1. Welche **historischen (Teil-)Kompetenzen** werden mit dem Material angebahnt?

2. Was bezweckt das Material? Welche **Lernziele** werden damit verfolgt?

3. Über welche **(Teil)Kompetenzen** und welches **Vorwissen** müssen die Schülerinnen und Schüler verfügen, um mit dem Material sinnvoll arbeiten zu können? Welches **Arbeitswissen** muss daher zur Verfügung gestellt werden?

4. Welches **Aufgabenformat** wurde zur Umsetzung gewählt (Zuordnungsaufgabe, Fragen beantworten, Textproduktion, Quellenanalyse usw.)? **Warum** wurde dieses Format gewählt?

5. Welche **Aktivitäten und/oder Denkoperationen** erfordert das Material vom Schüler/von der Schülerin?

6. Welche **Sozialform** fordert das Material/lässt das Material zu?

7. Welche **Vorteile** bietet das Material?

8. Welche **Probleme** könnten auftreten? Wie könnten diese ausgeglichen werden?

Quelle: Kühberger/Windischbauer 2011, 24.

Sind die Schülerinnen und Schüler an offene Lernformen gewöhnt, kann von der strukturierten Planarbeit übergegangen werden zu umfangreicheren, längerfristigen Aufträgen, die mit der beratenden Unterstützung der Lehrperson erfüllt werden (Kühberger/Windischbauer 2011, 25 ff.).

5.3.1 Ein Beispiel: Fächerübergreifender Wochenplan zum Thema „Zweiter Weltkrieg"

Individualisierungsbereiche: Interesse (Wahlstationen), Tempo (Pflicht- und Wahlstationen, Zusatzaufgaben bei den einzelnen Stationen).

Kompetenzen: Historische Methodenkompetenz.

Notwendige Vorkenntnisse: Einführung in den Zweiten Weltkrieg; Einführung in das Arbeiten mit einem Wochenplan (Regeln für den offenen Unterricht gemeinsam festlegen oder vorstellen; Arbeit mit dem Plan besprechen; Form der Sammlung der Arbeitsergebnisse festlegen; Kriterien einer möglichen

Leistungsbeurteilung offen legen); Grundlagen der Analyse von Geschichtsfilmen müssen bereits bekannt sein.

Abbildung 10: Fächerübergreifender Wochenplan für drei Fächer (Beispielplan) zum Thema „Zweiter Weltkrieg"

Offenes Lernen 16. Schulwoche				
Fach	Aufträge	Material	erl.	ges.
D	✱ 🯅/🯅🯅Guernica: Vergleiche die drei Stellungnahmen zum Gemälde „Guernica" von Pablo Picasso	Arbeitsunterlagen „Stellungnahmen zu Guernica"		
	➜🯅/🯅🯅 Analysiere den Beitrag eines Professors für Neuere Geschichte über Guernica	AB „Der Beitrag eines Professors für Neuere Geschichte über Guernica" mit Arbeitsfragen		
ME	✱🯅🯅 Analysiere das Lied „Lili Marleen" mit Hilfe der Arbeitsfragen	AB „Analyse des Liedes Lili Marleen", PC, Kopfhörer		
	➜🯅/🯅🯅 Bearbeite die Erinnerung eines deutschen Soldaten an das Lied „Lili Marleen"	AB „Erinnerung an das Lied Lili Marleen eines ehemaligen deutschen Soldaten"		
	➜🯅🯅 Vergleicht eine Parodie von „Lili Marleen" mit dem Original	AB Parodie (= verspottende Nachahmung) auf Lili Marleen, PC, Kopfhörer		
GS/ PB	✱🯅🯅🯅Kriegsfilme analysieren: Wähle einen Filmausschnitt und analysiere diesen mit Hilfe des Filmdatenblattes	AB „Kriegsfilme analysieren" und Filmdatenblatt, PC, Kopfhörer		
	➜🯅/🯅🯅 Höre dir die außenpolitische Rede Hitlers 1933 an und bearbeite die Aufträge auf dem AB	AB „Außenpolitische Rede Hitlers vom 17.5.1933", PC, Kopfhörer		
	➜🯅/🯅🯅Analyse der Karikatur „Friedensredner Hitler"	AB „US-amerikanische Karikatur als Reaktion auf Hitlers außenpolitische Rede am 17.5.1933 im Reichstag"		

✱ Pflichtaufträge für alle ➜ Wahlaufträge 🯅 Einzelarbeit 🯅🯅 Partnerarbeit 🯅🯅🯅 Gruppenarbeit

In Abbildung 11 ist als Beispiel der Arbeitsauftrag „Kriegsfilme analysieren" in seiner konkreten Ausarbeitung zu finden. Zur Analyse stehen drei Kriegsfilme (bzw. Ausschnitte daraus) mit unterschiedlichen Entstehungszeiten (1950er, 1980er und 1990er Jahre) und aus unterschiedlichen Ländern (Deutschland, USA) zur Verfügung. Die Schülerinnen und Schüler können aus diesen drei Ausschnitten wählen. Um auch hier wieder die Vermittlung historischer Kompetenzen nicht der Beliebigkeit zu überlassen, sondern die Vermittlung historischer Methodenkompetenz abzusichern, soll die Analyse mit Hilfe eines Filmdatenblattes erfolgen. Eine weitere Differenzierung erfolgt in der zweiten Aufgabe: Die Schülerinnen und Schüler können wählen, ob sie sich mit vorliegenden Filmkritiken beschäftigen oder selbst eine Filmkritik verfassen wollen.

Abbildung 11: Analyse von Kriegsfilmen mit Hilfe eines Filmdatenblattes

---

Kriegsfilme analysieren

Gruppenarbeit:

1. Wählt einen Filmausschnitt und analysiert diesen mit Hilfe des Filmdatenblattes.

   Die Brücke, 1951 (www.youtube.com/watch?v=F7ZN9nFBvlY)

   Das Boot, 1981 (www.youtube.com/watch?v=KZqQtNB8usQ)

   Der Soldat James Ryan, 1998 (www.youtube.com/watch?v=fgTogd_wFck&feature=related)

2. Wählt von den folgenden Aufgaben eine aus und bearbeitet sie:
   - Recherchiert im Internet, wie die Kritik und die Zuschauerinnen bzw. Zuschauer auf den Film reagierten. Sammelt die Kritiken, ordnet sie nach bestimmten Kriterien (z.B. positive und negative Kritiken) und fasst sie auf einem Plakat zusammen. Präsentiert eure Ergebnisse vor der Klasse.
   - Fasst zusammen, was euch an diesem Filmausschnitt gefällt und was nicht. Stellt euch nun vor, ihr seid Filmkritikerinnen bzw. -kritiker und verfasst eine Filmkritik für eine Jugendzeitschrift.

Filmdatenblatt:

1. Titel:

2. Entstehungsjahr:

3. Entstehungsort:

4. Regisseur/in:

5. Inhalt (zusammengefasst):

6. Hauptdarsteller/innen:

7. Darstellung der Opfer/der Täter:

8. Musik/Geräusche und ihre Bedeutung im Film:

9. Symbole und ihre Bedeutung:

10. Besonderheiten:

11. Aussage des Films:

12. Persönliche Bewertung des Films:

Quelle: Krammer/Windischbauer 2011, 22.

6. Resümee

In Deutschland und Österreich reichen die Traditionen sortierender und homogenisierender Maßnahmen wie z.B. die Schaffung von Jahrgangsklassen, von Schulformen und -typen, die sich nach Leistung (Gymnasium, Real- oder Hauptschule) oder Interesse (z.B. Wirtschafts-, Sprachen-, Sportzweige) unterscheiden, die Selektion mittels Leistungsbeurteilung (z.B. Wiederholung einer Schulstufe, Zuweisung zu einer Allgemeinen Sonderschule) Jahrzehnte in die Vergangenheit zurück und bestimmen dementsprechend die Vorstellungen über Schule. Obwohl Homogenisierung nur sehr unvollständig gelingt, wie z.B. große Überschneidungen bei Intelligenztests zwischen Schülerinnen und Schülern der Hauptschule und der gymnasialen Unterstufe in Österreich gezeigt haben (Altrichter 2009, 342), stehen viele Lehrerinnen und Lehrer, aber auch Eltern und Vertreter der Politik einer Heterogenisierung skeptisch gegenüber. Wissenschaftliche Befunde belegen jedoch, dass eine dauerhafte Homogenisierung sich gesellschaftlich negativ auswirkt, da sich die Konzentration von leistungsschwachen und aus sozial benachteiligtem Milieu stammenden Schülerinnen und Schülern als erheblicher Risikofaktor für schulische Leistungen herausstellt (Altrichter 2009, 350). Darüber hinaus sind Heterogenität und Diversität gesellschaftliche Tatsachen, die nicht ignoriert oder wegdiskutiert werden können. Damit produktiv umzugehen ist eine Herausforderung im schulischen Kontext – und damit auch im Geschichtsunterricht – der nächsten Jahre, wenn nicht Jahrzehnte.

Der vorliegende Beitrag sollte hierbei in mehrerer Hinsicht Anstoß für weitere Debatten und Vorschläge sein: Einerseits gilt es, die Diskussion über umsetzbare Formen differenzierenden und individualisierenden Unterrichts weiterzuführen und entsprechende Beispiele vorzulegen, damit diese auch in der Sekundarstufe in zunehmendem Ausmaß realisiert werden. Andererseits beziehen sich bisher vorliegende Unterrichtsbeispiele für offene Lernformen vorwiegend auf die Vermittlung von Wissen und Inhalten (vgl. z.B. Strotzka/Windischbauer 1999). Die Kompetenzorientierung erfordert bei der Erstellung von Unterrichtsmaterialien des offenen Lernens ein Umdenken hinsichtlich der damit verfolgten Lernziele. Darüber hinaus soll mit diesem Beitrag ein Anstoß zum Diskurs über für den offenen Unterricht geeignete und nicht bzw. weniger geeignete Themen geleistet werden. Wie zu Beginn ausgeführt, kann das Thema „Krieg" für manche Schülerinnen und Schüler sehr belastend und möglicherweise überfordernd sein. Allerdings können – wie gezeigt – Themenbereiche gefunden werden, welche sich durchaus für ein selbstständiges Arbeiten eignen. Hierbei können Differenzierungsmaßnahmen – vor allem hinsichtlich der Interessen – sogar sehr hilfreich sein (vgl. Kühberger/Windischbauer 2011, 7 ff.).

Anmerkungen

1   Die Beschreibung des Projektes beruht auf dem Beitrag von Graß, Hans-Peter: WhyWar.at – Den Krieg zum Thema machen. In: Historische Sozialkunde, 1/2009, S. 41–45.

2   Vgl. Faust-Siehl 1995, S. 24; Paradies/Linser 2001, S. 56 ff.; für den Geschichtsunterricht vgl. Gautschi 2004, S. 515–531; Mathis 2007, S. 95 ff.; Tschirner 2009, S. 48 ff.

3   Vgl. Wallrabenstein 1997, S. 97; Vaupel 1995, S. 12 ff.; Claussen 1995, S. 18; Paradies/Linser 2001, S. 57 ff.; für den Geschichtsunterricht: Strotzka/Windischbauer 1999 sowie Windischbauer 2006

Literatur

Altrichter, Herbert et al. (2009): Unterrichten in heterogenen Gruppen: Das Qualitätspotential von Individualisierung, Differenzierung und Klassenschülerzahl. In: Specht, Werner (Hrsg.): Nationaler Bildungsbericht. Österreich 2009. Band 2: Fokussierte Analysen bildungspolitischer Schwerpunktthemen. Graz, S. 341–360.

Barricelli, Michele (2007): Geschichtsprojekte. In: Günther-Arndt, Hilke (Hrsg.): Geschichtsmethodik. Handbuch für die Sekundarstufe I und II. Berlin, S. 111–118.

Bm:bwk (Bundesministerium für Bildung, Wissenschaft und Kultur) (Hrsg.) (2011): Grundsatzerlass zum Projektunterricht. Tipps zur Umsetzung. Wien.

Claussen, Claus (1995): Freie Arbeit als Element eines Konzepts der Öffnung von Schule und Unterricht. In: Claussen, Claus (Hrsg.): Handbuch freie Arbeit: Konzepte und Erfahrungen. Weinheim und Basel, S. 13–23.

Faust-Siehl, Gabriele (1995): Lernzirkel – Themenbezogene Freiarbeit im wahl-differenzierten Unterricht. In: Claussen, Claus (Hrsg.): Handbuch freie Arbeit: Konzepte und Erfahrungen. Weinheim und Basel, S. 24–31.

Feindt, Andreas (2010): Kompetenzorientierter Unterricht – wie geht das? Didaktische Herausforderungen im Zentrum der Lehrerarbeit. In: Friedrich Jahresheft 2010 (Thema: Lehrerarbeit – Lehrer sein), S. 85–89.

Frey, Karl (1996): Die Projektmethode. Der Weg zum bildenden Tun. Weinheim und Basel.

Gautschi, Peter (2009): Guter Geschichtsunterricht. Grundlagen, Erkenntnisse, Hinweise. Schwalbach/Ts.

Gautschi, Peter (2004): Lernen an Stationen. In: Mayer, Ulrich u.a. (Hrsg.): Handbuch Methoden im Geschichtsunterricht. Schwalbach/Ts., S. 515–531.

Graß, Hans-Peter (2009): WhyWar.at – Den Krieg zum Thema machen. In: Historische Sozialkunde, 1/2009, S. 41–44.

Hemberger, Armin (2001): „Wie in einem Feuerofen". Informationen, Irreführung und Manipulation durch Bilder – Beispiel Vietnam-Krieg 1972. In: Praxis Geschichte, 4/2001, S. 10–12.

Jäger, Uli (2011): Krieg oder Frieden? Konfliktanalyse und -bearbeitung. Bundes-zentrale für politische Bildung (Hrsg.): Themenblätter 12/2001; unter: www.bpb.de/publikationen/NZGUZ4,0,0,Nr_12_Krieg_oder_Frieden.html [24.8.2011]

Jung, Eberhard (2005): Projektpädagogik als didaktische Konzeption. In: Reinhardt, Volker: Projekte machen Schule. Projektunterricht in der politischen Bildung. Schwalbach/Ts., S. 13–34.

Körber, Andreas/Schreiber, Waltraud/Schöner, Alexander (Hrsg.) (2007): Kompe-tenzen historischen Denkens. Ein Strukturmodell als Beitrag zur Kompetenzori-entierung in der Geschichtsdidaktik. Neuwied.

Krammer, Reinhard/Windischbauer, Elfriede (2011): Zurück an den Start? Überle-gungen zum zweimaligen Durchlauf der Geschichte an österreichischen Schulen. In: Historische Sozialkunde, 1/2011, S. 18–23.

Kühberger, Christoph/Windischbauer, Elfriede (2011): Individualisierung und Dif-ferenzierung im Geschichtsunterricht. Offenes Lernen in Theorie und Praxis. Schwalbach/Ts.

Kühberger, Christoph/Windischbauer, Elfriede (2008): Kommentar zum Lehrplan der AHS-Unterstufe und Hauptschule „Geschichte und Sozialkunde/Politische Bildung"; unter: www.gemeinsamlernen.at/siteVerwaltung/mBeitrage/Arbeits-mappe/Lehrplankommentar_GSK_PB_2008_09.pdf [2.9.2011]

Lange, Dirk (2005): Forschendes Lernen in politischen Projekten. In: Reinhardt, Volker: Projekte machen Schule. Projektunterricht in der politischen Bildung. Schwalbach/Ts., S. 68–76.

Mathis, Christian (2007): Stationenlernen. In: Günther-Arndt, Hilke (Hrsg.): Ge-schichtsmethodik. Handbuch für die Sekundarstufe I und II. Berlin, S. 95–98.

Pandel, Hans-Jürgen (2005): Geschichtsunterricht nach PISA. Kompetenzen, Bildungsstandards und Kerncurricula. Schwalbach/ Ts.

Paradies, Liane/Linser, Hans Jürgen (2001): Differenzieren im Unterricht. Berlin.

Pöschko, Hans H. (2001): „Stell' dir vor, es ist Krieg ...". Krieg: Sinn und Sinnbild. In: Praxis Geschichte, 4/2001, S. 4–9.

Reich, Kersten (2005): Konstruktivistische Didaktik auf dem Weg, die Didaktik neu zu erfinden. In: Voß, Reinhard (Hrsg.): LernLust und EigenSinn. Systemischkonstruktivistische Lernwelten. Heidelberg, S. 179–190.

Sauer, Michael (2002): Methodenkompetenz als Schlüsselkompetenz. In: Geschichte, Politik und ihre Didaktik, 3-4/2002, S. 183–192.

Schulz, Raimund (2006): Das Thema „Krieg" im Geschichtsunterricht der Sekundarstufe I. Neue thematische Perspektiven und didaktische Konzepte. In: GWU (Geschichte in Wissenschaft und Unterricht), 12/2006, S. 730–748.

Siebert, Horst (2005): Pädagogischer Konstruktivismus. Lernzentrierte Pädagogik in Schule und Erwachsenenbildung. Weinheim und Basel.

Strotzka, Heinz/ Windischbauer, Elfriede (1999): Offenes Lernen im Geschichtsunterricht für die Sekundarstufe. Wien.

Tschirner, Martina (2009): Lernstationen als Chancen für Differenzierung. Am Beispiel des Themas „Kindheit und Jugend in der DDR". In: Geschichte lernen, 131/2009, S. 48–69.

Vaupel, Dieter (1995): Das Wochenplanbuch für die Sekundarstufe. Schritte zum selbstständigen Lernen. Weinheim und Basel.

Verein für Friedenspädagogik: Krieg im Unterricht. Zum Umgang mit dem ‚Balkan-Krieg' in Schule und Unterricht. Tübingen, 1999; unter: www.friedenspaedagogik. de/service/unterrichtsmaterialien/kriege/krieg_im_unterricht [29.9.2011]

Voß, Reinhard (2005): Die neue Lust auf Unterricht und das Wissen, sich auf eine „ungemütliche Sache" einzulassen. In: Voß, Reinhard (Hrsg.): Unterricht aus konstruktivistischer Sicht. Die Welten in den Köpfen der Kinder. Weinheim und Basel, S. 8–13.

Wallrabenstein, Wulf (1997): Offene Schule – offener Unterricht. Ratgeber für Eltern und Lehrer. Reinbek bei Hamburg.

Wilke, Jürgen (2001): Krieg als Medienereignis – Von der Wochenschau zur CNN. In: Praxis Geschichte, 4/2001, S. 48–50.

Windischbauer, Elfriede (2006): Offene Lernformen im Geschichtsunterricht. In: GWU (Geschichte in Wissenschaft und Unterricht), 11/2006, S. 628–649.

www.whyWar.at [1.9.2011]

Erster Zugang

Ausnahmerecht und Opfer staatlicher Gewalt

Elisabeth Erdmann

Aristokratisches Konsensbedürfnis versus starke Individuen

Zum Gewaltausbruch bei der Bekämpfung der Gracchen – (k)ein Thema für aktuelle Schulbücher und den Geschichtsunterricht?

> „Die wilden Tiere, die Italien beweiden,
> haben Ruhestatt und Unterschlupf,
> aber die für Italien kämpfen und sterben,
> haben teil an Luft und Licht und sonst an nichts,
> ohne Haus und Hof irren sie mit ihren Kindern und Frauen umher,
> die Feldherren lügen, wenn sie vor der Schlacht
> die Soldaten aufrufen, zum Schutz ihrer Gräber und Heiligtümer
> die Feinde abzuwehren, denn keiner von ihnen
> hat einen väterlichen Altar, keiner einen Grabhügel der Vorfahren,
> nein: für Wohlleben und Reichtum anderer kämpfen und sterben sie.
> Herren der Erde heißen sie und
> haben nicht eine Scholle zu eigen.“
>
> *(Plutarch, Tib. Gracchus 9, 5-6, übers. von Bringmann 2003, 150.)*

Diese eindrucksvolle und emotional aufgeladene Rede kommt vielen in Erinnerung, wenn es um das Thema Gracchen geht. Sofern heute noch im Geschichtsunterricht auf die – letzten Endes – gescheiterten Reformversuche der Gracchen eingegangen wird und Platz für eine Quelle vorhanden ist, findet sich diese in den Schulgeschichtsbüchern.

1. Die Folgen der römischen Expansion in der Mitte des 2. Jahrhunderts v. Chr.

Die Expansion der Römer, wie sie sich zwischen 270 und 133 v. Chr. vollzogen hatte, überforderte die Strukturen der römischen Republik. Die Ämter wurden seit Einführung der Republik alle doppelt bzw. mehrfach besetzt – mit Ausnahme des Censorenamtes –, was bedeutete, dass die Inhaber sich mit ihren Kollegen abstimmen mussten. Freilich war nicht immer von eine prästabilierten Harmonie zwischen den Amtsinhabern auszugehen. Um eine Übereinstimmung zu erreichen und somit auch handlungsfähig zu sein, war eine Konsensbildung notwendig. Es ist überliefert (Livius XXII, 41 ff.), dass sich im 2. Punischen Krieg die beiden Konsuln nicht über die Strategie gegen Hannibal einig waren, was letzten Endes zur Niederlage von Cannae geführt haben soll (216 v. Chr.).

In der Regel waren jedoch nicht nur die Amtsinhaber an einer Abstimmung beteiligt, sondern der Senat. Bei Militäreinsätzen – insbesondere in weit entfernten Gebieten – war eine Beratung im Senat nicht möglich. Solche Militäreinsätze konnten auch das Ansehen des jeweiligen Amtsinhabers erhöhen. Der Senatorenstand war weder vererblich noch homogen. Es war also nicht garantiert, dass der oder die Söhne eines Senators wieder in den Senatorenstand aufgenommen wurden. Allerdings bedeuteten die von den Vorfahren errungenen politischen und militärischen Leistungen für die Nachgeborenen ein „symbolisches Kapital" (Hölkeskamp 2004, 93-105), das den Nachkommen zur Verfügung stand und ihnen bei Ämterbewerbungen oft einen Vertrauensvorschuss einbrachte. Ferner gab es im Senat große Unterschiede. Der so genannte *princeps senatus* durfte als erster seine Stimme abgeben, aber nicht aufgrund eines Amtes, sondern wegen seines Ansehens. Daneben gab es auch „Hinterbänkler", von denen selten etwas zu hören war. Zwar hatten die beiden Konsuln die höchste Macht im Staate, aber nur für ein Jahr. Danach saßen sie wieder im Senat, zwar hervorgehoben dadurch, dass sie dieses höchste Amt erreicht hatten, aber sie waren nach ihrem Amtsjahr wieder auf die Zustimmung und die Netzwerke unter den Senatoren angewiesen. Das führte auch dazu, dass die Konsuln durchaus mit den anderen Senatoren kommunizierten und sich abstimmten, denn ihre Amtszeit war strikt auf ein Jahr begrenzt. Zwar war das Votum der Senatoren, bei denen es sich um gewesene Amtsinhaber handelte, nicht bindend, doch ihr Einfluss verlieh ihnen großes politisches Gewicht, das kaum zu übergehen war.

2. Die Motive des Tiberius Sempronius Gracchus

Über die Motive des Tiberius Gracchus hat man sowohl im Altertum wie in der Neuzeit viele Vermutungen angestellt. Es gibt das bereits zitierte Redefragment von Tiberius, ferner soll sein Bruder Gaius Gracchus gesagt haben, als Tiberius auf der Reise zum spanischen Kriegsschauplatz durch Etrurien kam und die Latifundien sah, aber keine mittel- bis kleinbäuerlichen Betriebe mehr ausmachen konnte, habe ihn das Mitleid übermannt (Plutarch, Tib. Gracch. 8.9). Die agrararchäologische Forschung hat nachgewiesen, dass es nicht Latifundien waren, sondern Güter mittlerer Größe, aber auch kleinbäuerliche Betriebe. Allerdings besaßen die reichen Grundbesitzer mehrere solcher Güter (Bringmannn 1985, 16 f., Heftner 2006, 39 f.). Darüber hinaus war auch deutlich, dass Tiberius nicht nur Mitleid hatte, sondern die Wehrkraft der Römer durch Hebung der Geburtenrate stärken wollte (Bringmann 1985, 25), denn es hatte sich gezeigt, dass es während des langen Spanischen Krieges, 151 v. Chr. zum ersten Mal zu Kriegsdienstverweigerungen kam, als neue Truppen ausgehoben werden sollten. Allerdings war diese Verweigerung nicht dauerhaft. Dazu kommt ein anderes Motiv des Tiberius, das heute viel stärker als noch vor Jahrzehnten in den Vordergrund gestellt wird: seine glänzend begonnene senatorische Laufbahn hatte im Spanischen Krieg einen unerwarteten Dämpfer erhalten (Appian, b. c. I 42; Plutarch, Tib. Gracch. 8.10).

Tiberius stammte aus einer vornehmen aristokratischen Familie, die zur so genannten Nobilität zählte, weil sie unter ihren Vorfahren ehemalige Konsuln aufzuweisen hatte. Das war nicht bei allen Senatoren der Fall. Tiberius wurde 162 v. Chr. geboren. Der Vater starb, als Tiberius zwölf Jahre und sein Bruder Gaius drei Jahre alt waren. Die drei überlebenden (von insgesamt zwölf) Kinder, d.h. die beiden Brüder und ihre Schwester Sempronia, erhielten von ihrer Mutter Cornelia, die eine Tochter des Hannibalsiegers Publius Cornelius Scipio Africanus war, eine sorgfältige Erziehung, wozu auch der Unterricht durch griechische Philosophen gehörte. Wieweit diese Einfluss auf Tiberius ausübten, lässt sich nicht feststellen. Die Schwester Sempronia heiratete später den Adoptivenkel ihres Großvaters, Scipio Aemilianus.

Wie es für einen jungen Mann aus hochadligem Hause üblich war, sammelte Tiberius früh militärische Erfahrungen, indem er mit 15 Jahren unter dem Oberbefehl seines Vetters und Schwagers Scipio Aemilianus bei der Belagerung von Karthago im Heer diente und sich dabei auszeichnete. Danach nahm ihn das wichtige Priesterkollegium der Auguren in seine Reihen auf, dem bereits sein Vater angehört hatte. Er heiratete dann die Tochter des Appius Claudius Pulcher, eines Mannes aus altem patrizischen Adel. Das war eine durchaus standesgemäße Heirat. 137 wurde er von der zuständigen Volksversammlung zum Quästor gewählt und erreichte somit die erste Stufe der Ämterlaufbahn. Er erhielt das Heer als Dienstbereich, d.h. er war für die Versorgung und die Finanzen des Heeres zuständig, das unter dem Konsul Gaius Hostilius Mancinus in Spanien Krieg führte. Bislang war die Laufbahn des Tiberius geradezu ideal verlaufen. Doch durch Fehler des Feldherrn endete der Feldzug in einer ausweglosen Situation. Die römischen Truppen hatten nur noch die Wahl zwischen eigener Vernichtung oder Kapitulation. In dieser Situation entschloss sich Mancinus, einen Vertrag mit den keltiberischen Gegnern abzuschließen, der die Kapitulation der Römer gegen freien Abzug regelte. Der Vater des Tiberius war 180-178 Statthalter in Spanien gewesen und hatte einen ungewöhnlich fairen Vertrag mit den römischen Gegnern geschlossen, der bis Mitte der fünfziger Jahre gültig blieb. Daher bestanden die Keltiberer darauf, dass der Sohn dieses Statthalters den Vertrag mit unterzeichnete.

So vernünftig und ehrenhaft es uns heute erscheint, die Soldaten zu retten, so widersprach ein solches Vorgehen römischen Vorstellungen. Die Senatoren beschlossen, diesen Vertrag nicht anzuerkennen und entschieden sich dafür, Mancinus den Keltiberern auszuliefern. Dieser Senatsbeschluss wurde übrigens durch einen Volksbeschluss gebilligt. So wurde Mancinus vor den Toren der Stadt Numantia halbnackt angebunden. Die Keltiberer gingen freilich auf dieses Angebot nicht ein, setzten jedoch ihren Widerstand fort.

In dieser Situation führte der Unmut des römischen Volkes dazu, dass Scipio Aemilianus erneut zum Konsul gewählt wurde, obgleich das eigentlich nicht mehr statthaft war. Der Senat verweigerte die notwendigen Aushebungen, doch es meldeten sich viele Freiwillige. Nach einer langwierigen Belagerung Numantias musste die Stadt im Hochsommer 133 kapitulieren.

3. Verlauf des Volkstribunats des Tiberius Gracchus und sein Scheitern

Die Kapitulation des Mancinus und die Tatsache, dass er mit dieser Angelegenheit verbunden war, blieben eine Belastung für Tiberius, insbesondere für seine Karriere. Vermutlich verdankte er es seinem Schwager Scipio Aemilianus, dass er vom Senat nicht direkt belangt wurde. Seine Reputation war allerdings angeschlagen.

Das Volkstribunat war in den Auseinandersetzungen zwischen Patriziern und Plebejern entstanden. Jährlich wurden zehn Volkstribunen gewählt, die das Recht hatten, ihr Veto einzulegen und damit das politische Leben lahmzulegen. Sie waren im Übrigen sakrosankt, d.h. es durfte keine Gewalt gegen sie angewandt werden. Das Volkstribunat hatte allerdings im Laufe der Zeit seinen Charakter verändert. Von einem Kampfinstrument der Plebejer gegen die Willkür der patrizischen Magistrate war es zu einer Stütze der Herrschaft der senatorischen Oberschicht geworden. Diese konnte darauf rechnen, unter den ehrgeizigen

Volkstribunen ein offenes Ohr für ihre politischen Initiativen zu finden, da dies ihre Karrierechancen deutlich verbesserte.

Tiberius Gracchus wurde zum Volkstribun gewählt. Gleich zu Beginn wurde deutlich, dass er seine Funktion nicht in dem beschriebenen Sinne ausfüllen wollte. So begann er mit der intensiven Agitation für sein Agrargesetz schon im Frühjahr 133, ohne dass es zuvor zu einer Konsensbildung in der senatorischen Oberschicht gekommen war, was ein Bruch des üblichen Vorgehens war.

Die Gesetzesvorlage beruhte nicht allein auf den Ideen des Tiberius Gracchus, vielmehr hatte es bereits 140 v. Chr. einen Versuch gegeben, und nun unterstützten wenigstens am Anfang eine Reihe von Senatoren die Vorschläge des Tiberius. Die Quellen nennen dabei ausdrücklich seinen Schwiegervater Appius Claudius Pulcher, weiter den führenden Juristen dieser Zeit, Publius Mucius Scaevola, und dessen leiblichen Bruder Publius Licinius Crassus, dessen Tochter später den Bruder des Tiberius, Gaius, heiraten sollte.

Der Entwurf sah vor, dass jeder nicht mehr als 500 *iugera* („Joch" = 125 Hektar) öffentlichen Landes nutzen dürfe, dazu kamen höchstens noch 500 *iugera* für Söhne. Offensichtlich bestanden diese Obergrenzen in der Theorie spätestens seit der ersten Hälfte des 2. vorchristlichen Jahrhunderts. Da aber viele Nutzer des öffentlichen Landes diese Grenzen deutlich überschritten, blieb genügend Land, um es in einer Größenordnung zwischen fünf und 7,5 Hektar zu verteilen, was einer Familie ein Auskommen gewährte (Klaus Bringmann verweist auf die geringe Landmasse, die überhaupt verteilt werden konnte; vgl. Bringmann 1985, 13).

Tiberius berief eine Volksversammlung zur Abstimmung über seinen Gesetzesentwurf ein. Noch ehe der Gesetzentwurf verlesen wurde, legte Marcus Octavius, ein anderer Volkstribun sein Veto ein. Octavius war ursprünglich mit Tiberius freundschaftlich verbunden, wurde aber dann von großen Teilen der Nobilität bedrängt, sein Veto einzulegen. Nach dem Veto des Octavius wurde die Versammlung aufgelöst. Tiberius verhinderte daraufhin dank seiner Kompetenz als Volkstribun alle staatlichen

Handlungen. Als Reaktion darauf legten die Senatoren in der Öffentlichkeit Trauerkleidung an, um zu zeigen, dass Tiberius den Staat gefährde. Tiberius trug nun seinerseits demonstrativ eine Waffe, obwohl er als Volkstribun ja sakrosankt war. Er suggerierte damit, dass sein Leben in Gefahr sei.

In diesem aufgeheizten Klima wurde eine weitere Volksversammlung einberufen. Während der Versammlung ergriffen zwei gewesene Konsuln die Initiative. Sie hielten unter Tränen die Hände von Tiberius und baten ihn inständig um einen Versuch der Einigung. Eine solche Geste konnte Tiberius nicht abschlagen, ohne sich selbst ins Abseits zu stellen. Er folgte also dem Drängen der beiden Nobiles und ging in den Senat, der in der Nähe tagte. Allerdings lenkten die Senatoren nicht ein. Hätte Tiberius nachgegeben, hätte er in der Öffentlichkeit sein Gesicht verloren, daher trieb er den Konflikt auf die Spitze. Er berief eine neue Versammlung ein, für die er die Absetzung seines Kollegen Octavius auf die Tagesordnung setzte. Zwar bemühte er sich während der Abstimmung, seinen Kollegen zum Einlenken zu bringen, aber dieser beharrte auf seinem Veto. Schließlich stand das Ergebnis der Abstimmung fest, und Octavius verlor sein Amt. An die Stelle des abgesetzten Octavius wurde ein Klient oder Anhänger des Tiberius eingesetzt, der begreiflicherweise keinen Widerstand gegen das Ackergesetz leistete. Es wurde beschlossen, und man setzte ein Dreimännerkollegium ein, das die Aufteilung und Zuweisung der staatlichen Ländereien vornehmen sollte. Dem Kollegium gehörten Tiberius, sein Schwiegervater Appius Claudius sowie sein Bruder Gaius an. Der Senat verweigerte Geld für die Arbeit der Kommission, die daraufhin mit einer ganz geringen Ausstattung ihre Arbeit begann.

Die Verhärtung der Fronten wurde aus der knappen Schilderung deutlich. Beide Seiten hatten versagt, indem sie die Kommunikation trotz gegensätzlicher Positionen nicht gewährleisteten.

Die Umsetzung des Gesetzes war schwieriger als erwartet. Die Republik besaß weder eine entsprechende Bürokratie, noch existierten genaue Kataster der zur Verfügung stehenden Gebiete. Daher war es schwierig, zwischen privatem und öffentlichem Land genau zu unterscheiden. Häufig waren Grenzsteine entfernt worden, es war zur Vermischung der Ländereien gekommen, Bauten waren auf öffentlichem Land errichtet worden, Teile waren verkauft worden, für die die jetzigen Besitzer bezahlt hatten. Wegen dieser komplizierten Eigentumsverhältnisse kam es zu Klagen gegen das Vorgehen der Ackerkommission. In dieser Situation brachte Tiberius ein ergänzendes Gesetz ein, das der Kommission die Entscheidungskompetenz bei Streitfällen übertrug. Damit wurde die Kommission zugleich Untersuchungsbehörde und Gericht (Linke 2005, 32).

Ein weiteres Problem entstand durch die Verweigerung des Senats, das Reformvorhaben zu finanzieren. Die besitzlosen Römer, die angesiedelt werden sollten, benötigten ja nicht nur Land, sondern auch Arbeitsgeräte und Geld, um die Anfangszeit bis zur ersten Ernte zu überbrücken.

In dieser Situation kam gerade die pergamenische Erbschaft nach Rom. Der kinderlose König von Pergamon hatte wohl in richtiger Einsicht, dass Rom irgendwann sein Königreich dem römischen Herrschaftsbereich integrieren könnte, die Römer als Erben eingesetzt. Tiberius schlug vor, das Geld für die dringend benötigte Anschubfinanzierung der Landlosen zu verwenden. So sinnvoll uns heute diese Maßnahme erscheint, so war es doch ein Eingriff in die Befugnisse des Senats, der herkömmlich über diese Mittel zu entscheiden hatte. Außerdem konnte das auch als Streben des Tiberius nach Königsmacht gedeutet werden. So gab es denn auch Gerüchte, die pergamenischen Gesandten hätten Tiberius bereits das Diadem angeboten. Im Übrigen war klar, dass Tiberius bei den künftigen Landbesitzern eine große Klientel gewinnen würde, auch hier tauchte dann das Schreck-gespenst der Alleinherrschaft auf.

Tiberius wusste, dass ihn sein Amt vor einer Anklage schützte. Daher kündigte er an, er werde sich um eine zweite Amtszeit als Volkstribun bewerben. Tiberius hoffte, somit die Arbeit der Ackerkommission erfolgreich weiterführen zu können und sich zugleich vor einer Anklage vor einem Gericht, das nur mit Senatoren besetzt war, zu entziehen.

Andererseits war eine solche Bewerbung ein Bruch mit einem der wichtigsten Grundsätze zur Begrenzung der Machtausübung römischer Magistrate. Eine Machtkonzentration in der Hand eines Einzelnen sollte so verhindert werden. Die Ereignisse, wie es zur Katastrophe kam, werden in den Quellen unterschiedlich dargestellt. Einig sind sie jedoch darin, dass Tiberius dadurch in Schwierigkeiten kam, weil viele seiner Anhänger vom Lande zum Zeitpunkt der Wahlen im Spätsommer wegen Erntearbeiten abwesend waren. Vermutlich waren sie als zusätzliche Erntearbeiter bei mittleren und größeren Landbesitzern beschäftigt. Am Tag der Abstimmung tagten Senat und Volksversammlung parallel. Durch eine Reihe von Missverständnissen oder gezielten Provokationen wurde die Atmosphäre immer spannungsgeladener. Gegner des Tiberius in der Nobilität verbreiteten das Gerücht, Tiberius wolle sich in der Versammlung zum König erheben lassen. Der ehemalige Konsul und damalige *pontifex maximus* Gaius Scipio Nasica Serapio, übrigens ein echter Vetter der Gracchen, beschwor den Konsul, der die Versammlung leitete, Mucius Scaevola, den Staat zu retten und den Tyrannen zu vernichten. Dieser, ein Befürworter der Reformen, versuchte abzuwiegeln, indem er versicherte, er werde eingreifen, wenn Tiberius das Volk überreden oder zwingen werde, etwas gegen das Gesetz zu beschließen. Nasica sprang daraufhin auf, zog die Toga über den Kopf und forderte alle auf, die Hüter und Bewahrer des Gesetzes sein wollten, ihm zu folgen. Üblich war, beim Opfer die Toga über den Kopf zu ziehen. Das bedeutet, Nasica scheint sein gewaltsames Vorgehen als *consecratio*, als rituelle Tötung, aufgefasst zu haben. Tiberius wurde von zwei anderen Volkstribunen mit Stuhlbeinen erschlagen. Nach Plutarch kamen 300 seiner Anhänger zu Tode. Der Leichnam des Tiberius wurde in den Tiber geworfen. – Dabei kann es sich noch nicht um das Notstandsrecht, das *senatus consultum ultimum* und die anschließende *hostis*-Erklärung gehandelt haben (Ungern-Sternberg 1970, 20).

4. Die Entwicklungen bis zum Volkstribunat des Gaius Sempronius Gracchus

In der Folgezeit trat eine eher unübersichtliche Situation ein. Durch sein Vorgehen gegen Tiberius war Scipio Nasica Serapio beim Volk dermaßen verhasst, dass man ihn mit einer Gesandtschaft nach Kleinasien sandte, wo er auch starb. 132 wurden dann die bei der Gewaltaktion gefangenen Anhänger des Tiberius durch einen vom Senat eingesetzten Sondergerichtshof verfolgt; trotz verhängter Todesstrafe war keine Berufung möglich.

Andererseits blieben die von Tiberius durchgebrachten Gesetze in Kraft. Offenbar hatte man Angst, das Volk zu sehr zu provozieren. So wurde anstelle des Tiberius der Schwiegervater von Gaius, Publius Licinius Crassus Mucianus, der 131 Konsul wurde, in die Ackerkommission nachgewählt. Nachdem beide Schwiegerväter 130 gestorben waren, wurden Marcus Fulvius Flaccus und Gaius Papirius Carbo, die beide noch sehr jung waren, nachgewählt. Insofern hatten die Kommissionsmitglieder geringen politischen Einfluss. Nachdem in der ersten Zeit der eindeutig zuzuordnende Besitz verteilt worden war, kamen nun Grundstücke an die Reihe, deren rechtliche Einschätzung umstritten war. Es zeigte sich, dass ein nicht unbeträchtlicher Teil des römischen Staatslandes von Angehörigen der Bundesgenossen bewirtschaftet wurde. Ob die ehemaligen Besitzer einfach auf dem Land geblieben waren oder ob sie nicht genutztes Land okkupiert hatten, wie es auch die Römer taten, jedenfalls wurde lange Zeit nicht gegen diese Praxis vorgegangen und die jeweiligen Nutzer waren überzeugt, es sei ihr Land. Nun sollten sie als Nichtrömer nicht einmal 500 bzw. 1.000 *iugera* behalten können. Um gegen diese in ihren Augen ungerechten Zustände vorzugehen, wandten sie sich 129 an Scipio Aemilianus um Unterstützung. Dieser war erst nach dem Tod seines Schwagers Tiberius aus Spanien zurückgekehrt und hatte seinen Triumph über Numantia gefeiert. Aufgrund seiner Karriere stieß er bei seinen Standesgenossen auf erhebliche Vorbehalte, beim Volk war er aber recht angesehen. Von den Aktivitäten des Tiberius hatte er sich im Nachhinein eindeutig distanziert. Nun erreichte er eine Lösung, die recht elegant war: die richterliche Funktion wurde der Ackerkommission entzogen und den jeweiligen Konsuln übertragen, was im Grunde einer Lähmung der Ackerkommission gleichkam, da die Konsuln eine Fülle von Aufgaben wahrzunehmen hatten, insbesondere im militärischen Bereich. So kämpfte der eine Konsul von 129 gegen Aristonikos in Kleinasien, während der andere ebenfalls relativ schnell die Stadt verließ, um in Illyrien zu kämpfen, was er offenbar einer richterlichen Funktion in Agrarstreitigkeiten vorzog. Solange keine richterliche Entscheidung gefällt wurde, blieb es bei den bestehenden Verhältnissen. Scipio Aemilianus verstarb eines plötzlichen Todes. Die Gerüchte, er sei Opfer eines Mordes geworden, der von den Anhängern der Gracchen, womöglich seiner Frau oder seiner Schwiegermutter, verübt wurde, zeigen, wie aufgeheizt die Stimmung in Rom noch immer war. Im Übrigen zeichnet sich in den Jahren bis zum Volkstribunat des Gaius Gracchus keine eindeutige Linie in der römischen Innenpolitik ab.

5. Die Gesetzgebungsvorhaben des Gaius Gracchus und sein Scheitern

Nach seiner Quästur bewarb sich Gaius als Volkstribun für 123 v. Chr. und wurde gewählt. Anders als bei Tiberius waren beide Seiten auf harte Konfrontation eingestellt und rüsteten sich für den Konflikt.

Aufgrund der Quellenlage ist es schwierig, die Abfolge der Gesetzesvorhaben des Gaius zu rekonstruieren; dazu kommt, dass er für 122 erneut zum Volkstribun gewählt wurde. Zu Beginn seiner Amtszeit brachte er ein Gesetz (de provocatione) durch, das die Hinrichtung römischer Bürger ohne Gerichtsverfahren verbot. Obgleich darin nichts von Sondergerichten stand, war deutlich, dass es nicht mehr möglich sein sollte, das Leben römischer Bürger von außerordentlichen Gerichtshöfen aburteilen zu lassen. Der Konsul von 132, Popilius Laenas, jedenfalls wartete die Verabschiedung des Gesetzes nicht ab, sondern ging schon zuvor ins Exil, da er fürchtete, das Gesetz könne auch rückwirkend angewandt werden. Einen anderen Gesetzentwurf (de abactis) zog Gaius zurück. Auch die Wiederwahl von Volkstribunen wurde auf eine gesetzliche Grundlage gestellt.

Man kann die folgenden Gesetze des Gaius ihrem Inhalt nach in Sozialgesetze und in Gerichts- und Verfassungsreformen einteilen (so und für das Folgende Heftner 2006, 66 ff.). Zuerst ist ein Ackergesetz zu erwähnen, dessen Inhalt nicht genau bekannt ist. Es dürfte der Kommission die richterliche Kompetenz zurückgegeben haben, eventuell enthielt es auch die Ausweitung auf den *ager publicus* außerhalb Italiens. Die begünstigten Bürger sollten jetzt in geschlossenen Neusiedlungen angesiedelt werden, so auch auf dem Gebiet des ehemaligen Karthago.

Daneben brachte er ein „Getreidegesetz" (lex frumentaria) ein, das auf die Bedürfnisse der stadtrömischen Plebs abzielte. Danach sollte von Staats wegen Getreide zum Festpreis an die armen Stadtbewohner abgegeben werden. Damit waren die Bezieher nicht mehr von den Schwankungen des Getreidepreises abhängig. Um dieses Gesetz in die Praxis umzusetzen, waren Maßnahmen wie der Bau von Getreidespeichern, aber auch der Ausbau des Straßennetzes notwendig, was Gaius in Angriff nahm und was den Angehörigen der unteren Schichten Arbeitsmöglichkeiten bot. Die dafür notwendigen Mittel wurden gewonnen, indem den Steuerpächtern (s. u.) die Steuerpacht der neukonstituierten Provinz Asia überlassen wurde.

Auch die *lex militaris* lässt sich als Sozialgesetz einordnen, denn darin wurde bestimmt, den Soldaten Kleidung und Waffen ohne Soldabzug künftig zur Verfügung zu stellen, zum andern wurde verboten, Minderjährige unter 17 Jahren zum Kriegsdienst auszuheben.

Die Gesetze zur Gerichts- und Verfassungsreform trafen vermutlich auf stärkeren Widerstand als seine Sozialgesetze. So legte er zuerst ein Gesetz gegen Korruption bei der Urteilsfällung vor, dann ein weiteres, das die mit Senatoren besetzten Gerichte stark veränderte. Wahrscheinlich sollten alle Geschworenen aus dem Ritterstand kommen und die Senatoren völlig ausgeschlossen werden. Das traf zumindest für den Repetundengerichtshof zu, vor dem Untertanen in den Provinzen oder italische Bundesgenossen gegen römische Magistrate Klage wegen unrechtmäßiger Bereicherung erheben konnten. Im Laufe des 2. Jahrhunderts hatte sich innerhalb der Ritter eine besondere Gruppe herausgebildet, die sich auf die Einziehung der Steuern spezialisierte, die so genannten Steuerpächter (publicani). Da die ökonomischen Interessen dieser reichen Geschäftsleute nicht immer mit denen der Senatoren übereinstimmten, kam es hier zu Verwerfungen. Das nutzte Gaius aus. Er soll gesagt haben, vielleicht war es auch nur eine ihm feindliche Erfindung, mit diesem Gesetz habe er die Dolche auf das Forum geworfen, mit denen sich Senatoren und Ritter gegenseitig bekämpfen sollten (Cicero, de leg. III 20). Mit einem weiteren Gesetz sollten politische Manipulationen bei der Zuteilung der Aufgaben an die Konsuln durch den Senat verhindert werden. Der Einfluss der führenden Senatoren auf die aktuelle Politik wurde deutlich eingeschränkt.

Das Schicksal seines Bruders hatte Gaius klargemacht, dass es nicht genügte, auf einem Gebiet Reformen durchzuführen, sondern dass er nur durch strukturelle Eingriffe in die politische und gesellschaftliche Ordnung eine Chance hatte, sich langfristig durchzusetzen. Seine Reformmaßnahmen tragen ein Doppelgesicht: sie dienten einerseits der Beseitigung von Härten und Missständen, andererseits der Gewinnung einer großen Anhängerschaft.

Obgleich Gaius Gracchus weit vorankam, scheiterte er teils an der Überforderung seiner Anhänger, teils an der demagogischen

Gegenstrategie der Senatsmehrheit. Die Überforderung trat ein, als er das Bundesgenossenproblem auf die Tagesordnung setzte und vorschlug, den latinischen Gemeinden das volle römische Bürgerrecht, den übrigen Italikern das Stimmrecht in der Volksversammlung zu geben. Endgültig gescheitert ist Gaius Gracchus an seiner Kolonisationspolitik. Während er mit der Kommission zur Gründung der von ihm angestoßenen Colonia Iunonia auf dem Boden Karthagos in Afrika weilte, übertrumpfte ihn der Volkstribun Livius Drusus in Übereinstimmung mit den reformfeindlichen Senatoren, indem er zwölf neue Kolonien auf italischem Gebiet versprach, was aber praktisch undurchführbar war. Gaius kehrte nach 70 Tagen wieder nach Rom zurück, doch er hatte viele Anhänger verloren. Für 121 wurde Lucius Opimius, ein erklärter Feind von Gaius Gracchus, zum Konsul gewählt, während er selbst bei den Wahlen zu seinem dritten Volkstribunat durchfiel.

Aufgrund ungünstiger Vorzeichen berief ein dem Senat nahestehender Volkstribun eine Volksversammlung ein, in der die Aufhebung der von Gaius betriebenen Koloniegründung auf dem Boden des zerstörten Karthago zur Abstimmung gestellt werden sollte. Am Tag der Volksversammlung wurde ein Bediensteter des Opimius von Anhängern des Gracchus getötet. Da Gaius sich ungeschickt verhielt, kam es zu einem Getümmel, wodurch die Volksversammlung gesprengt wurde. Opimius berief den Senat für den nächsten Tag ein und gab die Parole aus, Senatoren und Ritter sollten sich mit ihren Gefolgsleuten bewaffnet einfinden. Dennoch fasste der Senat am andern Tag erst den Beschluss, Gracchus und seinen Mitstreiter Fulvius Flaccus einzuladen, um sie wegen ihrer Rolle bei den Ausschreitungen am Vortag zu befragen. Diese kamen der Aufforderung nicht nach, sondern besetzten mit ihrem bewaffneten Gefolge den Aventin, der mit den Ständekämpfen verbunden war. Ihr Verhandlungsangebot an den Senat wurde nicht angenommen. Im Anschluss fasste der Senat den Beschluss, „der Konsul möge zusehen, dass der Staat keinen Schaden erleide". Opimius hat dann alle Möglichkeiten, die im *senatus consultum ultimum* (Staatsnotstand) enthalten sind, ausgeschöpft. Er setzte bei der Erstürmung des Aventin nicht nur Männer der Nobilität und des Ritterstandes ein, sondern auch kretische Bogenschützen. Auf die Köpfe des Gracchus und des Fulvius wurden Prämien ausgesetzt. Nach dem Sieg gebrauchte er sein Recht, mit der Todesstrafe zu bestrafen und ließ 3.000 Anhänger töten. Das heißt, er bekämpfte und bestrafte seine Gegner wie offenkundige Feinde. Mit dem Notstandsrecht glaubte der Senat die geeignete Waffe gefunden zu haben, um auch in künftigen Fällen seine Gegner niederzwingen zu können. Das bedeutete jedoch Gewalt statt Konsens.

6. Zur Bewertung der Gracchen in der heutigen Forschung

In der antiken Geschichtsschreibung wie in der modernen Forschung wird das Jahr 133 v. Chr. als eine entscheidende Wende in der römischen Republik betrachtet. Während Cicero und Livius in Tiberius Gracchus den revolutionären Zerstörer sehen, tendiert die moderne Forschung in Übereinstimmung mit dem Geschichtsschreiber Appian und etwas weniger betont mit Plutarch dazu, den berechtigten Reformwillen hervorzuheben: Beseitigung der Agrarkrise und damit verbunden die Wiederherstellung der römischen Wehrkraft und somit letztlich die Wiederherstellung der bestehenden Verhältnisse. Zugleich werden die eigenwilligen, wenig verfassungskonformen Methoden des Tiberius betont, die das Gefüge des Nobilitätsstaates zu sprengen drohten. Heutzutage wird besonderer Wert auf die mangelnde Kommunikation und Abstimmung mit dem Senat gelegt, die ein Charakteristikum der römischen Republik war. Der Blick wurde dafür geschärft, dass Tiberius sich nicht mit dem Senat abstimmte. Zugleich wird auch betont, unter welchem Konkurrenzdruck ein Angehöriger einer senatorischen Familien und besonders der Nobilität stand. In diesem Zusammenhang wird stärker als früher hervorgehoben, dass Tiberius Laufbahn in Spanien einen Dämpfer erhalten hatte, der ihm ein nochmaliges Scheitern nicht erlaubte.

Es wird auch darauf verwiesen, dass die Ackerverteilungskommission nur aus Familienangehörigen des Tiberius bestand. Ob das für die damalige Zeit wirklich so anstößig war, ist zu bezweifeln, denn nach dem Tod des Tiberius rückte ja der Schwiegervater des Gaius Gracchus, Publius Licinius Crassus Mucianus, nach. Das hätte sich sicher verhindern lassen, wenn man der Meinung gewesen wäre, solche Familienbande wären nicht akzeptabel. Ob es auch Stimmen gab, die dagegen waren, aber sich nicht durchsetzen konnten, entzieht sich unserer Kenntnis.

Es wird heute auch betont, dass die Bemühungen des Tiberius um die Ackerverteilung auch ausgelegt werden konnten als das Streben, eine möglichst große Anhängerschaft zu gewinnen. Dasselbe gilt auch für seinen Antrag, die Gelder aus der pergamenischen Erbschaft für die Besitzlosen zu verwenden und für die Iteration des Volkstribunats.

Bei der Beurteilung des Gaius Gracchus besteht heute Konsens darüber, dass alle Vorhaben und Gesetze des Gaius die Struktur des Staates verändern wollten, dass er das Volkstribunat und damit verbunden die Volksversammlungen und nicht den Senat zum Mittelpunkt der Politik machen wollte. Dabei erwies er sich als geschickter politischer Taktiker. Ihm war klar, dass er seine Ziele nur gegen den Senat und die Nobilität mit einem Konfrontationskurs durchsetzen könne. Damit aber war der Konsens, der jahrhundertelang Leitlinie der Aristokraten war, endgültig aufgegeben. Allerdings ist das nicht allein Schuld der Gracchen.

Die Furcht der Römer vor einer Alleinherrschaft ist sicher nicht zu unterschätzen, sie zeigte sich dann deutlich bei Caesar. Dessen Adoptivsohn (Octavianus, ab 27 v. Chr.) Augustus versuchte alles, um dies zu verhindern, indem er immer wieder betonte, er habe die Republik wiederhergestellt, auch wenn die Machtverhältnisse sich grundlegend geändert hatten.

Fragt man, was von der Tätigkeit der Ackerkommissionen übrig geblieben ist, so ist auf die Karte mit den Fundstellen von beschrifteten Grenzsteinen zu verweisen. Wie die Kommission nach dem Tod des Gaius Gracchus und des Fulvius Flaccus zusammengesetzt war, erfahren wir aus einem Grenzstein, der in der Nähe von Karthago gefunden wurde (Bringmann 2003, 151 ff. mit Erläuterungen). Die Kommission wurde von einem Volkstribun 119 v. Chr. aufgelöst.

7. Die Gracchischen Reformen in den heutigen Geschichtsschulbüchern

Es hängt von den staatlichen Vorgaben für den Geschichtsunterricht, das sind heutzutage in der Regel die Lehrpläne, ab, welche Inhalte in den Geschichtsschulbüchern behandelt werden und welche nicht. Heute wird bekanntlich alles, was vor der Französischen Revolution oder vor dem 19. Jahrhundert liegt, im Geschichtsunterricht zurückgedrängt. Insofern verwundert es nicht, dass in vielen aktuellen Geschichtsschulbüchern die Gracchen überhaupt nicht mehr erwähnt werden oder wenn, dann relativ kurz. In Bayern ist „die römische Republik, Gesellschaft und Machtverhältnisse" so im Lehrplan Gymnasium G 8 thematisiert.[1] Wie ausführlich im Schulbuch darauf eingegangen wird, liegt beim Verlag und seinen Autoren. So heißt es in dem Buch „Mosaik" für Gymnasien in Bayern: „Erste Reformversuche endeten in Straßenkämpfen mit tausenden von Toten." Der Name der Gracchen wird nicht erwähnt (2005, 110). Die Verkürzung führt dazu, dass in Büchern, die auf Lehrplänen fußen, nach denen die römische Republik noch behandelt werden soll, unter Umständen das eingangs zitierte Redefragment des Tiberius noch abgedruckt ist, so in „Forum Geschichte" vom Cornelsen Verlag (2004, 137). Mit den relativ kurzen Verfassertexten geht verständlicherweise eine Differenzierung verloren. So wird die Tätigkeit der Gracchen lediglich mit sozialen Motiven begründet.

Die Popularen werden dann zur „Partei der kleinen Leute" und die Optimaten zur „Partei der Großgrundbesitzer", auch wenn eine Seite zuvor die Popularen als Teil der Nobilität bezeichnet wurden (vgl. „Zeitreise 1" 2008, 118, vgl. auch 117).

Die Lehrpläne für Realschulen in Bayern geben derzeit der römischen Republik noch etwas mehr Raum, das Ergebnis der derzeitigen Überarbeitung ist noch nicht bekannt.[2] In einem Buch heißt es: „Die Spannungen wuchsen an, bis schließlich ein offener Bürgerkrieg ausbrach (133–121 v. Chr.). Als der Volkstribun Gaius Gracchus nach Reformen rief, die eine Neu-verteilung des Grundbesitzes zum Ziel hatten, kam es in Rom zu *Straßenkämpfen zwischen* (Hervorhebungen im Buch) seinen Anhängern, die sich *Popularen* (lat. populus das Volk) nannten und den *Optimaten*. Gaius Gracchus wurde dabei erschlagen. Das gleiche Schicksal erlitt später sein Bruder Tiberius, der ebenfalls Reformen gefordert hatte." (Oldenbourg, RS, 2004, 89). Hier werden nicht nur die Vornamen der Gracchen verwechselt, sondern die Bezeichnung Popularen im politischen Sinn wird bereits ins Jahr 133 v. Chr. datiert, während sie erstmals 70 v. Chr. verwendet wurde (Martin 1965, 5). In zwei anderen Büchern für die Realschulen in Bayern wird als Quelle der bekannte Auszug aus der Tiberiusrede und jeweils eine Quelle aus Plutarch bzw. Appian angeführt, doch von anderen Motiven der Gracchen außer den sozialen ist nicht die Rede (Klett, RS, 2008, 114 f.; Cornelsen RS, 2001, 136 f.).

Was auf diese Weise im Gedächtnis der Schülerinnen und Schüler bleibt, ist sicher nur eine vage Erinnerung oder nichts. Wenn sie sich vielleicht an etwas erinnern, dann an das Fragment der Rede des Tiberius.

8. Weshalb das Thema im Geschichtsunterricht?

Selbstverständlich ist zu fragen, ob und warum das Thema im Geschichtsunterricht behandelt werden soll, wenn die Zeit für Themen, die vor der Französischen Revolution liegen auf Kosten des Altertums, insbesondere der römischen Republik, immer stärker zusammengestrichen wird.

Sicher genügt nicht der Hinweis auf die Tradition seit dem 19. Jahrhundert. Zugleich lassen die angeführten Beispiele aus aktuellen Schulbüchern Zweifel zu, ob es sinnvoll ist, die Gracchen nur ganz kurz zu streifen, damit sie wenigstens erwähnt sind.

Allerdings ist zu fragen, ob die Thematik nicht dazu geeignet wäre, heutigen Schülerinnen und Schülern der Sekundarstufe I Einsichten zu vermitteln, die ihnen nicht nur vergangene Probleme aufzeigen, sondern die auch zur Einsicht und zur Bewältigung heutiger Probleme beitragen können. Meines Erachtens ist es wichtig für Schüler zu erfahren, dass es aufgrund der Überlieferung nicht nur ein Motiv für Tiberius gegeben hat, sondern mehrere, nämlich ein soziales, aber auch eines, das auf die Wiederherstellung und Stärkung der römischen Wehrkraft und eines, das auf seine eigene Reputation bezogen ist. Sie erfahren dabei, dass es bereits im Altertum bei den Zeitgenossen, aber auch bei den späteren Geschichtsschreibern, unterschiedliche Gewichtungen der Motive gab. Außerdem kann an dem Beispiel deutlich gemacht werden, dass Reformvorhaben durchaus sinnvoll und notwendig für die römische Gesellschaft gewesen wären, dass aber die Senatoren in ihrer Mehrheit die von Tiberius vorgesehenen Reformen ablehnten. Ausschlaggebend war sicher nicht nur ihr Eigennutz oder ihre Unfähigkeit – auch wenn es beides gegeben hat –, sondern vor allem die Angst, Tiberius strebe nach einer Stellung, die sich nicht mit dem Herkommen vertrage, nämlich nach der Alleinherrschaft. Außerdem wurde durch ihn das jahrhundertelang geübte Verfahren der Konsensfindung zwischen den Aristokraten außer Kraft gesetzt. Fatal war, dass die Stimmung auf beiden Seiten so angeheizt wurde, so dass weder Tiberius noch die meisten Senatoren letztlich auf Gewalt verzichteten. Somit wurde das Bemühen um einen Konsens innerhalb der Aristokratie, das in Rom sehr lange üblich war, zunichte gemacht.

Da die Themen in den Lehrplänen in der Regel chronologisch angeordnet sind, handelt es sich in der Regel um elfjährige oder zwölfjährige Schüler, wenn die römische Republik behandelt wird. Daher scheint es mir angemessen, den Schwerpunkt bei der Behandlung auf Tiberius Gracchus zu legen; hier ist auch die Überlieferung besser. Die Behandlung der Reformvorhaben seines Bruders kann demgegenüber eher summarisch ausfallen. Nachdem aber nun Tiberius eines gewaltsamen Todes sterben musste, ist es verständlich, dass Gaius Gracchus nur die Möglichkeit sah, mit einem weitgefassten Reformprogramm die Struktur der römischen Republik zu verändern. Das Volkstribunat und die Volksversammlungen, die die Volkstribunen einberufen konnten, sollten anstelle des Senats und der Nobilität politischen Einfluss ausüben. Er war ein geschickter politischer Taktiker, der mit seinem Konfrontationskurs den Konsens zwischen den Aristokraten, aber auch zwischen Aristokraten und Rittern endgültig zerstörte. Nach seinem Tod und der Hinschlachtung von 3.000 seiner Anhänger zeigte sich in der Folgezeit, dass die Nobilität nicht mehr aus eigener Kraft und ohne Gewaltanwendungen zu notwendigen Reformen fähig war.

In der Regel ist Alte Geschichte in den Lehrplänen für Geschichte in der Oberstufe nicht mehr vertreten. Allerdings gibt es inzwischen Möglichkeiten, z.B. in einem so genannten Seminarfach, die Thematik zu wählen. Wenn diese Möglichkeit besteht, ist es sinnvoll, auch die Reformvorhaben des Gaius wie z.B. das Getreidegesetz oder das Richtergesetz und ihre Auswirkungen auf die späte Republik ausführlich zu behandeln.

Anmerkungen

1 Vgl. http://www.isb-gym8-lehrplan.de/contentserv/3.1.neu/g8.de/index. php?StoryID=26307 [31.10.2011].

2 Vgl. http://www.isb.bayern.de/isb/index.asp?MNav=5&QNav=4&TNav=0&INav=0 [31.10.2011].

Literatur

Bringmann, Klaus (1985): Die Agrarreform des Tiberius Gracchus. Legende und Wirklichkeit. Stuttgart (Frankfurter Historische Vorträge, Heft 10).

Bringmann, Klaus (2003): Krise und Ende der römischen Republik (133–42 v. Chr.). Berlin (Studienbücher Geschichte und Kultur der Alten Welt).

Bringmann, Klaus (2010): Geschichte der römischen Republik. Von den Anfängen bis Augustus. 2. durchgesehene Aufl. München.

Heftner, Herbert (2006): Von den Gracchen bis Sulla. Die römische Republik am Scheideweg 133–78 v. Chr. Regensburg.

Hölkeskamp, Karl-Joachim (2004): Rekonstruktionen einer Republik. Die politische Kultur des antiken Rom und die Forschung der letzten Jahrzehnte. München (Historische Zeitschrift. Beihefte/Neue Folge, 38).

Linke, Bernhard (2005): Die römische Republik von den Gracchen bis Sulla. Darmstadt (Geschichte kompakt – Antike).

Martin, Jochen (1965): Die Popularen in der Geschichte der Späten Republik. Diss. Freiburg i. Br.

Ungern-Sternberg von Pürkel, Jürgen Baron (1970): Untersuchungen zum spätrepublikanischen Notstandsrecht. Senatus consultum ultimum und hostis-Erklärung. München.

Im Text erwähnte Schulbücher für Gymnasien

Forum Geschichte 1, Bayern: Von der Vorgeschichte bis zur Dreiteilung der Mittelmeerwelt, hrsg. v. Franz Hofmeier und Hans-Otto Regenhardt. Cornelsen, Berlin 2004.

Geschichte und Geschehen, Bd. 1, Bayern, hrsg. v. Ludwig Bernlochner. Klett, Stuttgart 2004, 2. Aufl. 2008.

Mosaik. Der Geschichte auf der Spur, B 6, hrsg. v. Joachim Cornelissen u.a. Oldenbourg, München, Düsseldorf, Stuttgart 2005.

Im Text erwähnte Schulbücher für Realschulen

Geschichte kennen und verstehen 6, erarb. v. Hans-Georg Fink u.a. Oldenbourg, München 2001, 2. Aufl. 2004.

Zeitreise 1, von Jürgen Böhm u.a. Klett, Stuttgart, Leipzig 2008.

Entdecken und Verstehen, RS Bayern 6, bearb. v. Heike Bruchertseifer u.a. Cornelsen, Berlin 2001.

Franka Rößner

Opfer staatlicher Gewalt –
Gedenkstättenarbeit am Beispiel Grafeneck

1. Grafeneck – Das historische Verbrechen. „Euthanasie"-Morde an 10 654 geistig behinderten und psychisch erkrankten Menschen im Jahr 1940

Im Oktober 1939 nahm das Württembergische Innenministerium das „Krüppelheim Grafeneck", eine Behinderteneinrichtung der evangelischen Samariterstiftung, „für Zwecke des Reiches in Anspruch". Innerhalb weniger Monate wurde das auf der Schwäbischen Alb gelegene Schloss und das Gelände zur reichsweit ersten von insgesamt sechs „Euthanasie"-Tötungsanstalten der sogenannten „Aktion T4"[1] umfunktioniert.

Am 18. Januar 1940 begann in Grafeneck mit der Deportation und der Ermordung von 25 Patienten der bayerischen Heil- und Pflegeanstalt Eglfing-Haar die systematisch-industrielle Ermordung von Menschen im nationalsozialistischen Deutschland. Zwischen Januar und Dezember 1940 wurden in einer stationären Gaskammer 10 654 Menschen mit Kohlenmonoxid erstickt. Ihre Leichen wurden in einem Krematorium verbrannt.

Die in Grafeneck ermordeten Frauen, Männer und Kinder stammten aus dem gesamten heutigen Bundesland Baden-Württemberg sowie aus Bayern, Hessen und Nordrhein-Westfalen. Vor ihrer Deportation mit den berüchtigten „grauen Bussen" lebten sie in staatlichen Heil- und Pflegeanstalten, in privaten oder konfessionellen Behinderteneinrichtungen.

Schon Ende des 19. und zu Beginn des 20. Jahrhunderts wurde Menschen, die als behindert oder psychisch krank galten, ihr Recht auf Fortpflanzung und Leben zunehmend aberkannt. In Kreisen der Wissenschaft, aber auch in öffentlichen Diskussionen bezeichnete man sie als „lebensunwertes Leben". Die nationalsozialistische Propaganda knüpfte an ideologische Entwicklungslinien aus der Zeit des Kaiserreiches und der Weimarer Republik an. Es bedurfte jedoch der menschenverachtenden Bedingungen des NS-Staates, um Zwangssterilisationen an ca. 350 000 bis 400 000 jugendlichen und erwachsenen Menschen durchzuführen (Verabschiedung des „Gesetzes zur Verhütung erbkranken Nachwuchses" am 14. Juli 1933).

Der Beginn des Zweiten Weltkrieges war gleichzeitig auch der Beginn der Vorbereitungen der „Euthanasie"-Morde. Eine gesetzliche Regelung lehnte Adolf Hitler aus Rücksicht auf die Bevölkerung, die Kirchen und das Ausland ab. Der Krieg sollte die Geheimhaltung der massenhaften Tötung von Anstaltspatienten ermöglichen. Außerdem lieferte er den Begründungszusammenhang für die „Vernichtung lebensunwerten Lebens": Die Beseitigung biologischer, sozialer und ökonomischer „Last".

Das Reichsinnenministerium in Berlin verschickte ab Oktober 1939 Meldebogen an die Heil- und Pflegeanstalten. Das beigefügte Merkblatt legte die Kriterien fest, nach denen die Opfer der NS-„Euthanasie" selektiert wurden: (1) eingeschränkte oder nicht vorhandene Arbeitsfähigkeit; (2) Langzeitaufenthalt in einer Behinderteneinrichtung oder Klinik; (3) Einweisung in die Psychiatrie durch ein Gericht; (4) jüdische Patienten sowie Sinti und Roma.

Unverzichtbar für die Durchführung eines staatlichen Verbrechens dieser Dimension (70 273 Opfer der „Aktion T4" reichsweit) war neben der zentralen Ebene des Reiches auch eine Vielzahl von weiteren staatlichen Organen und parteiamtlichen Stellen. Das Württembergische Innenministerium in Stuttgart und das Badische Innenministerium in Karlsruhe ordneten die Deportationen nach Grafeneck, „Verlegungen" genannt, an. Aber auch die Duldung und Mitwirkung der untergeordneten Stellen, beispielsweise der Landräte oder der Kreis- und städtischen Wohlfahrtsverbände, war nötig, um die Erfassung und Deportation von Anstaltspatienten bürokratisch reibungslos zu organisieren. In Grafeneck erwartete das Täterpersonal vor Ort, das aus knapp einhundert Frauen und Männern bestand, die Opfer und sorgte für deren Ermordung in der Gaskammer. Im Schloss befand sich ein Sonderstandesamt, dessen Mitarbeiter die Morde mit gefälschten Todesursachen und Sterbedaten verschleierten.

Die Spuren der Täter und der von ihnen entwickelten Tötungsverfahren führen von Grafeneck in die Vernichtungslager des Holocaust: Belzec, Treblinka, Sobibor und Auschwitz-Birkenau.

Zwischen den beiden großen Verbrechenskomplexen „Euthanasie" und Holocaust gibt es enge Verbindungslinien. Um die ersten Vernichtungslager im Osten aufzubauen, wurden die „Vernichtungsspezialisten" der NS-„Euthanasie" eingesetzt. Kommandant des Vernichtungslagers Belzec wurde der erste Leiter des Grafenecker Standesamtes, der Stuttgarter Polizeikommissar Christian Wirth. Später stieg er zum Generalinspekteur der „Aktion Reinhard"[2] auf. Horst Schumann, ärztlicher Direktor der Tötungsanstalt Grafeneck, war ab Herbst 1942 Lagerarzt von Auschwitz-Birkenau.

Deutlich werden durch die Beschäftigung mit den „Euthanasie"Morden in Grafeneck, dass Ausgrenzung, Entwürdigung und Entrechtung am Anfang dieser ungeheuerlichen Verbrechen gegen die Menschheit standen. Erst die Beseitigung individueller Menschenrechte ermöglichte den Weg zur Tat und zum Verbrechen – von staatlicher Seite angeordnet und mit Hilfe staatlicher Organe vollstreckt.

Die grauen Busse von Grafeneck vor der Heil- und Pflegeanstalt Stetten i. R. 1940.
(Heimliche Aufnahme vermutlich von einem der Mitarbeiter der Anstalt Stetten.)

Luftbildansicht des Schlosses Grafeneck; aufgenommen Mitte der 1930er Jahre.

2. Grafeneck – Der heutige Lernort. Gedenkstätte für die Opfer der „Euthanasie"-Verbrechen und Samariterstift Grafeneck

Fünfzig Jahre nach den „Euthanasie"-Verbrechen wurde im Jahr 1990 in Grafeneck in unmittelbarer Nähe des Friedhofs die Gedenkstätte errichtet. Ihm Zentrum steht eine offene Kapelle, die sich mit ihrem fünfeckigen Grundriss und den fünf Stahlträgern auf das fünfte christliche Gebot „Du sollst nicht töten" bezieht.

Der 1994 gegründete Verein Gedenkstätte Grafeneck e.V. fügte der Gedenkstätte zwei zentrale Elemente hinzu: Das bis heute fortgeschriebene Namens- und Gedenkbuch und den von Diane Samuels entworfenen Alphabet-Garten für die bekannten und unbekannten Opfer von Grafeneck. An die Seite des Gedenkens trat in der Folgezeit die wissenschaftliche Forschung und pädagogische Arbeit; seit 2010 mit zwei hauptamtlich beschäftigten Mitarbeitern. Etwa 15 000 bis 20 000 Menschen pro Jahr besuchen das 2005 eröffnete Dokumentationszentrum und die darin täglich zugängliche Dauerausstellung „Grafeneck 1940 – Krankenmord im Nationalsozialismus. Geschichte und Erinnerung".

Neben dem eigentlichen Gedenkort ist das Dokumentationszentrum als Ort der Information ein wesentlicher Angelpunkt des gedenkstättenpädagogischen Konzeptes des Bildungsortes Grafeneck. Das Bildungsangebot richtet sich an Schüler- und Jugendgruppen aber auch an Erwachsene in der politischen und beruflichen Weiterbildung.

Zwei Drittel der Besuchergruppen, die von den haupt- und ehrenamtlichen Gedenkstättenmitarbeitern betreut werden, sind Schulklassen. Das Durchschnittsalter der Jugendlichen sank in den vergangenen Jahren deutlich, der Großteil der Teilnehmenden ist 14 oder 15 Jahre alt. War es in der Vergangenheit besonders die gymnasiale Oberstufe, die nach Grafeneck kam, stellen die Realschüler momentan die am stärksten anwachsende Besuchergruppe. Auch gelang eine Öffnung in Richtung Hauptschulen, die in Zukunft weiter ausgebaut werden soll. Ebenfalls in hohem Maße gefragt sind Zugänge zur jüngsten Zeitgeschichte in „leichter Sprache".

Das 2005 eröffnete Dokumentationszentrum ist an 365 Tagen im Jahr von 8–20 Uhr geöffnet.

Grafeneck ist in der Gegenwart ein Lebensort und Arbeitsplatz von Menschen mit geistigen Behinderungen und chronischen psychischen Erkrankungen. Dies prägt die Arbeit der Gedenkstätte außerordentlich und macht die Besonderheit des Ortes aus. Die Samariterstiftung kehrte bereits im Jahr 1946/1947 mit den überlebenden Bewohnern wieder nach Grafeneck zurück. Ihre heutige Tätigkeit in Grafeneck und an anderen Orten versteht die evangelische Stiftung als eine Antwort auf die Verbrechen an behinderten und psychisch erkrankten Menschen während der Zeit des Nationalsozialismus – so das Leitbild der Samariterstiftung von 1998. Die Gedenkstätte Grafeneck und die Samariterstiftung arbeiten in den Bereichen Erinnerung, Dokumentation und Bildung eng zusammen.

Wer die Gedenkstätte Grafeneck besucht und sich mit den „Euthanasie"-Morden beschäftigt, trifft folglich immer auch auf einen modernen Ort der Behindertenhilfe und Sozialpsychiatrie. Begegnungen mit den Grafenecker Bewohnern während eines Rundganges regen häufig zu lebhaften Diskussionen an. Oftmals kreisen die ersten Fragen der Teilnehmerinnen und Teilnehmer von Seminaren an der Gedenkstätte gerade nicht um die Geschichte. Sie möchten wissen, ob die in Grafeneck lebenden Menschen über die Geschehnisse der Vergangenheit informiert sind und wie diese damit umgehen.

Darüber hinaus ist das Interesse für aktuelle Fragestellungen wie die Inklusion von Menschen mit Behinderungen grundsätzlich groß. Gleichzeitig wird aber bei vielen Besuchergruppen deutlich, dass wenige Teilnehmende (Jugendliche wie begleitende Erwachsene) im Alltag tatsächlich mit Menschen mit Behinderungen zusammentreffen. Daraus resultiert in vielen Fällen Unwissen und vor allem Unsicherheit im persönlichen Umgang. Inklusive Erfahrungen in Schule und Lebenswelt kann ein nur wenige Stunden dauernder Aufenthalt in Grafeneck (Gedenkstätte und Samariterstift) selbstverständlich nicht ersetzen. Der Gegenwartsbezug der während der Seminare besprochenen Themen Ausgrenzung und Diskriminierung sowie die Bedeutung von Menschenwürde und Menschenrechten bzw. deren Bedrohung sind aber in den Gesprächen mit den Lernenden immer präsent.

Um die bei Jugendlichen stets mitschwingende Frage „Was geht mich das eigentlich an?" umfassend und multiperspektivisch beantworten zu können, bietet sich eine fächerübergreifende Vor- und Nachbereitung des Gedenkstättenbesuches der Unterrichtsfächer Geschichte, Politik, Ethik/Religion, Deutsch oder auch Biologie an. Im günstigen Fall haben die Gedenkstättenpädagogen die Chance, an das von der Schule vermittelte Wissen anzuknüpfen. Für die Lernenden wird darüber hinaus an der Gedenkstätte eine Lernatmosphäre geschaffen, die frei von den Konventionen des schulischen Unterrichts sein soll und andere Lernformen und Lernerlebnisse anbieten kann.

*Blick in die
Dauerausstellung
des Dokumen-
tationszentrums
der Gedenkstätte
Grafeneck.*

*Gedenkstätte
Grafeneck mit
Gedenkbuch,
das bis heute
ca. 9.000 Namen
der Opfer nennt.*

3. Gedenkstätte Grafeneck –
Bildungsort für außerschulisches Lernen.
Bildungsangebote und Methoden

Zentrales Element eines „außerschulischen Lernortes" ist die Annäherung an historische Ereignisse und Phänomene vor der eigenen Haustür. Grafeneck ist der historische Ort des „Euthanasie"-Verbrechens. Hier, nicht irgendwo und irgendwie, sondern genau hier ist es geschehen.

Im Gegensatz zu anderen ehemaligen Verbrechensorten sind in Grafeneck allerdings keine wesentlichen bauarchäologischen Überreste der NS-Massenvernichtung vorhanden. Die 1939/1940 zur Gaskammer umgebaute Wagenremise wurde im Jahr 1965 von der Samariterstiftung abgerissen. An den Standort des historischen Tötungsareals erinnert lediglich eine Tafel. Das Schild ist umgeben von Wohnhäusern und dem angrenzenden Verwaltungsgebäude.

Gerade jüngere Schülerinnen und Schüler empfinden dieses Fehlen direkter visueller Eindrücke zunächst als enttäuschend. Andere äußern allerdings sofort ihre große Erleichterung, nicht wie befürchtet, mit ähnlich schockierenden Bildern konfrontiert zu werden, wie sie sie bereits vom Holocaust vor allem aus den Medien kennen. Ein hoher Stellenwert kommt ohnehin den Vermittlern und Begleitern der Besuchergruppen zu. Sie machen die Spuren und Zeitzeugnisse des Tatorts der NS-„Euthanasie" erst lesbar. Sie erzählen die Geschichte der Menschen, die in Grafeneck ermordet wurden. Sie haben die Aufgabe, das historische Wissen über den Nationalsozialismus und die nationalsozialistischen Verbrechen in einen moralischen Werterahmen einzuordnen. Diesen Auftrag erteilen ihnen nicht zuletzt die Bildungspläne (neben und mit den Schulen).

Um die Jugendlichen zu einem Dialog über die Vergangenheit und die Gegenwart einzuladen, ihre Perspektiven zu hören, ist ein unbegleiteter Besuch oder eine reine „Führung" kaum sinnvoll. Die Gedenkstätte Grafeneck bietet deshalb vor allem dreistündige Seminare, Halbtagesseminare mit Workshops und Studientage an. Auch kombinierte „Pakete" mit der sich in unmittelbarer Nachbarschaft befindenden Erinnerungsstätte Matthias Erzberger[3] und dem Jüdischen Museum[4] (beide in Buttenhausen) sowie dem Bundesarchiv Außenstelle Ludwigsburg[5] sind möglich. In Absprache mit den Lehrpersonen können inhaltliche Schwerpunkte vertieft werden.

Da die Gedenkstätte Grafeneck sich auch bei der Wahl der Methoden an den spezifischen Ansprüchen der jeweiligen Besucher orientiert, bieten die pädagogischen Mitarbeiter keine Standardseminare an. Dieses Prinzip setzt bei den Lehrenden die Bereitschaft zur längerfristigen Anmeldung und zur inhaltlichen Vorbereitung voraus. Hintergrund- und Kontextwissen der Jugendlichen über die NS-Zeit ist Voraussetzung für alle Seminare und Workshops. Ein Mindestalter von 14 Jahren wird empfohlen.

Jedes Seminar besteht aus einem Einführungsteil, der die Geschichte Grafenecks, besonders während der NS-Zeit, vorstellt und auch die Gegenwart des heutigen Ortes berücksichtigt. In Kleingruppen erarbeiten sich die Lernenden anschließend verschiedene Text- oder Bildquellen. Dabei werden, je nach zur Verfügung stehender Zeit und Größe der Lerngruppe, durch unterschiedliche Methoden dem Einzelnen und der Gruppe differenzierte Zugänge zum Lernprozess ermöglicht.

Der Gang über das Gelände, der Ausstellungsbesuch im Dokumentationszentrum sowie der Besuch der Gedenkstätte mit Gedenkbuch und Alphabet-Garten, richten sich in ihrer Gestaltung nach den gewählten thematischen Schwerpunkten.

Anhand von zwei Themenschwerpunkten (1. „Rassenideologie", „Rassenhygiene/Eugenik" und NS-Propaganda; 2. Opferbiographien, Regionalgeschichte, Ortsgeschichte und Familiengeschichte) soll im Folgenden vorgestellt werden, wie ein Besuch in Grafeneck inhaltlich und methodisch gestaltet werden kann. Weitere Themenbereiche werden anschließend skizziert, um die Bandbreite bzw. Kombinationsmöglichkeiten – auch für den Unterricht – aufzuzeigen.

4. Themenschwerpunkt I: „Rassenideologie", „Rassenhygiene/Eugenik" und NS-Propaganda

Das Seminar behandelt die ideologischen Voraussetzungen, die den Ausschluss bestimmter Gruppen, speziell geistig behinderter und psychisch erkrankter Menschen, aus der „NS-Volksgemeinschaft" möglich machten. Bereits ab Ende des 19. Jahrhunderts entwickelten sich ausgehend von sozialdarwinistischen Vorstellungen Ideen der „Erbgesundheitspflege" und der Eugenik, in Deutschland „Rassenhygiene" genannt. Aus ihr gründeten sich Forderungen, die Träger von angeblich „erblicher Minderwertigkeit" an der Fortpflanzung zu hindern. Diese radikalisierten sich bis hin zur Forderung nach der „Vernichtung lebensunwerten Lebens". Dem Staat und der Medizin wurde die Aufgabe zugewiesen, den „Erbstrom" des Volkes zu steuern. Neben erbbiologische und eugenische/„rassehygienische" Begründungen traten volkswirtschaftliche Kosten-Nutzen-Vorstellungen. Unter dem Eindruck des Ersten Weltkrieges – Niederlage und Reparationen, Inflation und Weltwirtschaftskrise – verstärkten sich diese Tendenzen massiv.

Das mit Sicherheit am stärksten nachwirkende Dokument ist das Buch der beiden Professoren Karl Binding und Alfred Hoche, das erstmals 1920 erschien. Binding war Jurist in Leipzig, Hoche Medizinprofessor in Freiburg im Breisgau. Binding und Hoche beklagten den „rassebiologischen Niedergang" Deutschlands und die ungeheure Verschwendung von Ressourcen durch die dauerhafte Anstaltsunterbringung sogenannter „Defektmenschen" oder „Ballastexistenzen". Die Autoren insistierten auf ihren Ausschluss von der Fortpflanzung als Minimalziel und noch weitergehend, so auch der Titel des Buches, auf „Die Freigabe der Vernichtung lebensunwerten Lebens".

Die Arbeit mit dieser Quelle im Seminar bedeutet, sich zunächst einmal mit dem Sprachgebrauch der beiden Wissenschaftler auseinanderzusetzen. Welche Begriffe benutzen sie für behinderte und psychisch erkrankte Menschen? Mit welchen

Worten schildern sie die Bedrohung und Belastung für die
Mehrheitsgesellschaft, die angeblich von „Anstaltspatienten"
ausgeht? Mit welchen Denkmustern und Argumentationen
wurden viele Menschen damals davon überzeugt, dass die
Zwangssterilisation und auch Tötung angeblich „Minderwertiger" rechtens sein könnte?

Der kritischen Distanz zu diesem Textmaterial, wie auch den
in der Folge des Seminars verwendeten NS-Propagandaplakaten
kommt eine besondere Bedeutung zu. Sie können durchaus auch
heutzutage bei Lernenden ihre volle Wirkung entfalten. Eine
Möglichkeit, die inhärente Logik von Propagandatexten und
Bildquellen zu brechen, ist die, nach der Rolle und Funktion
der Wissenschaft zu fragen. Welche pseudowissenschaftlichen
Methoden/Theorien liegen z.B. einem bestimmten Schaubild
zu Grunde? Es prophezeit einen rasanten Bevölkerungsanstieg
sogenannter „Minderwertiger" in 120 Jahren, da sich diese
angeblich doppelt so schnell fortpflanzten wie „Höherwertige".
Darüber hinaus bietet es sich an, über das Thema Propaganda
zu diskutieren. Mit welchen Instrumenten arbeitet sie und was
soll sie beim Betrachter oder Zuhörer auslösen?

Ein Arbeitsmittel, das an dieser Stelle Platz für persönliche
Reflexion bietet, ist ein so genanntes Journal. Es handelt sich
hierbei nicht um ein gewöhnliches Tagebuch, sondern um ein
kleines Heft für die selbstständige Bearbeitung angeleiteter
Aufgabenstellungen (vgl. Konfrontationen-Projekt des Fritz-
Bauer-Instituts). Ob die begleitenden Pädagogen das Journal
lesen dürfen oder die Lernenden selbst ihre Einträge vorlesen
möchten, bleibt den Jugendlichen überlassen. Keinesfalls jedoch
wird der Inhalt kontrolliert oder bewertet. Die Notizen stellen
aber oftmals den Ausgangspunkt für weiterführende Diskussionen
in der Klein- oder Großgruppe dar.

Die Auseinandersetzung über biologistische Vorstellungen
in Vergangenheit und Gegenwart, die Konsequenzen für die
Betroffenen, aber auch die Gesamtgesellschaft und ihr ethisches
Selbstverständnis steht am Ende dieses Seminarblocks.

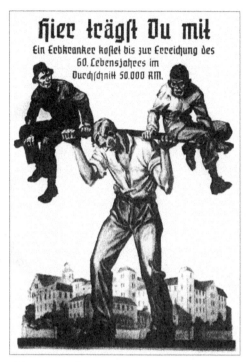

Plakat einer Ausstellung des Reichsnährstandes. In: Volk und Rasse,
Illustrierte Monatszeitschrift für deutsches Volkstum, 10 (1936), S. 335

5. Themenschwerpunkt II: Opferbiographien, Regionalgeschichte, Ortsgeschichte und Familiengeschichte

Mittels ausgewählter Biographien wird der Lebensweg der in Grafeneck ermordeten Menschen sichtbar gemacht. Hierfür sollen zukünftig verstärkt auch Biographien jugendlicher Opfer – Mädchen und Jungen – aus den vorhandenen Dokumenten didaktisch aufbereitet werden. Die Jugendlichen zeichnen so die Lebensstationen in Familie (evtl. Schule), der Dorfgemeinschaft und der Behinderteneinrichtung vor der Deportation nach. Durch den Perspektivenwechsel von der Tat und den Tätern hin zu den Opfern können die Schüler Empathie für die betroffenen Individuen entwickeln.

Einen weiteren wichtigen Anknüpfungspunkt für die Besuchenden stellen die Standorte der damaligen Heil- und Pflegeanstalten dar, aus denen die Opfer nach Grafeneck deportiert wurden. Sie befinden sich oftmals in der Nähe ihrer Wohnungen oder Schulen. In der Mehrzahl der heutigen Behinderteneinrichtungen und Kliniken sind ab den 1980er Jahren Gedenkorte für die 1940 ermordeten Bewohner entstanden. Dieser regionale und lokale Bezug kann durch einen Besuch des jeweiligen Denkmals im Vorfeld eines Seminars an der Gedenkstätte Grafeneck aufgegriffen werden. Die Jugendlichen notieren sich die Form des Gedenkens, Inschriften und, wenn vorhanden, die Namen der Opfer. Auch das Mitbringen von Fotos des Erinnerungsortes nach Grafeneck ist erwünscht.

In Form von Collagen oder Fotodokumentationen werden dann an der Gedenkstätte während des Seminars (bzw. in der Schule im Anschluss an den Besuch) die gesammelten Bilder mit Texten und anderen Materialien verknüpft.

Im Gedenkbuch, das die heute etwa 9 000 bekannten Namen der über 10 600 Opfer der NS-„Euthanasie"-Morde in Grafeneck nennt, können die Jugendlichen die zuvor in „ihrer" Behinderteneinrichtung recherchierten Namen wiederfinden. Das an der Gedenkstätte öffentlich ausgelegte Buch wurde durch eine im Dokumentationszentrum zugängliche Auflistung der Geburts- und Wohnorte der Opfer ergänzt.

Perspektivisches Schreiben in Form von fiktiven Tagebucheinträge oder Briefe bieten den Jugendlichen die Möglichkeit, sich in eine bestimmte Denkweise einer historischen Person einzufühlen, ohne diese zu übernehmen. Dies könnte die Reaktion eines Anstaltsleiters sein, als er über den Abtransport der ihm anvertrauten Menschen informiert wird oder auch die Beobachtungen einer Anwohnerin einer Behinderteneinrichtung, als sie die „grauen Busse" vor der eigenen Haustür vorbeifahren sieht und ihr Gerüchte über deren Ziel zu Ohren kommen.

Diese Methode verbietet sich allerdings, um die unmittelbare Situation in der Tötungsanstalt, weder als Täter noch als Opfer, zu beschreiben. Einige Lehrpersonen äußern zwar die Befürchtung, dass die heutige Schülergeneration zu „abgebrüht" sei und deshalb durch Identifikation mit den Opfern („Wie fühlte es sich an, in einen der ‚grauen Busse' zu steigen?") „wachgerüttelt" werden müsste. Jedoch bewirkt die Beschäftigung mit den „Euthanasie"-Morden am historischen Ort schon von sich aus eine hohe emotionale Beteiligung. Es ist im Gegenteil oftmals nötig, die starke Betroffenheit mit kognitiv ausgerichteten Methoden wieder aufzufangen.

Weitere Themenschwerpunkte

- Organisation und Durchführung der „Aktion T 4" in den Jahren 1939 bis 1941 als arbeitsteiliges Großverbrechen; arbeitsteilige Täterschaft; Lebensläufe und Karrieren der am „Euthanasie"-Mord beteiligten Ärzte, Krankenschwestern und Verwaltungsbeamten.

- Reaktionen auf die „Euthanasie"-Morde; Zusammenspiel von Zustimmung, Protest und Widerstand; Handlungsspielräume unter den Bedingungen einer Diktatur.

- NS-„Euthanasie" und Holocaust.

- Der Umgang mit den „Euthanasie"-Verbrechen nach 1945; Strafprozesse 1949; Erinnerungsverweigerung; Karrierewege der Täter in der Bundesrepublik Deutschland; heutige gesellschaftliche Einstellung zu Behinderung und Krankheit.

6. Materialien und Anregungen für den Unterricht

Die 2011 in der Reihe „Materialien der Landeszentrale für politische Bildung Baden-Württemberg" erschienene Broschüre „Grafeneck 1940 – ‚Wohin bringt ihr uns?' – NS-‚Euthanasie' im deutschen Südwesten. Geschichte, Quellen, Arbeitsblätter"[6] wurde von den beiden Mitarbeitern der Gedenkstätte Grafeneck Thomas Stöckle und Franka Rößner erstellt. Sie kann den Gedenkstättenbesuch vor- und nachbereiten, aber gleichermaßen als Impuls dienen, das Thema NS-„Euthanasie" im Schulunterricht zu behandeln.

Für den Materialienteil wurden insgesamt zwanzig Quellen wie Schriftstücke, Landkarten, Bildquellen und Fotografien ausgewählt, die teilweise auch in Seminaren an der Gedenkstätte verwendet werden. Die einzelnen Dokumente werden auf einer Doppelseite präsentiert und durch einen Informationsblock kommentiert. An ihn schließen sich Fragen und Arbeitsaufträge an. Diese sind unterschiedlich komplex und vernetzen die verschiedenen Aspekte und Dimensionen der „Euthanasie"-Verbrechen. Sie zeigen im Teil D auch die Verbindungslinien zum Holocaust auf.

Vor allem Schülerinnen und Schüler, die ein Referat, eine Kompetenzprüfung, Präsentationsprüfung oder andere Vorträge bzw. schriftliche Arbeiten vorbereiten, fragen bei der Gedenkstätte nach kompakt zusammengefasstem Quellenmaterial, das sie für ihre ersten Recherchen auswerten können. Oftmals ist das vorliegende Materialien-Heft ein Einstieg und weckt die Lust auf eine eigenständige kleine Forschung. So mancher besucht zusätzlich das Archiv und die Bibliothek des Dokumentationszentrums, um selbst eine Führung an der Gedenkstätte für die Schulklasse zu erarbeiten. Hierbei unterstützen die Gedenkstättenmitarbeiter die Jugendlichen und ermutigen sie dazu, nach lokalhistorischem Quellenmaterial (z.B. über die Stadtarchive) zu suchen.

Externe Bildungsangebote bietet die Gedenkstätte Grafeneck z.B. in Form einer Wanderausstellung, die an Schulen oder Bildungszentren ausgeliehen werden kann. In letzter Zeit beteiligen sich verstärkt schulische Arbeitsgemeinschaften an lokalen Stolperstein-Initiativen. Sie haben zum Ziel, für ermordete ehemalige Mitbürger ihrer Gemeinden mit den Stolpersteinen des Kölner Künstlers Gunter Demnig sichtbare Formen der Erinnerung zu schaffen. Die Wanderausstellung der Gedenkstätte wird in diesem Kontext vielfach gezeigt und es werden ihr regionale und stadtgeschichtliche Elemente beigefügt.

In der vom Fritz-Bauer-Institut herausgegebenen Reihe „Konfrontationen. Bausteine für die pädagogische Annäherung an Geschichte und Wirkung des Holocaust" ist mit dem Heft 3 „Ausschluss" ein weiteres Medium für den Unterricht zu finden. Der Band beschäftigt sich mit drei bisher im schulischen Curriculum weniger beachtete Opfergruppen (Menschen mit Behinderungen und psychischen Erkrankungen, schwarze Deutsche, sowie Roma und Sinti). Die drei separaten Bausteine werden durch einen einführenden Teil „Voraussetzungen und Zusammenhänge des Ausschlusses von Minderheiten aus der NS-Volksgemeinschaft" in ihren Kontext eingeordnet. Der Baustein „NS-,Euthanasie'-Verbrechen" wurde von der Gedenkstätte Hadamar auf Basis langjähriger Erfahrungen mit Besuchergruppen entwickelt. Die vorgelegten Dokumente beziehen sich vor allem auf die „Euthanasie"-Tötungsanstalt Hadamar.

7. Der Gedenkstättenbesuch.
Teil eines aktiven Lernprozesses

Die Beschäftigung mit den „Euthanasie"-Verbrechen im Unterricht und während des Gedenkstättenbesuchs changiert notwendigerweise immer zwischen mindestens zwei Facetten von Gewalt: Die staatlich organisierte Vernichtung von Menschen innerhalb der NS-Diktatur und die innergesellschaftliche Ausgrenzung und Verfolgung von Minderheiten, die sowohl vor 1933 als auch nach 1945 weiterhin Realität war und ist.

Der Blick auf Täter und Tatstrukturen, aber auch auf Mitläufer und Zuschauer, wirft die Frage nach den Tatmotiven der Einzelnen auf. Gleichzeitig gilt das Interesse den strukturellen Bedingungen, die die Massenmorde an behinderten und psychisch erkrankten Menschen möglich machten.

Am Tatort der „Euthanasie"-Morde kommt der Perspektive auf die Opfer eine besondere Bedeutung zu. Ihre Lebens- und

Leidenswege sichtbar zu machen, ist zentrales Element der Bildungsarbeit der Gedenkstätte Grafeneck. Das Opfer war nicht nur Angehöriger einer bestimmten verfolgten Gruppe, sondern immer ein einzelner Mensch. Mit anderen Worten: die Spuren der Verbrechen und der Täter führen zur Bedeutung des Verbrechens für das Individuum.

Schüler der Sternbergschule Gomadigen bringen zur Auftaktveranstaltung der „Spur der Erinnerung" Holzstelen mit 10.654 lila Kreuzen an der Gedenkstätte an.

Der gesellschaftspolitische Auftrag an die NS-Gedenkstätten, Demokratieerziehung und Menschenrechtsbildung zu leisten, orientiert sich ganz klar am normativen Konsens über die „Lehren aus der Geschichte". Dies birgt in der tatsächlichen Lernsituation, besonders wenn diese auf einen kurzen Aufenthalt an der Gedenkstätte mit einer Großgruppe beschränkt bleibt, die Gefahr der Überfrachtung mit Ansprüchen und Erwartungen.

Das Aufnehmen von geschichtlichem Hintergrundwissen als Grundlage der historisch-politischen Bildung, Nachdenken über das Gehörte und Gesehene, Fragen stellen zu können und zu dürfen, beispielsweise das alltägliche Zusammenleben zu diskutieren, um persönliche und gesellschaftliche Vorurteilsstrukturen transparent zu machen; kurzum eine eigenständige Annäherung an den historischen Gegenstand braucht Zeit und eine passende Lernatmosphäre.

Nimmt man das Orientierungsbedürfnis der Jugendlichen ernst, kann historisch-politische Bildung an Gedenkstätten nur in enger Zusammenarbeit mit den Schulen (und umgekehrt) stattfinden. Je offener das Lernen gestaltet ist, je „freiwilliger" der Besuch an der Gedenkstätte durchgeführt wird und je sensibler die Pädagogen mit aufkommenden Emotionen, auch Abwehrreaktionen, umgehen, desto nachhaltiger kann er wirken. Gegenwartsbezüge werden so sichtbar.

Schließlich handelt es sich bei der Beschäftigung mit den „Euthanasie"-Morden nicht nur um ein Beispiel für Gewalt als Thema des historisch-politischen Unterrichts. Das Grundgesetz der Bundesrepublik Deutschland ist eine explizite Antwort auf die NS-Verbrechen. Der Artikel 1 Absatz 1 – „Die Würde des Menschen ist unantastbar" – richtet sich an alle Mitglieder unserer Gesellschaft. Absatz 2 appelliert an die Verpflichtung des Staates und seiner Organe, die Würde des Menschen zu achten und zu schützen.

Anmerkungen

1   Die „Euthanasie"-Morde erhielten die Tarnbezeichnung „Aktion T4", benannt nach dem Sitz der Zentrale der „Euthanasie"-Organisation in Berlin, Tiergartenstraße 4.

2   „Aktion Reinhard" war der Deckname für die Ermordung der Juden im so genannten „Generalgouvernement", d.h. in den von Deutschland besetzten polnischen Gebieten und in Bialystok im Rahmen der „Endlösung". Der Name „Aktion Reinhard" wurde einige Monate nach dem Beginn der „Aktion" geprägt, zum Gedenken an Reinhard Heydrich, den Chefplaner der „Endlösung".

3   Die Erinnerungsstätte für den am 26. August 1921 von rechtsradikalen Attentätern ermordeten Matthias Erzberger wurde in Buttenhausen, dem Geburtsort Erzbergers, im Jahr 2004 eröffnet. In den Räumen des Erzbergerhauses werden die Stationen von Erzbergers politischer Karriere nachgezeichnet.

4   Seit 1994 befindet sich im Gebäude der ehemaligen Bernheimer'schen Re-
    alschule die ständige Ausstellung „Juden in Buttenhausen". Die Ausstellung
    dokumentiert das harmonische Zusammenleben von Juden und Christen in
    dem kleinen Dorf auf der Schwäbischen Alb bis 1933. Ende November 1941
    verließ ein Deportationstransport Buttenhausen mit dem Ziel Riga. Ein weiterer
    Deportationszug nach Theresienstadt folgte kurz darauf.
5   Das ehemalige Frauengefängnis in Ludwigsburg ist Sitz der Zentralen Stelle der
    Landesjustizverwaltungen zur Aufklärung nationalsozialistischer Verbrechen und
    die Außenstelle des Bundesarchivs. Aufgabe der Zentralen Stelle ist es, alle
    verfügbaren Unterlagen und Dokumente über nationalsozialistische Verbrechen
    zu sammeln, Tatkomplexe zu recherchieren sowie den Verbleib der Täter fest-
    zustellen.
6   Bezug: Landeszentrale für politische Bildung Baden-Württemberg, Marketing,
    Stafflenbergstr. 38, 70184 Stuttgart; Telefax: 0711/164099-77; marketing@lpb.
    bwl.de oder im Webshop: www.lpb-bw.de/shop.

Literatur

Deckert-Peaceman, Heike/George, Uta/Mumme, Petra (2003): Ausschluss. Heft 3
    in der Reihe Konfrontationen. Bausteine für die pädagogische Annäherung an
    Geschichte und Wirkung des Holocaust. Hrsg. vom Fritz-Bauer-Institut. Frankfurt/M.
Friedlander, Henry (1997): Der Weg zum NS-Genozid. Von der Euthanasie zur
    Endlösung. Berlin.
Fuchs, Petra/Rotzoll, Maike/Hohendorff, Gerrit u.a. (Hrsg.) (2010): Die nationalso-
    zialistische „Euthanasie"-Aktion „T4" und ihre Opfer. Geschichte und ethische
    Konsequenzen für die Gegenwart. Paderborn.
Fuchs, Petra/Rotzoll, Maike/Hohendorff, Gerrit u.a. (Hrsg.) (2007): „Das Vergessen
    der Vernichtung ist Teil der Vernichtung selbst". Die Lebensgeschichten von
    Opfern der nationalsozialistischen „Euthanasie". Göttingen.
Gedenkstätte Grafeneck (2011): 9. Grafenecker Brief 2011. Grafeneck als Bildungs-
    ort – Besucher – Bildungsangebote. Gomadingen.
Gedenkstätte Grafeneck (2010): 8. Grafenecker Brief 2010. Gedenkstätte Grafeneck
    Dokumentationszentrum – 5 Jahre 2005 bis 2010 – Rückblick und Bilanz.
    Gomadingen.
Kaiser, Jochen-Christoph/Nowak, Kurt/Schwartz, Michael (Hrsg.) (1992): Eugenik,
    Sterilisation, Euthanasie. Politische Biologie in Deutschland 1895–1945. Berlin.
Kinzig, Jörg/Stöckle, Thomas (Hrsg.) (2011): Der Grafeneck-Prozess 1949. Be-
    trachtungen aus historischer, juristischer, medizinethischer und publizistischer
    Perspektive. Zwiefalten.
Klee, Ernst (2010): „Euthanasie" im NS-Staat. Die „Vernichtung lebensunwerten
    Lebens". Frankfurt/M.
Rößner, Franka (2011): „Im Dienste der Schwachen". Die Samariterstiftung zwischen
    Zustimmung, Kompromiss und Protest 1930–1950. Nürtingen.

Rößner, Franka/Stöckle Thomas (2011): „Wohin bringt ihr uns?" – NS-„Euthanasie"
im deutschen Südwesten. Geschichte, Quellen, Arbeitsblätter. Hrsg. von der
Landeszentrale für politische Bildung Baden-Württemberg. Stuttgart.

Rößner, Franka/Stöckle, Thomas (2009): Christian Wirth und Jakob Wöger. Polizei-
beamte und ihr Einsatz beim Massenmord in Grafeneck. In: Abmayr, Werner G.
(Hrsg.): Stuttgarter NS-Täter. Vom Mitläufer bis zum Massenmörder. Stuttgart,
S. 82–89.

Stöckle, Thomas (2012): Grafeneck 1940. Die Euthanasie-Verbrechen in Südwestdeutschland. 3. erweiterte Auflage, Tübingen.

Thimm, Barbara/Kößler, Gottfried/Ulrich, Susanne (Hrsg.) (2010): Verunsichernde
Orte. Selbstverständnis und Weiterbildung in der Gedenkstättenpädagogik.
Frankfurt/M.

Wigbert Benz

Totalitärer Staat und Krieg – der Hungerplan im „Unternehmen Barbarossa" 1941

1. Nationalsozialistische Kriegführung: Ideologie und Utilitarismus

Die extreme Gewalt der nationalsozialistischen Kriegführung zielte nicht nur auf die vollständige Ermordung der europäischen Juden, sondern auch auf die Vernichtung der Sowjetunion als Staat. Deren Führungsschicht sollte liquidiert und viele Millionen Slawen umgebracht werden. Wäre der am 22. Juni 1941 begonnene Überfall auf die UdSSR planmäßig verlaufen und noch im Herbst desselben Jahres siegreich „beendet" worden, „so wären 30 Millionen Zivilisten im ersten Winter verhungert und danach viele weitere Millionen vertrieben, ermordet, assimiliert oder versklavt worden" (Snyder 2011, 11).

Diese strukturell geplante Gewalt in Richtung einer vernichtenden Kriegführung ergab sich aus dem Zusammenwirken rassenideologischer Leitbilder und kriegswirtschaftlicher Nützlichkeitserwägungen. Konkret wurde die Eroberung der kaukasischen Ölfelder für die deutsche (Kriegs-)Industrie, ihre Panzer und andere Waffen sowie die Umleitung der Getreideüberschüsse der ukrainischen „Kornkammer" – weg von der Versorgung sowjetischer Großstädte, hin zu den Mündern der Wehrmachtssoldaten und deutschen Zivilisten – als nicht hinterfragbare Notwendigkeit für den Erhalt und Ausbau von Macht und Wohlstand des Deutschen Reiches angesehen. Rassistische Ideologie und kriegswirtschaftliche Nützlichkeitserwägungen begünstigten sich gegenseitig, denn die Dämonisierung des

Gegners als bolschewistisches Ungeheuer, dessen biologische Basis das Judentum sei und dessen Volksmasse aus unwerten Slawen bestehe, rechtfertigte den Krieg als Recht des Stärkeren zur Durchsetzung machtpolitischer und wirtschaftlicher Interessen in einer nach der vermeintlichen rassischen Wertigkeit ihrer Völker eingeteilten Welt. Deren entmenschlichter Status ermöglichte den Abbau moralischer Barrieren für die notwendige Entgrenzung von Gewalt im „totalen Krieg", der zwecks Optimierung seiner Erfolgsaussichten mit inhumansten Mittel geführt wurde (Benz 2000, 10).

2. Didaktische Bedeutung des Themas

Nach wie vor können Schulgeschichtsbücher als Indikatoren für den faktisch in den Klassenzimmern ablaufenden Geschichtsunterricht angesehen werden. Die Lehrwerke haben gut daran getan, Schlachtenbeschreibungen aus ihren Darstellungen weitgehend zu streichen und heroischen Kriegsdarstellungen keinen Vorschub zu leisten. Doch sie setzten an deren Stelle nicht die Erörterung grundlegender Zusammenhänge von Ideologie und Nützlichkeitserwägungen, die in den „Friedensjahren" angelegt in eine vernichtende Kriegführung mündeten, sondern thematisieren den Abschnitt von 1933 bis 1939 eher unverbunden mit dem Zweiten Weltkrieg und die in den Holocaust führende Judenverfolgung weitgehend losgelöst vom Vernichtungskrieg im Osten. So dauert die paradoxe Situation an, dass in den Lehrwerken die sechs „Friedensjahre" des Nationalsozialismus (1933–1939) weit umfassender als die in Völkermord und Holocaust kulminierende Führung des Vernichtungskrieges präsentiert werden (Benz 1988; von Borries 2000; Benz 2011, 80).

Der Tod von 27 Millionen Menschen der Sowjetunion, darunter mindestens vier Millionen Hungertoten (Hartmann 2011, 115 f.; Snyder 2011, 419), spielt in der Gedenkkultur der Bundesrepublik Deutschland bisher doch eher eine marginale Rolle. Wenn viele Bundesbürger gegenwärtig beim Thema

„Hungerplan" an einen Diätplan zum Abspecken überflüssiger Pfunde denken, gilt das eben auch für viele Schülerinnen und Schüler. Schule als Subsystem von Gesellschaft stößt hier an ihre Grenzen und kann dennoch einen Beitrag zur historisch-politischen Aufklärung zu diesem Sachverhalt leisten. Bevor die Jugendlichen ihren Horizont erweitern können, müssen zunächst einmal die Lehrerinnen und Lehrer selbst wissen, dass es sich beim Hungerplan 1941 um einen von der NS-Führung sanktionierten Plan handelte, im Falle des erwarteten siegreichen „Blitzkrieges" die ganze Wehrmacht und Teile der deutschen Bevölkerung mit sowjetischen Lebensmitteln zu ernähren. Sie sollten wissen, dass nach Berechnungen von Görings Vierjahresplanbehörde die Ernten aus den „Überschussgebieten" der UdSSR, vor allem der Ukraine, 30 Millionen Menschen in den sowjetischen Großstädten ernährten und diese Großstädte ab dem deutschen Überfall am 22. Juni 1941 mit militärischer Gewalt von den „Überschussgebieten" abgeriegelt und deren Lebensmittel in deutschen Mägen landen sollten. Wissen über das Verbrechen und Empathie mit den Opfern, auch in Auseinandersetzung mit konkreten menschlichen Schicksalen, können dabei zwei Seiten ein und derselben Medaille sein. Im Folgenden werden der verbrecherische Plan, die ihm zugrundeliegenden Dokumente, die verantwortlichen Akteure und die Auswirkungen des Hungerplans auf die Opfer dargestellt, bevor am Schluss konkrete Unterrichtshinweise erfolgen.

3. Der Hungerplan

Im Zweiten Weltkrieg wollte die NS-Führung um jeden Preis eine Situation wie am Ende des Ersten Weltkrieges 1918 vermeiden, den das Deutsche Reich nicht zuletzt auch wegen des Mangels an Rohstoffen und Nahrungsmitteln verloren hatte. Doch Anfang 1940 befürchtete man für 1941 eine ähnliche Situation. Schon am 14. Februar 1940 hielt der Staatssekretär im Reichsministerium für Ernährung und Landwirtschaft, Herbert

Backe, der als Leiter der Geschäftsgruppe Ernährung in Görings
Vierjahresplan in kriegswirtschaftlichen Fragen seinem Minister
Walter Darré vorgesetzt war und Hitler regelmäßig Bericht zur
Ernährungslage erstattete, in einer Besprechung des Generalrats
der Vierjahresplanbehörde fest, es drohe der „Zusammenbruch
der Ernährungswirtschaft im Laufe des zweiten Kriegsjahres,
wie im Jahre 1918" (Müller 1983, 103). Berechnungen der Land-
wirtschaftsführung zeigten, dass die benötigten Nahrungsmittel-
mengen nicht von der Sowjetunion geliefert werden konnten,
da deren Bevölkerung aus Sicht der NS-Landwirtschaftsexperten
seit der Oktoberrevolution 1918 um 30 Millionen Menschen
zu viel angewachsen war, um deutschen Ernährungsinteressen
entsprechen zu können. Deshalb wurde im Vorfeld der Planungen des deutschen Überfalls auf die UdSSR im Frühjahr 1941
in Görings Vierjahresplanbehörde eine Strategie zur maximalen
Ausbeutung von Lebensmitteln und der Dezimierung von 30
Millionen Menschen geplant, die verhungern sollten. Nur so
glaubte man, die benötigten Mengen von jährlich fünf Millionen
Tonnen Getreide aus dem Osten beschaffen zu können, während
die UdSSR im Jahre 1940 trotz größter Anstrengungen nur 1,5
Millionen Tonnen Getreide hatte liefern können. Schriftlich
fixiert wurden die von den Staatssekretären der zuständigen
wirtschafts- und sozialpolitischen Ressorts im Rahmen von
Görings Vierjahresplanbehörde unter Federführung Backes und
Görings Wehrwirtschaftsgeneral Georg Thomas ausgearbeiteten
Richtlinien im Mai 1941 (Benz 2011, 29 ff.).

3.1 Dokumente

Die ausgearbeiteten Dokumente liegen zwar seit den Nürnberger
Prozessen gegen die Hauptkriegsverbrecher vor, wurden aber in
der Öffentlichkeit wenig wahrgenommen. Bei dem ersten zentralen Dokument zur Hungerplanung handelt es sich um das
Protokoll einer Besprechung von General Georg Thomas mit
den Staatssekretären vom 2. Mai 1941, darunter auch Herbert
Backe, das am 26. November 1945 von dem amerikanischen

Anklagevertreter Sidney S. Alderman im Nürnberger Prozess gegen die Hauptkriegsverbrecher als Nürnberger Dokument 2718-PS verlesen wurde und dessen Charakter Alderman mit den Worten kommentierte: „Noch niemals ist wohl ein unheilvollerer Satz niedergeschrieben worden, als der Satz in dieser Urkunde, der heißt, ‚zig Millionen Menschen [werden] verhungern'" (IMG, Bd. 2, 1947, 331).

Tatsächlich wurde das Verhungern vieler Millionen Menschen im Interesse der deutschen Ernährungssicherung als unvermeidlich angesehen. Die beiden Schlüsselsätze des Dokuments stellen lapidar fest: „1. Der Krieg ist nur weiterzuführen, wenn die gesamte Wehrmacht im dritten Kriegsjahr aus Rußland ernährt wird. 2. Hierbei werden zweifellos zig Millionen Menschen verhungern, wenn von uns das für uns Notwendige aus dem Lande herausgeholt wird" (IMG, Bd. 2, 1947, 331). Der britische Historiker und Experte für die nationalsozialistische Kriegswirtschaft, Adam Tooze, bezeichnet dieses Protokoll als „eines der außergewöhnlichsten Verwaltungsdokumente in der Geschichte des ‚Dritten Reiches', in einer Sprache, die um ein Vielfaches unverblümter war, als alle Begriffe, die je bei der Behandlung der ‚Judenfrage' benutzt wurden" (Tooze 2007, 552).

Die Schlussfolgerungen aus der Besprechung mit den Staatssekretären vom 2. Mai 1941 wurden dann in den „Wirtschaftspolitischen Richtlinien für Wirtschaftsorganisation Ost, Gruppe Landwirtschaft" vom 23. Mai 1941 präzisiert. In den ca. zwanzig Seiten umfassenden Richtlinien wird einleitend ausgeführt, dass Russland in den Jahren 1909 bis 1913 durchschnittlich elf Millionen Tonnen Getreide auf den Weltmarkt gebracht habe, nun aber diese Menge auf nur noch ein bis zwei Tonnen geschrumpft sei. Dieser Rückgang des Exports habe seine Ursachen darin, dass die Gesamtbevölkerung dort von 140 Millionen Menschen im Jahre 1914 auf 170,5 Millionen im Jahre 1939, aus Sicht der NS-Planer um 30 Millionen zu viel, gestiegen sei. Der Bevölkerungsanstieg sei identisch mit dem Zuwachs der städtischen Einwohner, die statt wie damals zehn Prozent nun 30 Prozent

der Gesamtbevölkerung ausmache. Im deutschen Interesse lie-
ge es, dass „statt 1 Mill. t 8,7 Mill. t Getreide für den Export
freistehen müssen" (Benz 2011, 34).

Die Kernaussagen der Richtlinien lauten: „Damit ist das
wesentliche des Problems gekennzeichnet. Die Überschüsse
Rußlands an Getreide werden entscheidend nicht durch die
Höhe der Ernte, sondern durch die Höhe des Selbstverbrauchs
bestimmt. [...] Diese Tatsache ist der Schlüsselpunkt, auf dem
unsere Maßnahmen und unsere Wirtschaftspolitik aufzubau-
en haben. Denn: a) zweifellos werden kriegerische Ereignisse
zunächst und vielleicht – je nach den Zerstörungen – für
Jahre hinaus die Erzeugung herabsetzen. Eine Erhöhung der
Erzeugnisse braucht Jahre. b) Da Deutschland bzw. Europa
unter allen Umständen Überschüsse braucht, muß also der
Konsum entsprechend herabgedrückt werden. [...] c) Dieses
Herabdrücken des Konsums ist im Gegensatz zu den bisheri-
gen besetzten Gebieten auch durchführbar deshalb, weil das
Hauptüberschußgebiet von dem Hauptzuschußgebiet räum-
lich scharf getrennt ist. [...] Die Überschußgebiete liegen im
Schwarzerdegebiet (also im Süden, Südosten) und im Kaukasus.
Die Zuschußgebiete liegen im Wesentlichen in der Waldzone
des Nordens (Podsolböden). Daraus folgt: Eine Abriegelung
der Schwarzerdegebiete muß unter allen Umständen mehr oder
weniger hohe Überschüsse in diesen Gebieten für uns greifbar
machen. Die Konsequenz ist die Nichtbelieferung der gesamten
Waldzone einschließlich der wesentlichen Industriezentren
Moskau und Petersburg mit Nahrungsmitteln. [...] Außer für
die Versorgung der dort stehenden deutschen Truppen besteht
kein deutsches Interesse an der Erhaltung der Erzeugungskraft
dieser Gebiete. Die Bevölkerung der Waldzone wird, insbesondere in den Städten, größte Hungersnot leiden müssen" (IMG,
Bd. 36, 1949, 138 ff.).

Die mehr als 10.000 Landwirtschaftsbeauftragten vor Ort
erfuhren die Bestimmungen der wirtschaftspolitischen Richtlinien durch die „Kreislandwirtschaftsführer-Mappe" vom

1. Juni 1941. Sie enthielt in komprimierter Form die wichtigsten Inhalte dieser Richtlinien. Backe selbst ließ es sich nicht nehmen, der Mappe von ihm selbst unterschriebene „12 Gebote für Landwirtschaftsführer" beizufügen. Darin führte er aus, es sei das Ziel, „die Bevölkerung [...] zu unserem Werkzeug zu machen", wobei die zentrale Frage jeder Entscheidung lautete: „Was nützt es Deutschland?" Damit keine falschen Skrupel bei der Beantwortung dieser Frage störten, führte er im 11. Gebot aus: „Armut, Hunger und Genügsamkeit erträgt der russische Mensch schon seit Jahrhunderten. Sein Magen ist dehnbar, daher kein falsches Mitleid" (Benz 2011, 40).

Den für kriegswirtschaftliche Fragen zuständigen Offizieren dienten die von Hermann Göring herausgegebenen und in einer Auflage von 1.000 Exemplaren verteilten „Richtlinien für die Führung der Wirtschaft in den neubesetzten Ostgebieten" des Wirtschaftsführungsstabs Ost vom Juni 1941, die sogenannte „Grüne Mappe", als Informationsgrundlage. Darin wird folgende primäre Zielsetzung genannt: „Die Ausnutzung der neu zu besetzenden Gebiete hat sich in erster Linie auf den Gebieten der Ernährungs- und der Mineralölwirtschaft zu vollziehen. Soviel wie möglich Lebensmittel und Mineralöl für Deutschland zu gewinnen, ist das wirtschaftliche Hauptziel der Aktion. [...] Völlig abwegig wäre die Auffassung, daß es darauf ankomme, in den besetzten Gebieten einheitlich die Linie zu verfolgen, daß sie baldigst wieder in Ordnung gebracht und tunlichst wieder aufgebaut werden müßten. Die Behandlung der einzelnen Landstriche wird im Gegenteil durchaus verschiedenartig sein müssen. Nur diejenigen Gebiete werden wirtschaftlich gefördert und vordringlich in Ordnung gehalten werden müssen, in denen bedeutende Ernährungs- und Mineralölreserven für uns erschlossen werden können. In anderen Landesteilen, die sich nicht selbst ernähren können – also in großen Teilen Nord- und Mittelrußlands –, muß sich die Wirtschaftsführung auf die Ausnutzung der vorhandenen Vorräte beschränken" (Benz 2011, 41 f.).

3.2 Akteure und NS-Führung

In der geschichtsrevisionistischen Literatur wird immer wieder, vor allem von dem Historiker Stefan Scheil, behauptet, die beiden Hauptverantwortlichen für den Hungerplan, Staatssekretär Herbert Backe als Chefplaner und Wehrwirtschaftsgeneral Georg Thomas als Koordinator für den Bereich der Wehrmacht, seien ja nur ein subalterner Beamter bzw. General gewesen. Adolf Hitler und Hermann Göring hätten von diesen Hungerplanungen nichts gewusst und sie schon gar nicht gebilligt (Scheil 2003, 75 ff.). Tatsächlich standen Backe und Thomas 1941 bei Hitler und Göring in höchstem Ansehen. Herbert Backe war nicht nur schon 1936 zum Leiter der Geschäftsgruppe Ernährung in Görings Vierjahresplanbehörde aufgestiegen und damit in kriegsrelevanten Fragen seinem Minister Walter Darré vorgesetzt, dessen Ministerium er auch ab 1942 als kommissarischer Leiter übernahm, sondern erstellte auch jährliche Berichte zur Ernährungslage für Hitler und hatte bei diesem Vortragsrecht. Der renommierte Hitler-Biograf Ian Kershaw zählt Backe zu dessen „Gefährten aus alten Zeiten" (Kershaw 2000, 1058). Und General der Infanterie Georg Thomas hatte als Chef des Wehrwirtschafts- und Rüstungsamtes im Oberkommando der Wehrmacht per „Führerweisung" vom 13. März 1941 die operative Federführung im Vierjahresplan inne (Hubatsch 1962, 88 ff.).

Doch nicht nur, dass Backe und Thomas voll und ganz die Wertschätzung von Hitler und Göring genossen. Sie erfüllten auch deren Vorgaben und Erwartungen. Göring selbst sprach mehrere Male von zu erwartenden 30 Millionen Hungertoten beim Russlandfeldzug und wurde im Nürnberger Prozess explizit auch für seine Verantwortung für die Hungerpolitik in den besetzten Ostgebieten verurteilt, wobei die von ihm herausgegebene „Grüne Mappe" ausdrücklich genannt wird. Bei der Verkündigung des Todesurteils am 30. September 1946 wird ausgeführt: „In seiner Eigenschaft als Beauftragter für den Vierjahresplan war Göring bei der Ausplünderung eroberter Gebiete zuständig

und tätig. Lange vor dem Kriege gegen die Sowjetunion stellte er
Pläne zur Ausplünderung des Sowjetgebietes auf. Zwei Monate
vor dem Einfall in die Sowjetunion wurde Göring von Hitler
die Allgemeinleitung der Wirtschaftsverwaltung dieses Gebietes
übertragen. Göring setzte einen Wirtschaftsstab für diese Aufgabe
ein. Von ihm, als Reichsmarschall des Großdeutschen Reiches,
hieß es: ‚Die Weisungen des Reichsmarschalls erstrecken sich auf
alle wirtschaftlichen Gebiete, einschließlich der Ernährung und
der Landwirtschaft'. Durch seine sogenannte ‚Grüne Mappe',
die von der Wehrmacht gedruckt war, wurde ein ‚wirtschaftlicher Vollzugsstab Ost' eingesetzt. Diese Richtlinien sahen die
Plünderung und Vernichtung jedweder Industrie in den nah-
rungsmittelarmen Gegenden vor, ferner eine Umleitung von
Lebensmitteln aus den Überschußgegenden zur Befriedigung des
deutschen Bedarfs" (IMG, Bd.1, 1947, 317). Diese in der „Grünen
Mappe" getroffene Entscheidung Görings zur Umleitung von
Lebensmitteln aus den Überschussgebieten zwecks Befriedigung
des deutschen Bedarfs, also der Entzug von Lebensmitteln für
die Bevölkerung der UdSSR, ein Kernstück der Hungerplans,
wurde als einer der Gründe für das Todesurteil gegen Göring
hervorgehoben.

Dass es im Nationalsozialismus darum ging, Hitlers Erwartungen „entgegenzuarbeiten", ist in der Forschung Konsens
(Kershaw 2000, 663). Und diese Erwartungen des „Führers"
in Sachen Ernährungssicherung des eigenen Volkes und Ausbeutung der Lebensmittelressourcen im Osten sind seit seiner
Schrift „Mein Kampf" Mitte der 1920er Jahre bis zu seinen
Vorgaben zum Vierjahresplan zur Kriegsvorbereitung 1936 klar
und unmissverständlich dokumentiert. Schon in „Mein Kampf"
gibt es die eindeutige Absichtserklärung, die deutsche Bevölkerung durch Krieg und Gewalt mit den Nahrungsmitteln des zu
zerschlagenden Russischen Reiches versorgen zu wollen. Hitler
kleidet sie in die gleichsam zeitlose Form, dass seine Behauptung
eine in der Geschichte immer schon vorhandene und für alle
Zeiten existierende Tatsache sei und schreibt: „Wollte man in

Europa Grund und Boden, dann konnte das im großen und ganzen nur auf Kosten Rußlands geschehen, dann mußte sich das neue Reich wieder auf der Straße der Ordensritter in Marsch setzen, um mit dem deutschen Schwert dem deutschen Pflug die Scholle, der Nation aber das täglich Brot zu geben" (Benz 2011, 52). 1936, als Hitler die Umsetzung des Vierjahresplans in Auftrag gab, beendete er seine Denkschrift zum Vierjahresplan mit der Forderung: „Ich stelle damit folgende Aufgabe: I. Die deutsche Armee muß in vier Jahren einsatzfähig sein. II. Die deutsche Wirtschaft muß in vier Jahren kriegsfähig sein" (Treue 1955, 210). Diese Sätze Hitlers werden gelegentlich zitiert, viel weniger dagegen seine einleitende Begründung, warum und wofür Armee und Wirtschaft 1940 einsatz- und kriegsfähig sein sollten. Das Warum und Wofür hatte er zuvor mit den unmissverständlichen Sätzen auf den Punkt gebracht: „Wir sind übervölkert und können uns auf der eigenen Grundlage nicht ernähren. [...] Die endgültige Lösung liegt in einer Erweiterung des Lebensraumes bzw. der Rohstoff- und Ernährungsbasis unseres Volkes. Es ist die Aufgabe der politischen Führung, diese Frage dereinst zu lösen" (Treue 1955, 206).

Diese endgültige Lösung, mit dem Schwert oder besser Panzer, den Lebensraum zu erobern, dessen Bedeutung darin bestand, dem deutschen Volk und nicht den dort lebenden Menschen die gewünschten Rohstoffe und Nahrungsmittel zu bieten, sollte dann nach Herstellung der Kriegsfähigkeit in Angriff genommen werden. Alles andere, etwa Nahrungsmittellieferungen auf dem Wege von Handels- und Wirtschaftsabkommen oder Erlöse durch Export von Wirtschaftsgütern konnte Hitler nur als zeitlich befristete Maßnahmen zur „vorübergehenden Entlastung" akzeptieren, weil „das deutsche Volk in seiner Ernährung steigend von der Einfuhr abhängig sein wird" (Treue 1955, 206).

Trotz aller rivalisierenden Tendenzen innerhalb der NS-Führung bestand in der Frage der Hungerpolitik gegenüber den Menschen der besetzten Gebiete der UdSSR ein weitgehender Konsens. So führte Ostminister Alfred Rosenberg in einer Rede vom 20. Juni 1941, zwei Tage vor dem deutschen Überfall, aus: „Die deutsche Volksernährung steht in diesen Jahren zweifellos an der Spitze der deutschen Forderungen im Osten, und hier werden die Südgebiete und Nordkaukasien einen Ausgleich für die deutsche Volksernährung zu schaffen haben. Wir sehen durchaus nicht die Verpflichtung ein, aus diesen Überschuß- gebieten das russische Volk mit zu ernähren" (Piper 2005, 521). Die Nürnberger Richter urteilten zu seinem Anteil an der Hungerpraxis im besetzten Osten: „Er hat bei der Formulierung der Germanisierungs-, Ausbeutungs- und Sklavenarbeiterpolitik mitgeholfen. [...] Er wußte Bescheid über die Entblößung der Ostgebiete von Rohmaterialien und Nahrungsmitteln, die nach Deutschland gesandt wurden, und beteiligte sich aktiv daran" (IMG, Bd.1, 1947, 333). Ebenso hatte auch der Reichsführer SS, Heinrich Himmler, Mitte Juni mit Backe über die Ausbeu- tung von Lebensmitteln in den zu besetzenden sowjetischen Gebiete gesprochen und gegenüber dem Höheren Polizei- und SS-Führer Erich von dem Bach-Zelewski sowie dem Leiter der SS-Einsatzgruppe B, Franz Alfred Six, die Zahl von 30 Millio- nen Menschen genannt, um welche die slawische Bevölkerung dezimiert werden sollte (Gerlach 1999, 52 f.).

3.3 Auswirkungen

Nicht die einkalkulierten „zig Millionen", sondern tatsächlich „nur" mehrere Millionen Menschen in den besetzten Gebieten der Sowjetunion fielen dem deutschen Hungerkalkül zum Op- fer. So schätzt der Yale-Historiker Timothy Snyder die unter deutscher Besatzung bewusst dem Hungertod ausgelieferten Menschen auf 4,2 Millionen (Snyder 2011, 419). Nicht berück- sichtigt sind dabei die unter den Bedingungen der deutschen Kriegsführung ebenfalls an Hunger leidenden, rechtzeitig vor der Besatzung evakuierten oder sonst in den nicht besetzten Teilen der UdSSR lebenden Menschen. Zwar ging es den Menschen in den nicht unter deutscher Okkupation stehenden Gebieten vergleichsweise besser, weil die Sowjetunion es auch unter den erschwerten Kriegsbedingungen schaffte, die „Mehrheit der Bevölkerung ausreichend [zu] ernähren" und dies, obwohl sie „ihre wichtigsten Erntegebiete verloren hatte" (Pohl 2008, 198). Dies wurde erreicht, obwohl die Getreideproduktion auf das gesamte Territorium der UdSSR – besetzte und nicht besetzte Gebiete – berechnet, zwischen 1940 und 1942 von 95 auf 30 Millionen Tonnen sank (Nolte 2009, 318). Doch eine nicht genauer bezifferbare, mindestens viele Hunderttausend Menschen betreffende Zahl an Hungertoten ist sicher den auf die besetzten Gebiete beschränkten Zahlenangaben Snyders hinzuzufügen. Der Osteuropa-Historiker Hans-Heinrich Nolte schätzt, dass sieben Millionen Menschen auf dem Territorium der UdSSR, auf beiden Seiten der Front, während des „Unternehmens Barbarossa" an Hunger und den damit verbundenen Krankheiten gestorben sind (Nolte 2009, 319).

Dass der Hungerplan nicht in vollem Umfang in die Tat umgesetzt werden konnte, lag neben dem fehlgeschlagenen Verlauf des Feldzugs selbst auch an einer unzureichenden Planung für den Fall eines Scheiterns des Blitzkrieges und einen länger andauernden Krieg. Man ging einfach davon aus, das Hungervorhaben ohne größere Detailplanung nach einem endgültigen deutschen Sieg zwei bis drei Monate nach dem Überfall in Angriff nehmen zu können.

Im Falle eines nach Plan erfolgreich verlaufenen Blitzkrieges wären durch die dann beendeten Kampfhandlungen ausreichend Sicherungstruppen frei geworden, um im besetzten Gebiet z.B. die Städte Minsk, Kiew oder Charkow vollständig vom Hinterland abzusperren. Sicherungsoperationen von derart gewaltigen Ausmaßen wurden jedoch unmöglich, da an allen Fronten heftig gekämpft wurde. So verfügte die Wehrmacht nicht über das erforderliche Personal, um die Zuschussgebiete von den Überschussgebieten der Nahrungsmittelproduktion militärisch abzuriegeln und an die deutschen Verbraucher in vollem Ausmaß umzulenken. Die beiden großen Gruppen, deren Ermordung durch schlichte Nichternährung weitgehend realisiert wurden, waren die Minoritäten in den Städten oder Gefangene, mit anderen Worten: das Judentum in den Ghettos und die sowjetischen Kriegsgefangenen. Unmittelbar nach dem Eintreffen der deutschen Soldaten wurden alle Juden, die nicht bereits den Einsatzgruppen zum Opfer gefallen waren, von den Märkten oder vom direkten Handel mit Bauern ausgeschlossen. Die Besatzer errichteten mehr als 800 jüdische Ghettos auf sowjetischem Territorium, in denen, so der russische Historiker Ilja Altman, „ die Lebensmittelversorgung [das] Hauptproblem für das Überleben der Ghettobewohner dar[stellte]" (Altman 2008, 186). So ist z.B. für das Ghetto Smolensk dokumentiert, dass nur die zur Zwangsarbeit eingeteilten Bewohner 200 Gramm aus Kleie und Holzmehl gebackenes Brot sowie eine Steck- und Rotrübensuppe als Tagesration bekamen und alleine im Frühjahr 1942 über 200 Menschen in diesem einen Ghetto verhungerten (Altman 2008, 189).

Die Strategie, sowjetische Großstädte nicht auf klassischem militärischen Wege zu erobern und zu besetzen, wobei den Besatzern auch die Verantwortung für die Ernährung der Millionenstädte zugefallen wäre, sondern mit minimalen eigenen Verlusten und ohne die dortige Zivilbevölkerung ernähren zu müssen, einzuschließen und auszuhungern, kostete alleine in Leningrad während der 900 Tage, vom Herbst 1941 bis Anfang 1944, währenden Blockade ca. einer Million Menschen das Leben. Dass die politische Führung die Menschen in russischen Großstädten als unnütze Esser loshaben wollte, zeigt Hitlers schon im Juli 1941 geäußerte Absicht, Moskau und Leningrad dem „Erdboden gleich [...] machen" zu wollen, „um zu verhindern, daß Menschen darin bleiben, die wir dann im Winter ernähren müßten", wie Generalstabschef Franz Halder die Auffassung des „Führers" in seinem Kriegstagebuch festhielt (Ganzenmüller 2005, 33).

Die Aushungerung Leningrads blieb insofern eine Ausnahme, als Moskau von den deutschen Armeen nicht erreicht wurde und angesichts der begrenzten Zahl verfügbarer Sicherungskräfte im Zusammenwirken mit der sich rapide verschlechternden militärischen Lage die Hungerstrategie, durch Abschnürung ganzer Regionen viele Millionen Menschen in den Großstädten dem Hungertod auszuliefern, nicht in gewünschtem Umfang verwirklicht werden konnte. Das heißt aber nicht, dass die Bevölkerung anderer Städte nicht auch großem Hunger ausgesetzt war. In Minsk etwa gehörten im Sommer 1941 um Brot bettelnde Kinder zum normalen Straßenbild, verhungerten Kinder und auch Personal in einem städtischen Kinderkrankenhaus (Gerlach 1999, 289). Auch in anderen Teilen der besetzten sowjetischen Gebiete, so in Reshew, Sumy, Poltawa, Charkow und auf der Krim, starben viele Tausend Einwohner an Unterernährung. Timothy Snyder schätzt, dass während der deutschen Besatzungszeit in Kiew 50.000 und in Charkow 20.000 Einwohner umkamen (Snyder 2011, 184). Gesicherte statistische Angaben zur Zahl der Hungertoten liegen aber nur für Charkow vor. Die Stadtverwaltung registrierte dort alleine für den Zeitraum zwischen Januar und August 1942 11.185 Hungertote (Gerlach 1999, 290). Als ab Mai 1942 jeden Tag 40 Menschen in Charkow verhungerten, „waren Dimensionen erreicht", so Dieter Pohl, „wie sie sonst nur in den Ghettos von Juden vorherrschten" (Pohl 2008, 192). Die Stadtverwaltung registrierte bis zum Jahresende 1942 fast 14.000 Verhungerte, wobei Befragungen von bei der Stadtverwaltung angestellten Zeugen ergaben, dass ein großer Teil der Hungertoten gar nicht amtlich festgestellt werden konnte, so dass eine Zahl von 30.000 Hungertoten in dieser Stadt realistisch erscheint (Pohl 2008, 192).

Insgesamt hungerte ungefähr die Hälfte der unter deutscher Besatzung leidenden sowjetischen Bevölkerung, vor allem von Spätherbst 1941 bis Herbst 1943 (Pohl 2008, 199). Doch die meisten Opfer forderte die Hungerpraxis unter den sowjetischen Kriegsgefangenen. Keinesfalls wurde man seitens der Wehrmacht davon überrascht, dass schon in den ersten Monaten nach Kriegsbeginn Millionen Rotarmisten in deutsche Gefangenschaft gerieten. Bei den Planungen des Oberkommandos der Wehrmacht ging man im März 1941, also ein Vierteljahr vor dem Überfall, davon aus, dass es beim raschen Vormarsch schon im Sommer 1941 eigentlich erforderlich wäre, „Vorbereitungen für die Unterbringung der erwarteten zwei bis drei Millionen sowjetischen Kriegsgefangenen zu treffen" (Overmans 2005, 804), doch man wollte für deren Versorgung keine Ressourcen aufwenden. Bis zum Jahresende 1941 fielen dem deutschen Heer ausweislich den von Christian Streit ausgewerteten Unterlagen 3,35 Millionen Rotarmisten in die Hände, von denen bis zum 1. Februar 1942 zwei Millionen zu Tode gekommen waren (Streit 1991, 136). Das entsprach einer durchschnittlichen Sterbequote von fast 10.000 Mann pro Tag. Zum Vergleich: Im Ersten Weltkrieg, als Deutschland an Hunger gelitten hatte, starben von damals 1,4 Millionen russischen Kriegsgefangenen 5,4 Prozent, also weniger als ein Zehntel wie nun im „Unternehmen Barbarossa" (Aly 2005, 201). Als der für Ernährungsfragen der Wehrmacht zuständige Generalquartiermeister Wagner bei einer Chefbesprechung am 13. November 1941 in Orsa von den Stabschefs der Ostarmeen darauf angesprochen wurde, dass die Wehrmacht die sowjetischen Gefangenen als Arbeitskräfte brauche, diese aber in den Lagern verhungerten, stellte er lapidar fest: „Nichtarbeitende Kriegsgefangene [...] haben in den Lagern zu verhungern. Arbeitende Kriegsgefangene können im Einzelfalle auch aus Heeresbeständen ernährt werden" (Streit 1991, 157). Und am 28. Februar 1942 schrieb der Reichsminister für die besetzten Ostgebiete, Alfred Rosenberg, in einem Brief an den Chef des Oberkommandos der Wehrmacht, General Wilhelm Keitel, aus Verärgerung über die nun nicht mehr verfügbaren potenziellen Sklavenarbeiter: „Von den 3,6 Millionen Kriegsgefangenen sind heute nur noch einige Hunderttausend voll arbeitsfähig. Ein großer Teil von ihnen ist verhungert" (Benz 2011, 74 f.). Erst als ab Mitte 1942 sowjetische Kriegsgefangene verstärkt zur Zwangsarbeit herangezogen wurden, erhöhten sich ihre Überlebenschancen. Doch bis Kriegsende kamen von den 5,7

Millionen in deutschem Gewahrsam befindlichen sowjetischen Kriegsgefangenen 3,3 Millionen um (Streit 1991, 10 u. 244 ff.). Verhungern war dabei die häufigste Todesursache.

4. Geschichtliche Verortung und Unterrichtshinweise

In der Geschichtswissenschaft wird der Hungerplan als eines der vier im Frühjahr 1941 von der NS-Führung geplanten Großverbrechen verortet, die in folgender zeitlicher Reihenfolge realisiert werden sollten: 1. die Zerstörung der UdSSR innerhalb von Wochen; 2. den Hungerplan selbst, dem 30 Millionen Menschen zum Opfer fallen sollten; 3. die „Endlösung", welche die europäischen Juden nach dem Krieg auslöschen sollte und 4. den Generalplan Ost, der den westlichen Teil der UdSSR zur deutschen Kolonie machen sollte (Snyder 2011, 199). Dieser Kontext ist bei der Unterrichtung des Themas zu beachten. Da in den Schulgeschichtsbüchern das Thema „Hungerplan" weitgehend ausgeblendet wird, sollen im Folgenden zwei Unterrichtsmodelle dargestellt werden, die den Lehrenden angemessene Möglichkeiten zum Unterrichten des Themas anbieten.

Mein sowohl in der Fachzeitschrift „Informationen für den Geschichts- und Gemeinschaftskundelehrer" als auch online verfügbarer Unterrichtsentwurf thematisiert die Vernichtungs-, Ausbeutungs- und Hungerpolitik im „Unternehmen Barbarossa" 1941, einschließlich deren ideologischer Grundlagen, gegenüber den Menschen der Sowjetunion (vgl. Benz 2000). In der dreistündigen, für die Sekundarstufe I konzipierten Unterrichtssequenz werden Schlüsselquellen zum Vernichtungskrieg mit entsprechenden Leitfragen und Lernarrangements verbunden, die eine Unterrichtung auf relativ unterschwelligem Niveau, ohne großes Vorwissen, ermöglichen.

Ein ganzes Heft mit kopierfähigen Materialien und unterrichtspraktischen Vorschlägen zum Thema „Vernichtungskrieg im Osten" bietet die geschichtsdidaktische Fachzeitschrift „Geschichte lernen" an (Geschichte lernen 2011). Es berücksichtigt vorzüglich die oben skizzierte historische Verortung des Themas und fördert einen gleichermaßen problemorientierten wie die Bildung von Empathie fördernden Unterricht über die Vernichtung von Juden, Kriegsgefangenen und der slawischen Zivilbevölkerung. Die gezielte Hungerpolitik gegenüber diesen, in der nationalsozialistischen Ernährungshierarchie ganz unten stehenden Bevölkerungsgruppen wird umfassend thematisiert. Besonders hervorzuheben sind die Unterrichtsmodelle von Lilo Michel-Käbisch und Werner Michel zum „Generalplan Ost", von Lennart Andres zur „Zivilbevölkerung als Opfer – Ernährungs- und Hungerpolitik der deutschen Kriegsführung" und von Christoph Wälz zur „Blockade Leningrads".

Mit ihrer differenzierten Quellenauswahl und vielfältigen Angeboten eines multiperspektivischen Zugangs sind sie insbesondere für die Sekundarstufe II geeignet, da sie solides Basiswissen über den deutsch-sowjetischen Krieg voraussetzen. Alle drei genannten Unterrichtsmodelle thematisieren die deutsche Hungerpolitik im Osten, am dezidiertesten Lennart Andres' Modell, das neben zentralen Quellen zum Hungerplan (Besprechung der Staatssekretäre vom 2. Mai 1941 und Görings „Grüne Mappe" vom 1. Juni 1941) am Fallbeispiel der Stadt Charkow das planmäßige Verhungern von zig Tausenden Menschen erörtert. Speziell für Charkow bietet Andres als Quellen die Sterbestatistik der Stadt aus dem Jahre 1942, die Richtlinien und Vorgaben der Stadtkommandantur, die eine Versorgung der Stadt mit Lebensmitteln ablehnte, da dies die „Fürsorge für die Truppe" beeinträchtige und die Eintragungen im Kriegstagebuch des Wirtschaftskommandos Charkow über das Massenverhungern an. Seine Aufgabenstellung an die Schüler lässt sich paradigmatisch auch auf andere Fallbeispiele übertragen: „Stelle dir vor, du hältst dich im Winter 1941/42 als Beobachter des Roten Kreuzes in Charkow auf. Verfasse einen Brief an deine Vorgesetzten, in dem du die Situation schilderst und Maßnahmen vorschlägst" (Andres 2011, 22).

Literatur

Altman, Ilja (2008): Opfer des Hasses. Der Holocaust in der UdSSR 1941–1945. Gleichen-Zürich (zuerst Moskau 2002).

Aly, Götz (2005): Hitlers Volksstaat. Raub, Rassenkrieg und nationaler Sozialismus. Frankfurt/M.

Andres, Lennart (2011): Die Zivilbevölkerung als Opfer. Ernährungs- und Hungerpolitik der deutschen Kriegsführung. In: Geschichte lernen, 141/2011, S. 20–25.

Benz, Wigbert (1986): Der Rußlandfeldzug des Dritten Reiches. Ursachen, Ziele, Wirkungen. Zur Bewältigung eines Völkermords unter Berücksichtigung des Geschichtsunterrichts. Frankfurt/M.

Benz, Wigbert (1988): Zur Rezeption des „Unternehmens Barbarossa" in Geschichtsbüchern. In: Internationale Schulbuchforschung. Zeitschrift des Georg-Eckert-Instituts, 4/1988, S. 379–392.

Benz, Wigbert (2000): Das „Unternehmen Barbarossa" 1941 – Vernichtungskrieg und historisch-politische Bildung. In: Informationen für den Geschichts- und Gemeinschaftskundelehrer, 60/2010, S. 5–33. Online verfügbar unter: http://www.friedenspaedagogik.de/index.php?/ift/service/unterrichtsmaterialien/ zweiter_weltkrieg/das_unternehmen_barbarossa_1941__1

Benz, Wigbert (2011): Der Hungerplan im „Unternehmen Barbarossa" 1941. Berlin.

Borries, Bodo von (2000): Vernichtungskrieg und Judenmord in den Schulbüchern beider deutscher Staaten seit 1949. In: Greven, Michael/Wrochem, Oliver (Hrsg.): Der Krieg in der Nachkriegszeit. Der Zweite Weltkrieg in Politik und Gesellschaft der Bundesrepublik. Opladen, S. 215–236.

Ganzenmüller, Jörg (2005): Das belagerte Leningrad 1941–1944. Die Stadt in den Strategien von Angreifern und Verteidigern. (Reihe: Krieg in der Geschichte, Band 22). Paderborn.

Geschichte Lernen (2011): Vernichtungskrieg im Osten. Heft 141/2011. Seelze.

Gerlach, Christian (1999): Kalkulierte Morde. Die deutsche Wirtschafts- und Vernichtungspolitik in Weißrußland 1941 bis 1944. Hamburg.

Hartmann, Christian (2011): Unternehmen Barbarossa. Der deutsche Krieg im Osten 1941–1945. München.

Hubatsch, Walter (Hrsg.) (1962): Hitlers Weisungen für die Kriegführung 1939–1945. Dokumente des Oberkommandos der Wehrmacht. Frankfurt/M.

Kershaw, Ian (2000): Hitler 1936–1945. Stuttgart.

Michel-Käbisch, Lilo/Michel, Werner (2011): Ethnische „Flurbereinigung". Der Generalplan Ost. In: Geschichte lernen, 141/2011, S. 10–19.

Müller, Rolf-Dieter (1983): Von der Wirtschaftsallianz zum kolonialen Ausbeutungskrieg. In: Das Deutsche Reich und der Zweite Weltkrieg. Band 4, hrsg. vom Militärgeschichtlichen Forschungsamt. Stuttgart, S. 98–189.

Nolte, Hans-Heinrich (2009): Kriegskinder. Zu den Differenzen zwischen Russland und Deutschland. In: zeitgeschichte, 5/2009, S. 311–323.

Overmans, Rüdiger (2005): Die Kriegsgefangenenpolitik des Deutschen Reiches 1939 bis 1945. In: Das Deutsche Reich und der Zweite Weltkrieg. Band 9/2, hrsg. vom Militärgeschichtlichen Forschungsamt. Stuttgart, S. 729–875.

Piper, Ernst (2005): Alfred Rosenberg. Hitlers Chefideologe. München.

Pohl, Dieter (2008): Die Herrschaft der Wehrmacht. Deutsche Militärbesatzung und einheimische Bevölkerung in der Sowjetunion 1941–1944. München.

Der Prozeß gegen die Hauptkriegsverbrecher vor dem Internationalen Militärgerichtshof (IMG) (1947 ff.). Nürnberg 14. Oktober 1945-1. Oktober 1946. 42 Bde, Nürnberg. (Zit. IMG).

Scheil, Stefan (2003): Legenden, Gerüchte, Fehlurteile. Ein Kommentar zur 2. Auflage der Wehrmachtsausstellung des Hamburger Instituts für Sozialforschung. Graz.

Snyder, Timothy (2011): Bloodlands. Europa zwischen Hitler und Stalin. München.

Streit, Christian (1991): Keine Kameraden: Die Wehrmacht und die sowjetischen Kriegsgefangenen 1941–1945. Neuausgabe, Bonn (Erstauflage Stuttgart 1978).

Tooze, Adam (2007): Ökonomie der Zerstörung. Die Geschichte der Wirtschaft im Nationalsozialismus. Berlin.

Treue, Wilhelm (1955): Dokumentation. Hitlers Denkschrift zum Vierteljahresplan. In: Vierteljahreshefte für Zeitgeschichte, 2/1955, S. 184–210.

Wälz, Christoph (2011): Die Blockade Leningrads. Leningrad 1941–1944: eine konventionelle Belagerung? In: Geschichte lernen, 141/2011, S. 26–33.

Zweiter Zugang

Gewalt und soziale Utopien

Siegfried Frech

Thomas Morus und seine „Utopia": ein gewaltfreies und ideales Gemeinwesen?

1. Utopien wollen Alternativen entfalten

Utopische Entwürfe sind so alt wie das (Nach-)Denken über ideale Gesellschaftsmodelle und Staatsverfassungen. In der politischen Ideengeschichte haben sich Elemente utopischen Denkens sedimentiert und in konkreten Staatsformen – wenngleich zumeist in autoritären und totalitären Ausprägungen – materialisiert. Utopien entfalten Alternativen zu einer als schlecht unterstellten oder ungerecht empfundenen Gegenwart. Sie zeichnen eine grundverschiedene politische und gesellschaftliche Ordnung, sind (Fantasie-)Bilder einer wünschenswerten Gesellschaft und enthalten Lösungsvorschläge für zeitgenössische Problemlagen und Konflikte (vgl. Bergmann 1992, 12 f.). Die Bedeutung und die Struktur eines utopischen Entwurfs sind folglich nur dann angemessen zu interpretieren, wenn man die Verfasstheit der Gesellschaft kennt, aus welcher der gedankliche (Gegen-)Entwurf hervorging.

Die Schrift „Utopia" von Thomas Morus verkörpert den Entwurf einer Staatsverfassung, die ein ideales und wohlgeordnetes Gemeinwesen garantieren soll. Morus entwirft in seiner Schrift – so fiktiv sie auch sein mag – eine systematische Gegenfolie zur Herrschaftspraxis in England, die durch Ungerechtigkeit, soziale Ungleichheit und Ausbeutung gekennzeichnet ist. Zeitgenössische Missstände werden ins Positive gewendet und folgen dabei einer Leitidee, die sich bei Morus aus den drei Momenten Eintracht, Gemeinsinn und Überwindung von Armut zusammensetzt (vgl. Höffe 2009, 189 f.). Gerechtigkeit und Gleichheit werden durch die Abschaffung des Privateigentums hergestellt. Das Wohl aller im Staate Utopia ist das Ergebnis universeller Arbeitspflicht sowie eine Folge von Genügsamkeit und schlichter Lebenspraxis. Morus entwirft diese aus seiner Sicht denkbar beste Ordnung - daran sei erinnert - im frühen 16. Jahrhundert mit einer ungewöhnlich intellektuellen Vorstellungskraft und einer gehörigen Portion Kühnheit.

2. Die „Utopia" – von der Kunst, die Zukunft zu gestalten

„Inzwischen kann ich zwar nicht allem zustimmen, was er gesagt hat, obschon er unstreitig sonst ein ebenso gebildeter wie welterfahrener Mann ist, jedoch gestehe ich gern, dass es im Staate der Utopier sehr vieles gibt, was ich unseren Staaten eher wünschen möchte als erhoffen kann" (Morus, 110).[1] Mit diesem Satz endet die 1516 veröffentliche „Utopia", die anlässlich der „nachmittäglichen Erzählung des Raphael Hythlodeus über die Gesetze und Einrichtungen der utopischen Insel" (ebd.) durch „den hochberühmten und hochgelehrten Herrn Thomas Morus, Bürger und Vicecomes von London" (ebd.) niedergeschrieben wurde.

Dieser voll des Zweifels geäußerte Schlusssatz weist auf die zentrale Fragestellung hin, die allen Utopien innewohnt: Sind Utopien „machbar" oder sind sie lediglich Ausdruck intellektuellen Übermuts?

Das von Morus kreierte Kunstwort „Utopia" (griechisch: Nicht-Ort bzw. Nirgendwo) meint zunächst die imaginäre Insel, auf der seine politische Fiktion „über den besten Zustand des Staates" - so der Titel der Erzählung - beheimatet ist. Dieser ironische Gräzismus entwickelte sich in der Folgezeit vom ursprünglichen Ortsnamen des Gemeinwesens zu einem politischen und philosophischen Terminus sowie zu einem literarischen Gattungsbegriff. Der Begriff „Utopie" wurde - abhängig von

der wissenschaftlichen und/oder weltanschaulichen Provenienz – im Laufe seiner Karriere akademisch „parzelliert" (Elias
1985, 101). Durch die Jahrhunderte hinweg werden im Grunde
zwei Hauptrichtungen utopischen Denkens deutlich. Die eine
Spielart sucht das größtmögliche Glück aller im materiellen
Wohlstand und in der Unterordnung menschlicher Individualität
unter die „Größe" des Staates. Diese Entwürfe eines – oftmals
nur auf den ersten Blick – gerechteren Gemeinwesens, die mit
Rekurs auf die Vernunft gesellschaftliches und soziales Leben
konstruieren, regeln und häufig reglementieren, beschneiden die
Freiheit des Einzelnen zugunsten der Gemeinschaft bzw. des
Staates. Ob es sich um literarische Utopien der Moderne (z.B.
„Schöne neue Welt" von Aldous Huxley; „1984" von George
Orwell; „Futurum Zwei" von B. F. Skinnner), um realisierte
und durch die Herrschaftspraxis diskreditierte Entwürfe sozia-
listischer Staaten mit allmächtigen Zentralkomitees, um soziale
Experimente bzw. gelebte Utopien (z.B. der Jesuitenstaat in
Paraguay) handelt – sie alle lassen sich letztlich nur verwirklichen
durch die Anwendung von Zwang und die Unterdrückung der
„unvernünftig" Denkenden und Uneinsichtigen (vgl. Bergmann
1992, 16 f.). Die andere Denkrichtung hingegen fordert zwar ein
bestimmtes Maß an materieller Bequemlichkeit, definiert aber
die Maximierung des allgemeinen Wohls als Ergebnis der freien
Entfaltung des Individuums, das nicht einer rigiden Sozialordnung, einem willkürlichen Moralkodex oder den Interessen des
Staates geopfert werden darf.

Je abhängig vom weltanschaulichen Standpunkt resultieren
aus der Interpretation utopischer Entwürfe unterschiedliche
Werturteile und Geltungsansprüche. Am Beispiel der „Utopia"
wird dies in der Person des Thomas Morus, mehr noch an
der Interpretation und politischen Indienstnahme des Buches
offenkundig. Die Person des „Teilzeit-Intellektuellen" (Dahrendorf 2006, 82) Morus, der „hauptamtlich" Jurist, Diplomat und
Lordkanzler Heinrichs VIII. und erst in zweiter Linie ein dem
Humanismus verpflichteter Gelehrter und Schriftsteller war,

wird ebenso kontrovers diskutiert wie seine Schrift, welche an der Schwelle zur Neuzeit einen Staat aus der Retorte – einen „Traum vom Paradies" – präsentiert. Den Katholiken gilt Morus als Märtyrer, Theoretikern der Arbeiterbewegung hingegen als Urvater der kommunistischen Idee (vgl. Kap. 6).

3. Thomas Morus – viva activa oder viva contemplativa?

„Wer kein Morus-Spezialist ist, weiß von ihm nur zwei Dinge: er schrieb ein Buch mit dem Titel ‚Utopia' und er wurde geköpft" (Berglar 1999, 238). Dieses Wissen bereits genügt, um den lebenslangen Spagat zwischen Staatsmann und Schriftsteller aufzuzeigen. Morus lebte als „Familienmensch" (Berglar 1999, 154 ff.), als Humanist, als strenger Verteidiger der römischen Kirche, als Jurist und als exponierte politische Persönlichkeit an der Wende vom Mittelalter zur Neuzeit und geriet schließlich mit der Staatsmacht in Gestalt von Heinrich VIII. in einen existentiellen Konflikt (vgl. Baumann 2006, 89 ff.). In aller Regel fällt es schwer, zwischen dem Politiker „Morus und dem humanistischen Gelehrten, zwischen dem strengen Kirchendogmatiker und dem Befürworter zutiefst menschlicher Sozialideen überhaupt eine und dieselbe Person zu erkennen" (Munier 2008, 12).

Am 6. Februar 1478 (oder am 7. Februar 1477) als Sohn eines Londoner Richters geboren, besuchte Morus nach seinem Studium in Oxford die Rechtsschulen New Inn und Lincolns Inn in London, wo er bereits im Alter von 25 Jahren Mitglied des Parlaments und im Jahre 1509 zum Unter-Sheriff (Berater des Bürgermeisters in Rechtsfragen) ernannt wurde. Vor die Entscheidung gestellt, zwischen einer „vita activa" oder einer „vita contemplativa" wählen zu müssen, entschied er sich für einen durchaus weltlichen „Brotberuf", der in höchste politische Ämter führte (vgl. Heinrich 1998, 16 ff.). Humanistische Studien, die Morus Zeit seines Lebens nie aufgab, betrieb er vorwiegend in seiner Freizeit. Seine akademischen und literarischen Ambitionen wurden durch die enge Freundschaft und den Gedankenaustausch mit Erasmus von Rotterdam (1469–1536) inspiriert (vgl. Dahrendorf 2006, 79 ff.).

So entstand der zweite Teil der „Utopia" 1515 in enger gedanklicher Fühlung mit Erasmus. Erasmus und Morus sahen gesellschaftliche Missstände bereits mit den Augen von Renaissance-Menschen nicht als gottgegebene Plage, sondern als von Menschen verursacht und damit auch durch Menschen veränderbar. Die in der „Utopia" gestellten Fragen nach einer auf Vernunft beruhenden Verfasstheit des Staates ist Ausdruck eines fortgeschrittenen sozialen Gewissens. Die Gedankengänge mögen heute als selbstverständlich erscheinen. Jedoch systematisch darüber nachzudenken, was Menschen tun können, um offensichtliche Missstände in Staat und Kirche zu beseitigen, war im frühen 16. Jahrhundert keineswegs selbstverständlich. Die Schrift ist im Grunde das beredte Zeugnis eines humanistisch gebildeten Patriziers, der „die Bedrohung durch den Staat neuen Typs, den willkürlich regierten und oft despotischen Staat des Absolutismus heraufziehen sah" (Elias 1985, 112).

Die Schrift entstand vor Morus' Ernennung zum Unterschatzkanzler im Jahre 1521 und 13 Jahre vor seiner Ernennung zum Lordkanzler. Das Zwiespältige und Widersprüchliche seiner Person offenbart sich nicht zuletzt in diesem hohen politischen Amt (vgl. Berglar 1999, 72–153). Als Lordkanzler hat Morus aus fester innerer sowie religiöser Überzeugung Menschen auf den Scheiterhaufen geschickt. Als herausragende persönliche Leistung ließ er auf seinem Grabstein u.a. einmeißeln, dass er „zu Lebzeiten zur Plage von ‚Dieben, Mördern und Häretikern' wurde" (Munier 2008, 12). Solange Heinrich VIII. gegen den Protestantismus Front machte, war Morus ein loyaler Parteigänger. Gerade die letzte Stufe seiner beruflichen Karriere brachte ihn jedoch in einen unüberbrückbaren Konflikt mit Heinrich VIII., der 1534 die Suprematsakte erließ und damit der Krone sämtliche Vollmachten über die englische Kirche – vor allem in letzten Entscheidungen in Glaubensfragen - übertrug. Die Weigerung von Morus, die Suprematsakte anzuerkennen, sein Rücktritt vom Lordkanzleramt und schließlich der nicht geleistete Eid auf die Suprematie des Königs führten zur Verurteilung und Hinrichtung am 6. Juli 1535. Die Heiligsprechung erfolgte am 19. Mai 1935.

4. Die literarische Konzeption

Im „Ersten Buch" (Morus, 17-47) wird Raphael Hythlodeus - der „Parteigänger der Utopier" (Saage 2001, 139) - als angeblicher Reisegefährte des italienischen Seefahrers Amerigo Vespucci (1451-1512) vorgestellt, dessen 1507 veröffentlichter Reisebericht auch Morus bekannt gewesen sein dürfte. Morus nutzte die literarischen Vorlieben seiner Zeit. Gerade weil damals Reisebeschreibungen reißenden Absatz fanden, klang die Berufung auf einen Seefahrer als fiktives „Glaubwürdigkeitszeugnis der ‚Utopia' absolut überzeugend" (Munier 2008, 115). Die Entdeckungsreisen jener Zeit beflügelten die Vorstellungen literarisch Schaffender und boten genügend Stoff für Ausschmückungen. Das Exotische, die Konfrontation mit dem Fernen weckte die okzidentale Neugier.

Der „Grad an fiktionaler Authentizität" (ebd.) wird jedoch im selben Moment durchbrochen. Der fiktive Charakter des Raphael Hythlodeus dürfte sich wohl nur einem Kenner des Griechischen erschlossen haben, der den Nachname in die Wortstämme „hythlos" (= Unsinn, leeres Geschwätz) und „daios" (= kundig, erfahren) zu zerlegen und mit „Aufschneider" oder „Schwadroneur" zu übersetzen wusste (vgl. Heinrich 1998, 70).

Die gesamte Erzählkomposition lebt in ihrem Fortgang davon, dass die fiktive Person des Hythlodeus mit zeitgenössischen Personen und realen historischen Begebenheiten verwoben wird. Die Schrift ist - in Anlehnung an antike Vorbilder - in der literarischen Form des Dialogs angelegt. Im Mittelpunkt des „Ersten Buches", das nahezu die Hälfte des Umfangs ausmacht, steht die soziale und politische Ordnung Englands. Dieser Zeitdiagnose und schonungslosen Kritik an den sozialen und politischen Defiziten des Tudor-Englands wird der Staat Utopia im „Zweiten Buch" als bessere Alternative gegenüber gestellt. Bemerkenswert ist der literarische Kunstgriff, den Morus anwendet: Alle staatskritischen Äußerungen stellt er als Äußerungen seines erfundenen Weltreisenden dar. Morus lässt Hythlodeus eine vernichtende Kritik an den Missständen unter der Herrschaft Heinrichs VIII. vortragen, „deren analytische Schärfe im zeitgenössischen Kontext ihresgleichen sucht" (Saage 2001, 140). Anderen Personen hingegen und sich selbst schreibt er nur solche Äußerungen zu, die durchaus konventionell waren und keinen Anstoß erregen konnten (vg. Elias 1985, 131 ff.).

Die ideale Gesellschaft wird bewusst auf der Insel Utopia verortet. Der grundlegende Bruch mit dem England des 16. Jahrhunderts wird mit der Insellage symbolisch zum Ausdruck gebracht (vgl. Saage 2001, 142). Natürlich lag diese unorthodoxe Erfindung eines fiktiven Inselstaates im Zeitalter der Entdeckungen nahe. Dieser literarische Kunstgriff hatte Vorzüge: man konnte dem Wunschbild, das man als Gegenentwurf zu den ungelösten Problemen der eigenen Gesellschaft entwickelte, einen kompromisslosen Ausdruck geben, ohne sich dadurch persönlich allzu sehr exponieren zu müssen.

5.   Inhalte und Schlüsselkategorien der „Utopia"

5.1 Das „Erste Buch" – Privateigentum als Wurzel allen Übels

Das „Erste Buch" ist eine direkte und massive Kritik herrschender – aus nahe liegenden Gründen in die Zeiten Heinrichs VII. zurückverlegter – Zustände, vor allem an der englischen Strafrechtspflege (vgl. Heinrich 1984, 233 f.). Zentraler Kritikpunkt sind die Einhegungsbewegung und das „Bauernlegen". Seit dem 15. Jahrhundert kam es auf den überregionalen Märkten

zu einer immensen Nachfrage nach Wolle für die Textilpro-
duktion. Großgrundbesitzer, Adel und Klerus eigneten sich
durch Einhegungen den bäuerlichen Pachtbesitz an, wandelten
ihn in Weiden um und trieben unter „Profitgesichtspunkten
Schafzucht im großen Stil zum Zwecke der Wollgewinnung"
(Saage 2001, 141). Dieser Einhegungsbewegung fiel in England
die gesamte soziale Schicht der Pachtbauern zum Opfer. Die
von ihren Höfen Vertriebenen wurden zu Landstreichern, die
durch Bettelei und Diebstahl ihr Leben fristeten. Der Staat
wiederum reagierte mit überaus harten Strafgesetzen. Diesen
Prozess hatte Morus vor Augen, als er Hythlodeus den Satz in
den Mund legte: „Das sind eure Schafe (...), die so sanft und
genügsam zu sein pflegen, jetzt aber, wie man hört, gefräßig
und bösartig werden, dass sie sogar Menschen fressen, Felder,
Gehöfte und Dörfer verwüsten und entvölkern" (Morus, 26).
Diese vom Besitzstreben vorangetriebene Dynamik produziert
in den Augen von Morus Willkür und Ungerechtigkeit, löst
das Gemeinwesen auf und befördert den Prozess der sozialen
Polarisierung in Reiche und Arme (vgl. Nitzschke 2002, 69 f.).

Der zweite Themenkreis, der im „Ersten Buch" erörtert wird,
ist in Anlehnung an die Forderung Platons nach der Philosophen-
herrschaft die Frage, ob Philosophen ihr Wissen in den Dienst
des Königs stellen sollten (vgl. Morus, 22). Der Philosoph hätte
– so die resignative Note der Beantwortung – wenig Chancen
auf eine Realisierung seiner Erkenntnisse, weil die politische
Schicht die Koordinaten der Herrschaft nicht ändern wolle.
Deshalb sei es auch nicht sinnvoll, auf staatlicher Ebene als
„Fürstendiener" (Morus, 22) eine humane Politik konzipieren zu
wollen, weil alle diese redlichen Bemühungen an den letztlich
völlig anders gearteten Interessen der Fürsten, die sich „lieber
mit militärischen Dingen (...), als mit den vernünftigen Küns-
ten des Friedens" (ebd.) beschäftigen, scheitern würden. Zum
anderen sei es die „Logik der Besitz- und Machtakkumulation"
(Saage 2001, 141), die aus der Verfügung über Privateigentum
resultiere und zu einer „Art von Verschwörung der Reichen,

die im Namen und unter dem Rechtstitel des Staates für ihren
eigenen Vorteil sorgen" (Morus, 108), führe. Um das Übel an
der Wurzel packen zu können, müsse ein radikaler Neuanfang
durch die Abschaffung des Privateigentums gewagt werden
(vgl. Morus, 44).

5.2 Das „Zweite Buch" – Das ideale Gemeinwesen

Im „Zweiten Buch" wird nun der ideale Staat Utopia geschildert.
Morus entwirft eine Eigentumsverfassung auf der Basis des Gü-
terkommunismus ohne jegliches Privateigentum. Utopia ist von
der umgebenden Staatenwelt weitgehend abgeschieden. Durch die
Isolation von anderen Gesellschaften ist weder das institutionelle
Arrangement des Gemeinwesens noch die zentrale Prämisse des
gesellschaftlichen Zusammenlebens – das Gemeineigentum – bedroht. Das in realen Gesellschaften existierende Privateigentum,
das im „Ersten Buch" zum gesellschaftlichen und sozialen „Sündenfall" erklärt wird, kann seine korrumpierende Wirkung auf der
Insel nicht entfalten. Das utopische Gemeinwesen präsentiert sich
als „kommunistischer Agrarstaat" (Zippelius 1989, 85), der die
begrenzten Ressourcen vorindustrieller Agrargesellschaften durch
eine zentralisierte Ökonomie des Gemeinwesens, eine restriktive
Bedürfnisbefriedigung sowie eine strenge Arbeitsdisziplin gerecht
zu verteilen versucht. Weil die Landwirtschaft das ökonomische
Fundament darstellt, umgibt jede der 54 Städte der Insel eine
genügend große landwirtschaftliche Fläche (Morus, 49 ff.).
Männer und Frauen sind gleichermaßen in den Arbeitsprozess
eingliedert, und vom obligatorischen Ackerbau ist niemand befreit. Arbeit wird egalitär verstanden, befreit die Menschen vom
materiellen Elend und produziert durch Überschüsse Reserven
für Notzeiten (vgl. Saage 1991, 38) – ein Gedankengang, der an
der Schwelle zur Neuzeit radikal anmuten muss.

Die ökonomische Struktur „Utopias" wird durch ein entsprechendes politisches System sowie eine patriarchalische Sozialordnung gewährleistet (vgl. Munier 2008, 122 ff.). Der gesamte
Prozess der politischen Partizipation ist institutionell überformt.

Ausgangspunkt des politischen Willensbildungs- und Entschei-
dungsprozesses ist nicht das vernunftbegabte Individuum. Das
Gegenteil ist der Fall: Bürgerinnen und Bürger sind nichts weiter
als eine Verlängerung der politischen Institutionen, in denen
sie reibungslos zu funktionieren haben. Nicht die „Gleichen
und Freien, sondern das Versammlungskollektiv ist Garant der
Wahrheit" (Saage 2001, 146). Die Maxime der praktischen Politik lautet somit: die objektive Ordnung bestimmt und formt
das Individuum bis in seinen Kern. Weil die Ordnung gerecht,
rational und gut ausgestaltet ist, ist auch der Einzelne gerecht,
vernünftig und gut (vgl. Nipperdey 1986, 183).

Eine solche Sozialordnung, welche die gesellschaftlich zentrale Funktion der Arbeit aller hervorhebt, Gewinnstreben und
individuelles Streben nach Glück hingegen ablehnt, beruht in
seinen anthropologischen Prämissen darauf, dass der Einzelne
in dieser „Tugend-Republik" (Saage 2001, 144) von der Wiege
bis zur Bahre betreut, sozial kontrolliert und in ein lücken-
loses System lebenslanger Erziehung eingepasst wird. Diese
Sozialordnung findet ihre Entsprechung in der Architektur
und Stadtplanung (Morus, 50 ff.). Die Gleichförmigkeit der
Architektur und deren Funktionalität haben ihre Entspre-
chungen in den gesellschaftlichen Beziehungen. Gleichförmige
und stets unverschlossene Häuser, die alle zehn Jahre durch
Auslosung neu vergeben werden, sind ein ideales Instrument
sozialer Kontrolle – und „so gibt es keinerlei Privatbereich"
(Morus, 52). Das Sichern und Horten privaten Eigentums ist
undenkbar. Hinzu kommen die am Vorbild mittelalterlichen
Klosterlebens orientierten gemeinsamen Mahlzeiten (Morus,
60 ff.), die – trotz aller wohlwollenden Überlegungen zur Res-
sourceneinsparung – den Tagesablauf reglementieren und die
individuelle Bewegungsfreiheit einengen (Morus, 60). Ständige
Erziehung, moralische Belehrungen, Askese und Missbilligung
menschlicher Individualität bilden in ihrer Gesamtheit die
„ordnungspolitische Zuchtrute" (Munier 2008, 126) dieser
utopischen Gesellschaft.

Im vierten Themenkreis entwirft Morus das Modell einer äußeren und inneren Friedensordnung, die Kriege stigmatisiert und möglichst vermeidet und – mit Einschränkungen – religiöse Toleranz gewährt. Utopia hat ein ausgeklügeltes System der Bündnispolitik, kennt sogar eine Art „Marshall-Plan" für Nachbarvölker, die mit überschüssiger Nahrung versorgt werden, und versucht im Regelfall Kriege zu vermeiden (Morus, 86 ff.). Insofern den bescheidenen und gutmütigen Utopier jedoch ein Krieg aufgezwungen wird, mutieren sie zu äußerst unbarmherzigen und machiavellistischen Politikern, die vor Terror, Kriegspropaganda und dem Einsatz von Söldnern nicht zurückschrecken.

Auf den ersten Blick kann Utopia als Musterbeispiel vollkommener religiöser Toleranz interpretiert werden. Jedoch zeigt sich Morus gerade in dieser Frage als Anhänger einer strikten Meinungszensur (vgl. Munier 2008, 127 ff.). Unterschiedliche Glaubensvorstellungen werden zwar toleriert, jedoch glaubt der „bei weitem größte und weitaus vernünftigste Teil [...] an ein einziges, unbekanntes, ewiges, unendliches, unbegreifliches göttliches Wesen, das die menschliche Fassungskraft übersteigt und sich als wirkende Kraft [...] ausdehnt" (Morus, 96). Diese Religion, die alle „anderen an Vernünftigkeit zu übertreffen scheint" (ebd.) ist selbstredend das Christentum.

6.   Christlicher Imperativ oder Reformmodell?

Strittig ist und bleibt die Frage – die sich im Übrigen durch die gesamte Rezeptionsgeschichte hindurch zieht –, ob das Buch ein fröhlicher Scherz, ein geistreiches Gedankenspiel ist oder ein ernsthaft gemeinter Versuch, Bewegung in die politischen Verhältnisse zu bringen. Die „Utopia" wird einerseits als feingeistige Erbauungslektüre, gar als „ergötzliches Paradoxon" (Munier 2008, 145) interpretiert, andererseits politisch-programmatisch gedeutet. Die letztgenannte Art der Auslegung richtet den Fokus auf den Anspruch einer grundlegenden Reform von Staat, Kirche und Gesellschaft. So wollte der Sozialdemokrat Karl Kautsky

zum Beispiel mit seiner 1888 erschienenen Schrift „Thomas
Morus und seine Utopie" den Beleg erbringen, dass die Ideen
des Thomas Morus aus einer „handfesten materiellen Sphäre
herrührten und nicht etwa als idealistische Kopfgeburt zur Welt
gekommen waren" (Munier 2008, 11).

Das gesamte Spektrum denkbarer Interpretationen zeigt sich
auf der einen Seite in einem Zitat des Morus-Biographen Peter
Berglar, der das Buch als „regelrechte Phantasmagorie (...), als
Resultat einer Art von Gesellschaftsspiel, hervorgegangen aus
Gesprächen am Kamin" (Berglar 1999, 240) charakterisiert. Dem
steht die Auslegung von Ernst Bloch gegenüber, der Morus einen
der „edelsten Vorläufer des Kommunismus" (Bloch 1973, 601)
nennt und dessen Werk als „das erste neuere Gemälde demokra-
tisch-kommunistischer Wunschträume", als „eine Art liberales
Gedenk- und Bedenkbuch des Sozialismus und Kommunismus"
(ebd., 603) wertet. Insofern argumentiert Richard Saage beinahe
schon salomonisch, wenn er die „Utopia" als Fiktion charakterisiert, die zeigt, dass „es zumindest im vernünftigen Denken
bessere Alternativen zur bestehenden Wirklichkeit gibt" (Saage
2001, 147). Die „Utopia" ist mithin „ein moralischer Appell an
das christliche Gewissen der Zeit" (Nipperdey 1986, 182). Legt
man diese Interpretation zugrunde, ist ein hermeneutischer
Zugriff, nach dem ein Werk von den Absichten des Autors her
zu verstehen ist, nahe liegend.

7. Didaktische Perspektiven

Eine Beschäftigung mit und Analyse der „Utopia" kann unter
mehreren didaktischen Perspektiven lohnend sein: Wenn Utopien
• Gegenwartskritik und Zukunftsentwurf zugleich sind, wird
   die Bedeutung und Struktur des utopischen Entwurfs dann
   angemessen einsichtig, wenn Lernende die Kritik an der
   historisch-politischen Verfasstheit der Gesellschaft erarbeiten,
   aus welcher der Zukunftsentwurf hervorgeht. Eine Auseinandersetzung mit der „Utopia" sollte daher mit den geschilderten

Missständen und mit der von Thomas Morus geäußerten Staatskritik beginnen.

- einen idealen Staat im Sinne eines Gegenentwurfs konstruieren, können Utopien von den Lernenden mithilfe vereinfachter politikwissenschaftlicher Kategorien analysiert, erörtert und schließlich beurteilt werden. Eine Schrift aus dem 16. Jahrhundert zu interpretieren, setzt bei den Lernenden voraus, dass sie sich der Unterschiedlichkeit der Weltbilder bewusst sind. Gerade weil Interpretation und Beurteilung aus einem späteren Blickwinkel vorgenommen werden, kommt es auf die „Vermittlung" von Gegenwart und Vergangenheit durch die Interpretation an (vgl. Schneider 1999, 15 ff.). Im Unterricht ist daher die Beachtung quellenkritischer Schritte notwendig.
- für sich in Anspruch nehmen, eine denkbar beste Gesellschaft schaffen zu wollen, geht es nicht zuletzt um die Einschätzung der Realisierbarkeit dieses Gesellschaftsentwurfs.

8. Einsatzmöglichkeiten der Materialien

Die Texte M 1 bis M 9 sind so angeordnet, dass sie in der vorgegebenen Reihenfolge behandelt werden können. Mit Ausnahme von M 1 sowie M 9 folgen die Textauszüge M 2 bis M 8 der Struktur der „Utopia". Die Texte sind eine auf das Notwendige reduzierte Auswahl, um den Aufbau und vor allem die zentralen Inhalte des Buches erschließen zu können. Ausschlaggebend für die Auswahl der Textstellen waren die vier Grundfunktionen menschlicher Gesellschaften bzw. Typen gesellschaftlichen Handelns (vgl. Tab. 3), mit denen der utopische Gesellschaftsentwurf analysiert werden kann. Die in M 9 zusammengestellten Texte sollen eine abschließende Beurteilung ermöglichen und die Frage beantworten, inwieweit es sich um eine „historisch wirksame" Theorie oder um ein literarisches Werk „von zweifelhafter Unterhaltsamkeit handelt" (Heinisch 1984, 218).

Bei Bedarf und je nach dem zur Verfügung stehenden Zeitbudget kann die Auswahl mit weiteren Textstellen aus der Schrift angereichert werden. Der vollständige Text liegt in mehreren Taschenbuchausgaben vor. Vertiefende Aufgabenstellungen und eigenständige Recherchen der Lernenden sind daher jederzeit möglich.

Unabhängig von den praktizierten Sozialformen (Einzel-, Partner- oder Gruppenarbeit) wird neben der Textanalyse das fragend-entwickelnde Unterrichtsgespräch vorherrschen. Seine Denkprozesse anregenden, die Lernenden aktivierenden und motivierenden Wirkungen sollten nicht unterschätzt werden (vgl. Lach/Massing 2007, 123–132). Fragend-entwickelnde, lehrgangartige und an der Methode der Textanalyse orientierte Verfahren dürfen nicht „mit methodisch einseitigen Formen eines bloßen Frontalunterrichts mit (...) einseitiger Lehrer-Schüler-Kommunikation verwechselt werden" (ebd.).

Ein angemessener Umgang mit den Auszügen aus der „Utopia" setzt voraus, dass die Lernenden die Einzelschritte der Textanalyse (vgl. Massing 2004, 37–48) beherrschen und selbstständig anwenden können. Hinzu kommt, dass den Schülerinnen und Schülern quellenkritische Fähigkeiten abverlangt werden (vgl. Schneider 1999). Sie sollten mit den Grundfragen der Quellenkritik vertraut sein und insbesondere Fragen der Sach- und Ideologiekritik (vgl. Tab. 1) – ggf. unter Anleitung der Lehrenden – beantworten können. Aufgrund der Textfülle und der für heutige Schülergenerationen fremd anmutenden Diktion sind die Materialien für den Unterricht in der Sekundarstufe II vorgesehen.

Tabelle 1: Methodische Hilfen zur Interpretation von Quellen

Paraphrase	Was ist aus der Quelle zu erfahren? (Inhaltsangabe)
	Aus welchen Teilen besteht sie? (Gliederung)
	Was ist ihr Thema? (Überschrift)
Inhaltsanalyse	Was ist der Kern des Textes?
	Was wird im Text behauptet oder widerlegt?
	Welche Teilaspekte sind behandelt?
Begriffsanalyse	Welche Begriffe kommen mehrfach vor?
	Welches sind die Schlüsselbegriffe?
	Welchen Sinn gibt der Text diesen Begriffen?
Sachkritik	Enthält der Quellentext Widersprüche?
	Was konnte der Verfasser der Quelle wissen, was nicht?
	Inwieweit ist der Text glaubwürdig?
Ideologiekritik	Wann, von wem und für wen ist der Text verfasst worden?
	Welchem Zweck sollte er (vermutlich) dienen?
	Welchen Standort nimmt der Verfasser ein?

(nach: Schneider 1999, 24)

8.1 Didaktisches Instrumentarium: Kategorien, Schlüssel- und Leitfragen

Didaktische Überlegungen und Analyseraster zur Auseinandersetzung mit utopischen Entwürfen konzentrieren sich in der Regel auf mehrere Grundfunktionen menschlicher Gesellschaften. Klaus Bergmann gibt folgende Gesichtspunkte vor, unter denen man Utopiemodelle untersuchen und vergleichen kann:

Tabelle 2: Gesichtspunkte für die Auseinandersetzung mit Utopien

• Organisation des Zusammenlebens
• Herrschaft
• Arbeit
• Eigentum
• Rolle der Frau
• Geschlechterbeziehungen
• Kindererziehung
• wirtschaftlich-technischer Entwicklungsstand
• Ernährung
• Glaube/Weltanschauung
• Naturgegebenheiten

(Bergmann 1992, 18)

Will man zu politischen Sacherverhalten vorstoßen, ist aus politikdidaktischer Sicht eine Strukturierung und Bündelung dieser Gesichtspunkte sinnvoll. Der amerikanische Soziologe Talcott Parsons hat bereits 1951 in seinem Buch „The Social System" unverzichtbare Funktionsbedingungen menschlicher Gesellschaften erarbeitet, die zeigen, welche Grundfunktionen erfüllt sein müssen, damit Gesellschaften Bestand haben können (vgl. Meyer 2000, 18). Aus der vergleichenden Betrachtung einfacher, wenig ausdifferenzierter Gesellschaften mit komplexen und hochgradig differenzierten Gesellschaften hat Parsons das „Verständnis der gesellschaftlichen Rolle von Politik" (a.a.O.) prägnant herausgearbeitet. Wendet man nun diese vier Arten gesellschaftlichen Handelns auf utopische Modelle an, erlauben sie in einer ersten Annäherung einen strukturierenden und in einem zweiten Schritt einen analytischen Zugriff. (In der ersten Spalte wird auf die in Kapitel 10 zusammengestellten Materialien verwiesen.)

Tabelle 3: Vier Typen gesellschaftlichen Handelns

Politisches Handeln (vgl. M 4, M 8)	... generiert Regeln des Zusammenlebens, welche für die Gesellschaft verbindlich gelten sollen. Keine Gesellschaft kann ohne ein gewisses Maß solcher Regelungen bestehen. Im Falle komplexer Gesellschaften sind dies Gesetze, Verordnungen und Regelungen, Leistungen und Handlungsprogramme, die in Institutionen und Verfahren erzeugt werden. Das Medium der Politik ist Macht; denn nur sie kann das verbindlich Definierte durchsetzen.
Ökonomisches Handeln (vgl. M 5, M 6, M 7)	... meint die Erzeugung von Gütern und Dienstleistungen, durch die Grundbedürfnisse und darüber hinaus auch andere menschliche Bedürfnisse befriedigt werden. Durch ökonomisches Handeln, Herstellen und Verteilen sowie durch Dienstleistungen passt sich die Gesellschaft an die natürlichen Gegebenheiten ihrer Umwelt an. Die grundsätzliche Logik ökonomischen Handelns ist der Tausch; regulierendes Medium ist das Geld.
Kulturelles Handeln (vgl. M 5, M 6, M 7)	... steuert das menschliche Verhalten und Zusammenleben. Normen und Werte, Deutungen und Sinngebungen, Beziehungen und Wissen verschaffen Orientierung im Handeln und integrieren die Vielzahl von Individuen in die Gesellschaft.
Solidarisches Handeln (vgl. M 5, M 6, M 7)	... in Familien und Gemeinschaften bewerkstelligt die Sozialisation sowie Integration der nachwachsenden Generation. Auf der Grundlage sozialer Beziehungen werden Normen, Regeln, Rollen und Erwartungen sowie soziale Kompetenzen gefestigt. Solidarisches Handeln bietet emotionale Solidarität in Kleingruppen, prägt aber auch durch soziale Disziplinierung.

(nach: Meyer 2000, 19 ff.)

9. Urteilsbildung: Praktischer Imperativ oder Reformmodell?

Die von Thomas Morus ausgehende Faszination liegt mithin in der Radikalität, mit der er das Modell eines Gemeinwesens ohne jedwedes Privateigentum entwarf. Die „Utopia" beschreibt ein Staatswesen, das einen gesellschaftlichen Glückszustand verheißt – wenngleich dieser ideale Staat im „Nirgendwo" angesiedelt ist (vgl. Munier 2008, 13 ff.). Die „weltgeschichtliche Klassizität und immerwährende Aktualität" (Nipperdey 1986, 196) boten und bieten Anlass für Auslegungen, die je nach weltanschaulicher Provenienz unterschiedlicher nicht ausfallen können.

Will man zu einer abschließenden Urteilsbildung gelangen, wird es nicht nur um die Intention gehen, die der „poetischen" Darstellung der Utopie zugrunde gelegen haben mag. Eine ange-messene Beurteilung sollte in einem letzten Schritt die „praktische Bewährbarkeit" (Heinisch 1984, 218) erörtern. Drei didaktische Leitfragen sind hierbei zu beachten: (1) Wurde die Schrift mit dem Vorsatz konzipiert, die Wirklichkeit nach den im Buch skizzierten Normen umzugestalten? (2) Oder begnügt sie sich damit, durch die Skizzierung einer „Tugend-Republik" (Saage 2001, 144) eine moralische Orientierung geben zu wollen? (3) Oder hat sie nur den Anspruch, der schöngeistigen Erbauung und Träumerei zu dienen?

Die Textauszüge lassen den Schluss zu, das Morus nicht von der Ausnahme ausging, die politischen Verhältnisse seiner Zeit nach dem Vorbild des utopischen Staatswesens radikal umgestal-ten zu können (vgl. Saage 1991, 74 ff.). Die Schrift lebt von der unhistorischen Gegenüberstellung von Ideal und Wirklichkeit (Nipperdey 1986, 197), d.h. die Veränderbarkeit der Welt wird nur grundsätzlich behauptet. Die beiden Texte „Utopisten sind vor allem Pädagogen" (Greiffenhagen 1986, 16 ff.) und „Marx und Morus" (Elias 1985, 134 ff.) sind – zumindest was den letztgenannten betrifft – durchaus anspruchsvoll, legen jedoch die abschließende Beurteilung der „Utopia" auf der Grundlage einer textimmanenten Interpretation nahe.

10. Unterrichtsmaterialien

M 1 Thomas Morus – Jurist, Staatsmann und Humanist

1.1 Thomas Morus (Kopie nach Hans Holbein d. J. 1527)

Picture Alliance

1.2 Jurist, Staatsmann und Humanist

Thomas Morus wurde am 6.2. 1478 in London als Sohn einer in den bürgerlichen Juristenstand aufgestiegenen Familie geboren. Nach dem Besuch einer Lateinschule, einem fast zweijährigen Pagendienst beim damaligen Lordkanzler, dem Studium in Oxford, wird er auf Wunsch des Vaters zum Juristen ausgebildet. Er wird ein erfolgreicher und sehr gut verdienender Anwalt, eng verbunden mit dem Londoner Handelskapital. Als gelehrter Jurist und als angesehener Bürger wächst er in öffentliche Ämter hinein. 1504 ist er bereits Mitglied des Parlaments (House of Commons), 1510 wird er Berater des Bürgermeisters (Under-Sheriff) in Fragen der Rechtsprechung. In der Folge steigt er zu Staatsämtern auf: 1517 tritt er in den Dienst Heinrichs VIII. und wird dessen persönlicher Berater. 1529 wird er Lordkanzler und tritt damit an die Spitze der königlichen Räte.

Morus hielt seit 1501 gelegentlich öffentliche Vorlesungen, hat nach Art der Humanisten eine Reihe von Schriften verfasst. Er war eng mit Erasmus von Rotterdam befreundet und hat auch mit anderen Humanisten eine ausgebreitete Korrespondenz geführt. Er hat sein Haus zu einem Ort der Bildung, der Kunst, des humanistischen Gesprächs und der Geselligkeit gemacht.

1532 legt er sein Kanzleramt nieder, weil er im Konflikt des Königs mit dem Papst um die Scheidung der königlichen Ehe und in der Loslösung der englischen Kirche von Rom nicht auf Seite Heinrichs VIII. stand. Als er den von Heinrich VIII. geforderten Eid auf die Sukzessionsakte von 1534, die den Bruch mit Rom vollzog, nicht leistete, wurde er im Tower von London eingekerkert. Aufgrund einer falschen Anklage wurde er zum Tode verurteilt und am 6. Juli 1535 hingerichtet. 1935 ist Morus heilig gesprochen worden.   *(nach: Nipperdey 1986, 193 f.)*

Arbeitsanweisungen

1. Skizzieren Sie die berufliche und politische Karriere des Thomas Morus.

2. Beschreiben Sie den akademischen Werdegang.

M 2: Dialoge im Garten

Thomas Morus schrieb Teile der „Utopia" während einer Geschäftsreise nach Flandern. Diese Handelsmission ließ Morus noch hinreichend Zeit, um mit der Niederschrift des Buches zu beginnen. Der Schauplatz des Dialogs über den idealen Staat „Utopia" ist der Garten von Petrus Ägidius. Morus schildert im Folgenden die Begegnung mit Raphael Hythlodeus.

Der Weltreisende

Ich begab mich inzwischen - die Geschäfte brachten es so mit sich - nach Antwerpen. Während ich dort verweilte, besuchte mich oft unter anderen, aber willkommener als jeder andere, Petrus Ägidius, ein geborener

Antwerpener, ein Mann von großer Zuverlässigkeit und angesehener Stellung bei seinen Mitbürgern, [...] es ist schwer zu entscheiden, ob das Wissen des jungen Mannes mehr zu preisen ist oder sein Charakter; er ist nämlich ebenso gediegener wie gebildeter Mensch; zudem zeigt er eine ehrliche Gesinnung allen gegenüber [...]. Eines Tages hatte ich in der prächtigen und viel besuchten Marienkirche dem Gottesdienst beigewohnt und wollte gerade von dort in meine Wohnung zurückkehren: da sehe ich ihn zufällig im Gespräch mit einem Fremden, einem älteren Manne mit sonnengebräuntem Gesicht, langem Bart und nachlässig von der Schulter hängendem Überwurf, der mir nach Aussehen und Tracht ein Seemann zu sein schien.

Sobald aber Petrus mich erblickte, trat er herzu, begrüßte und führte mich, ehe ich noch antworten konnte, ein wenig zur Seite, indem er sagte: „Siehst du den da?" Dabei deutet er auf den Mann, mit dem ich ihn hatte reden sehen. [...] „Er wäre mir", versetzte ich, „deinetwegen willkommen gewesen." – „Im Gegenteil", erwiderte jener, „seinetwegen, wenn du diesen Mann erst kenntest. Denn es lebt heute kein Mensch auf der Welt, der dir derartige Dinge von unbekannten Ländern und Menschen erzählen könnte, die zu hören, wie ich weiß, du so außerordentlich begierig bist." – „Also", entgegnete ich, „habe ich nicht falsch geraten. Denn ich hielt diesen Mann auf den ersten Blick für einen Seemann." – „Weit gefehlt!" rief er. „Jedenfalls fährt er nicht nur zur See [...]. Denn dieser Raphael – so nämlich heißt er, mit Familiennamen Hythlodeus – ist nicht unbewandert in der lateinischen und vollkommen in der griechischen Sprache [...]. Er überließ das väterliche Erbgut, auf dem er wohnte, seinen Brüdern und schloss sich – er ist Portugiese – aus Lust, die Welt kennen zu lernen, dem Amerigo Vespucci an. Dessen ständiger Begleiter war er auf den drei letzten jener vier Reisen, von denen man bereits überall liest [...].

Als mir Petrus erzählt und ich ihm gedankt hatte, [...] wandte ich mich an Raphael. Nach gegenseitiger Begrüßung und jenen Redensarten, die gewöhnlich bei der ersten Begegnung Fremder ausgetauscht werden, gingen wir in meine Wohnung, setzten uns im Garten auf eine Rasenbank und plauderten. [...] Jetzt möchte ich nur das berichten, was er über die Sitten und Einrichtungen der Utopier erzählte, nachdem ich noch das Gespräch vorausgeschickt habe, in dessen Verlauf wir gleichsam von selbst auf die Erwähnung dieses Staates kamen.   (Morus, 17 f.)

Arbeitsanweisungen

1. Charakterisieren Sie Petrus Ägidius. Welche Wesenszüge hebt Morus besonders hervor und welche Absicht verbindet er wohl damit?

2. Wie wird der Weltreisende Raphael Hythlodeus von Petrus Ägidius charakterisiert? (Ggf. benötigen Sie knappe Informationen über den Entdecker Amerigo Vespucci.)

4. Der Name „Hythlodeus" setzt sich aus den griechischen Wortstämmen „hythlos" (= Unsinn, leeres Geschwätz) und „daios" (= kundig, erfahren) zusammen. Welche Vermutungen drängen sich auf?

M 3: Einhegung und „Bauernlegen"

Vor der eigentlichen Schilderung der Insel „Utopia" äußert sich Raphael Hythlodeus, der Weltreisende (vgl. M 2), über die politischen und gesellschaftlichen Zustände im England des 16. Jahrhunderts.

3.1 Schafzucht und Einhegungen

Denn überall, wo in eurem Reiche feinere und bessere Wolle erzeugt wird, da sind hohe und niedere Adlige, ja auch heilige Männer, wie einige Äbte, nicht mehr mit den jährlichen Einkünften und Erträgnissen zufrieden, [...] sie lassen kein Stück Land zur Bebauung übrig, sie zäunen alles als Weide ein, reißen die Häuser ab, zerstören die Dörfer und lassen gerade noch die Kirchen als Schafställe stehen, und [...] verwandeln jene edlen Leute alle Ansiedlungen und alles, was es noch an bebautem Lande gibt, in Wüsten.

Damit also ein einziger Prasser, in seiner Unersättlichkeit eine unheilvolle Pest für sein Vaterland, einige tausend Morgen zusammenhängenden Ackerlandes mit einem einzigen Zaun einfriedigen kann, werden die Pächter vertrieben; durch Lug und Trug umgarnt oder mit Gewalt unterdrückt, werden sie enteignet oder, durch Schikanen zermürbt, zum Verkauf gezwungen. Daher wandern die Unglücklichen in jedem Falle aus: Männer, Frauen, Ehemänner, Ehefrauen, Waisen und Witwen, Eltern mit kleinen Kindern und einer mehr zahlreichen als wohlhabenden Familie, wie eben

die Landwirtschaft vieler Hände bedarf. [...] Ihr ganzer Hausrat, der sowieso nicht für hohen Preis verkäuflich ist, auch wenn man einen Käufer
erwarten könnte, verschleudern sie, da sie ihn loswerden müssen; ist der
Erlös auf der Wanderschaft in kurzer Zeit verbraucht, was bleibt ihnen
schließlich anderes übrig, als zu stehlen und - natürlich nach Recht und
Gerechtigkeit - gehenkt zu werden, oder aber umherzustreunen und zu
betteln, obgleich sie auch dann als Landstreicher ins Gefängnis geworfen
werden, weil sie sich müßig herumtreiben? Es gibt aber eben niemanden,
der sie dingt, wenn sie sich auch noch so eifrig anbieten. Denn mit der
Landwirtschaft, an die sie gewöhnt sind, ist nichts mehr anzufangen, wo
nichts gesät wird. Ein einziger Schaf- oder Kuhhirt genügt ja, um dasselbe
Land vom Vieh abweiden zu lassen, zu dessen Bebauung und Bestellung
viele Hände erforderlich waren.   *(Morus, 26 f.)*

3.2 Ursachen der Einhegung

Von den rund drei Millionen Untertanen im Reiche Heinrichs VII. lebten
rund achtzig Prozent auf dem Lande. Aber um 1500 war ein Prozess zur
vollen Entfaltung gelangt, den man als „Einhegung" bezeichnet. [...] Für
die Großgrundbesitzer war es im aufkommenden Textilmanufakturwesen
wirtschaftlich günstiger, den Ackerbau aufzugeben und stattdessen -
wegen der begehrten Schafwolle - auf Weidewirtschaft und Schafzucht
umzusteigen. England und Spanien waren um 1500 die bedeutendsten
Schafwollexporteure Europas [...], wobei die englische Wolle qualitativ
wohl besser war als die spanische. Die Hauptverarbeitung fand in den
Niederlanden statt, die das am weitesten fortgeschrittene Textilmanufakturwesen besaßen. Die englischen Äcker wurden daher „eingehegt", also
brach liegen gelassen oder untergepflügt, ohne dass wieder eine erneute
Aussaat stattfand, schließlich umzäunt. Kleinbauern und Landarbeiter
wurden alsdann gewaltsam vertrieben und auf diese Weise um ihren
Lebensunterhalt gebracht. Auf Flächen, wo vorher hundert bäuerliche
Familien existieren konnten, wurden für die extensive Weidewirtschaft
nur mehr fünf Hirten gebraucht. Gerade für Großgrundbesitzer, wie
insbesondere die Klöster mit ihrem umfangreichen Landbesitz, lohnte es
sich besonders, die vorher als Ackerland verpachteten Parzellen einhegen
zu lassen [...]. Denn war es einmal gelungen, die Dörfer zu entvölkern,
fiel selbst noch die Allmende, das ehemals gemeinschaftlich genutzte
Land der Dorfbevölkerung, dem Großgrundbesitzer in den Schoß.

(nach: Munier 2008, 22 ff.)

Arbeitsanweisungen

1. Beschreiben Sie den Prozess der Einhegung.

2. Welche ökonomischen Ursachen hatten die Einhegungen
   und das „Bauernlegen".

3. Skizzieren Sie die Auswirkungen auf die Landbevölkerung.

4. Warum lässt Morus, der als Staatsmann diese Zustände sehr wohl
   kannte, Hythlodeus die Zustände derart offen schildern?
   Bedenken Sie hierbei mögliche Konsequenzen, die Morus bei einer
   Veröffentlichung des Buches zu erwarten hat.

5. Lassen sich in dem Textauszug 3.1 moralisch-ethische
   Argumentationslinien erkennen?

M 4: Die Wurzel allen Übels

Raphael Hythlodeus benennt im weiteren Fortgang des Dialogs die
Ursachen von Willkür und Ungerechtigkeit.

Das Privateigentum als Hindernis gerechter Politik

Indessen, mein lieber Morus, scheint es mir – um offen zu sagen, was
ich denke – in der Tat so, dass es überall da, wo es noch Privateigentum
gibt, wo alle alles nach dem Wert des Geldes messen, kaum jemals
möglich sein wird, gerechte und erfolgreiche Politik zu treiben, es sei
denn, man wäre der Ansicht, dass es dort gerecht zugeht, wo immer
das Beste den Schlechtesten zufällt, oder dort glücklich, wo alles an
ganz wenige verteilt wird und auch diese nicht in jeder Beziehung gut
gestellt sind, die übrigen jedoch ganz übel. [...] Daher bin ich fest davon
überzeugt, dass der Besitz nur dann auf gleichmäßige und gerechte
Weise verteilt oder die Geschicke der Menschen nur dann glücklich
gestaltet werden können, wenn das Privateigentum aufgehoben worden
ist; solange es besteht, wird immer auf dem weitaus größten und weitaus
besten Teile der Menschheit die drückende und unvermeidliche Bürde
der Armut und des Kummers lasten.

(Morus, 44 f.)

Arbeitsanweisungen

1. Hythlodeus benennt in dem kurzen Textauszug die Ursache
   allen Übels. Erklären und erörtern Sie die These.

2. Versetzen Sie sich bitte in das Weltbild des ausgehenden Mittelalters.
   Begründen Sie, warum die Forderung geradezu revolutionär anmutet.

3. Erörtern Sie noch einmal die Frage, warum Morus diese Worte
   gerade Raphael Hythlodeus in den Mund legt.

M 5: Utopia: Lage der Insel, Städte und Architektur

Der Gewährsmann Hythlodeus tritt über weite Strecken des Buchs als
Ich-Erzähler auf und schildert nunmehr die Insel Utopia.

5.2 Die Städte

Die Insel hat vierundfünfzig Städte, alle weiträumig und prächtig, in Sprachen, Sitten, Einrichtungen und Gebäuden vollständig übereinstimmend. Alle haben dieselbe Anlage und, soweit es die geographische Lage gestattet, dasselbe Aussehen. [...] Die Straßen sind zweckmäßig angelegt: sowohl günstig für den Verkehr, als auch gegen die Winde geschützt. Die Häuser sind keineswegs unansehnlich. Ihre lange und blockweise zusammenhängende Reihe übersieht man von der gegenüberliegenden Häuserfront aus. Die Fronten der Häuserblöcke trennt eine zwanzig Fuß breite Straße. Auf der Hinterseite zieht sich, jeweils den ganzen Block entlang, ein großer und durch die Rückseite der Blöcke von allen Seiten eingeschlossener Garten hin. [...] Es gibt kein Haus, das nicht, genauso wie es sein Vordertor zur Straße hat, eine Hinterpforte zum Garten besitzt. Diese zweiflügeligen Türen, die durch einen leichten Druck der Hand zu öffnen sind und sich darauf wieder von allein schließen, lassen einen jeden ein: so gibt es keinerlei Privatbereich. Denn sogar die Häuser wechseln sie alle zehn Jahre durch Auslosung.

(Morus, 49 ff.)

Arbeitsanweisungen

1. Welche Vorteile bietet das geschlossene System einer Insel?

2. Beschreiben Sie mithilfe des Textes die Anlage und architektonische Gestaltung der Städte. Inwiefern „formt" die Architektur die Menschen Utopias?
   Beachten Sie dabei auch den Aspekt der Privatsphäre.

M 6: Die Ökonomie der Insel – Sektoren, Arbeit und Gewerbe

Hythlodeus beschreibt im weiteren Verlauf des Gesprächs die wesentlichen Merkmale der Agrargesellschaft.

6.1 Die Landwirtschaft als Grundlage der Ökonomie

Das Ackerland ist den Städten so zweckmäßig zugeteilt, dass eine jede auf keiner Seite weniger als zwölf Meilen Bodenfläche besitzt, dort aber, wo die Städte weiter voneinander entfernt liegen, beträchtlich mehr. Keine Stadt hat das Bestreben, ihr Gebiet zu vergrößern, denn sie halten sich mehr für Bebauer als für Besitzer des Bodens. [...] Auf dem Lande haben sie Gehöfte, die planmäßig über die ganze Anbaufläche verteilt und mit landwirtschaftlichen Geräten versehen sind. Sie werden von Bürgern bewohnt, die abwechselnd dorthin übersiedeln. Kein ländlicher Haushalt zählt weniger als vierzig Männer und Frauen [...]. Die Leitung des Haushalts haben ein Hausvater und eine Hausmutter inne, beides erfahrene und gesetzte Leute, und je dreißig Haushaltungen unterstehen einem Phylarchen. Aus jedem Haushalt ziehen jährlich zwanzig Personen in die Stadt zurück, die nämlich, die zwei Jahre auf dem Lande zugebracht haben. An ihre Stelle treten ebenso viele Neue aus der Stadt. Sie werden von denen, die bereits ein Jahr dort gewesen sind und sich daher auf die Landwirtschaft verstehen, eingewiesen, um im folgenden Jahre wieder andere zu unterweisen, damit nicht alle zugleich dort Neulinge sind und von der Landwirtschaft nichts wissen, so dass womöglich infolge ihrer Unerfahrenheit bei der Ernte etwas versehen wird. [...] Obwohl sie ausgerechnet haben, und zwar aufs genaueste, wie viel Lebensmittel die Stadt mitsamt ihrer Umgebung verbraucht, so säen sie dennoch viel mehr aus und ziehen mehr Vieh auf, als für ihren eigenen Bedarf genügen würde, um den Überschuss an ihre Nachbarn weiterzugeben.

(Morus, 49 f.)

Anmerkung: Phylarchen sind die von jeweils dreißig Familien gewählten Vorstände. Für dieses politische Amt wird im Buch gelegentlich auch der Begriff „Syphogrant" benutzt.

6.2 Die Gewerbe

Ein einziges Gewerbe üben alle Männer und Frauen gemeinsam aus:
den Ackerbau. Von ihm ist keiner befreit; in ihm werden alle von
Kindheit an unterwiesen, teils durch theoretischen Unterricht in der
Schule, teils praktisch, indem die Kinder auf die der Stadt benachbarten
Äcker, gleich wie zum Spiel, geführt werden, wo sie nicht nur zusehen,
sondern zur Übung der Körperkräfte auch zupacken.

Außer der Landwirtschaft, die, wie gesagt, alle gemeinsam ausüben,
erlernt jeder noch irgendein besonderes Handwerk; das ist in der
Regel die Tuchmacherei, die Leineweberei oder das Maurer-, Schmie-
de-, Schlosser- oder Zimmermannsgewerbe. Es gibt nämlich sonst
kein anderes Handwerk, das dort eine nennenswerte Anzahl von
Menschen beschäftigte. [...] Von den anderen Handwerken aber lernt
jeder eins, und zwar nicht nur die Männer, sondern auch die Frauen;
diese betreiben jedoch als die Schwächeren nur leichtere Gewerbe;
gewöhnlich spinnen sie Wolle und Leinen; den Männern werden die
übrigen, mühsameren Tätigkeiten überlassen. [...]

Die wichtigste und fast einzige Aufgabe der Syphogranten ist, dafür
zu sorgen und darüber zu wachen, dass keiner müßig herumsitzt,
sondern jeder fleißig sein Gewerbe betreibt, ohne sich jedoch vom
frühen Morgen bis tief in die Nacht hinein ununterbrochen wie ein
Lasttier abzumühen. Denn das wäre schlimmer als sklavische Plackerei!

(Morus, 54)

6.3 Versorgung der Bevölkerung

Doch ich kehre zum Zusammenleben der Bürger zurück. Der Älteste
steht, wie ich sagte, an der Spitze der Familie. Die Frauen sind den
Männern, die Kinder den Eltern und überhaupt die Jüngeren den Älteren
unterstellt. Die ganze Stadt ist in vier gleich große Bezirke eingeteilt;
in der Mitte jedes Bezirks liegt der Markt für Waren aller Art. Dort
werden in bestimmte Gebäude die Erzeugnisse aller Familien zusam-
mengebracht, und die einzelnen Warengattungen werden gesondert auf
die Speicher verteilt. Aus diesen wieder fordert jeder Familienälteste an,
was er selbst und die Seinigen brauchen, und erhält ohne Bezahlung,
überhaupt ohne jegliche Gegenleistung, alles, was er verlangt. Warum
nämlich sollte man ihm etwas verweigern, da doch alles im Überfluss

vorhanden ist [...]? An die erwähnten Märkte schließen sich Lebensmittelmärkte an, auf die sie nicht nur Gemüse, Früchte und Brot schaffen, sondern außerdem auch Fische und Fleisch, da es außerhalb der Stadt besondere Plätze gibt, wo man das von Sklavenhänden geschlachtete und ausgenommene Vieh in fließendem Wasser von Blut und Schmutz reinigen kann. Sie dulden nämlich nicht, dass sich die Bürger an das Schlachten von Tieren gewöhnen, weil sie glauben, dass dadurch das Mitleid, die menschlichste Empfindung unserer Natur, sich allmählich verliere; und ferner lassen sie auch nichts Unreines und Schmutziges, durch dessen Fäulnis die Luft verpestet und Krankheiten eingeschleppt werden könnten, in die Stadt bringen.

(Morus, 59 f.)

Anmerkung: Utopier können infolge eines (Kapital-)Verbrechens in die Sklaverei verfallen. Des Weiteren sind Sklaven zum Tode Verurteilte aus ausländischen Städten, die von Utopia angefordert und ggf. gegen „billiges Geld, öfters auch ganz umsonst" (Morus, 80) veräußert werden.

Arbeitsanweisungen

1. Beschreiben Sie die Arbeitsorganisation und Arbeitsverteilung auf den landwirtschaftlichen Gehöften.

2. Erklären Sie ökonomische Notwendigkeit des Austauschs der Arbeitskräfte.

3. Welche ökonomischen Bedürfnisse werden auf Utopia vorrangig befriedigt? Wie wird dem Moment der Knappheit der Güter begegnet? Und wie erfolgt die Verteilung der Güter?

4. Skizzieren Sie die Gewerbeordnung und erläutern Sie die vorherrschenden Berufe. Diskutieren Sie im Anschluss die Frage, ob alle Utopier die gleiche Möglichkeit haben, sich am ökonomischen Leben zu beteiligen.

5. Wir wird die Arbeitsdisziplin garantiert?

6. Lassen die Texte einen Rückschluss auf die Form des Wirtschaftens und die ökonomische Denkweise zu?

M 7: Alltag auf Utopia

Die letzte Wortäußerung von Raphael Hythlodeus endet mit der „sklavischen Plackerei" der Menschen des ausgehenden Mittelalters (vgl. 6.2). Dem stellt er nun den Alltag auf Utopia gegenüber.

7.1 Ein ganz gewöhnlicher Tag

Und doch ist dies fast überall das Los der Handwerker, außer bei den Utopiern, die, während sie den Tag mit Einschluss der Nacht in vierundzwanzig Stunden einteilen, doch nur sechs Stunden für die Arbeit bestimmen: drei vor Mittag, nach denen sie zum Essen gehen; nach der Mahlzeit ruhen sie zwei Nachmittagsstunden, widmen dann wiederum drei Stunden der Arbeit und beschließen das Tagwerk mit dem Abendessen. [...] Die Stunden zwischen Arbeit, Schlaf und Essen sind jedem zur eigenen Verfügung überlassen, jedoch nicht, um sie mit Ausschweifungen und Faulenzerei zu vergeuden, sondern um die Freizeit, die ihm sein Handwerk lässt, nach eigenem Gutdünken zu irgendeiner nützlichen Beschäftigung zu verwenden. Die meisten benützen diese Unterbrechungen zur geistigen Weiterbildung. Es ist nämlich üblich, täglich in den frühen Morgenstunden öffentliche Vorlesungen zu halten, die anzuhören eigentlich nur die verpflichtet sind, die ausdrücklich für das wissenschaftliche Studium ausersehen wurden; indessen strömen aus jedem Stande eine sehr große Menge von Männern wie auch Frauen herbei, um, ihrem jeweiligen Interesse entsprechend, diese oder jene Vorlesung zu hören.

(Morus, 55)

7.2 Arbeitsverteilung, Kleidung und Wohlstand

Diese Arbeitszeit genügt vielmehr zur Erzeugung aller Dinge, die lebensnotwendig sind oder der Bequemlichkeit dienen, ja, es bleibt sogar noch Zeit übrig. Auch ihr werdet das begreifen, wenn ihr bedenkt, ein wie großer Teil des Volkes bei anderen Völkern untätig dahinlebt: zunächst einmal fast alle Frauen, die Hälfte der Gesamtbevölkerung; oder, wo die Frauen werktätig sind, dort faulenzen an ihrer Stelle meistenteils die Männer; dazu kommen dann noch die Priester und sogenannten Geistlichen – welch riesige, welch faule

Gesellschaft! Nimm all die Leute hinzu, vor allem die Großgrundbesitzer, die man gewöhnlich Vornehme und Adlige nennt! Zähle
dazu deren Dienerschaft, jenen ganzen Haufen bewaffneter Tauge-
nichtse! Füge dazu endlich die gesunden und arbeitsfähigen Bettler,
die irgendeine Krankheit zum Vorwand ihrer Faulenzerei nehmen!
[...] Wenn aber alle, die jetzt mit unnützen Gewerben beschäftigt
sind, wenn dazu noch das ganze Heer der schlaffen Nichtstuer und
Faulenzer, von denen jeder einzelne von den Dingen, die auf Grund
der Arbeit der anderen zur Verfügung stehen, so viel verbraucht wie
zwei, die sie herstellen, wenn also diese alle zur Arbeit, und zwar zur
nützlichen Arbeit herangezogen würden, dann könntest du leicht
feststellen, wie wenig Zeit reichlich genug, ja überreichlich wäre,
um alles das bereitzustellen, was unentbehrlich oder nützlich ist.

(Morus, 57)

7.3 Die Mahlzeiten

Jeder Häuserblock besitzt außerdem einige geräumige Hallen in glei-
chem Abstand voneinander, eine jede unter ihrem besonderen Namen
bekannt. Diese unterstehen den Syphogranten. Jeder von ihnen sind
dreißig Familien zugeteilt, auf jeder Seite fünfzehn, die dort ihre
Mahlzeiten einnehmen. Die Küchenmeister aller Hallen kommen zu
einer bestimmten Stunde auf den Markt, geben die Zahl ihrer Tisch-
gäste an und verlangen die entsprechende Menge an Lebensmitteln.
[...] In diesen Hallen versammeln sich zu den festgesetzten Stunden
der Mittags- und Abendmahlzeit, vom Schall eherner Trompeten
gerufen, die gesamte Syphograntie, bis auf die, die in den Kranken-
häusern oder zu Hause liegen, obgleich es niemand verwehrt ist, sich,
sobald der Bedarf der Hallen gedeckt ist, vom Markte Lebensmittel
mit nach Hause geben zu lassen. [...] In diesen Hallen verrichten die
Sklaven alle Dienstleistungen, die etwas schmutzig oder mühsam
sind. Im Übrigen ist das Kochen und Zubereiten der Speisen und
überhaupt die Herrichtung der ganzen Mahlzeiten ausschließlich
Sache der Frauen, natürlich abwechselnd der einer jeden Familie.

(Morus, 60 ff.)

Arbeitsanweisungen

1. Beschreiben Sie einen typischen Tagesablauf und charakterisieren Sie den „idealen Menschen" auf Utopia.

2. Erläutern Sie die ökonomische Begründung für die tägliche Arbeitszeit von nur sechs Stunden.

3. Welche Beschränkungen gehen die Bewohner für diese geringe Arbeitszeit ein?

4. Wie ist es um die Teilhabegerechtigkeit bestellt?

5. Interpretieren Sie das tägliche Ritual der gemeinsamen Mahlzeiten. Suchen Sie nach historischen Analogien und erläutern Sie die Funktion dieses Rituals.

M 8: Politische Organisation

Hythlodeus skizziert des Weiteren in knappen Ausführungen die politische Organisation der Insel.

Die Behörden

Je dreißig Familien wählen sich jährlich einen Vorstand, den sie in ihrer älteren Sprache „Syphogrant" nennen, in der neueren „Phylarch". An die Spitze von zehn Syphogranten mitsamt ihren Familien wird jetzt der Protophylarch gestellt, der früher „Tranibor" hieß. Schließlich ernennen alle Syphogranten, zweihundert an der Zahl, nachdem sie geschworen haben, den zu wählen, den sie für den Tüchtigsten halten, in geheimer Abstimmung ein Oberhaupt. Das heißt einen von den vier Männern, die ihnen das Volk benannt hat; denn von jedem Viertel der Stadt wird einer ausgewählt und dem Senat vorgeschlagen.

Das Amt des Staatspräsidenten ist lebenslänglich, sofern nicht der Verdacht, sein Inhaber strebe nach Gewaltherrschaft, aufkommt.

Die Traniboren werden jährlich gewählt, doch wechselt man nicht blindlings mit ihnen.

Die übrigen Beamtenstellen werden jährlich neu besetzt.

Die Traniboren treten jeden dritten Tag, zwischendurch, wenn die Lage es erfordert, auch häufiger, zur Beratung mit dem Staatsoberhaupt zusammen, beratschlagen über Staatsangelegenheiten, schlichten rasch, falls solche vorliegen, Privatstreitigkeiten, die außerordentlich selten sind.

Von den Syphogranten rufen sie immer zwei in den Senat, und zwar jeden Tag andere; und man achtet darauf, dass nichts, was die Öffentlichkeit angeht, entschieden wird, worüber nicht vor der endgültigen Beschlussfassung an drei Tagen im Senat verhandelt worden ist. Außerhalb des Senats oder der Volksversammlung über Angelegenheiten der Gemeinsamkeit Beschlüsse zu fassen, wird für Hochverrat gehalten. Dies ist, wie sie sagen, deshalb so festgesetzt, damit das Volk nicht Gefahr läuft, durch eine Verschwörung des Staatsoberhaupts mit den Traniboren von einem Gewaltherrscher unterdrückt zu werden, und damit die Staatsverfassung nicht geändert wird. Daher wird auch jede Frage von Wichtigkeit der Versammlung der Syphogranten vorgelegt, die sie mit ihren Familien besprechen, nachher untereinander beratschlagen und ihren Beschluss dem Senat mitteilen.

(Morus, 53)

Arbeitsanweisungen

1. Fertigen Sie mit wenigen Strichen eine Skizze des politischen Systems an.

2. Beschreiben Sie die politischen Institutionen –
   die sogenannten Behörden.

   • Wie sind sie aufgebaut und wie hängen sie zusammen?
   • Wie werden die politischen Ämter und Funktionen vergeben?
   • Gibt es Kontrollmöglichkeiten?
   • Welche Beteiligungsmöglichkeiten besitzen die Utopier?
   • Gibt es Mechanismen der Konfliktregelung?

M 9: Fantasiegebilde oder radikales Reformmodell?

9.1 Utopisten sind vor allem Pädagogen

Wer sich eine neue Gesellschaft ausdenkt, muss sich in der Natur des Menschen auskennen. Utopisten sind Psychologen, Soziologen, Politologen. Vor allem sind sie Pädagogen: Der neue Mensch muss erzogen werden. Doch Erziehung allein genügt nicht, den Egoismus auszurotten. Die Organisation des Gemeinwesens muss mitwirken, die Institutionen müssen umgebaut werden: Menschen sind das Produkt ihrer Umwelt.

Wo aber soll man zuerst ansetzen, bei den Verhältnissen oder bei der Erziehung? Soll man erst das Geld und das Privateigentum abschaffen, um Habgier und Neid loszuwerden, oder geht es nur andersherum? Alle Utopien leiden an der Unentschiedenheit in der Beantwortung dieser Frage. Die meisten Autoren wollen alle Schwierigkeiten aus einem Punkte kurieren. Fast immer gilt das Eigentum als der eigentliche Sündenfall. Diese Vermutung liegt nahe: Wenn Egoismus die Quelle sozialen Unfriedens ist, müssen seine wichtigsten Verankerungen gekappt werden: Familie, Privateigentum. Deshalb sind die meisten Utopien kommunistische Genossenschaften. Das ist die eleganteste Lösung: Eigentumslosigkeit garantiert Gleichheit, Gleichheit schafft Gemeinschaft, und Gemeinschaft führt zum Glück.

Stets waren Intellektuelle von Gemeinschaft fasziniert: Gemeinschaft versprach Erlösung von intellektueller Entfremdung. Dabei galt häufig die Devise: je strenger, desto besser. Die radikalste Form von Gemeinschaft ist außer dem Militär [...] das Kloster. Brüderliches Leben wird durch eiserne Zucht garantiert. Schon die Architektur erzwingt sie. Strengste Rationalisierung der Zeiten für Arbeit, Schlafen, Essen, Gebet und Muße sorgt dafür, dass keiner zum Außenseiter wird. „Geistige Zucht", d.h. absolute Geltung des Dogmas und peinliche Beachtung des Kultus garantieren Brüderlichkeit im Geiste. Alle politischen Utopien tragen Züge klösterlichen Lebens. Von der Umwelt durch hohe Mauern, besser noch durch das Meer abgeschlossen, leben die Menschen in Utopia nach eigenem Gesetz, meistens auch in wirtschaftlicher Selbstversorgung. Utopien sind "geschlossene Systeme".

(Greiffenhagen 1986, 16 ff.)

9.2 Marx und Morus

Thomas Morus' Beschreibung des gemeinsamen Besitzes an Gold und
Silber, an Grund und Boden und, nicht zu vergessen, der bewussten
Erziehung zur Verachtung von Gold und Silber, wird, wie gesagt, heute
oft gelesen, als ob Morus aus unbekannten Gründen vorzeitig zu Marx'
Kommunismus bekehrt worden sei. Aber das ist nicht die richtige Art,
sein Buch zu lesen. Man stellt damit den Vorgang auf den Kopf. Marx'
Entwurf einer Gesellschaft ohne Reiche und Arme war die Spätform
eines menschlichen Wunschbildes, dem man schon vor ihm in europäischen Gesellschaften nicht selten begegnete, vor allem in Zeiten,
in denen Unterschiede des Besitzers besonders auffällig, Ausbeutung
und Armut der großen Masse besonders drückend werden. Der Entwurf
einer Gesellschaft ohne Reiche und Arme, den man in Morus' Utopieschrift begegnet, ist eine Frühform dieses Wunschtraumes. [...] Die
Identifizierung eines Wunschbildes des 16. Jahrhunderts mit dem, was
der Begriff „Kommunismus" für den Menschen des 20. Jahrhunderts
bedeutet, lässt allzuleicht die Verschiedenheiten der Staats- und Klassen-
strukturen vergessen, auf die sich die scheinbar gleichen Wunschbilder
der verschiedenen Jahrhunderte beziehen. Wenn man Morus' Vorschlag
der Aufhebung des Privateigentums als kommunistisch bezeichnet, dann
erweckt man damit allzu leicht den Eindruck, Morus ziehe mit diesem
Vorschlag, wie Marx, im Namen der Industriearbeiterschaft gegen die
kapitalistischen Unternehmer ins Feld. Wie in anderen Fällen führt hier
der anachronistische Gebrauch von Begriffen in die Irre. Wenn man im
16. Jahrhundert von großem Reichtum und von großer Armut sprach,
dann hatte man andere Schichten vor Augen, als wenn man analoge
Ausdrücke im 19. Jahrhundert gebrauchte. [...] Wenn Morus die Ungerechtigkeit dieser Welt zu geiseln sucht, dann richtet er seinen Angriff
ganz besonders gegen diesen landbesitzenden Adel. Zu den Reichsten
im Land gehörten weiterhin die Inhaber der höchsten Hof- und Regie-
rungsämter im Verein mit denen der höchsten Kirchenämter. Ostentativer
Prunk gehörte im 16. Jahrhundert noch in erheblich höherem Maße
zum Lebensstil der Reichen, und sie alle ließen es daran nicht fehlen.
Aber der allerreichste im Land, die Person, deren Besitz an Land, wie
an Gold, Silber und Juwelen den jedes anderen Menschen im Staate bei
weitem übertraf, war der König. Wenn auch Morus weltweise genug war,
in seiner Utopieschrift jeden direkten Angriff gegen den Herrscher des

eigenen Landes zu vermeiden, seine Angriffe gegen die Fürsten, insbesondere wegen ihrer Verschwendung von Gütern in nutzlosen Kriegen, sind ganz unverhohlen. [...] Es ginge vielleicht zu weit zu sagen, dass sich in Morus' Staatskritik, zu der ja auch sein Postulat der Abschaffung des Privateigentums gehörte, ein Zeichen des frühbürgerlichen Affronts gegen die mächtigeren, reicheren und ranghöheren Adelsgruppen des Landes entdecken lässt. Aber ganz sicher lag dem Wunschbild des Gemeinbesitzes im 16. Jahrhundert eine andere Sozialstruktur zu Grunde als dem kommunistischen Idealbild des 19. und 20. Jahrhunderts.

(Elias 1985, 134 ff.)

Arbeitsanweisungen

1. Der Text 9.1 benennt zentrale Fragen, mit denen Utopisten
   bei der Schaffung eines „idealen Staates" konfrontiert werden.
   Erläutern Sie dies am Beispiel der „Utopia".

2. Mit welchem gedanklichen und literarischen Kunstgriff werden
   diese idealen Gesellschaften erzeugt?

3. Worin liegt der wesentliche Unterschied zwischen Marx und Morus?
   Begründen Sie diesen Hauptunterschied.
   Belegen Sie dies mit Beispielen aus der „Utopia".

4. Welche je unterschiedlichen Vorstellungen von Gesellschaft und
   Geschichte kommen dabei ins Spiel?

Anmerkung

1   Die zitierten Textstellen aus der „Utopia" wurden der nachfolgenden Fassung
    entnommen: Der utopische Staat. Morus: Utopia, Campanella: Sonnenstaat,
    Bacon: Neu-Atlantis. Hrsg. von Klaus J. Heinisch. Reinbek bei Hamburg 1984.

Literatur

Baumann, Uwe (2006): Heinrich VIII. 6. Auflage, Reinbek bei Hamburg.

Berglar, Peter (1999): Die Stunde des Thomas Morus. Einer gegen die Macht. Köln.

Bergmann, Klaus (1992): Abschied von der Utopie? In: Geschichte lernen, 3/1992,
    S. 11–19.

Bloch, Ernst (1973): Das Prinzip Hoffnung. Zweiter Band. Frankfurt/M.

Dahrendorf, Ralf (2006): Versuchungen der Unfreiheit. Die Intellektuellen in Zeiten
    der Prüfung. München.

Elias, Norbert (1985): Thomas Morus' Staatskritik. Mit Überlegungen zur Bestimmung
    des Begriffs Utopie. In: Voßkamp, Wilhelm (Hrsg.) (1985): Utopieforschung.
    Interdisziplinäre Studien zur neuzeitlichen Utopie. Zweiter Band. Frankfurt/M.,
    S. 101–150.

Greiffenhagen, Martin (1986): Propheten, Rebellen und Minister. Intellektuelle in
    der Politik. München.

Heinisch, Klaus J. (1984): Zum Verständnis der Werke. In: Der utopische Staat.
    Morus: Utopia, Campanella: Sonnenstaat, Bacon: Neu-Atlantis. Hrsg. von Klaus
    J. Heinisch. Reinbek bei Hamburg 1984, S. 216–265.

Heinrich, Hans Peter (1998): Thomas Morus. 4. Auflage, Reinbek bei Hamburg.

Höffe, Otfried (2009): Ist die Demokratie zukunftsfähig? Über moderne Politik.
    München.

Huxley, Aldous (1953): Schöne Neue Welt. Ein Roman der Zukunft. Frankfurt/M.

Illies, Christian (2009): Architektur als Philosophie – Philosophie der Architektur.
    In: Aus Politik und Zeitgeschichte, 25/2009, S. 3–6.

Lach, Kurt/Massing, Peter (2007): Unterrichtsgespräch, Fragen und Impulse. In:
    Breit, Gotthard/Eichner, Detlef/Frech, Siegfried/Lach, Kurt/Massing, Peter
    (Hrsg.): Methodentraining für den Politikunterricht II. Schwalbach/Ts., S. 123–132.

Massing, Peter (2004): Die Textanalyse. In: Frech, Siegfried/Kuhn, Hans-Werner/
    Massing, Peter (Hrsg.): Methodentraining im Politikunterricht. Schwalbach/Ts.,
    S. 37–48.

Meyer, Thomas (2000): Was ist Politik? Opladen.

Morus, Thomas: Utopia. In: Der utopische Staat. Morus: Utopia, Campanella:
    Sonnenstaat, Bacon: Neu-Atlantis. Hrsg. von Klaus J. Heinisch. Reinbek bei
    Hamburg 1984.

Munier, Gerald (2008): Thomas Morus. Urvater des Kommunismus und katholischer
    Heiliger. Hamburg.

Nipperdey, Thomas (1986): Thomas Morus. In: Maier, Hans/Rausch, Heinz/Denzer, Horst (Hrsg.): Klassiker des politischen Denkens. Erster Band: Von Platon bis Hobbes. 6. überarbeitete und erweiterte Auflage, München, S. 181–198.

Nitschke, Peter (2002): Politische Philosophie. Stuttgart, Weimar.

Orwell, George (1953): Nineteen Eighty-Four. London

Platon: Der Staat (Politeia). Übersetzt und herausgegeben von Karl Vretska. Stuttgart 1982.

Saage, Richard (2001): Thomas Morus (1477/87–1535). In: Maier, Hans/Denzer, Horst (Hrsg.): Klassiker des politischen Denkens. Erster Band. Von Plato bis Thomas Hobbes. München, S. 135–148.

Saage, Richard (1991): Politische Utopien der Neuzeit. Darmstadt.

Schneider, Gerhard (1999): Die Arbeit mit schriftlichen Quellen. In: Pandel, Hans-Jürgen/Schneider, Gerhard (Hrsg.): Handbuch Medien im Geschichtsunterricht. Schwalbach/Ts., S. 15-44.

Skinner, B. F. (1972): Futurum Zwei. „Walden Two". Die Vision einer aggressionsfreien Gesellschaft. Reinbek bei Hamburg.

Voßkamp, Wilhelm (1985a): Thomas Morus' Utopia: Zur Konstituierung eines gattungsgeschichtlichen Prototyps. In: Voßkamp, Wilhelm (Hrsg.) (1985): Utopieforschung. Interdisziplinäre Studien zur neuzeitlichen Utopie. Zweiter Band. Frankfurt/M., S. 183–196.

Dritter Zugang

Gewalt und Rechtsprechung

Gerhard Fritz

Vom „Theater des Schreckens" zur Resozialisierung

Strafjustiz vom Mittelalter über die frühe Neuzeit und das 19. Jahrhundert bis in die Gegenwart

1. Die Theorie des vormodernen Rechts

1.1 Rechtsbücher und Strafarten

1985 veröffentlichte der 2004 verstorbene Saarbrücker Historiker Richard van Dülmen ein Werk mit dem Titel „Theater des Schreckens" (van Dülmen 2010). Das Buch hat die Diskussion um die „Gerichtspraxis und Strafrituale der frühen Neuzeit" entscheidend beeinflusst.

Normalerweise hat man nur nebelhafte Vorstellungen, wie im Mittelalter und in der Frühen Neuzeit gestraft wurde (zum Folgenden His 1920 und 1928; Fritz 2004, 732–844; grundsätzlich: Krause 1999). Man meint aber zu wissen, dass es dabei grausig zugegangen sei, dass – ganz wie van Dülmens Buchtitel das ausdrückt – das Strafen vergangener Jahrhunderte ein „Theater des Schreckens" gewesen sei. In der Tat vermitteln die mittelalterlichen und frühneuzeitlichen Rechtsbücher ein ausgesprochen drastisches Bild. Der um 1230 entstandene Sachsenspiegel stellt z.B. lapidar fest: „Diebe werden gehängt", und die 1532 veröffentlichte „Peinliche Halsgerichtsordnung" („Carolina") Kaiser Karls V. präsentiert ausführlich eine ganze Reihe von sogenannten „spiegelnden" Strafen. „Spiegelnd" meint: Jemandem, der einen Meineid geschworen hatte, wurde die Zunge abgeschnitten und die Schwurhand oder mindestens die Schwurfinger abgehackt, ein Brandstifter wurde verbrannt usw. Überhaupt vermittelt die „Carolina", die teilweise bis zum Beginn des 19. Jahrhunderts geltendes Recht blieb, ein bluttriefendes Bild der frühneuzeitlichen

Strafpraxis. Für Eigentumsdelikte wurde man je nach Schwere des Delikts geköpft oder gehängt – die Enthauptung galt dabei als die ehrenhaftere und mildere Strafe. Wenn vornehmere Leute wie Adlige, wohlhabende Bürger, Professoren, Doktoren oder Geistliche hingerichtet wurden – was nicht allzu oft vorkam –, ersparte man ihnen grundsätzlich andere Todesstrafen als die Enthauptung. Nur sie galt den besseren Gesellschaftsschichten als zumutbar.

Bei Delikten gegen Leib und Leben, also Körperverletzung oder Tötung, waren zum Teil auch härtere Formen der Todesstrafen oder verstümmelnder Strafen vorgesehen: der Täter konnte gerädert oder geviertelt werden. Bei der Räderung wurde der Delinquent auf Holzpflöcke gelegt, so dass sich seine Arme und Beine in etwa 20 Zentimeter Abstand frei über dem Boden befanden. Der Henker zertrümmerte dann mit einer Art Wagenrad die Arm- und Beinknochen und flocht den solchergestalt „beweglich" gewordenen Delinquenten nun durch die Speichen des Rades, das auf einem hohen Pfahl aufgerichtet und dem Publikum zur Schau gestellt wurde. Der Geräderte konnte in dieser Position unter unsäglichen Schmerzen noch stundenlang leben. Nur in milderen Fällen konnte der Hinzurichtende durch einen Gnadenstoß früher getötet werden, so dass der Henker sein Geschäft dann an einer Leiche verrichtete. Bei der Vierteilung, die als noch schwerere Strafe galt, wurde der Verurteilte nach der in Frankreich üblichen Variante von Pferden in vier Teile zerrissen. Meist musste der Henker mit einigen Schnitten nachhelfen, da die Sehnen, die den Körper zusammenhalten, von den Pferden nicht zerrissen werden konnten. In der deutschen Variante der Vierteilung wurde der Delinquent in vier Teile zerhackt. Vorher schnitt der Henker dem Todgeweihten aber noch die Eingeweide heraus und warf sie ihm „aufs Maul". Die vier Viertel des Toten wurden dann an den Einfallsstraßen des Hinrichtungsortes zur Abschreckung aufgestellt. Überhaupt gab es – auch bei anderen, milderen Formen der Hinrichtung – das Mittel der „Ausstellung" der Leiche: Gehängte konnten zur Strafverschärfung am Galgen

hängen gelassen werden, bis die Vögel dafür sorgten, dass die
Leiber aufgefressen wurden und die Leichen stückweise zu Boden
fielen. Die Köpfe von Enthaupteten steckte man auf Spieße und
ließ sie auf dem Hinrichtungsplatz oder über den Stadttoren zur
Abschreckung stehen. Nur in milderen Fällen wurde die Leiche
eines Hingerichteten beerdigt, auch hier in feinen Abstufungen
entweder ehrlos unter dem Schafott oder – in seltenen Fällen
– etwas ehrenhafter auf einem Friedhof, aber dort meist in un-
geweihter Erde. Exotischere Hinrichtungsarten wie Verbrennen,
Ertränken oder Eingraben bei lebendigem Leib ergänzen den
Strafenkatalog der „Carolina", und zur Strafverschärfung war es
auch möglich, den Delinquenten auf dem Weg zur Hinrichtung
mit glühenden Zangen zu reißen. Insgesamt bietet das alles in
der Tat das grausige Bild eines „Theaters des Schreckens".

Die Folter muss man, wenn man von Hinrichtungsarten
redet, ausklammern. Folter war keine Strafe, sie war ein Mittel,
um bei aussageunwilligen Verhafteten ein Geständnis zu erpres-
sen. Das Geständnis war nach damaligem Rechtsverständnis
aber zwingend notwendig für eine Verurteilung. Wer die Folter
freilich überstand, ohne zu gestehen, galt als unschuldig und
musste entlassen werden. Aber zweifellos trägt beim Laien auch
die Folter zum schauerlichen Gesamteindruck mittelalterlicher
und frühneuzeitlicher Strafjustiz bei. Übrigens durfte bei der
Folter keineswegs wild drauflos gequält werden. Auch hier gab
es feste Regeln, angefangen vom Zeigen der Folterinstrumente
über deren Anlegen (aber noch ohne Anwendung) bis hin zur
Anwendung in drei sich steigernden Graden. Gefoltert wurde
keineswegs jeder Angeklagte. Die „Carolina", die gegenüber der
älteren Rechtspraxis bereits eine gewisse Mäßigung beinhaltete,
schrieb genau vor, unter welchen Umständen – und nur beim
dringenden Verdacht schwerer Delikte – gefoltert werden durfte. 1769 ließ Kaiserin Maria Theresia dann im Rahmen ihrer
Rechtsreform, der „Theresiana", für die habsburgischen Lande
die einzelnen Foltermethoden in einer Art Handbuch für
Henker und Folterknechte sogar bildlich darstellen – damit der

Henker ja keinen Fehler machte und sich an die Vorschriften hielt (*Constitutio Criminalis Theresiana*, 1769). Im Laufe des 18. Jahrhunderts wurde in fast allen Staaten des Heiligen Römischen Reichs deutscher Nation die Folter abgeschafft, beginnend mit Preußen, wo Friedrich der Große sie schon 1740 verbot (Fritz 2008, 188 ff.). Die Folter wurde keineswegs nur aus Gründen der Humanität abgeschafft, sondern auch, weil sich allmählich der Gedanke an eine neue Art des Beweises – des reinen Indizienbeweises nämlich – durchzusetzen begann. Beim Indizienbeweis, der endgültig zu Beginn des 19. Jahrhunderts Eingang ins Strafrecht fand, war kein Geständnis des Täters mehr erforderlich.

1.2 Öffentlichkeit der Vollstreckung

Vollends fremd und zutiefst irritierend auf heutige Menschen wirkt auch die Öffentlichkeit der Strafvollstreckung. Bis ins 16. Jahrhundert konnte bei Exekutionen zwar jeder zuschauen, die Exekution selbst wurde aber ziemlich rasch und geschäftsmäßig vollzogen. Im 17. und 18. Jahrhundert entwickelte sich die Exekution dann immer mehr zum theatralischen Akt mit feierlicher Verkündung des Todesurteils, Übergabe des Delinquenten an den Scharfrichter, riesigem Zug zur Hinrichtungsstätte und schließlich der Exekution. Dem Zug schlossen sich Tausende, manchmal Zehntausende von Menschen an, oft hierarchisch gegliedert in Marschblöcken und feierlich gekleidet, bis hin zum Lehrer mit seiner Schulklasse, die als pädagogisch lehrreiches Stück die Hinrichtung ansehen und gegebenenfalls sogar fromme Lieder singen durfte. Der Pfarrer sollte mit dem Delinquenten vor der Hinrichtung nochmals öffentlich beten und nach der Hinrichtung eine Predigt über die wiederhergestellte göttliche Gerechtigkeit und das schlimme Schicksal des Exekutierten halten. Der Gipfel an gelungener Inszenierung war erreicht, wenn der Delinquent selbst eine Rede hielt, seine Taten vor versammeltem Publikum bereute und sich – auch dafür gibt es Beispiele – geradezu fröhlich auf die ihm bevorstehende, aufgrund seiner schlimmen Taten wohlverdiente Hinrichtung freute. Mit der Hinrichtung war die göttliche Ordnung der Welt wiederhergestellt, die Quelle des Unrechts, der Täter, beseitigt; insofern hatte die Tötung des Täters durchaus auch eine religiöse Komponente.

Nun steht alles, was ich soeben beschrieben habe, in der Tat in der „Carolina" oder in anderen einschlägigen Rechtsbüchern. Die Praxis des Prozessionszuges zur Hinrichtungsstätte war zwar juristisch nirgends vorgeschrieben, hatte sich aber im Laufe der Zeit herausgebildet. Die frühere Rechtsgeschichte und so mancher Historiker haben lange Zeit insbesondere die grauenhaften Strafdrohungen der Rechtsbücher für bare Münze genommen – und genau so ist das Bild vom „Theater des Schreckens" entstanden.

2. Der empirische Befund

Indessen: So einfach ist die Sache nicht. Insbesondere die Kriminalitätsgeschichte, die einen ganz anderen Ansatz hat als die ältere Rechtsgeschichte, hat das holzschnittartige Bild mittelalterlicher und frühneuzeitlicher Strafpraxis ganz erheblich revidiert.

Zunächst einmal ist bereits aus dem Gesagten klar geworden, dass sich die Straf- und Hinrichtungspraxis im Laufe der Jahrhunderte durchaus geändert hat. Den ritualisierten, prozessionsartigen Charakter, die theatralische Inszenierung haben die Hinrichtungen erst im Laufe des 17. und 18. Jahrhunderts angenommen. Es gab aber noch andere gravierende Veränderungen. Diese betreffen sowohl den quantitativen als auch den qualitativen Bereich.

2.1 Quantitative Veränderungen

Zunächst einmal kann man feststellen, dass im gesamten Zeitraum, den wir von den Zahlen her einigermaßen überblicken können – also dem 16. bis frühen 19. Jahrhundert – die Zahl der Hinrichtungen und der anderen Körperstrafen stark rückläufig war. Wir wissen, dass im 16. Jahrhundert noch in einer nicht allzu großen württembergischen Amtsstadt wie Leonberg im Durchschnitt alle vier Jahre eine Hinrichtung stattfand. Hochgerechnet auf das ganze Herzogtum kommt man damit für das 16. Jahrhundert auf eine Größenordnung zwischen 1.000 und 2.000 Hinrichtungen für das gesamte Jahrhundert.

Diese Zahl verringerte sich je länger desto mehr. Insbesondere im 18. Jahrhundert ist ein dramatischer Rückgang sowohl der Körperstrafen im Allgemeinen als auch der Todesstrafen im Besonderen festzustellen. Die Ursachen sind vielfältig. Erwähnt sei das Aufkommen des Zuchthauses als ganz neue Strafform seit dem 17. Jahrhundert (s. Kap. 3.3). Der Rückgang der Körperstrafen setzte aber lange vor der Aufklärung ein. Ein gewisser Endpunkt ist gleichwohl mit der Aufklärung und insbesondere mit Cesare Beccarias 1764 erschienenem Buch *Dei delitti e delle pene* (deutsch: „Von den Verbrechen und von den Strafen") erreicht. Mit diesem in ganz Mittel- und Westeuropa euphorisch rezipierten Werk war die Folter im wahrsten Sinne des Wortes nicht mehr hoffähig: Auch die Monarchen wetteiferten miteinander, Beccaria-Anhänger zu sein. Und ähnlich heftig wie die Folter waren auch die Körper- und Todesstrafen in fundamentale Zweifel gezogen worden. In den 1780er und 1790er Jahren fanden im Rahmen der normalen Strafjustiz kaum noch Todesstrafen statt und wenn, dann nur noch als Strafe für eindeutige Morddelikte. Es muss allerdings darauf verwiesen werden, dass es auch einen grausigen gegenläufigen Prozess gab: Bekanntlich wurde im Zuge der Französischen Revolution die Hinrichtung „demokratisiert" und durch die angeblich „humane" Guillotine – statt des bunten Katalogs anderer Hinrichtungsarten – zugleich mechanisiert. Die Mechanisierung der Todesstrafe war zugleich mit einer Multiplizierung verbunden: In der Französischen Revolution rollten binnen weniger als fünf Jahren mehr Köpfe als während des immer zurückhaltender gewordenen Ancien Régime binnen vieler Jahrzehnte.

2.2 Qualitative Veränderungen

Nach den quantitativen Veränderungen der Strafen müssen auch die qualitativen Veränderungen erwähnt werden. Zunächst

einmal verschwanden die exotischen Hinrichtungsarten wie
das Begraben bei lebendigem Leib oder das Ertränken bereits
im Laufe des 17. Jahrhunderts fast völlig. Dasselbe gilt auch
für das Verbrennen. Erwähnenswert ist, dass auch im Zuge der
Hexenprozesse, deren Höhepunkte bekanntlich zwischen dem
späten 16. und dem späten 17. Jahrhundert liegen, viel weniger
verbrannt wurde, als man das annimmt. Die meisten hingerichteten angeblichen Hexen wurden enthauptet oder sonst wie zu
Tode gebracht. Lebendig verbrannt wurde nur eine Minderheit.

Auch die extrem brutalen Strafen des Räderns und Vierteilens
wurden immer seltener angewandt – und wenn, dann nur für
ganz extreme Ausnahmeverbrecher. Strafverschärfungen wie
das Reißen mit glühenden Zangen waren den Richtern im 18.
Jahrhundert schon so unheimlich, dass sie dann und wann in
den Erörterungen zu einzelnen Urteilen zwar noch erwogen,
aber fast nie angewandt wurden. Die üblichen Hinrichtungsarten
im 18. Jahrhundert waren das Erhängen und das Enthaupten,
wobei man Frauen das Erhängen als schwerere Strafe fast immer ersparte, und auch bei Männern ist die Zahl so genannter
Strafmilderungen groß, in denen gnadenhalber die Strafe des
Strangs in eine Schwertstrafe umgewandelt wurde.

Aber sogar vor der Phase des Rückgangs der Körperstrafen –
und selbstverständlich auch noch während derselben – haben die
Kriminalitätshistoriker bemerkenswerte Beobachtungen gemacht:
Diese Beobachtungen sind den älteren Historikern, die sich auf
die Strafenkataloge fixiert hatten, meist völlig entgangen. In
einem Satz gesagt: Die Historiker hatten viele Jahrzehnte lang
die Normen der Rechtsbücher, den Soll-Zustand, mit der realen
Strafpraxis, dem Ist-Zustand verwechselt.

2.3 Mildere und exemplarische Strafen und Gnadenerweise

Was konnten die Kriminalitätshistoriker im Einzelnen nämlich
feststellen? Zunächst einmal wurden Diebe keineswegs so pauschal
gehängt, wie der „Sachsenspiegel" und andere Rechtsbücher es

so griffig formulierten. Bei kleinen Diebstählen wurde sowieso nicht gehängt oder sonst wie hingerichtet. Und auch bei größeren Diebstählen galt, dass – wenn es sich nicht um etwas ganz Außergewöhnliches handelte – erst im Wiederholungsfall Köpfe rollten oder sich Henkersseile strafften. Das erste Mal, oft auch das zweite Mal kamen die Täter glimpflicher davon, meist mit der Strafe der Landesverweisung, oft auch mit einem „Ausstreichen mit Ruten", ggf. verschärft durch eine Brandmarkung (meist auf der Schulter, fast nie im Gesicht).

Dasselbe galt auch für Tötungsdelikte, und hier ist die Irritation beim heutigen Betrachter besonders groß. Beim Totschlag zeigte insbesondere die mittelalterliche, aber auch noch die frühneuzeitliche Rechtspraxis eine kaum fassbare Nachsicht. Hier wurde fast nie hingerichtet, sondern besonders häufig mit der Landesverweisung reagiert. Diese lautete meist „über den Rhein" oder „über die Donau", d.h. diese Flüsse durfte der aus seiner Heimat Verwiesene nicht überqueren. Oft waren die Landesverweisungen auch noch zeitlich befristet, d.h. nach fünf oder zehn Jahren durften die Täter wieder zurückkehren. Häufig war auch eine Art Täter-Opfer-Ausgleich. Der Täter musste dann die Familie des Opfers finanziell entschädigen. Nicht selten musste der Täter auch am Tatort ein steinernes Kreuz finanzieren. Wohlhabende Täter mussten zur Sühne sogar ganze Kapellen oder Kirchen errichten. Ging es um eindeutigen Mord, waren die Rücksichtnahmen bei der Strafe nicht so groß, erst recht nicht bei Raubmord.

Die Volksrechte des frühen Mittelalters waren noch grundsätzlich davon ausgegangen, dass Tötungen mit einer Geldzahlung, dem Wergeld, zu entschädigen seien – wenn von der Sippe des Getöteten keine Blutrache geübt wurde, die als legitimes Mittel der (Selbst-)Justiz galt. Wer die nötige Macht hatte (z.B. der Adel), wählte häufig den legitimen Weg der Selbstjustiz, und zwar in Form der Fehde. Nur wer diese Macht nicht hatte, konnte nicht zur Fehde schreiten, sondern musste den Weg der Klage wählen.

Die Tarife für das Wergeld waren übrigens sehr unterschiedlich: Ein getöteter freier Mann war mit einem deutlich höheren
Wergeld zu sühnen als eine freie Frau; auch das Lebensalter
war entscheidend: Eine Frau im gebärfähigen Alter hatte einen
höheren Tarif als eine alte Frau. Für die Tötung eines Unfreien
war – wieder nach Geschlecht und Alter gestaffelt – grundsätzlich
ein geringeres Wergeld zu zahlen. Noch bis zum „Sachsenspiegel"
Eikes von Repgow um 1230 war der Gedanke des Wergeldes
lebendig, allerdings mit allmählich abnehmender Tendenz. Im
Spätmittelalter trat das Wergeld allmählich in den Hintergrund,
in der frühen Neuzeit seit etwa 1500 war es verschwunden. Auch
die Fehde als Mittel der Justiz war auf dem Rückzug. Seit dem
Reichstag von 1495 war sie offiziell verboten und verschwand
dann im Laufe des 16. Jahrhunderts allmählich.

Trotz des Verschwindens des Wergelds und der Fehde war
insgesamt die Zahl der Körper- und Todesstrafen letztlich doch
geringer, als man annimmt. Aber ab und zu musste der frühneuzeitliche Staat Muskeln zeigen und mit einer besonders grausamen
Hinrichtung dann doch demonstrieren, dass er (theoretisch)
alles im Griff hatte. Solche exemplarischen Strafen scheinen
überhaupt typisch zu sein für das Mittelalter und bis weit in die
frühe Neuzeit hinein. Und wenn man dann hinrichtete, dann
waren die Hingerichteten weniger die Leute mit Reputation:
Wer „gute Freunde" hatte – vor allem wichtige „gute Freunde"
–, dem half deren Fürsprache und notfalls deren Bereitschaft,
für künftiges Wohlverhalten zu bürgen, beim letztlich immer
zuständigen Landesherrn häufig, den Hals zu bewahren. Man
empfand die Fürsprache „guter Freunde" keineswegs als anstößig. Vielmehr betrachtete man sie als Beleg dafür, dass ein Täter
sozial eingebunden war und dass sein soziales Umfeld für seine
Integration sorgen würde – und konnte.

Ein erstaunliches Bild bieten die Landesherren: Sie erwiesen
sich in ihren schlussendlichen Entscheidungen über ein Urteil im
Sinne des Wortes meist als „gnädige Herren", d.h. sie milderten
Strafanträge ihrer Juristen oder sie begnadigten überhaupt. Wer

über Sozialkapital in Form „guter Freunde" nicht verfügte, wer gar ein Auswärtiger war, ein Vagabund, den man nicht kannte, dem man aber alle möglichen Schandtaten zutraute, dessen Kopf saß im Zweifelsfall lockerer auf den Schultern – obwohl die Fürsten sich tendenziell auch hier als „gnädige Herren" erwiesen. Die Bezeichnung „gnädiger Herr" ist also weit mehr als nur eine bloße Floskel – die Herren waren im Strafrecht meist tatsächlich ziemlich gnädig.

Strafjustiz in der Vormoderne ist also mit dem eingangs erwähnten Begriff „Theater des Schreckens" nur unzureichend beschrieben. Natürlich gab es auf den Richtstätten Vorgänge, die – gemessen an heutigen Maßstäben – schrecklich waren, aber die Realität war viel komplexer.

2.4 Umgang mit Frauen und Kindern

Männer und Frauen wurden übrigens durchaus unterschiedlich bestraft. Das wurde bereits bei den erwähnten Formen der Todesstrafe angedeutet, wo Frauen fast immer mit der als vergleichsweise mild angesehenen Enthauptung davonkamen. Auch sonst wurden Frauen grundsätzlich weniger hart bestraft als Männer. Dahinter steckte der in den Urteilen oft formulierte Gedanke vom – wie es politisch ganz unkorrekt heißt – „weiblichen Schwachsinn". Man sah Frauen zwar als manchmal geschwätzig an, aber grundsätzlich in ihren Geistesgaben und damit auch im Grad ihrer Bosheit als weniger entwickelt als die Männer. Die Strafen bei den Hexereidelikten, wo Frauen deutlich überrepräsentiert waren, sind insofern untypisch für die Strafjustiz insgesamt.

Ein Strafmündigkeitsalter für Kinder und Jugendliche gab es in den mittelalterlichen und frühneuzeitlichen Rechten nicht. Man ist deshalb außerordentlich erstaunt, wenn man die konkreten Urteile liest: Da ist dann schon früh von jugendlicher Unvernunft die Rede oder gar von einer ungünstigen Umwelt, einer Familie, in der der junge Mensch nur Übles habe lernen können – und deshalb dürfe man keine gar so harte Strafe verhängen. Insofern gab es in der Strafpraxis durchaus eine soziale Komponente. Schon lange vor der Aufklärung war das Bewusstsein vorhanden, dass es besser war, Kinder und Jugendliche zu sozialisieren oder zu resozialisieren, als sie mit aller Härte des Strafrechts zu bestrafen. Kinder von einschlägigen Familien wurden oft den Eltern weggenommen und bei als anständig eingeschätzten Bürger- oder Bauernfamilien in Pflege gegeben. Staat, Kommune und Kirchengemeinde teilten sich die Kosten für die Unterbringung dieser Kinder. Nicht wenige der Kinder lernten auf diese Weise einen Beruf und wurden Teil der bürgerlichen oder bäuerlichen Gesellschaft. Es zeigte sich allerdings, dass dies vor allem dann funktionierte, wenn Kinder schon ganz früh in Pflege kamen. Bei Zehn- oder Zwölfjährigen machte man die Erfahrung, dass diese oft ausrissen und sich umherziehenden Vaganten anschlossen.

3. Gründe für den Rückgang der Körper- und Todesstrafen

Weshalb nahm die bluttriefende Hinrichtungsjustiz im Laufe der Frühen Neuzeit ab? Man kann ein ganzes Ursachenbündel erkennen:

3.1 Wachsende Bedeutung der Juristen

Ein Grund für ein immer moderateres Vorgehen war zweifellos die steigende Zahl von Juristen. Im Prinzip lag die Hohe Gerichtsbarkeit, die auch als Blutgerichtsbarkeit bezeichnet wird, in den Händen des Hochadels, insbesondere in den Händen derjenigen Hochadligen, die sich seit dem späten Mittelalter zu Landesherren entwickelten. In der Praxis konnte ein Landesherr aber selbstverständlich nicht jedes Gerichtsverfahren in allen Details selbst durchführen. Er delegierte dies an Amtleute und Richter und behielt sich in der Regel nur das letzte Wort, die Unterschrift unter das Todesurteil oder unter ein Urteil mit einer anderen schweren Strafe vor. Bis weit ins Spätmittelalter hinein bestanden die Gerichte aus juristischen Laien, in den Städten beispielsweise als höchstes Selbstverwaltungsorgan einer Stadt aus Kaufleuten oder Handwerkern. Sie urteilten nach meist mündlich überliefertem Recht. Die Gerichte der Freien Reichsstädte brauchten sich ihre Urteile noch nicht einmal von einem Landesherrn billigen zu lassen, sie urteilten völlig autonom und ihr Urteil galt.

Aber spätestens seit dem 15. Jahrhundert legten die Landesherren Wert darauf, dass die Urteile ihrer Stadtgerichte erst einmal den Juristenfakultäten der damals neu gegründeten Universitäten vorgelegt werden mussten. Die Juristen fanden in den Entscheidungen der Laien natürlich manches, was ihnen als am schriftlichen römischen Recht geschulten Fachleuten nicht schlüssig erschien. Im Laufe der Zeit führte diese Einschaltung der Juristen dazu, dass die Entscheidungsrechte zumindest derjenigen Städte, die unter der Hoheit eines Landesherrn standen, ganz erheblich eingeschränkt wurden. In Württemberg war es schließlich üblich, dass zwei Richter des Stadtgerichts bei den Vernehmungen eines Verdächtigen mit anwesend sein und ihren Ratschlag für den Bericht an die Juristen geben durften – mehr judikative Rechte blieben den württembergischen Städten nicht mehr. Der zunehmende Einfluss der Juristen führte dazu, dass die Rechtsprechung professionalisiert wurde, und das wiederum hatte zur Folge, dass nicht so schnell hingerichtet und vor allem, dass nicht mehr so viel hingerichtet wurde. Auch in den Reichsstädten, die keinen Landesherrn hatten, wuchs der Einfluss der Juristen: Die Reichsstädte nahmen so genannte Rechtskonsulenten in ihre Dienste. Das waren studierte Juristen, die den nicht-studierten Richtern in den Stadtgerichten klarmachten, nach welchen Prinzipien sie zu urteilen hatten. Komplizierte Fälle legten auch Reichsstädte meist den Juristenfakultäten an den Universitäten vor, um sicherzugehen, dass man in solchen Fällen nicht jemanden allzu leichtfertig hinrichtete.

3.2 Die Aufklärung

Im Laufe des 18. Jahrhunderts gewann auch in Deutschland die Aufklärung ein immer größeres Gewicht. Sie sah im Straftäter nicht mehr den grundsätzlich bösen Zeitgenossen, der bestraft und gegebenenfalls körperlich vernichtet werden musste und mit dessen Hinrichtung die göttliche Weltordnung wieder ins Gleichgewicht gebracht werden musste, sondern sie sah – durchaus schon vor Jean-Jacques Rousseau, erst recht aber seit seinen Schriften über Erziehung und den Menschen als Naturkind – in ihm einen wandlungs- und entwicklungsfähigen Mitmenschen, einen Mitbruder, mit dem man Mitleid empfand und den man bei richtiger Behandlung wieder zu einem nützlichen Mitglied der Gesellschaft machen konnte. Diese aufklärerische Ansicht vom wandlungsfähigen Menschen führt direkt hinein in den dritten Ursachenbereich für den Rückgang der Körperstrafen.

3.3 Einsperren statt köpfen – neue Strafarten

Aber es waren nicht nur die Juristen und die Aufklärung, die für eine Mäßigung der Strafen sorgten. Im 17. Jahrhundert war, von den Niederlanden ausgehend, eine neue Strafart aufgekommen, die Hinrichtungen und andere Körperstrafen zwar nicht ganz überflüssig machte, die aber stark zu ihrem Rückgang beitrugen. Die neue Strafart war das Zuchthaus. Man sperrte Übeltäter ein. Das war ein ganz neuer Gedanke. Natürlich hatte es auch schon in früheren Jahrhunderten Gefängnisse und Kerker gegeben. Aber dort eingesperrt zu sein, war – von wenigen Ausnahmen abgesehen – keine Strafe, sondern es handelte sich um ein fluchtsicheres Aufbewahren des Verdächtigen für die Dauer des Verfahrens. War das Verfahren abgeschlossen, erlitt der Schuldige eine Körperstrafe bis hin zur Todesstrafe, oder er wurde freigesprochen.

Der neue Gedanke bei der Erfindung des Zuchthauses war, dass man den Sträfling aus zwei Gründen einsperrte: Erstens um seine Arbeitskraft auszunutzen, zweitens um ihn zu erziehen. Beides waren im höchsten Maße innovative Gedanken: Arbeitskraft auszunutzen, entsprach einem modernen ökonomischen Denken, das der Arbeit einen völlig neuen Stellenwert einräumte. Offiziell bezeichneten sich deshalb die meisten einschlägigen Anstalten auch als Zucht- und Arbeitshaus. Und der Gedanke, den Menschen durch Erziehung bessern zu können, wies bereits auf die Aufklärung voraus: Wenn der Mensch schlecht geworden war, dann nur durch widrige Umstände. Durch geeignete Maßnahmen war der Mensch besserungsfähig – dieser fortschritts- und bildungsoptimistische Grundzug ist eines der wichtigsten Charakteristika der Aufklärung schlechthin. Anfangs war man geradezu euphorisch und meinte, mit dem Zuchthaus zwei Fliegen mit einer Klappe geschlagen zu haben: Man würde an den Zuchthäusern verdienen können und zugleich gebesserte Menschen produzieren, ja man würde sogar alle Schlechtigkeit der Welt ausrotten können.

In Deutschland entstanden die ersten Zuchthäuser nach niederländischem Vorbild bald nach 1600 in norddeutschen Städten (Bremen, Lübeck, Hamburg, Danzig). Süddeutschland hinkte hinterher, nicht zuletzt weil hier die Kriege des 17. Jahrhunderts viel vernichtender wirkten als in Norddeutschland. Süddeutsche Zuchthäuser entstanden erst nach 1700. Die optimistischen Erwartungen, die man in die Zuchthäuser gesetzt hatte, erfüllten sich nicht. Es dürfte wohl kein einziges Zuchthaus gegeben haben, das wirtschaftlichen Gewinn abwarf. Die erhoffte Erziehung funktionierte auch nicht – im Gegenteil: Wenn man schwere Jungs und leichte Mädchen gemeinsam einsperrte, wurden die keineswegs zu besseren Menschen, trotz aller christlichen Belehrungsversuche. Vielmehr machte man die Erfahrung, dass die Zuchthäuser Brutstätten der Kriminalität wurden. Die Insassen lernten sehr wohl, aber sie lernten von ihren Mithäftlingen das Negative. Als völliger Fehlschlag erwies sich auch die vielerorts geübte Praxis, die Zuchthäuser mit Waisenhäusern zu koppeln. Waisen lernten im Umgang mit den Züchtlingen gewiss nicht das, was die Zuchthauspfarrer und -erzieher sich von künftigen nützlichen Mitgliedern der Gesellschaft erhofften.

Aber bei allen Ernüchterungen, die man mit den Zuchthäusern machte: Eines blieb, nämlich das Zuchthaus und die Einsperrung im Zuchthaus als neue Art des Strafens. Dieses „neue Strafen" machte viele Körperstrafen überflüssig. Nach ein, zwei Jahrhunderten der Erfahrung mit dem Zuchthaus ging man ziemlich ernüchtert ins 19. Jahrhundert. Man hatte zwar den Gedanken an die Erziehungsfunktion des Zuchthauses nicht völlig aufgegeben, aber er war zurückgetreten hinter der Straf- und Einsperrungsfunktion. Die Haft im Zuchthaus galt nun sogar als die härtere Variante der Einsperrung, während die im 19. Jahrhundert neu entwickelte Gefängnishaft als weniger hart galt.

Bis weit ins 19. Jahrhundert hinein wurde übrigens sowohl in den Zuchthäusern als auch in den Gefängnissen noch kräftig geprügelt. Prügeln galt nicht als Körperstrafe, sondern als legitimes Erziehungsmittel sowohl für renitente Erwachsene als auch – in den Waisenhäusern – für Kinder und Jugendliche. „Prügeln" bestand keinesfalls nur aus ein paar Ohrfeigen. Vielmehr gab es lange Zeit Prügelbänke, auf die der Übeltäter geschnallt wurde. Ein Gefängniswärter zog dem Festgeschnallten dann mit dem Ochsenziemer oder einer Rute über das blanke oder nur mit einer dünnen Hose bedeckte Hinterteil.

4.   Vom 19. Jahrhundert bis zur Gegenwart

Bei den im Laufe des 19. Jahrhunderts immer selteneren Körper- und Todesstrafen wurde ein zunehmendes öffentliches Missempfinden deutlich. Man empfand die Auspeitschungen und Hinrichtungen je länger desto weniger als pädagogisch wertvolles öffentliches Schauspiel, als Exempel für Erwachsene und als Erziehungsmittel für Kinder, sondern man sah zunehmend den Mitmenschen, das Ebenbild Gottes, das da geschändet und unter Umständen zu Tode gebracht wurde.

In den deutschen Landesparlamenten gab es schon seit den 1820er Jahren immer wieder Debatten über die Abschaffung der Todesstrafe – und auch wenn die Abstimmungen zunächst noch für deren Beibehaltung votierten, waren die Ergebnisse doch oft knapp. Übrigens war die Bevölkerung draußen im Lande keineswegs so kritisch gegenüber der Todesstrafe eingestellt wie die meist ziemlich gebildeten Abgeordneten. In Württemberg votierte z.B. eine überwältigende Mehrheit der Gemeinden in Eingaben für die Beibehaltung der Todesstrafe, während es im Landtag bei den entsprechenden Abstimmungen ziemlich knapp herging. Das vorläufige Aus für die Todesstrafe brachte die Revolution von 1848/49, in deren Verlauf die Todesstrafe deutschlandweit abgeschafft wurde. Nur das Scheitern der Revolution brachte die sukzessive Wiedereinführung der Todesstrafe in den einzelnen deutschen Ländern. Allerdings ging man in den 1850er Jahren dazu über, die – im Vergleich zu früheren Zeiten – sehr wenigen Exekutionen nun „intramuran" durchzuführen, d.h. hinter Mauern und unter weitgehendem Ausschluss der Öffentlichkeit. Kein Politiker war mehr der Ansicht, dass es für Schulkinder nützlich sei, dabei zu sein, wenn jemandem der Kopf abgeschlagen wurde.

Das Publikum freilich, das die Hinrichtungen offenbar meist sensationslüstern als Nervenkitzel und als grandioses Spektakel genossen hatte, war sichtlich enttäuscht, ausgesperrt zu werden. So ist ein Fall überliefert, in dem ein findiger Geschäftsmann vor der Gefängnismauer, hinter der eine Hinrichtung stattfinden sollte, eine Tribüne errichtete, von der aus man gegen gutes Geld sehen konnte, wie der Kopf fiel. In anderen Fällen ist dokumentiert, dass das vor dem Gefängnis wartende Publikum begeistert klatschte, als von dort der Vollzug der Hinrichtung gemeldet wurde. Mit Mördern – und nur noch sie wurden hingerichtet, keine Diebe und Räuber mehr – hatte die Bevölkerung offenbar weit weniger Gnade als die Parlamentarier und die Juristen (vgl. Evans 1999; Fritz 2008a, Overath 2001).

Die Monarchen, die als Staatsoberhäupter bei Todesurteilen das Begnadigungsrecht hatten, sahen sich, wenn sie einmal nicht begnadigten (was eher selten vorkam), oft einer wütenden liberalen Presse ausgesetzt, die kategorisch verlangte, dass Todesurteile nicht mehr vollstreckt werden dürften. Trotzdem wurde die Todesstrafe auch im neuen Deutschen Reich von 1871 beibehalten. Die Zahl der Vollstreckungen blieb auf einem niedrigen Niveau – übrigens auch im Verlaufe des Ersten Weltkriegs, dessen Militärstrafrecht in dieser Beziehung erstaunlich zurückhaltend war, viel zurückhaltender jedenfalls als die Militärjustiz in Frankreich, England oder Italien, wo Deserteure oder angebliche Feiglinge viel rigoroser abgeurteilt wurden als in Deutschland. Dies war mit ein Grund dafür war, dass Hitler in der NS-Militärjustiz im Zweiten Weltkrieg ein umso gnadenloseres Vorgehen anordnete; er war der Ansicht, die deutsche Niederlage im Ersten Weltkrieg hänge u.a. mit der zu milden Militärjustiz zusammen. Wenig zahlreich blieben auch die Hinrichtungen in der Weimarer Republik, die sich gleichwohl für eine Beibehaltung der Todesstrafe ausgesprochen hatte. Im NS-Staat brachen dann alle Dämme. Nun war keine Rede mehr davon, dass nur noch für schwere Tötungsdelikte hingerichtet wurde. Alles und jedes Kleindelikt, häufig eine abfällige Bemerkung über das Regime, ein politischer Witz oder einfach die falsche Gesinnung genügten, um aufs Schafott zu kommen. Soweit die Quellen zurückreichen, also bis weit ins Mittelalter, wurde niemals in Deutschland derart wild und maßlos hingerichtet und staatlicherseits gemordet wie von der Justiz in der NS-Zeit.

In der Nachkriegszeit hat man die Konsequenzen gezogen und 1949 in Westdeutschland mit dem Inkrafttreten des Grundgesetzes die Todesstrafe abgeschafft. Die Abschaffung der Todesstrafe galt nicht für die Siegermächte und nicht für die DDR. Die Amerikaner exekutierten in Landsberg am Lech bis weit in die 1950er Jahre hinein verschiedene Nazis. In der westdeutschen Justiz wurden dagegen die Guillotinen eingemottet und sind heute als besonders gruselige Relikte der Vergangenheit in manchen Strafvollzugsmuseen noch zu sehen. In der DDR exekutierte man mit dem angeblich besonders humanen „Nahschuss" von hinten ins Genick weiter. Die DDR schaffte erst 1987 die Todesstrafe ab. Erst seit der Wiedervereinigung und dem Beitritt der DDR zum Geltungsbereich des Grundgesetzes 1990 wird in Deutschland definitiv niemand mehr hingerichtet.

Im Strafvollzug steht heute kaum noch der Gedanke an Strafe und Vergeltung, sondern der Gedanke der Resozialisierung im Vordergrund, insbesondere bei Jugendlichen. Dass dies gelegentlich zu heftigen Diskussionen führt, dass vom angeblichen „Luxus-Knast" gesprochen wird, dass umstritten ist, ob man gefährliche Sexualstraftäter – wie nach den Urteilen der Europäischen Gerichtshofs geschehen – freilassen muss, ist allgemein bekannt und braucht deshalb nicht mehr Gegenstand des vorliegenden Beitrags zu sein.

5. Didaktisches Fazit

Der mittelalterliche Strafvollzug war weitaus weniger brutal, als man heute zu glauben geneigt ist. Neben den harten Körperstrafen, die seltener waren, als man das meist annimmt, gab es ein erstaunliches Maß an Nicht-Bestrafung, milder Bestrafung, Täter-Opfer-Ausgleich, sozialer Re-Integration und Gnadenerweisen durch den jeweiligen Landesherrn. Rechtstexte schufen zwar die formale strafrechtliche Grundlage, doch waren die Ermessensspielräume der mittelalterlichen und frühneuzeitlichen Richter groß. Deutschland war – wie ganz West- und Mitteleuropa – zwar noch kein Rechtsstaat, aber es war ein Land mit ausgeprägten rechtlichen Normen auf dem Weg zum Rechtsstaat. Typisch ist ein jahrhundertelanger Rückgang der Körperstrafen. Damit verbunden war das allmähliche Aufkommen von Freiheitsstrafen. Die mit der Französischen Revolution beginnende Moderne bedeutete insofern also keinen fundamentalen Wandel – im Gegenteil, die massenhaften Hinrichtungen der Revolutionszeit fanden keine Parallele in den Jahrhunderten zuvor. Überhaupt erwies sich die Moderne als zwiespältig. Unbestritten ist die Tendenz weg von der Todesstrafe, die in Westdeutschland 1949, in der DDR erst mit deren Ende vier Jahrzehnte später verschwand. Zuvor hatte jedoch die Zeit des Nationalsozialismus eine Entgrenzung auch der justiziellen Gewalt und eine Rechtlosigkeit gebracht, die alles Vorhergehende in den Schatten stellte.

Wenn man sich fragt, was aus der Geschichte des staatlichen Strafens gelernt werden kann, dann ist das

1. zunächst einmal die Erkenntnis, dass die Veränderungen des Strafens nicht mit einem revolutionären Durchbruch auf einmal kamen, sondern in einem langen, evolutionären Prozess.

2. Es ist eine grundsätzlich wichtige Erkenntnis, dass – obwohl heute viel am Strafrecht vergangener Zeiten hart wirkt – das gesamte Mittelalter und die gesamte frühe Neuzeit keine rechtlosen Epochen waren: Die damalige Rechtssicherheit, so fragmentarisch sie nach heutigen Maßstäben war, war insgesamt zweifellos größer als im Unrechtsstaat der NS-Diktatur, des Stalinismus oder anderer totalitärer Regime der jüngeren Vergangenheit.

3. Als didaktisch außerordentlich ergiebig erweist sich immer die Entstehung des staatlichen Gewaltmonopols: Keine Selbstjustiz mehr durch Fehde und Blutrache, sondern Übergabe des Strafens an den sich allmählich herausbildenden Staat! Ein Verweis auf so genannte „Ehrenmorde" und innerfamiläre Blutrachejustiz in manchen patriarchalisch-religiös geprägten Migrantenkreisen können die Aktualität dieser nur auf den ersten Blick fernen Problematik unterstreichen.

4. Nicht minder interessant für den Unterricht ist es, auf die Rolle der Folter als Beweismittel und deren Wegfall hinzuweisen. Aktuelle Bezüge – etwa im Falle der berühmt gewordenen Kindesentführung, in der der vernehmende Polizist dem Verdächtigen Schmerzen androhte, um das entführte Kind zu retten – bieten Stoff für spannende Grundsatzdiskussionen.

5. Die positive Bedeutung der Professionalisierung der Justiz – studierte Juristen statt am Gewohnheitsrecht geschulte Laien – kann im Unterricht gar nicht stark genug hervorgehoben werden.

6. Auch die Gewaltenteilung bahnte sich sozusagen auf schlei-
chenden Sohlen an: Die Monarchen des 18. Jahrhunderts
mischten sich meist nicht in die Gerichtsverfahren ein – und
wenn, dann in der Mehrzahl der Fälle auf dem Gnadenweg.
Die insgesamt eher geringe Zahl von Fällen politischer Will-
kürjustiz im Zeichen des Absolutismus, die in der damaligen
Öffentlichkeit viel Staub aufwirbelten, darf nicht den Blick
für die Gesamtentwicklung verstellen.

7. Dennoch war die Zeit des Absolutismus natürlich noch
keine Epoche tatsächlich durchgesetzter Gewaltenteilung.
Das herauszuarbeiten und die Unterschiede des damaligen
Verfahrensgangs mit dem heutigen zu zeigen, ist auch im
Unterricht außerordentlich spannend.

Grundsätzlich sollte die Geschichte der Strafjustiz nicht auf das
Fach Geschichte verengt werden. Ein fächerübergreifender Ansatz
mit Gemeinschafts- bzw. Sozialkunde ist beinahe zwingend, aber
auch der Deutsch-, Religions-, Ethik- und Philosophieunterricht
sollte nach Möglichkeit mit einbezogen werden (vgl. Fritz 2006).

Literatur

Blauert, Andreas/Schwerhoff, Gerd (Hrsg.) (2000): Kriminalitätsgeschichte. Beiträge
zur Sozial- und Kulturgeschichte der Vormoderne. Konstanz (= Konflikte und
Kultur. Historische Perspektiven 1).

Constitutio Criminalis Theresiana (1769): Constitution Criminalis Theresiana oder
der Römisch=Kaiserl. zu Hungarn und Böheim etc. Königl. Apost. Majestät Mariä
Theresiä, Erzherzogin zu Oesterreich, etc. etc. peinliche Gerichtsordnung. Wien
(Teil-Reprint Leipzig 1985; erneut Holzminden o. J. [1997]).

van Dülmen, Richard (2010): Theater des Schreckens. Gerichtspraxis und Strafrituale
in der frühen Neuzeit. 5. Auflage, München.

Evans, Richard (2001): Rituale der Vergeltung. Die Todesstrafe in der deutschen
Geschichte 1532–1987. Berlin, Hamburg.

Fritz, Gerhard (2004): Eine Rotte von allerhandt rauberischem Gesindt. Öffentliche
Sicherheit in Südwestdeutschland vom Ende des Dreißigjährigen Krieges bis
zum Ende des Alten Reiches. Ostfildern (Stuttgarter historische Studien zur
Landes- und Wirtschaftsgeschichte 6).

Fritz, Gerhard (2006): Recht und Rechtspflege im 17. Jahrhundert. Das General-
reskript Herzog Eberhards III. von Württemberg von 1663 zum Strafprozess.
Überlegungen zu einem fächerübergreifenden Ansatz im Unterricht. In: Ar-
chivnachrichten. Quellenmaterial für den Unterricht (Hrsg. vom Landesarchiv
Baden-Württemberg), Nr. 31.

Fritz, Gerhard (2008): Herzog Carl Eugen, König Friedrich und die Abschaffung der
Folter in Württemberg. In: Zeitschrift für Württembergische Landesgeschichte,
67 (2008), S. 183–248.

Fritz, Gerhard (2008a): Von der öffentlichen zur nichtöffentlichen Vollstreckung. Zur
Todesstrafe im Königreich Württemberg von 1818 bis 1866. In: Fritz, Gerhard/Kirn,
Daniel (Hrsg.): Florilegium Suevicum. Beiträge zur südwestdeutschen Landeskunde. Festschrift für Franz Quarthal zum 65. Geburtstag. Ostfildern (Stuttgarter
historische Studien zur Landes- und Wirtschaftsgeschichte 12), S. 245–274.

His, Rudolf (1920): Das Strafrecht des deutschen MittelalterS. 2 Bände. Weimar
(Neudruck Aalen 1964).

His, Rudolf (1928): Geschichte des deutschen Strafrechts bis zur Karolina. München,
Berlin (Reprint München 1967).

Krause, Thomas (1999): Geschichte des Strafvollzugs. Von den Kerkern des Altertums bis zur Gegenwart. Darmstadt.

Martschukat, Jürgen (2000): Inszeniertes Töten. Eine Geschichte der Todesstrafe
vom 17. bis zum 19. Jahrhundert. Köln, Weimar, Wien.

Overath, Petra (2001): Tod und Gnade. Die Todesstrafe in Bayern im 19. Jahrhundert. Köln, Weimar, Wien.

Quanter, Rudolf (1901): Die Leibes- und Todesstrafen. Ursprung – Geschichte –
Methoden. Dresden (Reprint Aalen 1970).

Schnabel-Schüle, Helga (1997): Überwachen und Strafen im Territorialstaat.
Bedingungen und Auswirkungen des Systems strafrechtlicher Sanktionen im
frühneuzeitlichen Württemberg. Köln, Weimar, Wien (= Forschungen zur deutschen Rechtsgeschichte 16).

Schwerhoff, Gerd (1999): Aktenkundig und gerichtsnotorisch. Einführung in die
Historische Kriminalitätsforschung. Tübingen (= Historische Einführungen 3).

Suter, Stefan (1997): Guillotine oder Zuchthaus. Die Abschaffung der Todesstrafe
in der Schweiz. Basel.

Vierter Zugang

Staatliche Gewalt und nationale Befreiung

Dieter Brötel

Mahatma Gandhi und Ho Chi Minh – Unterschiedliche Wege zur nationalen Befreiung

1. Dekolonisation in Asien

Die weltpolitisch bedeutsame Dekolonisation, die Auflösung europäischer Kolonialherrschaft, vollzog sich seit dem Ende des 18. Jahrhunderts in drei Epochen. Auf die nationale Emanzipation der meisten europäischen Besitzungen in der Neuen Welt zwischen 1776 und 1825 folgte die allmähliche Transformation der Siedlungskolonien „neuenglischen Typs" in faktisch autonome Dominions (1839–1931). Als Dekolonisation im „engeren Sinne" gilt die dritte Epoche, ein durch langfristige Schübe gekennzeichneter Prozess, der in drei Phasen die gesamte Geschichte des 20. Jahrhunderts markierte (vgl. Reinhard 1985, 203 ff.).

Die als Hauptwelle der asiatischen Dekolonisation zu bezeichnende erste Phase zwischen 1946 und 1949 umfasste u.a. die nationalen Freiheitsbewegungen in Indien und in Vietnam (vgl. Osterhammel 2004, 6 ff.). Deren nationale Führungspersönlichkeiten Mahatma Gandhi und Ho Chi Minh erwarben schon zu Lebzeiten und später, besonders im Rahmen der Dritte-Welt-Bewegung, Kultstatus als Symbol einerseits des gewaltlosen Widerstands gegen die britische Kolonialherrschaft in Indien und andererseits der revolutionär-kriegerischen Ablösung der französischen, bzw. US-Herrschaft in Vietnam.

Üblicherweise liegt ein Vergleich Ho Chi Minhs mit anderen revolutionären Führern Südostasiens wie Auang San (Burma), Tan Malaka und Sukarno (Indonesien) nahe (vgl. Dahm 1990). Die folgende Analyse betont weniger Gemeinsamkeiten in Leben und Wirken der beiden charismatischen Führer, sondern akzentuiert gravierende Unterschiede in Bezug auf die Bedeutung von Religion, die Vorstellungen von sozialer und ökonomischer Entwicklung und die im Befreiungskampf verfolgten politischen Strategien, alles eingebettet in den jeweiligen Rahmen kultureller Tradition.

Seit Robinsons „excentric theory of imperialism" (vgl. Robinson 1986) würdigt die Forschung neben endogenen Kräften der Metropolen und Aspekten des internationalen Systems auch exogene, indigene Eliten betreffende Faktoren als Bausteine sowohl der kolonialen Expansion als auch des Dekolonisationsprozesses. Um eine biographische Reduktion zu vermeiden, stellt der Ansatz das Wirken Gandhis und Ho Chi Minhs in den Kontext der jeweiligen „situation coloniale" bzw. der kolonialen Emanzipationsbewegung.

Die Ursprünge der dritten Dekolonisation reichen in Süd- und Südostasien bis ins 19. Jahrhundert zurück. Dennoch werden die französischen und britischen Kolonien in der Phase des „Spätkolonialismus" zwischen den beiden Weltkriegen konsolidiert, sie erreichen in diesem „âge d`or" ihre ökonomische Blüte und errangen besonders während der Weltwirtschaftskrise nach 1929 eine unverzichtbare wirtschaftliche Bedeutung. Sowohl das Handels- als auch das Bankkapital begannen sich sukzessiv für die ökonomischen Ressourcen des Imperiums zu interessieren.

2. Mahatma Gandhi:
Studium und Widerstand in Südafrika

Indien bezog in der Dekolonisation eine führende Position. Als wichtigste Triebkraft fungierte eine moderne, aber nach der langen britischen Herrschaft in ihrem Partizipationswillen frustrierte Elite. Eine englisch erzogene Oberschicht vermochte eine ausgeprägte rassisch-sprachliche und regionale sowie soziale Differenzierung nur notdürftig zu überwinden. Lokale Machteliten prägten die indische Nationalbewegung. Sie mussten in einer stets neu zu konstituierenden Koalition zusammengeführt werden.

Nicht die aus religiösen Gründen zunächst weniger modernisierungswilligen Moslems, sondern die aufstrebende Hindu-Elite ergriff „nationale" Initiativen. Die zunächst systemkonformen und pragmatischen Ziele avisierten eine angemessene Stellung der modernen indischen Elite im britischen Herrschaftssystem. Im Wesentlichen handelte es sich um die Zulassung der Inder zum Indian Civil Service. Der 1885 gegründete Indian National Congress, eine Honoratiorenpartei, verband in seinen Zielen die Herstellung einer nationalen Einheit Indiens mit der Konsolidierung der Verbindung mit England. Eine neu-hinduistische Ideologie bewirkte eine Stärkung der Nationalbewegung.

Am 20. April 1917 verkündete das britische Kriegskabinett seine Absicht, schrittweise „responsible government in India as an integral part of the British Empire" einzuführen; in nicht allzu ferner Zukunft war damit ein Dominion-Status in Aussicht gestellt. Die Montagu-Chelmsford-Reform inaugurierte 1919 eine besonders restriktive Form von Dyarchie (Doppelherrschaft): die indischen Minister in den Provinzen wurden auf nachrangige Ressorts festgelegt, die Briten kontrollierten nach wie vor die strategischen Ministerien. Die Dyarchie erstreckte sich nicht auf die Zentralregierung. Die Provincial Legislative Councils und die beiden Kammern der Zentrale erhielten jedoch regelrechten parlamentarischen Charakter (Reinhard 1988, 148 f.).

Als Vater des modernen Indien und bedeutendster Protagonist der Dekolonisation gilt Mohandas Karamchand (Mahatma) Gandhi (1869–1948). Aus einem Honoratiorenverein verwandelte er die indische Nationalbewegung zu einer Angelegenheit der Massen – vor allem auch des flachen Landes. Gandhi entstammte einer Händlerkaste aus Gujarat. Sein Vater war zunächst Premierminister eines kleinen Fürstenstaats, später Richter am Fürstengericht in Rajkot. Die auf Vermittlung und Schiedsgerichtsbarkeit bei Streitigkeiten zwischen Fürsten ausgerichtete Tätigkeit des Vaters prägte früh Gandhis Gerechtigkeitsempfinden. Entscheidenden, lebenslangen Einfluss übte auf ihn eine Sekte strenger Vishnu-Verehrer aus mit rigorosen Reinheitsvorstellungen, Fastenpraxis und Vegetariertum (Rothermund 2011, 11 ff.; ders. 2010, 15 ff.).

Von 1888 bis 1891 absolvierte Gandhi – bei seiner Ankunft in London war er 18 Jahre alt – eine englische Juristenausbildung an der juristischen Universität Inner Temple. Seine Studienjahre fielen in die Blütezeit des selbstgefälligen Imperialismus unter dem konservativen Premierminister Lord Salisbury. In London lernte Gandhi die irische Sozialistin Dr. Annie Besant kennen, die sich 1889 der Theosophischen Gesellschaft angeschlossen hatte. Mit großer Begeisterung schloss er sich der Vegetarischen Gesellschaft an und wurde deren Schriftführer.

Als er 1891 seine Kanzlei als Barrister in Mumbai (Bombay) aufmachte und keinen beruflichen Erfolg hatte, ging er als Rechtsbeistand für einen indischen Kaufmann nach Südafrika (Rothermund 2011, 14 ff.). Die dort als Führer der indischen Minderheit in einem Zeitraum von 21 Jahren gesammelten Erfahrungen prägten ihn. Der von ihm organisierte Natal Indian Congress setzte sich gegen die diskriminierenden Gesetze – Aberkennung des Wahlrechts für Inder, Einführung einer Kopfsteuer für die auf den Zuckerrohrplantagen arbeitenden indischen Kulis – zur Wehr. Sowohl im Burenkrieg als auch während des Zulu-Aufstands organisierte Gandhi eine indische Sanitätergruppe. Vor dem Hintergrund des blutigen Abschlachtens der Zulus 1906 erlebte Gandhi eine zentrale Identitätskrise, die ihn bewog, sein Keuschheitsgelübde abzulegen; er erwartete, die sexuelle Energie werde sich in spirituelle Energie umsetzen (Rothermund 2011, 18 ff.). Er beschloss, seine Anwaltspraxis aufzugeben und sich ganz dem Kampf gegen die Gewalt zu widmen.

Gegen diskriminierende Maßnahmen der Regierung von Transvaal (Registrationszwang für Inder) entwickelte Gandhi die Methode des Satyagraha (Festhalten an der Wahrheit), d.h. des gewaltfreien Widerstands gegen ungerechte Gesetze. Sein 1909 veröffentlichtes politisches Manifest „Hind Swaray" (Indiens Freiheit) skizzierte bereits das spätere Programm der Nicht-

Zusammenarbeit (non-cooperation). Gandhi übernahm vom Christentum die Maximen der Bergpredigt und setzte sich mit utopischen Sozialisten auseinander. In seiner Auseinandersetzung mit dem westlichen Einfluss blieb das Weltbild des Hinduismus bestimmend. Als radikaler Individualist glaubte Gandhi an keine anonymen sozialen Kräfte, sondern führte alles auf das persönliche Verhalten zurück. Folglich interpretierte er das indische Wort „Sway" (Freiheit, Selbstregierung) als Selbstbeherrschung. Sein oben zitiertes Manifest enthielt als Soziallehre eine im Einklang mit der westlichen Zivilisationskritik der Jahrhundertwende stehende Ablehnung einer Industrialisierung Indiens (Rothermund 2010, 37 f.; ders. 2011, 26 ff.; ders. 2005, 355 f.).

3. Ho Chi Minh: Autodidakt zwischen zwei Kulturen

Frankreichs indochinesisches Empire, 1887 als „Union Indochinoise" organisiert, fand unter Generalgouverneur Paul Doumer (1897-1902) seine definitive verwaltungspolitische Struktur. Vietnam zerfiel in die Kolonie Cochinchina sowie die Protektorate Annam und Tongking. Die Kolonialherrschaft umfasste ferner die Protektorate Kambodscha und Laos (Brötel 2002, 43 ff.). Nach der Niederschlagung des nationalen Widerstands, der hauptsächlich von Bauern und Lettrés getragenen Can-Vuong-Bewegung (Unterstützung des Königs) (1885-1897), kristallierten sich nach 1900 im Wesentlichen zwei Modernisierungsoptionen heraus. Phan Boi Chau (1867-1940) avisierte einen „Nationalisme d`Etat": zwischen 1908 und 1917 organisierte er bewaffnete Überfälle und Komplotte, die teils von China und Japan unterstützt wurden, jedoch alle scheiterten. Phan Chau Trinh (1872-1926) vertrat die Reformkonzeption eines demokratischen Nationalismus: Als Anhänger von Rousseau und Montesquieu setzte er auf gesellschaftlichen Fortschritt durch Bildung, langfristig auf eine graduelle Dekolonisation (Hémery 1990, 33 f.).

Ho Chi Minh – er nahm im Alter von etwa zehn Jahren den Namen Nguyen Tat Thanh an – wurde 1890 im Dorf Hoang Tru in der Provinz Nghe An geboren. Sein Vater, ein Mandarin mit einem Doktortitel zweiten Grades, verlor 1910 seinen Verwaltungsposten im Distrikt Binh Dinh. Nguyen Tat Thanh besuchte eine franko-annamitische Primarschule. Mit der Einschreibung ins Collège blieb ihm die Karriere eines Mandarins verschlossen. Ohne Schulabschluss – für kurze Zeit arbeitete er als Hilfslehrer – bewegte sich Thanh als Autodidakt zwischen zwei Kulturen: er hatte weder eine traditionelle Lettré-Ausbildung noch eine „moderne" Bildung erhalten. Im Jahr 1911 schiffte er sich nach Europa ein und bewarb sich erfolglos um eine Aufnahme in die Ecole Coloniale. Bis 1914 arbeitete er als Boy auf Schiffen der Amerika-Linie. In dieser Phase sympathisierte er mit Phan Chau Trinh, der sich nach der Niederschlagung der Bauernunruhen 1908 in Zentralannam im Jahr 1911 in Paris niederließ, Kontakte zu den Sozialisten der Ligue des Droits de l`Homme und den Freimaurern knüpfte und 1912 die Fraternité des Compatriotes gründete. Von 1914 bis 1919 hielt sich Ho in London auf (Hémery 1990, 27 ff.).

4. Gandhi: Führer der indischen Kongresspartei

Gandhi kehrte 1915 nach Indien zurück und verbreitete durch regelrechte Kampagnen zugunsten ausgebeuteter Bauern seinen Ruhm als deren Anwalt. Im Bezirk Champaran in Bihar, wo britische Pflanzer am lukrativen Anbau von Indigo interessiert waren – nach der Erfindung von Anilin durch die BASF hatte der Erste Weltkrieg die Handelsströme unterbunden –, setzte Gandhi die Reduktion der Pachtsätze und damit die Abschaffung des Zwangsanbaus durch. Im Bezirk Kaira in Gujarat, wo eine hohe Grundsteuerveranlagung auf den Bauern lastete (wobei die Steuersätze periodisch erhöht wurden), riet Gandhi den Bauern zur Steuerverweigerung.

Am Ende des Ersten Weltkriegs – eine Million Inder hatten auf britischer Seite gekämpft – entfielen die Notstandsgesetze. Die Briten verabschiedeten in aller Eile Ermächtigungsgesetze (Rowlatt Acts), die jedoch nie angewandt wurden. Gandhi organisierte einen Protest – bei dem Kaufleute ihre Läden schlossen –, den General Dyer in Amritsar im April 1919 mit einem Massaker und ca. 400 Toten niederschlug.

Als angemessene Reaktion empfahl Gandhi die Nicht-Zusammenarbeit (non cooperation). Für diese Politik gewann er auch die Zustimmung der indischen Muslime, indem er deren Khilafat-Agitation, die Solidarisierung mit dem im Frieden von Sèvres von den Briten gedemütigten osmanischen Sultan, unterstützte. Als einziger Politiker mit überregionaler Anhängerschaft übernahm Gandhi 1920 die Führung des Kongresses. Mit knapper Mehrheit setzte er einen gesamtindischen „Satyagraha"-Feldzug durch.

Zunächst reorganisierte Gandhi den Kongress. Er verwandelte ihn aus einem Honoratiorentreffen in eine Massenbewegung. Die bislang auf dem Jahreskongress lediglich bei Bedarf öfter tagende Delegiertenversammlung des All-India-Congress-Committee (AICC) wurde durch das Working Committee ergänzt, das aus 15 vom Kongresspräsidenten ernannten Mitgliedern bestand. Die Neugliederung der Landesverbände erfolgte nach Sprachgrenzen statt nach britischen Verwaltungseinheiten. Damit sollte die Botschaft des Kongresses der Masse der Bevölkerung in der jeweiligen Landessprache vermittelt werden. Die neue zentralistischere Organisation beförderte den vom ganzen Kongress gewählten Präsidenten mitsamt einem von ihm ernannten Arbeitsausschuss zur zentralen Entscheidungsinstanz.

Die „non–cooperation" beinhaltete als gewaltlose Aktion den Boykott der englischen Justiz und Bildungseinrichtungen, der neuen Verfassung und der Wahlen. Da Gandhi mit dem Zusammenbruch der britischen Gewalt rechnete, ließ er sich Ende 1920 auf dem Kongress von Nagpur dazu hinreißen, „Swaraj" (Selbstregierung) in einem Jahr anzukündigen.

Die „non-cooperation"-Aktion mit dem spektakulären Boykott britischer Textilien verlief bald im Sande. Gandhis Entschluss, den quasi als Nachfolgekampagne geplanten Feldzug des bürgerlichen Ungehorsams abzusagen wegen eines Polizistenmassakers seitens seiner Anhänger in Chauri Chaura, löste heftige Kritik in seinen eigenen Reihen aus (Rothermund 2011, 30–50; Reinhard 1988, 153 f.). Gandhi wurde verhaftet und zu sechs Jahren Zuchthaus verurteilt, 1924 jedoch aus gesundheitlichen Gründen entlassen.

Ende 1924 zum Kongresspräsidenten gewählt, initiierte er ohne Rücksicht auf die ihn ansonsten unterstützende indische Baumwollindustrie die Handspinnbewegung. Mit Hilfe des Spinnrads sollte die ländliche Arbeitslosigkeit bekämpft und den Bauern Selbstversorgung oder ein Nebenverdienst ermöglicht werden. Ein tragbares Spinnrad wurde zu Gandhis ständigem Begleiter. Handgesponnenes und handgewebtes Tuch zeichnete in Folge als Parteiuniform die Mitglieder des Nationalkongresses aus. Gandhi schwenkte zunächst mit dem Verzicht auf jede Form der Nichtzusammenarbeit auf die konstitutionelle Politik ein, die von der 1922 innerhalb des Kongresses gebildeten Swaraj-Partei verfochten wurde. Im Bezirk Bardoli in Gujarat verbuchten Gandhi und die Bauern in einer Steuerverweigerungskampagne einen Sieg über die Steuerbehörde. Gandhi wertete diesen Erfolg als Testfall für den gewaltfreien Widerstand (Rothermund 2011, 55 ff.).

Gandhis Abbruch der Nichtzusammenarbeitskampagne 1922 stieß bei Jawaharlal Nehru (1889–1964) auf Unverständnis. Der Sohn von Motilal Nehru, des Gründers der Swaraj-Partei, war nach dem Studium an den feinsten englischen Bildungsstätten 1915 nach Indien zurückgekehrt. Die Meinungsverschiedenheiten zwischen Nehru und Gandhi erreichten 1927/28 ihren Höhepunkt. Nehru war nach dem Besuch des „Kongresses der unterdrückten Völker" in Brüssel im Jahr 1927 Mitglied der Liga gegen den Imperialismus geworden. Zuvor hatte er während seiner Studienzeit den Sozialismus in England kennen gelernt. Nach einem Besuch der Sowjetunion mit seinem Vater kehrte er als überzeugter Marxist nach Indien zurück. Bei seinem Versuch,

auch den Nationalkongress zum Sozialismus zu bekehren, stieß
er auf den Widerstand Gandhis.

Auf dem Jahreskongress 1927 in Madras (Chennai) versuchte
Nehru, der zum Sprecher der radikalen jungen Generation avan-
cierte, den Kongress für die Ziele der Liga gegen den Imperialismus zu gewinnen. Er setzte sich für die Verabschiedung einer
Resolution ein, die die Erringung der völligen Unabhängigkeit
forderte. Gandhi, der in Madras nicht anwesend war, verurteilte
die Resolution als unüberlegt und forderte Nehru zur Gründung
einer eigenen Partei auf. Nehru verzichtete auf einen solchen
Schritt; auch bei künftigen Meinungsverschiedenheiten sollte er
sich immer Gandhis Entscheidungen fügen.

5. Indien – Forderung der Unabhängigkeit
und Kampf um das Machtmonopol

Die Briten entsandten 1927/28 eine eigene Verfassungskommis-
sion nach Indien, die nur aus britischen Parlamentsmitgliedern
bestand und Inder nicht beteiligte (Simon-Kommission). Vizekönig Lord Irwin, der Indien als gleichberechtigtes Mitglied in das
britische Weltreich einbeziehen wollte, stieß in Verhandlungen
mit Premier McDonald (Labour Party) als Vertreter einer Min-
derheitsregierung auf den erbitterten Widerstand des konservativen Winston Churchill. In einer vom britischen Kabinett
redigierten Erklärung konnte er lediglich den Dominion-Status
für einen unbestimmten Zeitpunkt in Aussicht stellen. Daraufhin
verabschiedete der Jahreskongress 1929 in Lahore unter dem
Präsidenten Jawaharlal Nehru die Unabhängigkeitsresolution.
Gandhi wurde beauftragt, die entsprechende Kampagne des
bürgerlichen Ungehorsams durchzuführen.

Als Substanz der Unabhängigkeit verkündete er zunächst einen
Katalog von elf Punkten: Die Forderungen – Abwertung der
Rupie, Reduktion der Grundsteuer um 50 Prozent, Halbierung
des Militärhaushalts, Abschaffung der Salzsteuer und Einführung

von Schutzzöllen für importierte Textilien – berücksichtigten die Interessen verschiedener Schichten der indischen Bevölkerung.

Auf die passive „non-cooperation" folgte als zweiter Feldzug nach der Ablehnung des Katalogs von Gandhi die aktive „civil disobedience", die massenhafte gewaltlose Übertretung von Gesetzen und Verordnungen. Im Frühjahr 1930 inszenierte Gandhi den Salzmarsch als symbolische Revolution: Mit ausgewählten Anhängern marschierte Gandhi quer durch Gujarat zum Meer, um dort symbolisch ein wenig Salz zu gewinnen. Die Salzherstellung war ein Regierungsmonopol. Die Verletzung der alle Inder, insbesondere jedoch die Armen drückenden Salzsteuerpflicht war als ein für die breite Masse der Bevölkerung verständlicher Protest organisiert. Gandhi und andere Führer wurden wiederum verhaftet. Im Sommer 1930 kam es im Zusammenhang mit einer vom internationalen Preisverfall ausgelösten Agrarkreditkrise in Nordindien zu Pachtverweigerungskampagnen. Gandhi wollte einen Klassenkampf, eine gewaltsame Bauernrevolution vermeiden (Reinhard 1988, 155 ff.; Rothermund 2005, 357 f.; ders. 2010, 68–84).

Im März 1931 schloss Gandhi mit Vizekönig Lord Irwin einen Pakt, der den Kongress zur Unterbrechung seiner Kampagne verpflichtete. Als wesentliches Element wertete Gandhi dabei, dass Irwin ihn als gleichberechtigten Verhandlungspartner anerkannt habe. Die Salzsteuer blieb unangetastet, Irwin gestand lediglich Salzsiedung für den Hausgebrauch zu. Nehru kritisierte diesen Pakt als Verrat an den Bauern.

Als einziger Bevollmächtigter nahm Gandhi Ende 1931 an der zweiten Konferenz am Runden Tisch in London teil. Einer Argumentation Nehrus folgend betonte er, eine zukünftige indische Regierung werde bei der Förderung der nationalen Wirtschaft freie Hand beanspruchen müssen. Wenn er auch Eigentumsverhältnisse und andere Privilegien als nicht unantastbar bezeichnete, sicherte er britischen Investoren dennoch zu, sie würden keinesfalls diskriminiert werden. Gandhis Ziel war die symbolische Gewährung nationaler Souveränität. Als Kompromiss zeigte er sich bereit, den Verbleib britischer Truppen und die Ernennung eines britischen „Agenten" (Vizekönig) zuzugestehen. Die Gespräche Gandhis mit McDonald als Premier einer nationalen Koalitionsregierung verliefen für ihn enttäuschend, so dass er Nehru erlaubte, seine Pachtverweigerungskampagne wieder zu beginnen.

Der neue Vizekönig Lord Willingdon zeigte sich gegenüber dem „bürgerlichen Ungehorsam" unerbittlich. Nehru und Gandhi wanderten wieder ins Gefängnis. Während Nehrus Gefolgschaft 1934 die Congress Socialist Party gründete – Nehru wurde nicht Mitglied –, kündigte Gandhi fast gleichzeitig seine Mitgliedschaft im Nationalkongress.

Die Verfassungsreform (Government of India Act, 1935) sah auch eine Dyarchie an der Spitze vor, allerdings mit vielen Vorbehalten für den Vizekönig und die ernannten Räte. In den Provinzen entstanden rein indische Regierungen, vom Dominion-Status konnte allerdings nicht entfernt die Rede sein. Die Bestimmungen für die Zentralregierung traten nicht in Kraft (Reinhard 1988, 156; Rothermund 2011, 73 ff.).

6. Ho Chi Minhs Lehrzeit als Sozialist

Frankreich mobilisierte im Ersten Weltkrieg ca. 100.000 Vietnamesen in seiner Armee, die Mehrheit fungierte als Arbeitskräfte in Häfen und Fabriken. Während seines Aufenthalts in Paris von 1919 bis 1923 las Ho Chi Minh Victor Hugo, Emile Zola und Romain Rolland. Er bildete sich in der Bibliothèque Sainte Geneviève (neben dem Pantheon) fort und gesellte sich zu einer ca. 15-köpfigen vietnamesischen Gruppe um Phan Van Truong und Phan Chau Trinh. Politisch und gesellschaftlich fühlte er sich von Kreisen der „extreme gauche" angezogen. Im Verlag La Librairie machte er Bekanntschaft mit Sozialisten, Syndikalisten und Anarchisten. In Klubs lernte er u.a. Léon Blum und die Schriftstellerin Colette kennen.

Die Friedenskonferenz von Versailles und das vom amerikanischen Präsidenten Wilson proklamierte Selbstbestimmungsrecht der Völker bot kolonialen Nationalisten, insbesondere aus Tunesien (Destour) und Algerien (Jeunes Algériens) Gelegenheit, ihre antikolonialen Positionen zu verbreiten.

Am 18. Juni 1919 veröffentlichte die Zeitung L´Humanité die „Revendications du peuple annamite" (Forderungen des vietnamesischen Volkes). Der von Ho (alias Nguyen Ai Quoc) unterzeichnete Text wurde wahrscheinlich gemeinsam mit Phan Van Truong und Phan Chau Trinh redigiert. Die vietnamesische Gruppe reklamierte die unverzügliche Einführung des westlichen Demokratiemodells im kolonialen Indochina mit der Perspektive einer baldigen Unabhängigkeit. Gewerkschaftler verbreiteten 6.000 Exemplare dieses Textes, den Ho auch Wilsons Berater Colonel House, französischen Parlamentariern und Kolonialminister Albert Sarrault übergab. Ho pflegte früh Kontakte zum Parti Socialiste Français und zu Freunden von Phan Chau Trinh und Jules Roux, Marius Moutet sowie zum Journalisten Babut von der Ligue des Droits de l´Homme. Aus tiefer Enttäuschung über den Fehlschlag der „Revendications" trat der vormalige demokratische Nationalist der sozialistischen Partei bei. Als Parteimitglied votierte er auf dem Kongress der Sozialisten in Tours 1920 für den Beitritt zur Komintern. Nach der Erfahrung der eigenen, erbärmlichen Existenz und der Ähnlichkeit des proletarischen Klassenkampfs und des Kampfs der Kolonialisten unterstützte Ho die Dritte Internationale, die den antikolonialen Befreiungskampf zu einer Hauptaufgabe der kommunistischen Bewegung bestimmte.

Frankreichs kommunistische Partei verfügte noch 1924 über keine dezidierte „Kolonialdoktrin". Ho zählte zu den Initiatoren eines parteiinternen kolonialen Diskurses, indem er seit 1922 in der Parteizeitung die Rubrik „L´Humanité aux Colonies" redigierte.

Zusammen mit Algeriern, Iren, Koreanern und Madagassen, allesamt Mitglieder der Kommunistischen Partei und der Liga

der Menschenrechte, gründete Ho die Union Intercoloniale
(Juli 1921 – Ende 1925). Die Zeitung dieser Gruppierung „Le
Paria" propagierte einen afro-asiatischen Kommunismus (Trang-
Gaspard 1992, 61–77; Brocheux 2000, 107 ff.).

Nachdem Albert Sarraut noch als Generalgouverneur der
Union Indochinoise in einer programmatischen Rede in Hanoi
am 24. April 1919 lediglich eine „beträchtliche Erweiterung
der politischen Rechte" der Kolonialbevölkerung angekündigt
hatte, prangerte Ho in Artikeln der linken Presse sowie in
Veröffentlichungen Missstände des Kolonialregimes an. Im
Juli 1925 veröffentlichte er „Le Procès de la Colonisation", als
Entwurf diente das Manuskript „Les Opprimés" aus dem Jahr
1920. Ho geißelte die ökonomische Ausbeutung, die grausame
Unterdrückung und Freveltaten der Kolonialverwaltung. Die
Verbreitung von Opium, das Steuer- und Bildungssystem seien
auf eine Perpetuierung der Ungleichheit angelegt. Nationale
Einheit Vietnams und Unabhängigkeit wurden als Ziele prokla-
miert. Im Kontext der Union Intercoloniale perzipierte Ho als
militanter Internationalist auch die gemeinsame Interessenlage
der kolonialisierten Völker (Trang-Gaspard 1997, 70 ff., 93 ff.).

Im Verlauf einer „semaine indochinoise" besuchte Kaiser
Khai Dinh 1922 die Kolonialausstellung in Marseille. Während
der reformorientierte Trinh den Kaiser als „Mannequin" bzw.
als „cadavre impériale" verspottete und auf die Autonomie-
forderungen in Korea und den Philippinen verwies, erinnerte
Ho den Monarchen in einem Artikel vom 9. August 1922 im
„Journal du Peuple" an die Errungenschaften der Französischen
Revolution und die Erklärung der Menschen- und Bürgerrechte
(Brötel 2004, 85 ff.).

Mitsamt seinem antikolonialen Umfeld wurde Ho von
der Geheimpolizei observiert. Als prägende Erfahrung seines
Frankreichaufenthalts verdichtete sich bei ihm im Unterschied
zu Trinh die Überzeugung, die parlamentarische Demokratie
werde die Hoffnung auf eine koloniale Emanzipation keinesfalls erfüllen.

Im Juli 1923 schloss sich Ho der Komintern in Moskau an und befasste sich im Kreis der Krestintern (Bäuerliche Internationale) insbesondere mit Fragen des Bauerntums und der asiatischen Agrargesellschaften. In Kanton gründete er 1925 die revolutionäre Jugendorganisation Vietnams (Association de la Jeunnesse Vietnamienne, Thanh Nien). Ungefähr 300 Vietnamesen erhielten eine ideologische und organisatorische Ausbildung als zukünftige Revolutionäre mit dem Auftrag, geheime Zellen in Vietnam zu organisieren.

Mit seinem didaktischen und pädagogischen Talent indoktrinierte Ho die nationale Bewegung Vietnams mit den Grundzügen des Leninismus. Als Delegierter der Komintern für Südostasien fusionierte er 1930 bei einem Treffen in Hongkong drei rivalisierende kommunistische Gruppen zur Kommunistischen Partei Vietnams. Die Umbenennung in Kommunistische Partei Indochinas erfolgte auf Weisung der Komintern, die auf der Basis der Kolonialthesen von 1928 eine Kollaboration in dieser Phase mit bürgerlichen Kräften ablehnte. Die Parteigründung fiel mit einer revolutionären Aufstandsbewegung im Norden Annams sowie in Cochinchina zusammen, die jedoch gewaltsam niedergeschlagen wurde (Brocheux 2000, 137–148; Hémery 1990, 60–70).

Mit der Weltwirtschaftskrise eröffnete sich für den französischen Kapitalismus die buchstäblich neokoloniale Phase des „Rückgriffs auf das Empire" (repli sur l'empire). In Vietnam fiel mit der Weltwirtschaftskrise eine Strukturkrise der Kolonialherrschaft zusammen. Innerhalb der nationalen Bewegung verlor der ideologisch und organisatorisch gespaltene „urban nationalism", dessen gemäßigte Richtung für eine franko-vietnamesische Kollaboration plädierte, immer mehr an Bedeutung. Angesichts der politisch-sozialen Krise gelang es der Kommunistischen Partei Indochinas unter Führung von in Moskau ausgebildeten Kadern, die der stalinistischen Linie der „Bolschewisierung der Partei" anhingen, die politische Führung zu erringen.

Unter den Bedingungen der Wirtschaftskrise obsiegte auf französischer Seite eine imperiale Restaurationsstrategie. Durch eine Politik begrenzter Reformen suchte das Generalgouvernement traditionale, kollaborationsbereite Gewalten – Dorfnotabeln, Mandarinat, Dynastie – aufzuwerten und sie gegen die das Kolonialregime bedrohende kommunistische Bewegung zu mobilisieren. Während die Regierungen der Union Nationale eine Dekolonialisierung für immer ausschlossen, verpasste auch die Volksfront die historische Chance, durch substantielle Konzessionen gegenüber den Forderungen der vietnamesischen Nationalbewegung nach politischer Demokratie einen Prozess der gewaltlosen und demokratischen Dekolonialisierung in die Wege zu leiten (Brötel 1990, 89 ff.).

Die Jahre von 1931 bis 1938 verbrachte Ho Chi Minh ohne direkte Verbindung zur Entwicklung in Indochina. Sein sechsjähriger Aufenthalt als Komintern-Kader in Moskau fiel zeitlich mit den stalinistischen Säuberungsaktionen 1937/38 zusammen. In seinen autobiographischen Schriften erwähnt er die stalinistische Diktatur mit keinem Wort. Wahrscheinlich hielt er eine Diktatur mit Blick auf das Ideal des Sozialismus für notwendig (Brocheux 2000, 131 ff.).

7. Indiens Weg in die Unabhängigkeit

Die harsche Kritik prominenter indischer Kongresspolitiker (u.a. Chandra Bose) an der Suspendierung der Kampagne des bürgerlichen Ungehorsams und der Aufstieg der Congress Socialist Party veranlassten Gandhi 1934, seinen Austritt aus dem Congress zu erklären. Er wollte nicht die Rolle eines Minderheitsführers spielen. An der künftigen Entwicklung des Kongresses nahm er dennoch großen Anteil. Nehru, mit seinem Segen zum Kongresspräsidenten gewählt (1936 und 1937), führte den Kongress 1937 zu einem großen Wahlsieg, während Jinnahs Muslim Liga schlecht abschnitt. Auf die Gefahr, dass der sich mit der Nation identifizierende Kongress als eventuell reine Hindu-Organisation dominiere, sammelten sich die Moslems auf religiöser Grundlage zu einer zweiten Nation. Nach den beiden Feldzügen war damit, gemessen an den selbst gewählten Zielen, auch Gandhis Einheitspolitik gescheitert (Reinhard 1988, 256 ff.; Rothermund 2011, 83 ff.).

Lord Linlithgow, seit 1936 Vizekönig, unterschrieb die Kriegserklärung im Namen Britisch- Indiens, ohne die indischen Nationalisten zu konsultieren. Die vom Kongress gebildeten Regierungen traten daher im November 1939 zurück. Für den Kongress kam eine Kampagne des bürgerlichen Ungehorsams nach den Erfahrungen mit der britischen Repression nicht in Frage. Gandhi hatte sich als Ausweg eine Kampagne des individuellen Satyagraha ausgedacht. Ausgewählte Kongressmitglieder, die Reden gegen den Kriegseinsatz hielten, wurden nacheinander verhaftet, so auch Nehru (Oktober 1941).

Der japanische Siegeszug in Südostasien und Pressionen des antikolonialistischen Präsidenten Roosevelt bewogen Churchill, Stafford Cripps, Mitglied des britischen Kriegskabinetts, nach Indien zu entsenden (Cripps-Mission), um die Bildung einer nationalen Regierung auszuhandeln. Als Mitglied des linken Labour-Flügels teilte Cripps mit Nehru die Sympathie für den Sozialismus und dessen „antiimperialistische" Einstellung. Das britische Angebot sah nach Kriegsende die Bildung einer Indischen Union mit dem Status eines vollwertigen Dominions vor. Das Recht, aus dem Commonwealth auszuscheiden, wurde konzediert. Für die Dauer des Krieges reklamierten die Briten die volle Verantwortung für die indische Verteidigung. Da der Vizekönig, ein strammer Gefolgsmann Churchills, keine konkreten Zusagen machte, lehnte der Kongress ab, auch weil die „local option" – für die Provinz- und Fürstenstaaten bestand kein Zwang, sich der Indischen Union anzuschließen – die Möglichkeit eines separaten Muslim-Staates implizierte. Für Churchill hatte die Cripps-Mission primär das Ziel, die amerikanische Öffentlichkeit zu beruhigen.

Gandhi akzeptierte den Verbleib der ausländischen Truppen, da er der Überzeugung war, eine eventuelle japanische Invasion mit Satyagraha bezwingen zu können. Im Juli 1942 forderte die von Nehru redigierte Erklärung „Quit India Resolution" die Briten auf, Indien umgehend zu verlassen. Noch bevor eine Kampagne anlaufen konnte, wurde Gandhi mit der gesamten Kongressführung verhaftet, der Kongress verboten. Daraufhin riefen junge Kongress-Rebellen einen spontanen und unko-ordinierten, gewaltsamen Volksaufstand aus (die so genannte August-Revolution), der nach kurzer Dauer niedergeschlagen wurde (Lütt 1990, 54 ff.). Gandhi begann ein Fasten bis zum Tod und wurde erst 1944 entlassen.

In dieser Phase der Blockade des Kongresses gewann Jinnah immer mehr an politischem Gewicht, zumal die Moslem-Premi-erminister im Unterschied zu den Kongress-Ministern 1939 nicht zurückgetreten waren. Die Moslem-Liga verabschiedete am 24. März 1940 ihre „Pakistan-Resolution": Sie forderte – von Pakistan selbst war nicht die Rede – für Gebiete mit muslimischer Mehrheit „independent states". Gleichzeitig entwickelte Jinnah eine Zwei-Nationen-Theorie mit der Forderung nach Autonomie für die Moslem-Nation. Gandhi billigte im Prinzip den „Pakistan-Plan" und schlug vor, nach Kriegsende in Territorien mit muslimischer Mehrheit eine Volksabstimmung abzuhalten. Sein Ansinnen, vor einer Teilung einen Staatsvertrag zu schließen, wurde von Jinnah abgelehnt. Gandhi war wieder einmal gescheitert.

Bei Kriegsende übernahm Cripps im Labour-Kabinett Attlee eine führende Rolle in der Indienpolitik. Wahlen erbrachten Ende 1945 fast überall klare Kongress- oder Liga-Mehrheiten. Eine von Cripps geführte „Cabinet Mission" erarbeitete im Frühjahr 1946 einen Plan, der eine völlige Teilung Britisch-Indiens verhindern sollte. Das komplizierte Föderationsprojekt sah eine gesamtindische Union mit Kompetenzen allerdings nur für Außenpolitik, Verteidigung und Verkehrswesen vor. Eine zweite Ebene avisierte die Fürstenstaaten und drei Sektionen von Provinzen (Sektion A, B und C). Die einzelnen Provinzen sollten sich für Sektionswechsel entscheiden können. Über die Bildung dieser Gruppen von Muslim- und Hinduprovinzen existierten Meinungsverschiedenheiten. Nehru, dessen Interesse einer starken Zentralregierung galt, lehnte den Plan aus Furcht vor einer Balkanisierung Indiens ab. Als Nehru im August zum Interimspremierminister ernannt wurde, reagierte Jinnah mit dem „Tag der direkten Aktion" (16. August). Dabei kam es im Panjab zu Massenflucht und Massenmorden (Massaker in Kolkata). Im Einvernehmen mit Nehru führte Vizekönig Mountbatten schließlich die Teilung durch. Nehru konnte auch Gandhi für diese Lösung gewinnen, nachdem letzterer die Teilung bis dahin als „Vivisektion Indiens" verurteilt hatte. Pakistan und Indien wurden bekanntlich als Dominions in die Unabhängigkeit entlassen. (Reinhard 1988, 192 f.; Rothermund 2010, 162–182).

Mit Gandhis Ermordung erlosch die Vision einer „Entwicklung von unten", die ihren Anfang in den indischen Dörfern und in der Entwicklung des dörflichen Gewerbes nehmen sollte. Nehru plädierte, seit er 1937/38 zum Vorsitzenden einer nationalen Planungskommission berufen worden war, für eine nachholende Industrialisierung. Gandhi sah in der Verbesserung der Situation der indischen Dörfer gerade das positive Gegenbild zur Industrialisierung. Indische Kapitalisten ermahnte er, ihr Vermögen im Interesse der Massen quasi treuhänderisch zu verwalten. Mit Nehru obsiegte die Vision einer „Entwicklung von oben": eine rasche, staatlich gelenkte Industrialisierung führte 1948–1964 zu einer Verdoppelung der indischen Industrieproduktion im Zeichen von Importsubstitution und radikalem Protektionismus (Rothermund 2005, 362, 365 ff.).

8. Vietnam – Kurze Phase der Unabhängigkeit und Beginn des französischen Indochinakriegs

Auf ihrem 7. Kongress (Juli/August 1935) empfahl die Komintern die Bildung einer „demokratischen Einheitsfront" gegen den Faschismus. Der Klassenkampf geriet in den Hintergrund. Ho reiste als Komintern-Agent 1939 nach China. Als Delegierter leitete er im Mai 1941 die 8. Konferenz des Zentralkomitees der Kommunistischen Partei Indochinas in Pac Bo (Provinz Cao Bang, Tongking). In Übereinstimmung mit den Komintern-Empfehlungen revidierte die Partei die 1930–1936/38 favorisiere Agrarrevolution: Der in Pac Bo gegründete Viet Minh strebte eine antiimperialistische Einheitsfront, die auch reiche Bauern und die Schicht der Landbesitzer umfassen sollte, an. Ein integraler Nationalismus mit dem Ziel einer bürgerlich-demokratischen Revolution erhielt Vorrang vor einer sozial-ökonomischen Revolution. Außenpolitisch optierte der Viet Minh für eine begrenzte Zusammenarbeit mit den Alliierten, einschließlich der Bereitschaft, die eventuelle Unterstützung der indochinesischen Revolution durch ökonomische Privilegien zu kompensieren.

Der Viet Minh propagierte zwar noch 1944 eine gemeinsame Front des Freien Frankreich mit den revolutionären Kräften Chinas und Vietnams gegen das indochinesische Vichy und Japan, nach dem Beginn der Résistance-Operationen wurden die Gaullisten jedoch als Imperialisten stigmatisiert. Der Krieg wurde als eine „strategisch günstige Gelegenheit" begriffen, um eine bereits vor Kriegsausbruch objektiv gegebene sozial-revolutionäre Situation in eine politisch-militärische Befreiung zu kanalisieren. Von zwei Guerilla-Stützpunkten zwischen Cao-Bang und Langson aus gelang es dem Viet Minh bis zum Sommer 1945, mit Hilfe von unter kommunistischer Führung organisierten „Commitées", „Selbstverteidigungskompagnien" und „national salvation associations", die sechs nördlichen Provinzen Tongkings als „befreite Zonen" zu deklarieren.

Der Viet Minh verband politische Indoktrination mit militärischem Training, auch unter Anwendung von physischem Zwang gegenüber den Minderheiten im Bergland. Ho Chi Minh glorifizierte in seinen Rekrutierungskampagnen die nationale Tradition, er verband den Sieg der Tayson über die Chinesen 1789 mit dem Ziel seiner Bewegung und stellte die Planung einer militärischen „Bewegung in den Süden" in die Kontinuität der

Migration des vietnamesischen Volkes ins zentrale Hochland und Mekong-Delta seit dem 15. Jahrhundert. Sein Kulturprogramm zielte darauf ab, neben den Kadern möglichst weite Kreise der bäuerlichen Bevölkerung mit Elementen einer nationalen Kultur zu erfassen (Woodside 1976, 218 ff.; Marr 1981, 407, 150 ff.; Brötel 1990, 95 f.; Frey 1998, 14 ff.).

Japan setzte mit der militärischen Entmachtung des kolonialen Vichy (9. März 1945) der säkularen Herrschaft Frankreichs in Indochina ein Ende. Seit Ende 1944 bahnte sich zwischen dem Viet Minh, Ho Chi Minh und dem amerikanischen OSS (Office of Strategic Services) für kurze Zeit eine für beide Seiten profitable Kooperation an. In Tan Trao – 79 Kilometer nördlich von Hanoi – wählte ein Parteikongress eine provisorische Regierung mit Ho an ihrer Spitze. Die japanische Kapitulation löste einen Marsch auf Hanoi und damit die August-Revolution aus (vgl. Marr 1995; Tonnesson 1991; Patti 1980). Am 2. September 1945 proklamierte Ho in Hanoi die Demokratische Republik Vietnam. Dabei zitierte er die Präambel der amerikanischen Unabhängigkeitserklärung von 1776 und erinnerte an die französische „Déclaration des droits de l´homme et du citoyen" von 1791. Jenseits der taktischen Hoffnung auf eine Unterstützung seitens des antikolonialistischen Amerika prägten Prinzipien der „atlantischen Revolution" Hos Einstellung (Brocheux 2000, 117, 125, 157). In realistischer Einschätzung der desolaten Wirtschafts- und Finanzsituation scheint er bereit gewesen zu sein, auf der Grundlage von entweder amerikanischer oder französischer Kapital- und technischer Hilfe kurz- und mittelfristig eine begrenzte Unabhängigkeit zu akzeptieren.

Die provisorische Regierung in Paris hielt an dem Fernziel der Gaullistischen Résistance, den indochinesischen Kolonialbesitz in seinem gesamten Umfang zurück zu gewinnen, grundsätzlich fest. Im Zuge einer vorsichtigen Liberalisierung des politischen Status verwandelte sie Indochinas kolonialen Status in einen „statut d´état. Die „états" Tongking, Annam, Cochinchina, Laos und Kambodscha wurden unter Leitung eines die französischen

Souveränitätsrechte zur Geltung bringenden Hohen Kommissars zu einer Föderation mit weitgehender politischer und Verwaltungsautonomie im Innern zusammengefasst. Die Integration der indochinesischen Föderation in die Union Française markierte unmissverständlich die Grenzen der französischen Kompromissbereitschaft. Mit der langsamen Konsolidierung der französischen Macht in Cochinchina, Kambodscha, Süd-Laos und Süd-Annam zwischen Herbst 1945 und Frühjahr 1946 stellte sich die Frage, wie im Verbund mit der Ablösung der chinesischen Okkupationstruppen die französische Präsenz in Tongking gegenüber der Führung des Viet Minh durchzusetzen sei.

Der gaullistische Kurs, vom Hohen Kommissar d`Argenlieu vertreten, schloss eine militärische Operation im Rahmen einer Machtdemonstration in Tongking keinesfalls aus. Nur eine kleine Gruppe von hohen Kolonialbeamten plädierte für eine politische Verhandlungslösung einschließlich der Bereitschaft, „indépendance" zuzubilligen. De Gaulles Rückzug aus der Regierungsverantwortung ebnete den Weg für eine vorsichtige Kurskorrektur: Im Rahmen einer politischen Verhandlungslösung erkannte Paris die Republik Vietnam als freien Staat mit eigenständiger Regierung, Armee, Parlament und Finanzen an (Präliminarkonvention vom 6. März 1946).

Ho Chi Minh konnte seine zentralen Forderungen nach Unabhängigkeit und territorialer Einheit, d.h. Anschluss Cochinchinas, nicht durchsetzen. Er verzichtete auf eine UNO-Repräsentanz und akzeptierte die Integration in die indochinesische Föderation und Union Française. Seine Kompromissbereitschaft erklärt sich aus der Gefahr eines Zwei- bzw. Dreifrontenkrieges. Frankreich erkaufte sich Chinas Zustimmung zur zeitlich befristeten Rückkehr seiner Truppen nach Tongking durch Verzicht auf seine im Verlauf der imperialistischen Penetration Chinas erworbenen Besitzstände. Der Gefahr einer Wiederherstellung der chinesischen Suzeränität durch eine enge Zusammenarbeit zwischen Kuomintang-Einheiten und betont antikommunistischen Kräften der Nationalen Volkspartei Vietnams (VNQDD) und des Dong Minh Hoi suchte Ho dadurch zu begegnen, dass er Vertreter dieser Gruppierungen im Februar 1946 in sein Kabinett aufnahm (Brötel 1990, 102 ff.).

Zu einem Schlüsselproblem entwickelte sich zwischen Vietnam und Paris die französische Separationspolitik, die in die Ausrufung der Republik Cochinchina mündete. Das Offensivprogramm des „Saigon Clans", durch einen Staatsstreich in der Form einer Polizeiaktion oder eines „coup de force", entweder Giap und die militärische Führung zu neutralisieren oder sogar gegebenenfalls die gesamte Regierung samt Viet Minh-Organisation zu entmachten, löste mit der Bombardierung Haiphongs, bzw. mit dem Angriff der Miliz unter Verteidigungsminister Giap (19. Dezember 1946) den ersten Vietnamkrieg aus. Noch nach Ausbruch der Kriegshandlungen erneuerte Ho 1947 Angebote vom Sommer und Herbst 1946, die Union Française samt monetären und wirtschaftlichen Bindungen nicht infrage zu stellen und französische Berater, Techniker, sogar vorübergehend eine französische Militärbasis akzeptieren zu wollen. Unabhängigkeit und Einheit Vietnams blieben aber unverzichtbare Ziele.

Ho Chi Minhs Rolle im nationalen Befreiungskampf findet in der Forschung nach wie vor kontroverse Berücksichtigung. Der pragmatische, gemäßigte „Vater der Nation" stand in der Auseinandersetzung mit radikalen Kräften. Nach wie vor gibt es keine gesicherten Informationen, ob und in welchem Maße er für die revolutionären Unruhen von 1930, den kommunistischen Bauernaufstand und die Bildung ländlichen Sowjets in Nord-Annam verantwortlich zeichnete. Dagegen verweist die Ermordung von Trotzkisten in Saigon 1945 auf seine Handschrift (Brocheux 2000, 149 f.).

Als späterer Staatspräsident (1954–1969) fungierte Ho im Wesentlichen als Vermittler zwischen der Partei und der Bevölkerung, während das Politbüro der Partei im Sinne eines „demokratischen Zentralismus" die letzten Entscheidungen fällte. Im Verlauf der Zwangskollektivierung der Landwirtschaft (1954–56) verhängten Volksgerichte ca. 10–15.000 Exekutionen. Ein Großteil der Verurteilten erwies sich als unschuldig. Ho stellte

Gewalt und Ungerechtigkeiten nicht infrage – ebenso wenig wie falsche Berechnungen über Besitzverhältnisse. Folglich hielt er „unsaubere Begleitumstände" für unverzichtbar und feierte 1957 in Moskau die Agrarreform als Essenz der sozialen Revolution.

Seine Reden, Artikel und Interviews kommunizierten als Leitmotiv eine „revolutionäre Moral", die auf dem Boden des Marxismus-Leninismus der Partei absolute Priorität einräumte und den Individualismus als den Feind des Sozialismus stigmatisierte. Die sowjetischen Kolchosen und die Agrarexperimente in Yenan (Shansi) beeinflussten Hos Leitvorstellung einer „egalitären Gesellschaft". Das „sowjetische Modell" mit Einheitspartei, Zwangskollektivierung der Landwirtschaft und zentraler Planwirtschaft behielt seine Vorbildfunktion. Mit Werten wie Tapferkeit, Aufrichtigkeit und Integrität fanden traditionelle, konfuzianische Vorstellungen Eingang in ein Erziehungsprogramm, das die „revolutionäre Moral" von Kadern im Interesse einer Diktatur des Proletariats stärken sollte (Brocheux 2000, 167 ff., 196 ff.).

9. Fazit

Ganz im Gegensatz zu Ho Chi Minh verletzte nach Gandhi der Sozialismus als deterministische Soziallehre die Willensfreiheit des Einzelnen. Als Kern der Anschauungen Gandhis bedeutete Satyagraha (das Festhalten an der Wahrheit) eine individuelle Gewissensentscheidung. Gelegentlich griff auch Gandhi auf traditionelle Vorstellungen einer harmonischen Sozialordnung zurück (Rothermund 2005, 364). Nationale Unabhängigkeit sowie soziale und ökonomische Gerechtigkeit markierten zwei Säulen von Hos Zukunftsvision. Dabei lassen sich Patriotismus und Kommunismus nicht separieren. Als Revolutionär und pragmatischer Machtpolitiker optierte Ho nicht zuletzt aus taktisch-strategischen Gründen für den Marxismus-Leninismus, da dieser in puncto Ideologie, Organisation, Propaganda und Ausbildung eine Strategie für die Befreiung der Kolonialisierten bot.

10. Didaktische Aspekte

Für unser Thema – Individuum und staatliche Gewalt – zeigte der diachrone Vergleich zwischen Mahatma Gandhi und Ho Chi Minh, dass die beiden politischen Führer im Rahmen des Dekolonisationsprozesses gänzlich unterschiedlich agierten, obwohl sie beide dasselbe Ziel der nationalen Unabhängigkeit verfolgten. Geschichtsdidaktisch gesehen ermöglicht der Ansatz der Personalisierung im Kontext der Erosion von kolonialen Herrschaftsstrukturen einen konkreten und anschaulichen Zugang. Gerade in einer Welt unterschiedlicher Entwicklungsgeschwindigkeiten ist dieser Vergleich auch als Beispiel für grundlegende Veränderungsprozesse politisch-gesellschaftlicher Ordnungen von Interesse, fördert er doch das Historizitätsbewusstsein von Schülerinnen und Schülern und damit die Erkenntnis, dass nichts bleibt wie es ist.

Immerhin hat sich die Geschichtsdidaktik von einem Eurozentrismus gelöst. Denn auf die Herausforderungen von „Migration", „Globalisierung" und den Prozess der europäischen Einigung reagierte die Geschichtsdidaktik mit der disziplinären Erweiterung des Aufgabenfelds der Interkulturellen Geschichtsdidaktik. Innerhalb der „Dritte-Welt-Pädagogik", die sich zum „Globalen Lernen in der Einen Welt" hin erweitert, gebührt der außereuropäischen Geschichte ein größeres Gewicht als bislang üblich.

Für transnationale oder interkulturelle Problemstellungen hat die Geschichtsdidaktik zentrale Kategorien wie „Multiperspektivität", „Fremdverstehen", „Identität", „Menschenrechte" und „Kulturkontakt" zur Hand. Die Behandlung von Themen der kolonialen Expansion Europas, bzw. der Dekolonisation im Geschichtsunterricht ist eine Chance, die allzu lange dominierende nationale, bzw. eurozentrische Orientierung zu korrigieren und die außereuropäische Geschichte als Teil der Menschheitsgeschichte zu verankern. Inzwischen bietet neben „Periplus" – eine Zeitschrift für außereuropäische Geschichte – ein weiteres entsprechendes Referenzunternehmen, das Jahrbuch für Europäische Überseegeschichte, herausgegeben im Auftrag der Forschungsstiftung für Europäische Überseegeschichte, ein breites Informationsangebot zur Entwicklung der Forschung.

Dem Kollaborationsansatz der Imperialismus-Forschung, der die Einbeziehung der so genannten Peripherie reklamiert, entsprechen die geschichtsdidaktischen Kategorien des „Fremdverstehens", bzw. der „Multiperspektivität" (Borries 2001; ders./ Alavi 2000, 55–91; Alavi 1989; Alavi/Henke-Bockschatz 2004; Körber 2001).

Literatur

Alavi, Bettina (1998): Geschichtsunterricht in der multiethnischen Gesellschaft. Frankfurt/M.

Alavi, Bettina/Henke-Bockschatz, Gerhard (Hrsg.) (2004): Migration und Fremdverstehen. Idstein.

Alavi, Bettina/Borries, Bodo von (2000): Geschichte. In: Reich, Hans H. u.a. (Hrsg.): Fachdidaktik interkulturell. Opladen, S. 55–91.

Borries, Bodo von (2001): Interkulturalität beim historisch-politischen Lernen – Ja sicher, aber wie? In: Geschichte in Wissenschaft und Unterricht (GWU), 5+6/2001, S. 305–324.

Brocheux, Pierre (2000): Ho Chi Minh. Paris.

Brötel, Dieter (2004): Die Zelebrierung des französischen Empire: Kolonialausstellungen – Kolonialpropaganda – koloniale Repräsentation (1889–1931). In: Jahrbuch für Europäische Überseegeschichte 4, S. 79–124.

Brötel, Dieter (2002): Indochinakonflikt. Kurseinheit 1: Frankreichs Indochinesisches Empire 1860–1954. In: Fernuniversität – Gesamthochschule Hagen.

Brötel, Dieter (1990): Die Dekolonialisierung des französischen Empire in Indochina. Metropolitane, periphere und internationale Faktoren. In: Mommsen, Wolfgang J. (Hrsg.): Das Ende der Kolonialreiche. Dekolonisation und die Politik der Großmächte. Frankfurt/M., S. 89–118.

Dahm, Berhard (1990): Ho Chi Minh in Perspective: Revolutionary Leaders and Revived Cultural Traditions in Southeast Asia. Ms., Vietnam-Colloquium der Universität Passau, 21.–23. Juni 1990.

Duiker, William J. (2000): Ho Chi Minh. New York.

Frey, Marc (1998): Geschichte des Vietnamkrieges. Die Tragödie in Asien und das Ende des amerikanischen Traums. München.

Hémery, Daniel (1990): Ho Chi Minh. De l`Indochine au Vietnam. Paris.

Körber, Andreas (Hrsg.) (2001): Interkulturelles Geschichtslernen. Münster.

Lütt, Jürgen (1990): „Übertragung der Macht" oder „Sieg im Freiheitskampf"? Der Weg zur indischen Unabhängigkeit. In: Mommsen, Wolfgang J. (Hrsg.): Das Ende der Kolonialreiche. Frankfurt/M., S. 47-66

Marr, David G. (1995): Vietnam 1945. The Quest for Power. Berkeley.

Marr, David G. (1981): Vietnamese Tradition on Trial 1920–1945. Berkeley.

Osterhammel, Jürgen (2004): Die Auflösung der modernen Imperien. In: Praxis Geschichte, 2/2004, S. 6–12.

Patti, Archimedes L.A. (1980): Why Vietnam? Berkeley.

Reinhard, Wolfgang (1988): Geschichte der europäischen Expansion. Band 3: Die Alte Welt seit 1818. Stuttgart.

Reinhard, Wolfgang (1985): Geschichte der europäischen Expansion. Band 2: Die Alte Welt seit 1818. Stuttgart.

Robinson, Ronald (1986): The Excentric Idea of Imperialism with or without Empire. In: Imperialism and After. Continuities and Discontinuities. Hrsg. von Wolfgang J. Mommsen und Jürgen Osterhammel. London, S. 267–289

Rothermund, Dietmar (2011): Gandhi. Der gewaltlose Revolutionär. 2. Auflage, München.

Rothermund, Dietmar (2010): Gandhi und Nehru. Zwei Gesichter Indiens. Stuttgart.

Rothermund, Dietmar (2005): Gandhi und Nehru: Kontrasterende Visionen Indiens. In: Geschichte und Gesellschaft, 3/2005, S. 354–372.

Tonnesson, Stein (1991): The Vietnamese Revolution of 1945. Roosevelt, Ho Chi Minh and De Gaulle in a World at War. Oslo.

Trang-Gaspard, Thu (1997): Ho Chi Minh à Paris 1917–1923. Paris.

Woodside, Alexander B. (1976): Community and Revolution in Modern Vietnam. Boston.

Fünfter Zugang

Widerstand und Verweigerung im totalitären Staat

Gerd M. Willers

Zwischen Zivilcourage und Selbstaufopferung – Widerstand im totalitären Staat

1. Vorbemerkung

Im Rahmen meiner ehrenamtlichen Tätigkeit als Schulbeauftragter des Volksbundes Deutsche Kriegsgräberfürsorge und als Vorstandsmitglied in Baden-Württemberg befasse ich mich mit der Entwicklung friedenspädagogischer Projekte im Bereich der Gedenk- und Erinnerungskultur, die in der Fortbildung von Lehrerinnen, Lehrern und höheren Beamten der Kultusverwaltung ihren Niederschlag finden. Diese Beschäftigung führt zur Auseinandersetzung mit den Ursachen von Krieg und Gewalt. Die Frage, wie nach deprimierenden Befunden zur permanenten Gewaltbereitschaft des Menschen überhaupt ein hoffnungsvoller Ansatz für ein fundiertes didaktisches Gegenkonzept entwickelt werden kann, soll Thema meiner Abhandlung sein.

Eine pädagogische Antwort auf die Frage, wie junge Menschen für die Gefährdung des Einzelnen durch totalitäre Systeme und für Fragen des Widerstands sensibilisiert werden können, lässt sich durch die Analyse der Persönlichkeit und des Wirkens von Menschen geben, die sich dem Nationalsozialismus entgegengestellt haben; und das jeweils an der Stelle, an der sie Verantwortung getragen haben, also nicht von einer distanzierten Position aus. Exemplarisch stehen hierfür Leben und Verhalten von Helmuth James Graf von Moltke, Kurt Schumacher und Fritz Bauer. An Moltkes innerem und äußerem Kampf während der Haft und dem Prozess vor dem Volksgerichtshof soll der Triumph von Ethik, Glaube und Rechtsbewusstsein eines Opfers über die

NS-Herrschaft gezeigt werden. Kurt Schumacher verkörpert den unerschrockenen politischen Kämpfer, der trotz zwölfjähriger Zuchthaushaft und Isolation ungebrochen für die Demokratie eintrat. Fritz Bauer, ebenfalls im „Dritten Reich" verfolgt und vertrieben, kämpfte nach 1945 sofort wieder als demokratischer Jurist für die Verwirklichung des Rechts und gegen die Schlussstrich-mentalität sowie die unzureichende Aufarbeitung der Kriegsver-brechen. Vorangestellt werden sozialpsychologische Überlegungen aus dem Buch von Harald Welzer: „Täter: Wie aus ganz normalen Menschen Massenmörder werden". Welzer verdeutlicht, wie „ganz normale" Menschen durch schleichende gesellschaftlich-soziale Veränderungsprozesse und politische Indoktrination manipuliert und zu mörderischen Taten veranlasst wurden.

2. Wie aus ganz normalen Menschen Massenmörder werden

„Wenn Menschen, die eine gleiche Erziehung genossen haben wie ich, die gleichen Worte sprechen wie ich und gleiche Bücher, gleiche Musik, gleiche Gemälde lieben wie ich, wenn diese Menschen keineswegs gesichert sind vor der Möglichkeit, Unmenschen zu werden und Dinge zu tun, die wir den Menschen unserer Zeit, ausgenommen die pathologischen Einzelfälle, vorher nicht hätten zutrauen können, woher nehme ich die Zuversicht, dass ich davor gesichert bin?"

(Max Frisch 1946)

Der Schriftsteller Max Frisch formuliert hier auf künstlerische Weise zutreffend den Kern des Problems, mit dem sich Welzer wissenschaftlich auseinandersetzt.

Beispiele für die Verbindung von Grausamkeit und Affinität zur Kunst finden sich gerade bei den Nationalsozialisten. Die bekannte Cellistin Anita Lasker-Wallfisch überstand die Kon-zentrationslager als Mitglied des berühmten Mädchenorchesters von Auschwitz. Dieses spielte unter primitivsten Bedingungen in Auschwitz klassische Musik bei der Ankunft von Häftlingen oder zur Erbauung der Wachmannschaften und „durfte" dafür am Leben bleiben. Lasker-Wallfisch schreibt: „Sie [die SS-Leute] kamen meistens, um sich von den ‚Strapazen' der Selektionen zu erholen, bei denen sie entschieden, wer leben und wer sterben sollte. Bei einer solchen Gelegenheit spielte ich die Träumerei von Schumann für Dr. Mengele, den berüchtigten Lagerarzt" (Lasker-Wallfisch 2005, 132).

Dass die Kriegsverbrecher häufig im Privatleben sympathisch und gebildet waren, wird vielfach bestätigt. Welzer unternimmt den Versuch, das Profil des typischen Kriegsverbrechers herauszuarbeiten. Das Faszinierende, aber auch das Bedrückende an seiner Untersuchung besteht einerseits in der Tatsache, dass er seine Untersuchung auf die Protokolle der Nürnberger Prozesse und der Frankfurter Auschwitzprozesse stützt, also authentisches Material verwendet. Andererseits, um das Ergebnis vorwegzunehmen, zeigt er auf, dass die Täter unauffällige Durchschnittsmenschen waren.

Welzer verweist auf das erstaunliche Phänomen, dass selbst die Hauptkriegsverbrecher von Experten nicht einfach als solche zu identifizieren waren. Die psychologischen Testbefunde der Hauptkriegsverbrecher (Hermann Göring, Rudolf Heß, Albrecht Speer, Hans Frank usw.) wurden anonymisiert und 1976 und 1978 noch einmal Fachleuten vorgelegt. Diese stuften die Probanden als intelligent, fantasievoll und tatkräftig ein; als möglich wurde angesehen, dass es sich um Bürgerrechtler oder Psychologen handle.

In Deutschland begann nach 1933 mit erstaunlicher Geschwindigkeit ein Prozess, an dessen Anfang die Nationalsozialisten die Loyalität der Bevölkerung gewannen und diese schlussendlich für ihre Verbrechen – bis hin zur Planung und Durchführung von Massenmorden – nutzten. Bereits im März 1933 waren Tausende in Haft. Dies wurde von der Bevölkerung ohne große Proteste hingenommen und die Presse berichtete offen darüber. In Dachau entstand 1933 das erste Konzentrationslager auf deutschem Boden, in Baden-Württemberg wurden im gleichen Jahr das Lager Heuberg bei Stetten am kalten Markt und die ehemalige

Bundesfeste Oberer Kuhberg am nördlichen Stadtrand von Ulm als so genannte „Schutzhaftlager" eingerichtet. In kurzer Zeit vollzog sich eine erschreckende Veränderung der Einstellungen und Wertorientierungen: systematische Benachteiligungen, Entrechtung, Beraubung und Deportationen gehörten zum Alltag (vgl. Welzer 2005, 15). Dies gilt für die Bereiche Wirtschaft, Politik, Kultur und die Kirchen gleichermaßen. Fritz Stern konstatiert: „Nie zuvor hatte eine moderne, gebildete, eindrucksvoll gebildete Schicht so bereitwillig die elementarsten Bürgerrechte preisgegeben, verraten und verleugnet. Warum?" (2007, 121). Und an späterer Stelle: „Wir verstehen unter Gleichschaltung heute eine erzwungene Konformität; wahrscheinlicher ist, dass viele, vor allem ‚unpolitische' Deutsche, der Notwendigkeit enthoben, selbst entscheiden zu müssen, sich freiwillig dem neuen Regime anpassten" (ebd., 135). Welzer fasst diesen Befund sozialpsychologisch in die Formel: „Dabei wird zunehmend für normal gehalten, was zu Beginn des Prozesses noch als unmenschlich und unakzeptabel gegolten hätte" (Welzer 2005, 15).

Bereits 1933 war in der Bevölkerung die Meinung verbreitet, dass die Juden ein Problem darstellten, das „gelöst" werden müsse. Diese Auffassung führte letztlich dazu, dass die Ausgrenzung und Verfolgung der Juden und anderer Personengruppen stillschweigend geduldet, akzeptiert und in der Realität erlebt wurde. Die Ausgrenzung der „Anderen", der Juden, Sozialdemokraten, Kommunisten und Gewerkschaftler war eine gesellschaftliche Deutungsmatrix geworden, die individuelle Werthorizonte und ethische Standards veränderte:

> „Der [normative] Rahmen verändert sich in den zwölf Jahren zwischen 1933 und 1945 rapide, und er ist wichtig für die Wahrnehmung einer gegebenen Situation durch den Einzelnen – sei es eine Situation, in der man vor der Frage steht, ob man es sich erlauben sollte, in einem jüdischen Geschäft einzukaufen, sei es eine, in der die Gewalt der ‚Reichskristallnacht' beobachtet wird, sei es eine der angeordneten Erschießungen jüdischer Kinder."
>
> (Welzer 2005, 16)

Denn Situationen werden grundsätzlich interpretiert, bevor eine Schlussfolgerung und eine Entscheidung zum Handeln getroffen wird – und eben in solche Interpretationsprozesse fließen gesellschaftliche Normen ein (vgl. Welzer 2005, 16).

Auch kritisch denkende Bürger kamen in Situationen, in denen sie sich nur schwer für das von ihnen eigentlich als richtig eingestufte Verhalten entscheiden konnten. So schildert der bekannte Journalist Sebastian Haffner, wie er als Gerichtsassessor in der Bibliothek des Berliner Kammergerichts erlebte, dass jüdische Richter von SA-Leuten abgeführt wurden, und zwar im März 1933. Auf den Ruf: „Nichtarier haben sofort das Lokal zu verlassen!", leisteten jüdische Richter keinen Widerstand. Nur ein ehemaliger, dekorierter Weltkriegs-Offizier machte Schwierigkeiten. Haffner vertiefte sich in seine Akte und bejahte die Frage, ob er Arier sei. Hierzu schreibt er: „Mir aber schoss das Blut ins Gesicht. Ich empfand, einen Augenblick zu spät, die Blamage, die Niederlage. Ich hatte ‚ja‘ gesagt! Nun ja, ich war ein ‚Arier‘, in Gottes Namen. Ich hatte nicht gelogen. Ich hatte nur viel Schlimmeres geschehen lassen" (zit. nach Welzer 2005, 58 f.). „Schlimmeres" war in den Augen Haffners das Ignorieren, d.h. das stillschweigende Zusehen, wie jüdische Kollegen und Vorgesetzte abgeführt wurden, und die trotz innerer Widerstände getroffene Entscheidung, von den wahrgenommenen Ereignissen keine Notiz zu nehmen (Welzer 2005, 59). Fritz Stern spricht in diesem Zusammenhang von einem „verderblichen Schweigen", jenem „feinen Schweigen", das im „Dritten Reich" zum „feigen Schweigen" wurde: „Die Passivität, das Schweigen der Anständigen, war für den Erfolg des Nationalsozialismus mindestens ebenso wichtig wie das Brüllen der Begeisterten" (Stern 2007, 74 f.). Die fatale Handlungskette lautet Welzer zufolge: Wegsehen – Dulden – Akzeptieren – Mittun – Aktivwerden (Welzer 2005, 60).

Um ausschlaggebende Gründe und Motive zu benennen, weshalb normale Menschen Handlungen begehen, die für sie selbst und ihre Umgebung eigentlich nicht vorstellbar sind, hebt

Welzer überzeugend auf die situativen Bedingungen und auf den sozialen Referenzrahmen ab. Menschen seien sehr schnell bereit, eine veränderte Konditionierung als richtig zu akzeptieren, wenn sie vom sozialen Umfeld getragen werde. Eine solche Anpassung sei in ihren Augen moralisch richtig. Die Anpassungsbereitschaft führe zu einer Verinnerlichung und Akzeptanz von Handlungen anderer, bei denen man anwesend ist bzw. diese wahrnimmt. Da die Täter ihr eigenes Handeln in der verbrecherischen Situation als übereinstimmend mit dem Verhalten von Kameraden und Vorgesetzten wahrnehmen, führe dies dazu, dass sie viel seltener unter der Erinnerung an die Verbrechen leiden als ihre Opfer. Folgerichtig gehöre das Bestreiten jeglichen Unrechtsbewusstseins zur späteren Rechtfertigung, da man ja der Werteordnung, die sich verändert hatte, entsprechend gehandelt habe.

Franz Stangl, der Kommandant der Vernichtungslager Sobibor und Treblinka, weist in seiner Vernehmung darauf hin, die Vernichtung sei vom Nazi-Regime veranlasst worden und damit von diesem zu verantworten. Ihm habe für eine strafbare Handlung der freie Wille gefehlt. Er lege Wert auf die Feststellung, dass er seine Aufgabe korrekt durchgeführt und zum Beispiel keine Beraubung der Opfer geduldet habe (Welzer 2005, 25). Das Töten wird damit „zum gesellschaftlich integrierten Handeln" (Welzer 2005, 37). Sie, die Täter, hätten einfach etwas getan, was von ihnen erwartet wurde. Welzer konstatiert, man habe es bei Massenmorden nicht mit disponierten Mördern zu tun, sondern mit Menschen, die sich aus ihnen plausibel erscheinenden Gründen entschieden, zu töten.

Auch Primo Levi, ein Chemiker und Schriftsteller aus Triest, der nach Auschwitz deportiert wurde, bestätigte das Ergebnis von Welzer, indem er in seinem 1958 erschienenen autobiografischen Werk „Ist das ein Mensch? Erinnerungen an Auschwitz" schreibt: „Es gibt die Ungeheuer, aber sie sind zu wenig, als dass sie wirklich gefährlich werden könnten. Wer gefährlicher ist, das sind die normalen Menschen" (zit. nach Welzer 2005, 12). Das Gefährliche ist die Anpassungsbereitschaft (sogar der Opfer) in einem verbrecherischen Umfeld. Deshalb beschäftigte sich Levi auch mit dem Phänomen, dass nur wenige SS-Leute einen ganzen Zug bewachen konnten und die Opfer sich ohne nennenswerten Widerstand „zur Schlachtbank" führen ließen.

Diese sozialen und psychologischen Mechanismen führten in letzter Konsequenz zur Delegation der Verantwortung und zum Gehorsam, der auch vor Verbrechen nicht Halt macht, die man trotz subjektiver Distanzierung gleichwohl begeht. Welzer zieht folgendes Fazit: „Zusammenfassend lässt sich eine erstaunliche psychologische Folgenlosigkeit der ausgeübten extremen Gewalt konstatieren. Schuldgefühle sind in den Aussagen an keiner Stelle zu identifizieren" (Welzer 2005, 218). Dies bestätigen im Übrigen Erhebungen von Psychotherapeuten und Psychoanalytikern, die belegen, dass die Opfer von ihren Leiden verfolgt werden und an posttraumatischen Syndromen leiden, die Täter hingegen nicht. Die Täter haben ihre Verbrechen nicht verdrängt, wie oft behauptet wird, sondern abgespalten, sie kehren nicht in ihr Bewusstsein zurück. Der Sozialphilosoph und Schriftsteller Günther Anders, der sich u.a. mit der Zerstörung der Humanität auseinandersetzte, bemerkt zum Thema Schuld und Verdrängung, dass die meisten Täter „eine Aufhebung der Verdrängung nicht benötigten, und diese benötigten sie nicht, weil sie nichts verdrängt hatten; und verdrängt hatten sie deshalb nichts, weil ihre Erfahrungen gar nicht traumatisch gewesen [...] waren" (zit. nach Welzer 2005, 218).

3. Helmuth James Graf von Moltke

Der Name von Moltke und mit ihm der des sogenannten Kreisauer Kreises, dessen Kopf und Herz er war, ist sehr bekannt. Dies liegt unter anderem an der guten Quellenlage. Es handelt sich dabei vor allem um Moltkes Briefe an seine Frau Freya und sein Tagebuch im Gefängnis Tegel. Nach dem Tod seiner Frau wurden auch ihre Briefe zur Veröffentlichung freigegeben.

Sein Leben endete, wie das vieler anderer Widerstandskämpfer, am Galgen in Berlin-Plötzensee am 23. Januar 1945. Der Hinrichtung ging ein Prozess vor dem Volksgerichtshof voraus, welcher in der vom berüchtigten Präsidenten des Volksgerichtshofes, Roland Freisler, geführten Schlussverhandlung kulminierte.

Die Verhandlung vor dem Volksgerichtshof, Moltkes Argumentation und sein gefestigtes Auftreten sowie seine eindrucksvollen Briefe sind ein beredtes Zeugnis für seine Integrität und Charakterstärke. Hans Lilje, ein Mithäftling in Tegel und nach 1945 Landesbischof von Niedersachsen, vermittelt ein gutes Bild von der Person Moltkes:

> „Die eindrucksvollste Gestalt aber war Graf Helmuth von Moltke. Als wir, die wahrscheinlichen Todeskandidaten, uns im Korridor des Gestapo-Gefängnisses in der Lehrter Straße zum Abtransport nach Tegel versammelt hatten, fiel von selbst ein wohl zwei Meter hoher Mann auf, der in Zuchthauskleidern ging. [...] Mit einer Ruhe, die alles andere als stoisch war, weil sie aus einer fast heiteren Gelöstheit stammte, redete er uns die weichlichen Illusionen über unser Schicksal aus und forderte uns auf, uns auf den Tod zu rüsten. Er selber tat es auf eine vorbildliche Weise. Ohne die leiseste Selbsttäuschung über sein wahrscheinliches Ende lebte er in einer heiteren Klarheit der Seele, das leuchtendste Beispiel einer ungebeugten Haltung aus Glauben."

(zit. nach Brakelmann 2009, 347)

Der eigentliche Prozess wurde auf den 9. und 10. Januar 1945 terminiert. Da Moltke eine Beteiligung an Vorbereitungen zu einem Staatsstreich nicht nachgewiesen werden konnte, stützte der Vorsitzende, Volksgerichtspräsident Freisler, seine Anklage auf einen anderen Schuldvorwurf: Moltke und seine Mitstreiter hätten darüber nachgedacht, wie ein sich auf christlich-sittliche und demokratische Grundsätze besinnendes Deutschland in einer Zeit nach Hitler entstehen könnte (vgl. Brakelmann 2004, 358 f.). Freisler bekundete offen, nicht nach rechtsstaatlichen Grundsätzen zu verfahren: „Der Richter soll in erster Linie die autoritative

Willenskundgebung des Führers und die im Parteiprogramm der NSDAP enthaltenen Grundforderungen als Ausdruck des gesunden Volksempfindens anschauen, tut er das, wird er nicht fehlgehen können" (zit. nach Brakelmann 2009, 348, Anm. 16). Moltke schrieb hierzu an seine Frau:

> „[B]esprochen wurden Fragen der praktisch-ethischen Forderungen des Christentums. Nichts weiter; dafür allein werden wir verurteilt. Freisler sagte zu mir in einer seiner Tiraden: ‚Nur in einem sind das Christentum und wir gleich: wir fordern den ganzen Menschen!' [...] Von der ganzen Bande hat nur Freisler mich erkannt, und von der ganzen Bande ist er auch der einzige, der weiß, weswegen er mich umbringen muss. Freisler ist jedenfalls der erste Nationalsozialist, der begriffen hat, wer ich bin."

> *(Moltke 2009, 334)*

An anderer Stelle, in einem Brief vom 10. Januar 1945, schreibt Moltke:

> „Es ist ja nicht einmal ein Flugblatt hergestellt worden. Es sind eben nur Gedanken ohne auch nur die Absicht der Gewalt [...], keine Standesinteressen, überhaupt keine eigenen Interessen, ja nicht einmal meines Landes [vertrat], sondern menschliche, dadurch hat Freisler uns unbewusst einen ganz großen Dienst getan, [...] Durch diese Personalzusammenstellung [Delp, Gerstenmaier, Moltke] ist dokumentiert, dass nicht Pläne, nicht Vorbereitung, sondern der Geist als solcher verfolgt werden soll. Vivat Freisler!"

> *(Moltke 2009, 334)*

Moltke glaubte an die Wirkung und Notwendigkeit des konsequenten Einstehens für eine christlich-humanistische Grundhaltung, die von ihm aufrecht, auch in Fesseln, vertreten wurde. Moltke kommentiert nach der Verhandlung und der Auseinandersetzung mit Freisler: „Letzten Endes entspricht diese Zuspitzung auf das kirchliche Gebiet dem inneren Sachverhalt und zeigt, dass F. eben doch ein guter politischer Richter ist. Das hat den ungeheuren Vorteil, als wir nun für etwas umgebracht werden, was wir a. getan haben und was b. sich lohnt" (Moltke 2009, 333). Da Moltke weder einen Umsturz noch einen Tyrannenmord plante, wurde er allein für seine christlich-humane Gesinnung zum Tode verurteilt. Die Briefe sind Zeugnis eines bekennenden Christen, der sein Schicksal als göttliche Fügung akzeptierte (vgl. Brakelmann 2004, 368).

Ich möchte nunmehr versuchen, die Person und innere Haltung von Helmuth James von Moltkes mit wenigen Schlaglichtern zu skizzieren. Ich orientierte mich hierbei insbesondere an Ereignissen und Selbstzeugnissen, die eine Antwort auf die Frage geben, welche Faktoren das zivilcouragierte und widerständige Verhalten Moltkes begünstigten.

Dabei kommen mehrere Aspekte in den Blick. Eingangs muss man die ungewohnt intensive und substantiierte familiäre und vor allem partnerschaftliche Bindung von Moltke hervorheben. Das liegt insofern nahe, als die Briefe ja an seine Frau gerichtet und in Dialogform formuliert sind. Sie sind ihrem Charakter nach stets auf sie bezogen, sind ein ständiger Austausch und Beweis gegenseitiger Achtung und absoluter Offenheit, so als wenn Freya von Moltke in der Zelle anwesend wäre.

Wichtig und nicht immer genügend gewürdigt, erscheint mir bei Moltke – wie bei verschiedenen anderen Widerstandskämpfern auch – das ausgeprägte Verhältnis zum Recht als Quelle der Opposition und Staatswahrung sowie als Basis der politischen Erneuerung nach dem Ende des NS-Unrechtregimes. Bei Moltke liegt es deshalb nahe, Schwerpunkte seines juristischen Studiums und Stationen des weiteren Werdegangs kurz zu betrachten. Die Interessenspalette von Moltke umfasste zu Beginn seines Studiums nicht nur eigentliche Fachstudien. Seine Aufmerksamkeit galt vor allem der Geschichte und der Politik, aber auch der Literatur und Malerei. Hinzu kommt ein außergewöhnliches soziales Engagement. 1927 beteiligte er sich an den „Schlesischen Arbeitslagern" in Löwenberg, in denen 1928 bis 1930 versucht wurde, junge Arbeiter, Jungbauern und Studenten zusammenzuführen, um voneinander zu lernen und in einer Art berufsübergreifender

und genossenschaftlich organisierter Erwachsenenbildung staats-
bürgerliche Kenntnisse einzuüben. Ziel dieser Anstrengungen
war es, die Klassengesellschaft mit ihren in sich abgeschlossenen
Lebenswelten zu überwinden und eine Humanisierung der Ar-
beitswelt anzustreben (vgl. Brakelmann 2004, 360). In Kreisau
stellte Moltke Teile seines Grundbesitzes – wohl wissend, dass das
Großgrundbesitztum keine Zukunft haben konnte – für bäuerliche
Existenzgründungen zur Verfügung.

Mit Blick auf das Verhältnis von Individuum und Gesellschaft
beschäftigte ihn die Verankerung der individuellen Freiheit im
Naturrecht. Obgleich ich darüber nichts in der Literatur gefunden
habe, dürfte sich Moltke mit dem noch heute bedeutenden Juristen
Gustav Radbruch, der in der Weimarer Republik den Posten des
Reichsjustizministers innehatte, beschäftigt haben. Laut Radbruch
ist das Recht eine wertbezogene, an der Idee der Gerechtigkeit
auszurichtende Realität, die zum Gebiet der Kultur gehört und
damit zwischen Natur und Ideal steht. In seinem Lehrbuchklassiker
„Rechtsphilosophie" von 1932 definierte er Recht als „Inbegriff der
generellen Anordnungen für das menschliche Zusammenleben",
zugleich aber auch als „die Wirklichkeit, die den Sinn hat, der
Gerechtigkeit zu dienen" (Radbruch 2003, 34 f.).

Der naturrechtliche Ansatz bildete auch die gemeinsame über-
konfessionelle Klammer des Kreisauer Kreises (vgl. Brakelmann
2008, 131). Überhaupt fanden die Konfessionen im Widerstand
nicht nur in der Abwehr des Unrechtssystems, sondern als Gemeinschaft zur Gestaltung eines neuen Staatswesens zueinander;
eine Entwicklung, die leider nach dem Krieg so nicht weitergeführt
wurde. Hierbei spielte sicherlich neben der Fülle von Anregungen
und Kontakten der Familie vor allem auch Moltkes eigene Offenheit
und die früh ausgeprägte Fähigkeit, auf andere zuzugehen und
seine sozialen sowie politischen Interessen und Kompetenzen zu
präsentieren und sich darüber auszutauschen, eine maßgebliche
Rolle. Sein Elternhaus war nicht von Standesdünkel geprägt, vielmehr offen-liberal und demokratisch. Er konnte sich mit beiden
Eltern kritisch austauschen – ein glücklicher Umstand, der seine

spätere Einstellung merklich beeinflusst haben dürfte. Die ihn prägende Hellsichtigkeit der Personen seiner nächster Umgebung wird ersichtlich, wenn man bedenkt, dass seine Mutter bereits am 12. Februar 1933 feststellte: „Wir leben wirklich in einer Atmosphäre, in der die Macht durchaus an die Stelle des Rechts getreten ist" (zit. nach Brakelmann 2009, 70).

Auf eine schriftliche Abhandlung, die Moltke mit Anfang zwanzig (!) verfasste, ist besonders hinzuweisen. Er entwickelte darin die Idee, die Jugend für eine parteiunabhängige Bewegung zum „Wohlergehen des ganzen Deutschlands" zu gewinnen. Er betonte die Prinzipien der Dezentralisierung und vor allem die Notwendigkeit der Entwicklung der Mitverantwortung des einzelnen Bürgers, denn Politik hieß für ihn stets auch Mitverantwortung. Sein Biograf Günter Brakelmann kommentiert dazu treffend: „Moltke wurde zum Anwalt basisdemokratischer Praxis lange vor der totalitären Fremdbestimmung der Bürger im Dritten Reich" (2009, 56). Moltke hob die Überwindung der Klassengesellschaft durch Bildung als notwendig hervor, die deshalb auch in der Gesellschaft allgemein und umfassend verankert sein müsse. Seine Hoffnungen in die Parteien der Weimarer Republik waren diesbezüglich sehr gedämpft.

Moltkes eigenständiges Denken und seine tiefe Verwurzelung in der Idee der Rechtsstaatlichkeit zeigen sich, wenn er bereits am 7. März 1933 schreibt:

> „dass ich die Jurisprudenz wohl aufgeben werde. Die alte Jurisprudenz, die ich gelernt habe und die von einem Begriff abstrakter Gerechtigkeit und Menschlichkeit ausgeht, ist ja heute nur noch von historischem Interesse [...]. Sie [die alten Rechtsfindungsmethoden] sind zwar durch die Jahrhunderte erprobt und gefestigt, jedoch sind sie so gründlich eingerissen worden, dass Jahrzehnte wenigstens daran zu arbeiten haben werden, um sie wieder unter dem Schutt hervorzuholen."
>
> *(zit. nach Brakelmann 2009, 71)*

Einem solchen Staat wollte Moltke nicht dienen. Er zog die persönliche Konsequenz und sah sich nach alternativen Beschäftigungen um. Er verwarf die Möglichkeit zu emigrieren und absolvierte noch den Dienst als Referendar. Moltke stand bereits innerlich in Opposition zum Regime, suchte aber nach einem Platz zum anständigen Überleben. Später nennt er das, „auf der richtigen Seite stehen". Ein wesentlicher Rückhalt war für ihn Ehe und Familie sowie die innerfamiliäre Übereinstimmung in politischen und ethischen Fragen. Auch die sogenannte innere Emigration, das Abkapseln und Zurückziehen ins Private, schied für ihn aus, zumal der totalitäre Staat immer weniger Freiräume ließ.

Im Juni 1935 wurde Moltke als Anwalt zugelassen und arbeitete in einer Kanzlei, die über internationale Verbindungen verfügte. Als Anwalt für Völkerrecht und internationales Privatrecht unterstützte er jüdische Mandanten, die zur Auswanderung gezwungen wurden, und konnte zudem Auslandsreisen unternehmen, um Kontakte zu pflegen. So hielt Moltke in den Folgejahren u.a. Kontakte zum Völkerbund in Genf und zu kirchlichen Kreisen in Großbritannien, während in Deutschland die nationalsozialistische Diktatur bereits alle gesellschaftlichen Bereiche beherrschte.

Da er zwischenzeitlich – nachdem er in London und Oxford die englische Ausbildung zum Rechtsanwalt absolviert hatte – seine Zulassung als Anwalt in Großbritannien erhalten hatte, sah er die dortige Niederlassung zunächst als Alternative und Rückzugsmöglichkeit. Bevor Moltke jedoch seine Anwaltstätigkeit in London aufnehmen konnte, brach der Zweite Weltkrieg aus.

Vor Kriegsbeginn knüpfte er weitere wichtige Kontakte mit hochgestellten Persönlichkeiten in Politik und Kirche, um sie zu einer klaren Haltung gegen das „Dritte Reich" zu veranlassen (z.B. zu Adam Trott zu Solz, dem späteren „Außenminister" des Kreisauer Kreises, und Fabian von Schlabrendorff, Widerstandskämpfer und von 1967 bis 1975 Richter am Bundesverfassungsgericht). Am 6. September 1939 wurde Moltke eingezogen als Kriegsverwaltungsrat in dem neu geschaffenen Völkerrechtsreferat beim Oberkommando der Wehrmacht (OKW); er war nunmehr

Angehöriger der Wehrmacht. Moltke hoffte, bei dieser Art der Verwendung die Akzeptanz des Völkerrechts fördern und humanitär auf das militärische Geschehen einwirken zu können. Es ging ihm darum, in dem Unrechtsstaat, der dabei war, Europa mit Krieg zu überziehen, eine berufliche Nische zu finden, die mit seiner Selbstachtung vereinbar war.

Der Arbeitsbereich brachte ihn in Kontakt mit Gegnern des „Dritten Reiches", wie Admiral Canaris, Generalmajor Hans Oster, Hans von Dohnanyi und Berthold von Stauffenberg. Seine ausgeprägte Kommunikationsfähigkeit erleichterte ihm die Kontaktaufnahme mit Gleichgesinnten. Dies bedeutete aber immer auch ein Risiko und hieß für Moltke, über Jahre hinweg in einem ungeheuren inneren und äußeren Spannungsverhältnis zu stehen.

Die Widerstandsaktivitäten gipfelten im sogenannten Kreisauer Kreis, der auf Moltkes Gut tagte. Die von diesem Kreis über Jahre erarbeiteten Grundthesen richteten sich entschieden gegen das menschenverachtende System des Nationalsozialismus; relativ früh wurden auch die Verbrechen im Osten und die Judenverfolgungen bekannt. Hinter der Weltanschauung der Nationalsozialisten verbirgt sich für den Kreisauer Kreis ein radikaler Angriff auf die Glaubensinhalte und die ethisch-moralischen Werte des Christentums. Diesem Unrechtssystem setzten sie die abendländischen Grundwerte entgegen und erstrebten eine religiös-sittliche Erneuerung und auf Frieden ausgerichtete Politik nach einer Niederlage, die sie für unausweichlich, sogar für notwendig erachteten.

Dies deckte sich mit Moltkes persönlicher Bilanz, die er in einem Brief vom Oktober 1944 zog:

„Ich habe mein ganzes Leben lang, schon in der Schule, gegen einen Geist der Enge und der Gewalt, der Überheblichkeit, der Intoleranz und des Absoluten, erbarmungslos Konsequenten angekämpft, der in den Deutschen steckt und der seinen Ausdruck in dem nationalsozialistischen Staat gefunden hat. Ich habe mich

auch dafür eingesetzt, dass dieser Geist mit seinen schlimmen Fol-
geerscheinungen wie Nationalismus im Exzess, Rassenverfolgung,
Glaubenslosigkeit, Materialismus überwunden werde. Insoweit und
von ihrem Standpunkt aus haben die Nationalsozialisten recht, dass
sie mich umbringen."

(zit. nach Brakelmann 2009, 342)

Auch hier klingt das Grundsätzliche und Bemerkenswerte seines
Denkens durch: Wahrheitssuche und Handeln aus einer christlich-
humanistischen Grundeinstellung heraus ist gleichbedeutend
mit Stärke, auch wenn sie dem Bösen unterliegt.

Während einige der Widerstandskämpfer hauptberuflich im
Dienst der Kirche standen und ihre christlich motivierte Opposition als dienstliche Verpflichtung betrachteten, entwickelte sich
die starke christliche Motivation bei Moltke erst im Laufe seines
Widerstandes. Brakelmann hat sicher Recht, wenn er feststellt,
in dem sich entwickelnden Gesprächskreis habe es zunächst
eine Selbstvergewisserung des Einzelnen, dann aber auch die
Erarbeitung eines Konsenses gegeben (Brakelmann 2009, 101).
Für Moltke wurde dies jedoch zu einer Art philosophischem
Glauben, der sich auf alle Lebensbereiche bezog. Die Affinität
zum Religiösen wurde ihm nicht nur zum Rückhalt, sondern
geradezu zur neuen Lebensmitte und zum Zentrum des Denkens
– vor allem angesichts der Gefahren und Spannungszustände in
den letzten Lebensjahren und während der Haft.

Moltke verfolgte diesen Weg mit aller Konsequenz. Doch wie
realistisch bzw. wie konkret war dieser Weg? Ist die bisweilen
vorgenommene Einordnung seiner Person als konservativ und
religiös zu vorschnell?

Eindeutig erhoffte sich Moltke nach der Niederlage des
Nationalsozialismus eine Erneuerung Deutschlands im Verbund mit den Kirchen und auf dem Fundament der christlich-
humanistischen Tradition. Nachdem alle Versuche, das Ausland
einzubinden, keinen Erfolg hatten und im Inland insbesondere
von militärischer Seite kaum Unterstützung zugesagt wurde,

schwanden die Hoffnungen auf ein Ende des Regimes. Keiner der elf Feldmarschälle hatte sich an dem Attentat am 20. Juli 1944 beteiligt und nur wenige Generäle. Die beruflichen Möglichkeiten reduzierten sich ebenfalls. Am 19. Januar 1944 wurde Moltke verhaftet, weil er jemanden vor der Verhaftung gewarnt hatte, statt ihn anzuzeigen. Er konnte zwar noch für seine Dienststelle arbeiten, war aber unter Zuchthausbedingungen in Einzelhaft. Nach fünfwöchiger Haft schrieb er: „Die Tage verbringe ich mit Lesen und Nachdenken. Ich poliere eifrig an meinem inneren Menschen herum und bin gespannt, ob das Erfolg haben wird. Die Voraussetzungen dafür sind natürlich glänzend, denn hier gilt nur, was man in sich hat oder finden kann" (zit. nach Brakelmann 2009, 318).

Moltke zog angesichts der deprimierenden Aussichten im persönlichen, im beruflichen und gesellschaftlichen Umfeld seine Kraft und Stärke aus seiner christlich-humanistischen Grundhaltung. Antworten auf Sinnfragen fand er in diesem moralischen Fundament. Sein Glaube gab ihm Ruhe und Sicherheit, stärkte das notwendige Durchhaltevermögen und seine geistige Klarheit im Prozess bis zur Verkündung des Todesurteils. Hierbei durchdrangen sich kritisches Glaubensverständnis und weltliche Verantwortung in einem dialektischen Prozess. Es gab durchaus Phasen der Unsicherheit, was z.B. seine Beschäftigung mit Luther und Kant zeigt, die nicht frei waren von Selbstzweifeln und dem Erleben der eigenen Begrenztheit. Moltke war kein religiöser Fantast oder weltfremder Schwärmer. Deshalb ist sein kaum nachzuvollziehendes Vertrauen in die eigene Existenz so ungewöhnlich. Es kommt aber noch etwas anderes hinzu: Moltke will weiterleben, anerkennt aber auch zugleich den nicht nachvollziehbaren Willen Gottes und den möglichen Tod. Auf der einen Seite erlebt er sein Schicksal, obgleich schwer zu ertragen, als göttlich vorherbestimmt: „Gottes Wege sind eben wunderbar, und wir haben kein Recht, nach Erklärungen zu suchen. Es sind seine Wege, und darum sind sie gut und richtig" (zit. nach Brakelmann 2009, 341). Auf der anderen Seite ist er überzeugt, als Werkzeug Gottes Gutes bewirken zu können. Moltke fand sich nicht gottergeben mit seinem schrecklichen Schicksal ab. Er war vielmehr überzeugt, dass seine Chance und die Einmaligkeit göttlicher Gnade darin begründet sind, gerade ihn zu bestimmen, den Nationalsozialismus in seiner Menschenverachtung zu entlarven. Die Suche nach dem eigenen Standpunkt im Geistigen und Psychischen führte bei Moltke zu dem Bedürfnis, sich in einem Gesamtplan als Werkzeug zu definieren.

Christ-Sein hieß für ihn primär nicht, generelle christliche Positionen auf die Gesellschaft zu übertragen, sondern sein personales Selbstverständnis zu reflektieren und auf alle Lebensebenen zu übertragen. Dies gilt vor allem für das persönliche Umfeld und das berufliche sowie politische Feld. Seine Sicherheit und Stärke waren nicht Stoa oder Märtyrertum, sondern von Hoffnung getragene, zielstrebige Lebensaktivität im Bewusstsein der eigenen Begrenztheit. Seine Religiosität war angstfrei und fußte nicht auf göttlicher oder kirchlicher Autorität. Er erfuhr, dass das Resultat seines Suchens und Kämpfens ein Hinwirken auf eine übergeordnete Einheit und Gerechtigkeit darstellte, das er rational nicht erfassen, aber trotzdem als Glück erleben konnte.

Als geschundener Todeskandidat setzte er dem Urteil das Bild des freien Christen dagegen. Seine Briefe sind Zeugnisse eines Menschen, der mit seiner Person und mit seiner Überzeugung gegen die Unwahrheit seines Blutrichters stand (vgl. Brakelmann 2004, 368). Auch wenn es für ihn selbst eine bittere Stunde war, setzte er dennoch ein Fanal für sein Volk und für die Zukunft. Seine Asche wurde auf Befehl Heinrich Himmlers, wie die der anderen Widerstandskämpfer, verstreut.

4. Kurt Schumacher

Schumacher ist ein Mensch mit einer ganz anderen Biografie und charakterlichen Struktur als Moltke. Schumacher stellt anders als Moltke den Typus des aktiven Politikers dar, der sich einem totalitären Regime entgegenstellte, sich und dem Gemeinwohl treu blieb. Nach Schumacher sind zwar Brücken, Straßen und Einrichtungen benannt; als Person ist er jedoch wenig bekannt, allenfalls als scharfzüngiger, etwas unheimlicher Opponent von Konrad Adenauer. In seiner Bedeutung als konsequenter Demokrat und unabhängiger Kämpfer für Deutschland findet er nicht die ihm gebührende Beachtung, nicht einmal in seiner eigenen Partei.

Der Schriftsteller Wolfgang Koeppen, Büchner-Preisträger 1962, schildert in seiner messerscharfen literarischen Verarbeitung der deutschen Nachkriegsdemokratie in dem Buch „Das Treibhaus" von 1953 nur leicht verfremdet das Erscheinungsbild und die Person von Kurt Schumacher. Aus diesem Buch verwendet Volker Schober, der Verfasser der umfangreichsten Biografie über Schumacher, das folgende Zitat, das viel erfasst von dem, was Schumacher kennzeichnet:

> „Knurrewahn [= Schumacher, Verf.] hatte viel durchgemacht; aber er war nicht weise geworden. Sein Herz war gut gewesen; nun hatte es sich verhärtet. Er war aus dem Ersten Weltkrieg mit einem Steckschuss heimgekehrt und hatte zum Erstaunen der Ärzte weitergelebt. [...] und Knurrewahn war als lebendiger Leichnam von Klinik zu Klinik gewandert, bis er klüger als seine Ärzte geworden war, einen Posten in seiner Partei annahm und sich durch zähen Fleiß [...] zum Reichstagsabgeordneten hochdiente. Er war ein nationaler Mann, und seine Opposition gegen die nationale Politik der Regierung war sozusagen deutschnational, Knurrewahn wollte der Befreier und Einiger des zerrissenen Vaterlandes werden. Lassalle war ein Porträt des Abgeordneten als junger Mann [...] er hasste den Landesfeind und den Klassenfeind. Und sicher hatte er in seinem Schreibtisch verschämt in einer Blechschachtel das Eiserne Kreuz und das Verwundetenabzeichen aus dem Grabenkrieg liegen, eingewickelt vielleicht in den Entlassungsschein aus dem Konzentrationslager [...]. Was für ein prächtiger Mann war er doch!"

> *(Koeppen 2004, S. 70 f.)*

In diesem Zitat sind Merkmale der Person und des Charakters Kurt Schumachers enthalten, die uns noch beschäftigen werden. Schumacher stellt, wie es das Zitat von Koeppen verdeutlicht, einen ganz besonderen Typus dar. Er ist zwar als Einzelperson zu würdigen, steht aber beispielhaft für Geschichtsbewusstsein und Friedensfähigkeit; er ist in seiner politischen Charakteristik einzigartig. Die herausragende Bedeutung seiner Person zeigt sich besonders deutlich in einem kurzen Zeitraum im März 1933 im Zusammenhang mit der Verabschiedung des sogenannten „Ermächtigungsgesetzes" im Deutschen Reichstag.

Seine Vita soll nicht im Einzelnen nachgezeichnet, vielmehr soll sein widerständiges und zivilcouragiertes Verhalten – im Vergleich mit Helmuth James von Moltke und Fritz Bauer – erörtert werden.

An dieser Stelle muss auf Schumachers herausragende Rede vom 23. Februar 1932 zurückgegriffen werden, um sein Verhalten zum „Ermächtigungsgesetz" richtig einordnen und seinen persönlichen Mut sowie die Geradlinigkeit seines Verhaltens würdigen zu können.

Nach heftigen Auseinandersetzungen im Anschluss an einen Redebeitrag des Vertreters der Nationalsozialisten, dem späteren Reichspropagandaminister Joseph Goebbels, hielt Schumacher seine einzige Reichstagsrede. Dabei zeigte er Mut und Widerstandswillen, was in dem Ruf kulminierte: „Die ganze nationalsozialistische Agitation ist ein dauernder Appell an den inneren Schweinehund im Menschen". Und weiter: „Wenn wir irgendetwas beim Nationalsozialismus anerkennen, dann ist es die Tatsache, dass ihm zum ersten Mal in der deutschen Politik die restlose Mobilisierung der menschlichen Dummheit gelungen ist. [...] Abschließend sage ich den Herren Nationalsozialisten: Sie können tun und lassen, was sie wollen; an den Grad unserer Verachtung werden sie niemals heranreichen."[1]

Mit dieser Haltung und im Bewusstsein der ihm drohenden Gefahr war er bereit, die Stellungnahme zum „Ermächtigungsgesetz" im Reichstag abzugeben und für den physisch angeschlagenen und hochgradig gefährdeten Fraktionsvorsitzenden der SPD, Otto Wels, einzuspringen. Otto Wels hielt dann selbst die Rede, die zu einer letzten Sternstunde der Demokratie wurde. Er hob auf die Verbindung von Sozialismus, Menschlichkeit, Freiheit und Gerechtigkeit im Rahmen der Verfassung ab und hielt Hitler entgegen, dass kein „Ermächtigungsgesetz" die ewigen Ideen, die unzerstörbar seien, zerstören könne. Sein Beitrag gipfelt in dem Ausruf: „Freiheit und Leben kann man uns nehmen, die Ehre nicht." Es ist merkwürdig, dass Schumacher selten als Widerstandskämpfer eingestuft wird. Während der militärische Widerstand vermeintlich eindeutig eingeordnet werden kann, obgleich die Handelnden häufig lange Zeit in ein undemokratisches Regime verstrickt waren, tut man sich beim zivilen Widerstand schwer. Vielleicht hängt dies damit zusammen, dass der Widerstand im zivilen Bereich den Einzelnen direkter zur Überprüfung und Infragestellung des eigenen Verhaltens zwingt.

Zur näheren Würdigung des Verhaltens von Schumacher möchte ich Fritz Bauer zitieren, der uns im Folgekapitel beschäftigen wird:

> „Alle im Namen des Widerstandsrechts erfolgten Handlungen, auch Unterlassungen im Sinne des Ungehorsams, sind der Versuch einer Kritik, einer Einflussnahme, einer Korrektur staatlichen Geschehens, das gewogen und möglicherweise zu leicht befunden wird. Maßstab ist [...] freilich nicht ein neues Recht, sondern immer ein altes Recht, das nach Auffassung der Widerstandskämpfer von Staats wegen gebeugt wird. Widerstandsrecht meint nicht Revolution, sondern Realisierung eines bereits gültigen, aber nicht verwirklichten Rechts."
>
> *(zit. nach Wojak 2009, 452 f.)*

Aber Schumacher wollte mehr und hat es auch gezeigt. Ganz im Sinne von Fritz Bauer sagte er kurz vor seinem Tod am 6. August 1952: „Wer nicht die Kraft hat, in gewissen Situationen nein zu sagen, dessen Ja ist völlig wertlos" (zit. nach Lechner 1995, 17). Schumacher hatte seiner Lebenspartnerin Maria Fiechtl in einem Brief geraten, sich in Sicherheit zu bringen und auf ihn keine Rücksicht zu nehmen. Er war bereit, unbeugsam Schmach und Verfolgung für die gerechte Sache auf sich zu nehmen, wollte aber niemand anderen damit belasten.

Die Möglichkeit, ins Ausland zu emigrieren, ergriff er nicht. Anlässlich der letzten Sitzung der Reichstagsfraktion am 10. Juni 1933 sagte er: „Für uns gibt es aber keine Möglichkeit der Versöhnung mit dem Faschismus" (zit. nach Schober 2000, 461). Schumacher wollte mit seinem Verbleiben in Deutschland auch ein Signal setzen, dass er dieses nicht im Stich lassen könne. Er war sich im Klaren, was auf ihn zukommen würde. Er wurde am 6. Juli 1933 von der Gestapo verhaftet und in eine Einzelzelle verbracht. Zuvor waren per Funkspruch der württembergischen Politischen Polizei alle Behörden aufgefordert worden, ihn (mit dem Hinweis: „Reichstagsabgeordneter, Schumacher ist einarmig") in Schutzhaft zu nehmen (vgl. Lechner 1995).

Der Kommentar im NS-Kurier vom 11. Juli 1933 versucht nicht einmal, die geplante Rache am politischen Gegner zu kaschieren. Es heißt u.a.:

> „Wie wir von zuständiger Seite erfahren, wurde der berüchtigte sozialdemokratische Reichstagsabgeordnete Schumacher auf Veranlassung der württembergischen politischen Polizei in Wuppertal verhaftet. Die Polizei hat seine Überführung auf den Heuberg angeordnet. [...] Mit Dr. Schumacher ist einer der schamlosesten sozialdemokratischen Hetzer nicht nur Württembergs, sondern ganz Deutschlands unschädlich gemacht worden. Mit einem an Hysterie grenzenden, verbrecherischen Hass bespie und verleumdete er nationalsozialistische Führer und die nationalsozialistische Bewegung [...]."
>
> *(zit. nach Lechner 1995, 50 f.)*

Dass das Schicksal der „Schutzhäftlinge" und die Existenz von (Konzentrations-)Lagern schon im Jahre 1933 allgemein bekannt waren, beleuchtet die Aussage von Lotte Ruggaber, Tochter des SPD-Parteisekretärs und Herausgebers der „Donauwacht": „Sei ruhig, sonst kommst Du auf den Heuberg", sei damals ein geflügeltes Wort gewesen:

> „Die Gefangenen sahen nie einen Haftbefehl, es gab keine Anklage, keinen Rechtsbeistand, kein Urteil. Keiner wusste, wie lange er

festgehalten werden wird, die Verhaftungen waren reine Willkür. Der Heuberg war zwar kein Todeslager [...], aber auch hier dokumentierte sich schon die Menschenverachtung, die Brutalität, auch die Rachsucht der neuen Machthaber. Schikanen, Demütigungen, Prügel, kahlgeschoren wie Zuchthäußler, dem Hunger und der Kälte ausgesetzt, zusammengepfercht in primitiven Baracken, wurden hier die Männer festgehalten, deren Verbrechen allein die Zugehörigkeit zur SPD oder KPD, teilweise auch der bürgerlichen Parteien war."

(zit. nach Lechner 1995, 31 f.)

Die Verlegung von Schumacher von Plötzensee ins Lager Heuberg (bei Stetten am kalten Markt) geschah auf Betreiben des in Stuttgart ansässigen Gauleiters Wilhelm Murr.

Schon zu Beginn seiner fast zehnjährigen Haft zeigte Schumacher seine charakterliche Stärke und seinen Durchhaltewillen. Bei seiner Einlieferung wurde er von einem SA-Mann angebrüllt: „Mensch, häng' Dich doch gleich auf, heraus kommst Du doch nie!" Hierauf entgegnete Schumacher: „Nein, die Verantwortung dafür müssen Sie schon selbst übernehmen" (Merseburger 1995, 169). Schumacher war zunächst bis Dezember 1933 im KZ Heuberg, anschließend bis 1935 im KZ Oberer Kuhberg in Ulm, anschließend im KZ Dachau und zeitweilig im KZ Flossenbürg. Am 16. März 1943 wurde Schumacher nach einer zehnjährigen Haftzeit als schwerkranker Mann entlassen. Die Nationalsozialisten konnten den Charakter dieses großen Mannes nicht brechen. Die ständigen Schikanen können hier nicht im Einzelnen nachgezeichnet werden. Besonders einprägsam ist aber eine Szene, die ein Mithäftling (Erich Roßmann, SPD-Landesvorsitzender in Württemberg) schildert: „Bei 30 Grad Hitze", notierte Roßmann in seinen Erinnerungen, „wurde Schumacher auf dem Kasernenhof herum gejagt und musste mit seinem linken Arm auf dem ausgedehnten Gelände des Lagers kleine Kieselsteine in einen Eimer sammeln. War der Eimer gefüllt, musste er ihn ausleeren und wieder von vorn beginnen" (zit. nach Merseburger 1995, 170) Eine ähnliche Szene wird später auch aus Dachau berichtet.

Der NS-Staat hält die Fiktion aufrecht, die „Schutzhaft" diene der Erziehung und Besserung. Für Unbelehrbare wie Kurt Schumacher gilt jedoch die Feststellung von Eugen Kogon über die wahre Vorgehensweise: „Absondern, diffamieren, entwürdigen, zerbrechen und vernichten" (zit. nach Merseburger 1995, 175).

Nach einem Hungerstreik konnte Schumacher nur dank der Unterstützung von Mithäftlingen überhaupt überleben. In Briefen des Jahres 1936 an seine Lebenspartnerin in den USA erklärt er trotzdem eindeutig, dass er keinen Kompromiss mit dem Regime eingehen werde, auch nicht aus Berechnung. Diese Haltung war für ihn ein moralischer Imperativ, insbesondere für einen Neuanfang nach dem Ende der NS-Diktatur. Damit sind auch Deutungsversuche, Schumacher habe möglicherweise den Weg eines Märtyrers bewusst gesucht, strikt zurückzuweisen (vgl. Merseburger 1995, 178).

Wohl weil man davon ausging, dass Schumacher nicht mehr lange leben würde, wurde er am 16. März 1943 als schwerkranker Mann entlassen. Er verbrachte die verbleibenden zwei Jahre bis zum Kriegsende in Hannover bei der Familie seiner Schwester, wo er unter Hausarrest gestellt wurde. Nach einer kurzen Inhaftierung nach dem Attentat auf Hitler am 20. Juli 1944 begann Schumacher bereits im Winter 1944/45 Verbindung zu ehemaligen SPD-Funktionären aufzunehmen.

Schumacher arbeitete unentwegt an seinem persönlichen Credo: Neuanfang und Aufbau eines demokratischen und sozialistischen Staates. Kurz nach der Befreiung durch die Amerikaner verkündete er schon am 6. Mai 1945: „Verzweifeln dürfen wir nicht, und verzweifeln wollen wir nicht. Wir setzen alle Kräfte ein für ein neues Leben mit neuem Inhalt" (zit. nach Merseburger 1995, 194). Mit dieser Motivation hatte er zwölf Jahre Unterdrückung und Isolation überstanden und war bereit, sich erneut in das politische Leben einzubringen. Dies geschah auf der Grundlage eines Zwölf-Punkte-Programms, das Prinzipien des Grundgesetzes vorwegnahm; ihm schwebte eine Symbiose von Sozialismus und Demokratie vor.

Was hat Schumacher zu dieser übermenschlichen Energieleistung und Opferbereitschaft für das Gemeinwohl und die soziale Gerechtigkeit befähigt? Silvester Lechner weist zu Recht darauf hin, dass eine Antwort auf diese Frage noch aussteht, allenfalls Partikel hierfür sich abzeichnen (Lechner 1995, 9 ff.). Lechner sucht eine Antwort bei dem Psychologen und zeitweiligen Mithäftling von Schumacher, Bruno Bettelheim. Bettelheim stellt fest:

> „In den KZs begegnete man unablässig dem bösartigen Versuch, den Gefangenen auch noch die allerletzten Überreste ihrer Autonomie wegzunehmen. In dem Maße, in dem der Gefangene seiner Autonomie beraubt wurde, löste sich seine Persönlichkeit auf [...]. Mit anderen Worten (bezogen auf den Gefangenen): man musste unabhängig handeln, man musste Mut, Entschlossenheit und Überzeugtheit aufbringen. All diese Dinge aber hingen von dem Maß an Autonomie ab, das man sich bewahrt hat."
>
> *(Bettelheim 1980, 122 f.)*

Woher nahmen Menschen wie Kurt Schumacher die Kraft, ihr moralisches, politisches oder religiöses Fundament im Terror eines Unrechtssystems zu bewahren? Die Bedingungen und Einflüsse, die den Widerstand tragen, liegen bereits im Vorfeld der menschenunwürdigen Inhaftierung, in der sich Schumachers Autonomie und sein gefestigter Charakter zeigen. Einige wenige Gedanken zum Sozialisationsprozess von Schumacher können Antworten auf die Frage geben, auf welcher moralischen Grundhaltung sein Mut und seine Widerständigkeit fußt. Die umfangreiche Literatur zur Person und Biografie von Schumacher ist in diesem Zusammenhang wenig ergiebig. Sie ist auf seine politische Tätigkeit beim Neuanfang nach Kriegsende ausgerichtet und betont die Bewunderung für einen Mann, der solches erlitten und überstanden hatte und zu einem der bedeutendsten Politiker der Nachkriegszeit wurde.

Meines Erachtens müssen die Wurzeln für Schumachers Zivilcourage bereits in seiner Kindheit und Jugend gesucht werden. Kurt Schumacher wird am 13. Oktober 1895 in Culm als Sohn eines Versicherungsbeamten und später selbstständigen Kaufmanns geboren. Culm als westpreußische Grenzstadt an der Weichsel ist von deutschen und polnischen Einflüssen gleichermaßen geprägt. Schon bei der Bewertung dieser biografischen Fakten gibt es in der Literatur strittige Schlussfolgerungen. Zumeist wird aus der gemischt nationalen Umgebung, in der Schumacher aufwächst, sein späteres politisches Verhalten nach 1945 begründet (vgl. Schober 2000, 25, Anm. 79). Näher liegend, und auch durch andere Kriterien noch unterstrichen, erscheint mir eine andere Wertung. Schumacher ist offensichtlich schon als junger Mensch in der Lage, Unterschiede zwischen Menschen und sozialen Gruppen sowie das kulturell Andersartige zu akzeptieren. Substantielle Gemeinsamkeiten sind wichtiger als randständige Differenzierungen. Dies steht seiner ausgeprägten Neigung, als falsch erkannte Standpunkte mit Leidenschaft zu bekämpfen, nicht entgegen. Schumacher zeigt vielmehr im Umgang mit polnischen Mitschülern eine unvoreingenommene Offenheit. Sein bester Freund auf dem Gymnasium ist ein polnischer Mitschüler, Franciszek Raszeja, später ein bedeutender Mediziner.

Auf der einen Seite lebte der Vater seinem Sohn im politischen und sozialen Umfeld eine Rolle vor, die zweifellos prägend war. Neben der erfolgreichen beruflichen Tätigkeit üben der Vater und dessen Schwäger wichtige politische Ämter aus. Der Vater, ein Anhänger der linksliberalen Deutschen Freisinnigen Partei, wird 1908 sogar zum Vorsitzenden der Stadtverordnetenversammlung gewählt (vgl. Schober 2000, 47). Dies hatte für den damals 13-jährigen Schumacher nachhaltige Bedeutung.

Auch die Tatsache, dass Schumacher sich erinnert, sein Vater sei auch von den polnischen Vertretern gewählt worden, ist bemerkenswert. Einmal ist dieser Umstand offensichtlich wichtig für Schumachers Verständnis von Internationalität, andererseits besagt es doch auch Entscheidendes über seinen Vater und dessen

Einfluss. Wir kennen nicht die Gespräche im Hause Schumacher im Einzelnen, aber in der Zusammenschau muss dies alles für die eigenständige geistige und politische Entwicklung des Jungen beachtet werden.

Neigung und Beeinflussung lassen sich nicht abschließend verifizieren, doch wird es eine Mischung von beiden sein, wenn Schumacher in seinen Erinnerungen ausführt, dass er als Obersekundaner die „Sozialistischen Monatshefte" und den „März" abonniert hatte. Das eine ein parteiorientiertes, sozialdemokratisches Journal, das andere eine anspruchsvolle, linksliberale Wochenzeitung (vgl. Schober 2000, 67). Dies zeugt nicht nur für die Liberalität des Elternhauses, sondern zugleich für die bereits früh entwickelte politische Eigenständigkeit und kritische Wahrheitssuche Schumachers. Dies wurde von der Familie nicht nur hingenommen, sondern als autonome Entwicklung geachtet und mitgetragen.

Noch auf eine weitere Besonderheit, die Schumacher später wiederholt hervorhebt, muss eingegangen werden, da sie sich durch sein Leben zieht und einen Hintergrund bildet für sein Verhalten im Widerstand. Schumacher schreibt als 24-Jähriger an seinen Doktorvater (vgl. Schober 2000, 68), also in einem offiziellen Schreiben, von seinem frühen historischen, politischen und philosophischen Interesse. Spätestens seit seinem 15. Lebensjahr habe er sich innerlich zur sozialdemokratischen Partei gezählt. Schumacher zeigt mithin schon sehr früh eine bemerkenswerte geistige Eigenständigkeit. Einerseits hebt er sich damit von seiner Umgebung in Familie und Schule ab, andererseits – hierüber gibt es allerdings keine Aussagen von ihm – fühlt oder erkennt er schon in diesem Alter, dass die Heimat und der Rückhalt für jemanden, der politisch etwas bewegen will, in einer Organisation liegt. Dies ist umso erstaunlicher, da Schumacher einem bürgerlichen Milieu entstammt und die Sozialdemokraten im Vorkriegsdeutschland sich noch klassenkämpferisch artikulieren und so auch gesehen werden. Schumacher war später auch immer wieder bereit, nach heftigen parteipolitischen Kontroversen die getroffene Parteilinie konsequent und bisweilen militant nach außen zu vertreten.

Andererseits zeigt sich ein Zug, der sich später noch verstärken und ein Kennzeichen seiner Widerstandskraft werden wird. Heinrich G. Ritzel gibt eine Äußerung von Schumacher wieder, wonach ihm (Schumacher) der Satz „Der stärkste Mann der Welt ist der, welcher ganz alleine steht" aus Henrik Ibsens „Ein Volksfeind" in seiner Jugend als eine grundlegende Einsicht erschienen sei, an welche er sich gehalten habe (vgl. Ritzel 1972, 13).

Es handelt sich bei Schumacher jedoch nicht um eine jugendliche Überspanntheit, wie man aus dieser unkommentierten Wiedergabe schließen könnte. Ibsens Protagonist, der Badearzt Thomas Stockmann, kämpft alleine gegen kriminelle Machenschaften aus Profitgier, streitet für Gerechtigkeit und eine saubere Umwelt. Stockmann wird nach und nach von allen verlassen und steigert sich in seine Rolle hinein. Richtig und eindrucksvoll ist an dieser Figur von Ibsen der konsequente Weg zur Durchsetzung des Rechts und der Bewahrung sozialer Güter. Die Figur ist kein Prinzipienreiter wie Michael Kohlhaas. Aber durch seine Isolierung entsteht politische Ineffektivität. Schumacher fühlte sich zweifellos von dem Idealismus und dem Kampf für das Gemeinwohl angesprochen. Zugleich erkannte er – vielleicht unbewusst – die Notwendigkeit, eine Organisation, eine Partei hinter sich zu wissen. Für Schumacher ist dies die Sozialdemokratie.

Schumachers Beispiel ist entscheidend für die Überlegungen, wie Erziehung beschaffen sein muss, um gegen jedwede Form von falscher Autorität und Totalitarismus resistent zu machen. Helden und Märtyrer sind nicht planbar, aber sie dienen als Vorbild zur Selbstaneignung derjenigen Kräfte, die Zivilcourage ermöglichen. Eigenständiges Denken und Urteilen, selbstbewusstes Auftreten und Diskursfähigkeit sind notwendige Bausteine für die Entwicklung starker Persönlichkeiten. Gerade deshalb sind Personen wie Kurt Schumacher „Mutmacher". „Mutmacher" deshalb, weil sich Schumacher mit einer diktatorischen

Staatsmacht angelegt und sich gegen Strukturen aufgelehnt hat, die er als Unrecht empfunden hat.

Der Pädagoge Hartmut von Hentig stellt in seiner Autobiografie zum Schluss fest, letztlich komme es nach seiner lebenslangen Erfahrung wohl auf die Persönlichkeit des Erziehenden an, also mit anderen Worten auf dessen Authentizität und Glaubwürdigkeit (vgl. von Hentig 2007). Deshalb – ich erlaube mir dieses Verdikt – müssen zunächst die Pädagogen für dieses Thema sensibilisiert werden. Sie können sich dabei u.a. an solchen „Mutmachern" orientieren. Und ein Letztes: Man muss Demokratie üben, damit Widerstand überflüssig wird.

5. Fritz Bauer – Ein aufrechter Jurist

Durch Gerold Theobalts Theaterstück „Alles was Recht ist" über Fritz Bauer und Hans Globke, unter Konrad Adenauer Staatssekretär und ehemaliger Kommentator der sogenannten „Nürnberger Gesetze", rückte Fritz Bauer, der Generalstaatsanwalt in Hessen und Betreiber der Auschwitzprozesse war, erneut in den Fokus meiner Überlegungen. Die Biografie von Fritz Bauer ist ein Beleg für die Fähigkeit zum Widerstand in einem totalitären System. Mehr noch: Sie ist ein Zeugnis des beispielhaften Kampfes für das Recht in einer demokratisch verfassten Gesellschaft.

Es ist steht außer Frage, dass die Entnazifizierung und politische Säuberung insbesondere der Justiz nach 1945 oberflächlich und unvollständig vorgenommen wurde. Von den über 70 Richtern am Volksgerichtshof unter dem berüchtigten Präsidenten Freisler wurde nur der Richter Hans-Joachim Rehse in den 1960er Jahren förmlich angeklagt. Er verstarb in der Untersuchungshaft. Der „Fall Rehse" offenbart das Scheitern der deutschen Justiz in der Nachkriegszeit, das in der NS-Zeit verübte Unrecht aufzuarbeiten. Viele belastete ehemalige Richter erlangten nach 1945 erneut hohe Ämter. Die Täter verflüchtigten sich spurlos in die Nachkriegsgesellschaft. Fritz Bauer, den die ehemalige Präsidentin des Bundesverfassungsgerichts, Jutta Limbach, kurz und

prägnant „einen aufrechten Juristen" nannte, stellt im Kontext
der Widerständler im „Dritten Reich" eine Lichtgestalt dar. Es
lohnt sich daher, seiner Person und seinem Wirken nachzugehen.

Fritz Bauer wurde am 16. Juli 1903 in Stuttgart als Sohn einer
angesehenen jüdischen Familie geboren. Er besuchte dort bis zum
Abitur das renommierte Eberhard-Ludwig-Gymnasium. Die Verbindung von Sozialismus und Rechtstaatlichkeit standen wohl Pate,
als er 1921 sein Jurastudium an der Ruprecht-Karls-Universität in
Heidelberg aufnahm. Die Fakultät galt als liberal und konservativ-
staatstragend. Später setzte er sein Studium in München fort.
In Tübingen legte er das Staatsexamen ab (Dezember 1924). Es
folgte der Referendardienst in Stuttgart. 1930 trat er als jüngster
Amtsrichter (Gerichtsassessor) in den Justizdienst ein.

Die Auseinandersetzung mit dem aufkommenden Nationalsozialismus setzte für Bauer nicht erst 1933 ein. Wegen seiner politischen Aktivitäten wurde er nach der Machtübernahme verhaftet
und inhaftiert (KZ Heuberg). 1935 emigrierte er nach Dänemark
und später nach Schweden. 1949 kehrte er nach Deutschland
zurück. Er fand Verwendung als Landgerichtsdirektor, dann als
Generalstaatsanwalt in Braunschweig und wurde anschließend
Generalstaatsanwalt in Frankfurt. Diese dürren Fakten sind der
äußere Rahmen für das Wirken einer herausragenden Persönlichkeit.

Insbesondere sein früh entwickeltes und tief verwurzeltes Bedürfnis nach sozialer Gerechtigkeit musste ihn fast zwangsläufig
in Opposition zu den politischen Entwicklungen bringen. Bereits
während des Studiums wurde er mit dem einsetzenden Antisemi-
tismus konfrontiert. So wurde er schon 1922 in München als Jude
nicht in einen akademischen Sportclub aufgenommen. Nach der
Ermordung Rathenaus sind es die öffentlichen Diffamierungen,
die Bauer tief erschüttern:

„Ich erlebte in München die Unruhen, die nationalsozialistischen
Unruhen, das erste Auftauchen der NSDAP Hitlers, ich erinnere mich
an die riesigen Plakate in München, knallrot, beispielsweise mit der
Unterschrift oder Aufschrift, die jeder lesen konnte, was niemand

heute bestreiten sollte: ‚Den Juden ist der Zutritt verboten'. Ich sah
die Radauaufzüge der Nationalsozialisten und erlebte in München,
zusammen mit Freunden, den Tod Rathenaus. [...] und wir waren
tief erschüttert, und wir hatten den Eindruck, dass die Weimarer
Demokratie, an der unser Herz hing, um der Grundrechte willen,
dass sie gefährdet war."

(zit. nach Wojak 2009, 97 f.)

Dieses Zitat belegt, dass Bauer bereits 1922 klar Position für
Demokratie und Recht bezieht. Er erkannte, dass die Gefährdung
von den Rechten ausging und dieser Angriff auf die Weimarer
Republik für jedermann eigentlich klar erkennbar sein musste, womöglich aber mit der ausdrücklichen oder zumindest
stillschweigenden Zustimmung großer Teile der Bevölkerung
geschah. Bauer hatte als junger Mann - noch - die Hoffnung,
die demokratische Intelligenz könne und müsse dem herauf-
ziehenden Nationalsozialismus entgegentreten. So erinnert er
sich weiter:

„Ausdruck dessen, unserer ganzen Erschütterung war, dass wir
sofort in die Alpen zogen, uns fragten: ‚Was muss nun geschehen,
was können wir eigentlich tun? So kann es nicht weitergehen.' Ich
erinnere mich, daß wir in einer Höhle in den bayerischen Alpen,
oder in den österreichischen Alpen, hoch oben einen Brief schrieben,
verfaßten, an Thomas Mann. Wir [...] schrieben bewußt an Thomas
Mann. Wir wußten, Thomas Mann gehörte damals noch oder wurde
zugerechnet der deutschen Rechten, aber wir hatten das Gefühl,
ein Mann wie Thomas Mann, den wir über alles liebten und der
unsere Jugend bestimmt hat seit den Tagen des Tonio Kröger, daß
Thomas Mann nicht schweigen kann und nicht schweigen darf. [...]
Und wir bekamen eine Antwort [...] von Thomas Mann, [...]. Und
der Inhalt war: Wir hätten recht, er stünde auf unserer Seite, wenn
wir aber von ihm verlangten, dass er jetzt in München spreche, so
sei er überfordert, er werde aber demnächst sprechen, und das war
dann seine Rede über die deutsche Republik."

(zit. nach Wojak 2009, 98)

Diese Schilderung zeigt einen herausragenden Wesenszug von
Fritz Bauer, auf dem sein Widerstand basiert. Die Zeilen sind

ein Beleg für die intellektuelle und moralische Autonomie, die den Konflikt mit der ihr entgegenstehenden allgemeinen Meinung nicht scheut.

Zu dieser klaren demokratischen Gesinnung bekannte sich Bauer durch seinen Beitritt in den Republikanischen Richterbund, der eine Minderheit der demokratischen Richterschaft repräsentierte, die nicht konservativ und nicht national-liberal eingestellt war. Die von ihm abonnierte Zeitschrift des Republikanischen Richterbundes wendete sich, so Bauer, schon früh gegen „undemokratische, autoritäre, antisemitische Urteile" (Wojak 2009, 102). Beides, Richterbund und Zeitschrift, wurden 1933 verboten. Bauer stellte sich gegen den Zeitgeist.

Neben Thomas Mann ist es im Bereich der Rechtswissenschaften vor allem ein Mann, der gegen den undemokratischen Geist und die erkennbar zum Nationalsozialismus tendierende Entwicklung seine Stimme erhob und Flagge zeigte. Es war Gustav Radbruch, bedeutender Rechtsphilosoph und zeitweise Justizminister der Weimarer Republik, nicht von ungefähr eine Leitfigur auch für Helmuth James von Moltke und Kurt Schumacher. Sich zu seinem Gedankengut zu bekennen, kam einem politischen und moralisch-sittlichen Bekenntnis gleich.

Bauer legte bereits in der reaktionären und politisch unruhigen Zeit nach dem Ersten Weltkrieg ein eigenständiges und wertebezogenes Denken an den Tag. Neben seiner gezielten Beschäftigung mit rechtsphilosophischen Themen, volkswirtschaftlichen Aspekten und kulturellen Fragen legte er sich auch politisch fest. Für einen Juristen eher untypisch, wird er Mitglied der SPD und Mitglied des Vorstandes des Reichsbanners Schwarz-Rot-Gold in Stuttgart. Letzteres geschah vermutlich auch unter dem Einfluss von Kurt Schumacher, der damals als Redakteur bei der „Schwäbischen Tagwacht", einer sozialdemokratischen Zeitung in Stuttgart, tätig war.

Bauer wollte als Richter Stellung beziehen und in die Gesellschaft politisch hineinwirken (vgl. Wojak 2009, 106). Schumacher in seiner schroffen Art entgegnete ihm: „Akademiker brauchen wir nicht. [...] Proleten, die wünschen unter sich zu sein, aber Sie können es ja mal probieren." Er schickte ihn zu einem Club von Jungsozialisten, bei denen er jedoch gut ankam

Bauer wollte von Beginn an in der Gesellschaft und Tagespolitik aktiv mitwirken. Er wollte zeigen, wie man im Sinne von Radbruch agieren könne und müsse. Er beklagte später in seinem Buch „Die Humanität der Rechtsordnung", dass Opposition, Kritik, Originalität, Zivilcourage als Zwietracht verfemt worden seien und erklärt weiter, dass „falscher Gehorsam, missverstandene Loyalität, die politische Ohnmacht und Trägheit gegenüber den Menschenrechten, [...] der Untertanengeist, der Hordentrieb und das spezifisch deutsche Talent zur Staatsfrömmigkeit – Eigenschaften, die die Freiheitsidee zugunsten eines reinen Ordnungsdenkens" hätten verkümmern lassen (zit. nach Wojak 2009, 101).

In einer Zeit, in der die NSDAP sich als Partei konsolidierte, ihr Verbot von der Bayerischen Regierung abgelehnt wurde, der „Völkische Beobachter" als Tageszeitung erschien und Michael Kardinal von Faulhaber auf dem Deutschen Katholikentag in München erklärte, die Weimarer Republik sei der Ausbund von „Meineid und Verrat" (zit. nach Wojak 2009, 530, Anm. 75), in solch einer Zeit setzt Bauer den Freiheitssinn gegen den (bloßen) Ordnungssinn als Jurist (vgl. Wojak 2009, 101).

Noch in den 1920er Jahren trat Bauer häufig bei Parteiveranstaltungen auf und traf sich regelmäßig im Hotel Zeppelin im sogenannten Schumacher-Kreis unter anderem mit dem Parteisekretär der württembergischen SPD, Erwin Schoettle. Mit diesen Aktivitäten erfüllte er in kleinerem Rahmen die von Radbruch aufgestellte Forderung: „Politik erprobt (anstelle von ‚verdirbt') den Charakter" (Wojak 2009, 530, Anm. 85). Diese Erprobung der politischen Charaktere misslang Ende der 1920er Jahre bekanntlich fatal – bezogen auf die politische Klasse und das Bürgertum. Die 1933 einsetzenden Verfolgungen geschahen nicht im Verborgenen. Am 24. März berichtete die „Feuerbacher Zeitung": „Stuttgarter Richter in Schutzhaft genommen.

Nach einer Meldung, die vom Polizeipräsidium bestätigt wird, ist am Donnerstag der Stuttgarter Amtsrichter Dr. Bauer [...] in Schutzhaft genommen worden. Bei den beiden Inhaftierten handelt es sich um Richter, die der SPD angehören und auch Mitglieder des aufgelösten Reichsbanners waren" (zit. nach Wojak 2009, 532, Anm. 2).

Der Zeitungsbericht lässt erkennen, dass es offensichtlich zu diesem Zeitpunkt bereits genügte, Mitglied dieser beiden demokratischen Organisationen zu sein, um aus dem Richteramt entlassen und inhaftiert zu werden. Erschreckend auch, dass die Presse dies – sei es aus Anpassungsdruck, sei es aus Akzeptanz – unkommentiert wiedergibt.

Nach acht Monaten wurde Bauer mit anderen Häftlingen auf die ehemalige Bundesfeste Oberer Kuhberg in Ulm verlegt. Auf der Grundlage des „Gesetzes zur Wiederherstellung des Berufsbeamtentums" vom 7. April 1933 wurde Bauer formell aus dem Justizdienst entlassen. Bauer gehörte nicht zu denjenigen Juden, die sich der Illusion hingaben, das Schlimmste sei nun vorbei und man könne sich irgendwie mit den Verhältnissen arrangieren.

Die Wahrscheinlichkeit von erneuten Übergriffen und Verfolgung durch die Gestapo, die im Übrigen 90 Prozent ihrer Informationen aus der Bevölkerung und nicht von eigenen Spitzeln zugetragen bekam, machte für Bauer ein Verbleiben in Deutschland nach seiner Entlassung zu gefährlich. Fritz Bauers Schwester lebte bereits seit 1934 mit ihrem Mann in Kopenhagen. 1935 holte sie ihre Kinder nach, die bei den Großeltern in Stuttgart geblieben waren (vgl. Wojak 2009, 122).

Für seine Flucht nach Dänemark erhielt er bemerkenswerte Unterstützung von dem befreundeten und ebenfalls herausragenden Juristen Richard Schmid, verurteilt vom Volksgerichtshof, nach 1945 Generalstaatsanwalt in Württemberg, später Präsident des Oberlandesgerichtes. Bauer lernte die Landessprache in nur wenigen Wochen. Aber Dänemark war ein unsicheres Land für Emigranten. So wurden beispielsweise die „Nürnberger Rassengesetze" nicht als Asylgrund anerkannt. Es gab allerdings auch häufig getarnte bzw. heimliche Unterstützung.

Bauer, der auch in Dänemark zu seinen politischen Überzeugungen stand, wurde nach großen Schwierigkeiten 1936 als politischer Flüchtling anerkannt. Seine politischen Berichte und Kommentare – Ergebnisse seiner schriftstellerischen Tätigkeit – ließen sich jedoch kaum veräußern, und ständig drohte der Entzug der Arbeitserlaubnis. Die Situation von Bauer wird durch die Begründung für seine Ausbürgerung durch die Polizeileitstelle vom 12. Juli 1938 an das Geheime Polizeiamt Berlin deutlich: „Bauer zählte zu den ‚prominenten' Mitgliedern der SPD. Seit dem Jahre 1930 entfaltete er außerdem eine überaus lebhafte Tätigkeit für das ‚Reichsbanner Schwarz-Rot-Gold'", lautete die Begründung, und weiter, dass er dort eine „maßgebende Rolle spielte" und „ein überzeugter Anhänger der marxistischen Idee war". „Mit echt jüdischer Frechheit hetzte er bei jeder Gelegenheit gegen die nationalsozialistische Bewegung." Es werden weitere seiner Aktivitäten aufgeführt und zusammengefasst: „Die Voraussetzungen für die Aberkennung der deutschen Staatsangehörigkeit sind nach dem Erlass des Reichsführers-SS und Chefs der Deutschen Polizei im Reichsministeriums des Innern vom 30.07.1937 [...] erfüllt" (zit. nach Wojak 2009, 135).

Mit Bekanntgabe im Deutschen Reichsanzeiger vom 23. September 1938 verlor Bauer die deutsche Staatsangehörigkeit und war nunmehr politischer Flüchtling ohne Pass, Jude und staatenlos. Während andere in seiner Lage bereits nach Schweden entkamen, wurde er erneut von der Gestapo bzw. in deren Auftrag verhaftet, jedoch nach einer Zeit der Ungewissheit am 4. Dezember 1940 wieder entlassen. Während die Bedrohung durch die Gestapo immer konkreter wurde und viele von Bauers Freunden und Bekannten im Exil traf, tauchte er ab. Aus dieser Zeit ist wenig bekannt (vgl. Wojak 2009, 143 f.).

Erst die massiven Verfolgungsaktionen durch die Nazi-Besatzung führten im Herbst 1943 zu vermehrten Rettungsmaßnahmen, an denen sich die dänische Bevölkerung maßgeblich beteiligte. Studenten, Standesorganisationen und die Polizei protestierten gegen die Verfolgungen. Im Oktober 1943 begannen die Nazis mit den ersten Deportationen dänischer Juden in das Vernichtungslager Auschwitz. Fritz Bauer und seine Familie wurden von Fischern in einem Boot ans schwedische Ufer gebracht. Die Bereitschaft Schwedens, Juden aufzunehmen, sicherte das Überleben, wurde jedoch restriktiv gehandhabt und besserte sich erst, als der Niedergang des „Dritten Reiches" erkennbar wurde (vgl. Wojak 2009, 155 ff.).

Bauer lebte in Schweden isoliert, unter anderem wegen seiner Weigerung, mit den Kommunisten zusammenzuarbeiten, und er konnte auch nur schwer schriftstellerisch Fuß fassen. Mit Willy Brandt fungierte er als Herausgeber der „Sozialistischen Tribüne". Außerdem veröffentlichte er Bücher, die sich mit wirtschaftlichen Themenstellungen befassten. 1944 bringt er *sein* großes und ihm wichtiges Thema in Schweden zur Veröffentlichung mit dem Titel: „Die Kriegsverbrecher vor Gericht" (Wojak 2009, 177 ff.).

Die Schuld am Angriffskrieg, die Kriegsverbrechen und Verbrechen gegen die Menschlichkeit wurden von Bauer differenziert aufgearbeitet. Er forderte vehement die rechtliche Ahndung. Er war wohl einer der ersten, der eine Selbstreinigung des deutschen Volkes durch ein Strafgericht verlangt: „Noch besser wäre es, wenn das deutsche Volk den Ausgleich selbst vollziehen würde, wenn es nicht bloß ein mehr oder minder aufmerksamer Zuschauer wäre, sondern selbst das Schwert des Krieges mit dem Schwert der Gerechtigkeit vertauschte. Ein ehrliches deutsches ‚J'accuse' würde ‚das eigene Nest nicht beschmutzen' [...] Es wäre ganz im Gegenteil das Bekenntnis zu einer neuen deutschen Welt" (zit. nach Wojak 2009, 182). Die Haltung Bauers als Jurist, Widerstandskämpfer und Demokrat zeigt sich, wenn er schon am 1. Mai 1945 nach Hitlers Selbstmord im Plenarsaal der schwedischen Gewerkschaften neben der Bestrafung der Kriegsverbrecher die „Geburt einer neuen Demokratie" fordert (Wojak 2009, 183).

Bereits an dieser Stelle kann konstatiert werden, dass Bauers Bedeutung nicht primär im Widerstand gegen Totalitarismus und Unrecht zu sehen ist, sondern vielmehr im Kampf für die Wiederherstellung der Demokratie und die Verfolgung der Kriegsverbrecher als Voraussetzung dafür. Bauer schreibt nach seiner Rückkehr nach Deutschland:

> „Ich bin zurückgekehrt, weil ich glaubte, etwas von dem Optimismus und der Gläubigkeit der jungen Demokraten in der Weimarer Republik, etwas vom Widerstandsgeist und Widerstandswillen der Emigration im Kampf gegen staatliches Unrecht mitbringen zu können. Schon einmal war die deutsche Demokratie zugrunde gegangen, weil sie keine Demokraten besaß. Ich wollte einer sein. Schon einmal hatte die Justiz, als es galt, die Demokratie zu verteidigen, ihre Macht missbraucht, und im Unrechtsstaat der Jahre 1933 bis 1945 war der staatlichen Verbrechen kein Ende. Ich wollte ein Jurist sein, der dem Gesetz und Recht, der Menschlichkeit und dem Frieden nicht nur Lippenbekenntnis leistet."

(zit. nach Wojak S. 232, Anm. 80)

Im April 1949 wurde Bauer in Braunschweig zum Landgerichtsdirektor ernannt. Den Deutschen wird von den Rückkehrern Selbstgerechtigkeit und vor allem die Weigerung, sich dem Geschehenen zu stellen, bescheinigt (vgl. Arendt 1993, 43 ff.). Bauer stellte empört fest, dass man nicht begreife, dass zwischen 1933 und 1945 der Staat in einen Unrechtsstaat verkehrt worden sei (Bauer 1962/1998, 368).

Bauers Bemühungen, Verbrechen gegen die Menschlichkeit strafrechtlich zu verfolgen, verliefen aus seiner Sicht auf deprimierende Weise erfolglos. Mal wurde die Gebundenheit der Angeklagten im Nationalsozialismus als Schuldausschließungsgrund anerkannt, dann die „Reichstagsbrandverordnung" („Verordnung des Reichspräsidenten zum Schutz von Volk und Staat") nicht als staatliches Unrecht qualifiziert; auch die bekannte Rechtsprechung des Bundesgerichtshofes zur fehlenden Tatherrschaft der Schreibtischtäter wurde angewandt. Das Amnestiegesetz von 1949 bestärkte die Schlussstrichmentalität.

Immer wieder scheiterte Bauer auch mit der Begründung, dass die Verurteilung und Hinrichtung der Widerstandskämpfer nach damaligem Recht gedeckt war („Was damals Recht war, kann jetzt nicht Unrecht sein."). Die Täter ließen es an jeglicher Einsicht in ihr unrechtmäßiges Handeln fehlen. Die Beachtung demokratischer Grundwerte, „vor allem die Menschenwürde aller, die Gleichheit eines jeden ohne Rücksicht auf Geschlecht, Abstammung, Rasse, Sprache, Heimat", werde von ihnen abgelehnt (zit. nach Wojak 2009, 264, Anm. 113).

Diese zunehmende Restauration ist zu bedenken, wenn man das von Bauer, der zwischenzeitlich zum Generalstaatsanwalt ernannt worden war, betriebene Verfahren gegen Otto Ernst Remer, Kommandeur des Berliner Wachbataillons „Großdeutschland", betrachtet. Für seine Mitwirkung bei der Niederschlagung des 20. Juli 1944 wurde er zum Generalmajor befördert. Im Wahlkampf 1951 hatte Remer die Widerstandskämpfer des 20. Juli als Landesverräter diffamiert. Bauer hatte den Prozess wegen übler Nachrede (§186 StGB) intensiv vorbereitet. Seine These vom Widerstandsrecht – Bauer postulierte sogar eine Widerstandspflicht – ließ er von sachverständigen Zeugen, von Moraltheologen, untermauern. Der Grundtenor lautete, dass der Eid auf Hitler als einer amoralischen Leitfigur eines Unrechtsstaates keine Bindungswirkung entfalte. Im Ergebnis sei das Verfahren, so Bauer, eine Wiederaufnahme des Prozesses vor dem Volksgerichtshof. Die Widerstandskämpfer seien rehabilitiert und hätten zum Wohle Deutschlands gehandelt. Ziel des Aufstandes war, „Deutschland zu retten" (Bauer 1952/1998, 169 f.). Bauer genierte sich nicht, aus der Rütli-Szene zu zitieren, wonach es gerechtfertigt ist, gegen den Tyrannen, „das ew'ge Recht" vom Himmel zu holen: ein Plädoyer für das Naturrecht! (vgl. Wojak 2009, 274). Das Gericht stellte nicht nur im Sinne von Bauer fest, dass das „Dritte Reich" ein Unrechtsstaat gewesen sei, es statuierte zusammenfassend: „All das, was das deutsche Volk, angefangen vom Reichstagsbrand über den 30. Juni 1934 und den 9. November 1938, über sich hat ergehen lassen, war schreiendes Unrecht, dessen Beseitigung geboten war. Es ist schwer, bitter und hart für ein deutsches Gericht, so etwas aussprechen zu müssen" (zit. nach Wojak 2009, 276).

Der Bundesgerichtshof unter seinem Präsidenten Hermann Weinkauff folgte Bauer hinsichtlich der von ihm geforderten Generalität des Widerstandsrechtes nicht. Er verlangte unter anderem, dass der Täter die Lage umfassend beurteilen konnte, seine Aktionen geeignet waren und Aussicht auf Erfolg versprachen.

Ein weiterer Erfolg für Bauer war die Verhaftung von Adolf Eichmann, an der er Anteil hatte, wenn auch bis heute nicht alle Einzelheiten bekannt sind. Die Bemühungen, den Stellvertreter des Führers, Martin Bormann, zu fassen, führten nach Jahren zum Auffinden seiner Leiche. Die Verfolgung des berüchtigten KZ-Arztes Josef Mengele brachte zwar immer wieder Hinweise auf seine Existenz in Südamerika, aber mehr nicht.

1959 begann Bauer mit den Vorarbeiten zu den Auschwitzprozessen. Es wurden fast 1.500 Zeugen ermittelt und eine Unzahl von Verfahren gegen ehemalige Angehörige der SS-Wachmannschaften und andere Beschuldigte eingeleitet. Das Verfahren, das auf Bauers Zielstrebigkeit und Hartnäckigkeit basierte, war in verschiedener Hinsicht einmalig, vom Gegenstand und vom Umfang her. Es war ein „Verfahren gegen das Vergessen" (Wojak 2009, 327, Anm. 44). Die Akten umfassten nahezu 100 Bände mit über 18.000 Seiten. Als die Schlussplädoyers am 7. Mai 1965 gehalten wurden, lagen diesen Ermittlungen von über fünf Jahren und fast 18 Monate Verhandlungen mit 155 Sitzungstagen zugrunde. Die Einzelheiten können hier nicht nachgezeichnet werden (vgl. Wojak, 326 ff.)

Bauer ging es in seiner Vorbereitung und Darstellung darum, nicht nur das Monströse dieses Komplexes aufzuzeigen, sondern unter anderem mittels profilierter Gutachten die gesamte Dimension des NS-Herrschaftssystems und damit die Konditionierung der Verbrechen darzustellen. Nicht zuletzt sollte die subjektive Tatseite sozialpsychologisch eruiert und der Behauptung des Befehlsnotstandes der Beteiligten begegnet werden.

Eindrucksvoll ist die Zusammenfassung von Oberstaatsanwalt Hans Großmann:

„Die Geschichte kennt auch in den Jahrhunderten vor dem Nationalsozialismus Judenverfolgungen. Niemals hat es eine staatlich ver-
anlasste Verfolgung von solch diabolischer Konsequenz der Planung,
kalter Systematik der Durchführung, so schauerlichem Ausmaß und
Ergebnis gegeben wie die Verfolgung, die das nationalsozialistische
Regime in seinem Herrschaftsbereich mit allen Mitteln administrativer
und maschineller Technik unternahm."

(zit. nach Wojak 2009, 330)

Bauer leistete mit diesem Verfahren neben der juristischen
Aufarbeitung einen Beitrag zur deutschen Erinnerungskultur,
wie er in den zwanzig Jahren nach Kriegsende so nicht geleistet
worden war und noch ausgestanden hatte.

Das dialektische Moment dieses Vorgangs liegt in der Tatsache, dass es zur Selbstreinigung Deutschlands der Tat und den
lebenslangen Anstrengungen eines Opfers bedurfte. Fritz Bauers
Lebenswerk galt der konsequenten strafrechtlichen Verfolgung
nationalsozialistischen Unrechts. Bauer hat damit etwas einge-
löst, was vor allem Max Horkheimer und Theodor W. Adorno
immer wieder forderten, dass „Hitler uns einen neuen Imperativ
aufgezwungen hat: ganz einfach den, dass kein Auschwitz sich
wiederhole und dass nichts ähnliches mehr sein dürfe" (zit. nach
Wojak 2009, 350, Anm. 175).

Bauer hatte die Wirkung seiner Arbeit eher skeptisch gesehen,
obgleich es im geistigen Deutschland ein ungeheures Echo gab
durch Persönlichkeiten wie Thilo Koch, Peter Weiss, Marcel
Reich-Ranicki und andere. Die Verjährungsdebatte im Deutschen
Bundestag am 10. März 1965, eine Sternstunde in der deutschen
Parlamentsgeschichte hinsichtlich Inhalt und Niveau, hätte es
vermutlich ohne die Auschwitzprozesse und der von Bauer geprägten Art der Vorbereitung und Durchführung nicht gegeben.

Die Versuche Bauers, die Justiz für ihre Unrechtsurteile
unter der NS-Herrschaft zur Verantwortung zu ziehen, hatten
nur mäßigen Erfolg. Taten verjährten, Ermittlungen wurden

verschleppt, der Tatbestand der Rechtsbeugung verneint oder unvermeidbarer Verbotsirrtum zugestanden.

Übrig bleibt ein trauriges Kapitel: Die von Bauer begonnenen Ermittlungen gegen die Schreibtischtäter der so genannten Euthanasie wurden später eingestellt. Auf einer Konferenz von Oberlandesgerichtspräsidenten und Generalstaatsanwälten war den Anwesenden im April 1941 die Euthanasie-Aktion vorgestellt worden. Die Anwesenden äußerten sich nicht. Bauer argumentierte mit der Verpflichtung, die für Spitzenjuristen selbstverständlich sein sollte, nämlich gegen staatliches Unrecht vorzugehen. Doch seine Anträge auf Eröffnung der Voruntersuchungen und weitere Verfahrensschritte verliefen im Ergebnis ohne Erfolg. Letztlich wurden die Verfahren eingestellt (Wojak 2009, 398 f.). Auch die akribisch vorbereiteten Verfahren gegen die beteiligten Ärzte endeten mit nur wenigen Urteilen. Die Hinderungsgründe sind hinlänglich bekannt. Zum Teil wurde den Angeklagten Verhandlungsunfähigkeit attestiert, obwohl sie nach erfolgter Anklage noch Jahrzehnte lebten.

Festzuhalten ist abschließend der herausragende Beitrag von Fritz Bauer, der – selbst ein Opfer des Totalitarismus – bis zur Selbstaufopferung altruistisch und unbestechlich staatliches Unrecht beim Namen nannte. Das Verdienst Bauers ist es, durch die von ihm angestrengten Prozesse Mitte der Sechzigerjahre den öffentlichen Diskurs über den Holocaust initiiert zu haben. Das Vermächtnis dieses aufrechten Demokraten ist der Behandlung im Unterricht würdig.

6. Didaktische Hinweise

Eine Idealisierung oder gar unkritische Verklärung von Helmuth James Graf von Moltke, Kurt Schumacher und Fritz Bauer ist aus geschichtsdidaktischer Sicht unzulässig (und liegt dem Verfasser fern). Heutige Schülerinnen und Schüler leben in einer anderen Zeit mit grundverschiedenen gesellschaftlichen Rahmenbedingungen, Erziehungsidealen und persönlichen Herausforderungen. Dennoch gelten die grundsätzlichen Anforderungen an ein menschliches Miteinander heute wie damals! Ein bloß moralischer bzw. appellativer Zugang verbietet sich allerdings im historisch-politischen Unterricht. Wogegen sich Kinder und Jugendliche wehren, ist die verordnete Betroffenheit, das „Betroffen-Sein" als Pflichtübung. Betroffenheitsrhetorik ersetzt Analyse, argumentatives Abwägen und schränkt die historisch-politische Urteilsbildung wesentlich ein.

Wie kann man also angemessen mit dem Thema „Widerstand" umgehen, ohne die Schülerinnen und Schüler zu überfordern? Wie kann man den Personen von Helmuth James Graf von Moltke, Kurt Schumacher und Fritz Bauer gerecht werden und dennoch historische Einsichten vermitteln? Wie kann der Spagat zwischen einem personalisierenden bzw. personifizierenden und einem historisch analytischen Zugang bewerkstelligt werden?

Die Gefahren eines bloß personalisierenden Zugangs sind – zumindest im geschichtsdidaktischen Diskurs – hinlänglich bekannt. *Personalisierung* meint die Zuschreibung der Verantwortung für historische und/oder politische Veränderungen bzw. die Zuschreibung der Macht, solche Veränderungen bewirken zu können, an einzelne Personen – nicht selten an herausragende Persönlichkeiten. Die unterstellte Fähigkeit, die Wirklichkeit zu „machen" oder erheblich zu gestalten, lässt Einzelpersonen als „große Persönlichkeiten" erscheinen (vgl. Bergmann 1985, 213). Ältere fachdidaktische Konzeptionen begründeten die Personalisierung mit dem kindlichen Entwicklungsstand oder mit der – dieser Methodik innewohnenden – „Bildsamkeit". Daher dominierte bis in die 1960er Jahre das Prinzip der Lehrererzählung: Historische Prozesse wurden Kindern und Jugendlichen anhand einer konkreten, novellistisch und dramatisch ausgestalteten Erzählung nahegebracht. In den 1960er und 1970er Jahren geriet die Personalisierung im geschichtsdidaktischen Diskurs in heftige Kritik, deren Auslöser u.a. empirische Untersuchungen zum Geschichtsbild der Jugend waren. So stellte Ralf Dahrendorf bereits 1961 im Vergleich mit anderen westeuropäischen Gesellschaften fest, dass in unteren und mittleren sozialen Milieus ein dichotomisches oder hierarchisches Bild von der eigenen Gesellschaft vorherrsche (Dahrendorf 1961, 163–175). Ludwig von Friedeburg und Peter Hübner bestätigten diesen Befund auf der Grundlage mehrerer empirischer Untersuchungen zum Geschichtsbewusstsein von Schülern und Studenten. Die Mehrzahl von ihnen reduzierten historische Prozesse und Entscheidungen auf das Wirken übermächtiger bzw. großer Persönlichkeiten. Die Befunde zeigten im Grunde, dass „Alltagstheorien" gegenüber dem Geschichtsunterricht wirkmächtiger waren. Der Geschichtsunterricht war für die Befragten anscheinend folgenlos geblieben, ein aufgeklärtes Gesellschafts- und Geschichtsbewusstsein wurde nicht vermittelt.

Zeitgleich mit der sozial- und alltagsgeschichtlichen Wende in der Geschichtsdidaktik stellte Klaus Bergmann dem personalisierenden Ansatz das Konzept der *Personifizierung* entgegen und forderte, konkrete Menschen in ihrem Handeln im Geschichtsunterricht zu thematisieren, dabei aber den Blick auch auf die „kleinen Leute" bzw. auf möglichst viele soziale Gruppen zu richten. Die Personifizierung bürstet „die Geschichte gegen den Strich" (Walter Benjamin) und bringt Momente des historischen Alltags in den Geschichtsunterricht ein. Geschichte aus der Perspektive der Namenlosen darzustellen, kann jedoch nur dann zu einem aufgeklärten Geschichtsbewusstsein beitragen, wenn im gleichen Zug die nicht-personalen Elemente (z.B. wirtschaftliche, soziale und politische Strukturen) vermittelt werden. Historische Einzelpersonen müssen stets als Repräsentanten gesellschaftlicher Gruppen erkennbar sein, die in historischen Kontexten stehen und dementsprechend entscheiden bzw. handeln oder nicht handeln.

Die Schülerinnen und Schüler werden weder durch einen personalisierenden noch durch einen ausschließlich personifizierenden Unterricht befähigt, eine „tragfähige eigenständige Rekonstruktion vergangenen menschlichen Handelns und Leidens unter gegebenen Sachumständen zu leisten" (Bergmann 1985, 215). Eine angemessene historische Rekonstruktion wird erst dann möglich, wenn die Momente der Personalisierung und

Personifizierung durch flankierende Quellen bzw. Primärzeugnisse relativiert oder gar kontrovers befragt werden.

Wenn es auch keinen didaktischen „Königsweg" gibt, so muss die Auseinandersetzung mit Biografien von Menschen, die Widerstand geleistet haben, mit sozial- und strukturgeschichtlichen Facetten angereichert werden, um eine angemessene Behandlung im Unterricht zu gewährleisten. Indem Elemente der nationalsozialistischen Herrschaft (Propaganda, Gleichschaltung, Terror und Krieg) und die politischen Strukturen zwischen 1933 und 1945 in Beziehung zu widerständigen Menschen gesetzt werden, hat das Thema „Widerstand" gleichsam einen „Erschließungscharakter" für das gesamte Herrschaftssystem des Nationalsozialismus. Anhand biografischer Zugänge können kollektive Erfahrungen von Menschen in der NS-Zeit dargestellt werden. Schwerpunktmäßig geht es – stets am Beispiel der Personen von Helmuth James Graf von Moltke, Kurt Schumacher und Fritz Bauer konkretisiert – darum, Schülerinnen und Schülern die Mechanismen der Gleichschaltung, die Verhaltenskonditionierung im nationalsozialistischen Alltag, die Formierung des Individuums sowie der Massen, die unmittelbaren Erfahrungen im Krieg oder das Leiden im Exil sowie die Motive, Bedingungen und Formen des Widerstands zu vermitteln. Am Beispiel der drei Biografien kann außerdem gezeigt werden, wie eine geistige und psychische Entwicklung und Bewährung eine Person stärken und zu autonomem Handeln gegen undemokratische Entwicklungen befähigen kann.

Anmerkung

1   Vgl. http://archiv.spd-berlin.de/geschichte/chronik/chronik-themen/1932-02-23-reichstagsrede-schumachers/

Literatur

Arendt, Hannah (1993): Besuch in Deutschland. Berlin.

Bauer, Fritz (1952): Eine Grenze hat Tyrannenmord. In: Bauer, Fritz (1998): Die Humanität der Rechtsordnung. Ausgewählte Schriften. Frankfurt/M., S. 169–179.

Bauer, Fritz (1962): Justiz als Symptom. In: Bauer, Fritz (1998): Die Humanität der Rechtsordnung. Ausgewählte Schriften. Frankfurt/M., S. 365–376.

Bergmann, Klaus (1985): Personalisierung, Personifizierung. In: Bergmann, Klaus u.a. (Hrsg.): Handbuch der Geschichtsdidaktik. Band 1. Düsseldorf, S. 213–216.

Bettelheim, Bruno (1980): Erziehung zum Überleben. Zur Psychologie der Extremsituation. München.

Brakelmann, Günter (2009): Helmuth James von Moltke. 1907–1945. Eine Biografie. München.

Brakelmann, Günter (2008): Christsein im Widerstand: Helmuth James von Moltke. Einblicke in das Leben eines jungen Deutschen. Berlin.

Brakelmann, Günter (2004): Der Kreisauer Kreis. In: Steinbach, Peter/Tuchel, Johannes (Hrsg.): Widerstand gegen die nationalsozialistische Diktatur 1933–1945. Bonn, S. 358–374.

Dahrendorf, Ralf (1961): Gesellschaft und Freiheit. München.

Friedburg, Ludwig von/Hübner, Peter (1970): Das Geschichtsbild der Jugend. 2. Auflage, München.

Hentig, Hartmut von (2007): Mein Leben – bedacht und bejahrt. Kindheit und Jugend. München.

Lasker-Wallfisch, Anita (2005): Ihr sollt die Wahrheit erben. Hamburg.

Lechner, Silvester (Hrsg.): Die Kraft, nein zu sagen. Zeitzeugenberichte, Dokumente, Materialien zu Kurt Schumachers 100. Geburtstag. Ulm (Dokumentationszentrum Oberer Kuhberg).

Levi, Primo (1961): Ist das ein Mensch? Erinnerungen an Auschwitz. Frankfurt/M.

Maihofer, Werner (Hrsg.) (1966): Naturrecht oder Rechtspositivismus? Darmstadt.

Merseburger, Peter (1996): Der schwierige Deutsche Kurt Schumacher. Eine Biographie. Stuttgart.

Moltke, Helmuth James von (2009): Im Land der Gottlosen. München.

Moltke, Helmuth James und Freya von (2011): Abschiedsbriefe Gefängnis Tegel. September 1944–Januar 1945. München.

Moltke, Helmuth James von (1994): Briefe an Freya 1939–1945. Herausgegeben von Beate Ruhm von Oppen. München.

Radbruch, Gustav (2003): Rechtsphilosophie. Herausgegeben von Ralf Dreier u.a. 2. Auflage, Heidelberg. [1932]

Ritzel, Heinrich Georg (1972): Kurt Schumacher in Selbstzeugnissen und Bilddokumenten. Reinbek bei Hamburg.

Schober, Volker (2000): Der junge Kurt Schumacher. 1895–1933. Bonn.

Stern, Fritz (2007): Fünf Deutschland und ein Leben. München.

Stern, Fritz (1999): Das feine Schweigen. München.

Welzer, Harald (2005): Täter. Wie aus ganz normalen Menschen Massenmörder werden. Frankfurt/M.

Welzer, Harald (2002): Das kommunikative Gedächtnis. Eine Theorie der Erinnerung. München.

Wojak, Irmtrud (2009): Fritz Bauer. 1903–1968. Eine Biografie. Frankfurt/M.

Frank Meier

Das „rote Mössingen" im regionalen Vergleich – Möglichkeiten und Potenziale der Regionalgeschichte

1. Zugang Regionalität: Veranschaulichung und Vergegenwärtigung

Oft bleibt Schülerinnen und Schülern die „große Geschichte" verschlossen, da diese abstrakt ist und fern erscheint. Der Regionalgeschichte im Unterricht kommen daher zwei wichtige didaktische Aufgaben zu: die Umsetzung der Prinzipien der Veranschaulichung und Vergegenwärtigung. Geschichte „vor Ort" ist konkret erfahrbar. Denn sie ist teils in Form von Zeitzeugen oder Überresten (Museen, Bauwerke, Denkmäler etc.) allgegenwärtig. Dabei kann die lokale Geschichte anders oder ähnlich abgelaufen sein als auf überregionaler Ebene. Erst die Regionalgeschichte verdeutlicht die Differenziertheit historischer Abläufe. Das gilt auch für den 30. Januar 1933.

Als einer der ersten hat der Amerikaner William Sheridan Allen die „Machtergreifung" in einer Kleinstadt untersucht, deren Name nicht genannt wird (wohl das in Niedersachsen gelegene Northeim) (Allen 1966). Trotz der Arbeiten von Utz Jeggle zu Kiebingen (1977), Kurt Fleischer zu zwei Gemeinden im Filstal (1978), Heinz Dieter Schmid zu Reutlingen (1979), Heidemarie Binder zu Geislingen an der Steige (1980), Bernd Burkhardt zu Mühlacker (1980), Erika Duldner zu Schorndorf (1980), Hans-Joachim Althaus u.a. zu Mössingen (1982), Uwe Kraus zu Ravensburg (1982), Benno Forstner u.a. zu Weil der Stadt (1983), Norbert Jung zu Heilbronn, Neckarsulm und Umgebung (1983), Eva Maria Lienert und Wilhelm Lienert zu Schwäbisch-Gmünd (1983), Kurt-Dietrich Mroßko zum oberrheinischen Ried (1983), Hans Moser (1975) und Gisela Rotermund zu Ulm (1983), Gunter Tietz zu Haigerloch und Hechingen (1983), Manfred Hildenbrand zu Haslach im Kinzigtal (1983), Ellen Scheurich zu Wertheim (1983), Michael Schirpf zu Bietigheim, Bissingen und Untermberg (1983), Friedrich Wolf zu Stuttgart (1983), Hans-Karl Biedert zu Aalen (1984), Herbert Hoffmann zu Heidelberg (1985), Manfred Scheck zu Vaihingen an der Enz 1932/33 (1985), Erwin Funk zu Böblingen (1987), Hans-Otto Binder zu Biberach (1991), Margarete Steinhart zu Balingen (1993), Renate Kümmel zu Geislingen an der Steige (1994), Frank Engehausen zu Karlsruhe (2008), Markus Speer zu Pforzheim (2010), Hans-Jörg Ebert zu Bretten (o. J.) und von Stefan Beck und Klaus Schönberger zu Marbach a.N. (1984) bleibt der regionalgeschichtliche Forschungsstand, der vor allem auf Arbeiten aus den achtziger Jahren des letzten Jahrhunderts beruht, zur „Machtergreifung" und zum Nationalsozialismus in Südwestdeutschland lückenhaft.

Die Ursachen liegen auf der Hand. Nicht alle Akten der NS-Zeit sind frei zugänglich. Denn nach dem „Gesetz über die Pflege und Nutzung von Archivgut (Landesarchivgesetz)" vom 27. Juli 1987 (geändert durch Gesetz vom 12. März 1990 und vom 1. Juli 2004) unterliegen personenbezogene Daten einer Sperrfrist und dürfen frühestens zehn Jahre nach dem Tod einer natürlichen Person genutzt werden bzw. 90 Jahre nach deren Geburt, falls der Tod nicht feststellbar sein sollte (LArchG § 6 Abs. 2). Hinzu kommen Quellenverluste als Folge von Kriegseinwirkungen oder Vernichtung durch das NS-Regime und verschwundene Gemeinderatsprotokolle (vgl. Jacobi 1981). Die regionalgeschichtliche Forschung ist daher auf lokale Presseerzeugnisse, sofern noch vorhanden, oder auf Zeitzeugenberichte angewiesen. Auch haben Dokumente aus Familienarchiven oder privaten Nachlässen nur zum Teil ihren Eingang in kommunale Archive gefunden.

Thomas Schnabel wies 1983 im Zusammenhang mit der NS-Zeit darauf hin, dass es nicht Ziel und Aufgabe der Lokalgeschichte sein könne, eine Art einseitiger Enthüllungs- und Skandalhistorie zur verfassen, sondern dass es vor allem um die vielfältigen Formen von Widerstand, Anpassung, Mitläufertum, Passivität und Idealismus großer Teile der Bevölkerung gehen müsse (Schnabel 1983, 4). Gerade die Untersuchung von Zeitzeugenerfahrungen verspreche, „den häufig anzutreffenden Widerspruch zwischen der Erinnerung von Verwandten und Bekannten (reine Rechtfertigungslügen einmal ausgeschlossen) und den Überlieferungen der Geschichtsquellen besser zu verstehen", ohne den moralischen Zeigefinger zu erheben (vgl. Schnabel 1983, 5 f.). Zeitzeugen, oft gefangen in subjektiver Erinnerung, können aber verloren gegangene Quellenbestände nicht ersetzen.

Auch in den nach 1983 erschienenen Ortschroniken ist das dunkle Kapitel des „Dritten Reiches" eher unterbelichtet. Hier bleibt nach dem Wegfall der personenbezogenen Sperrfrist noch viel zu tun. Denn Ortsgeschichte ist vor allem Personengeschichte. Dörfliche Archivbestände gibt es kaum. Die Geschichtswissenschaft hat zudem die Ortsgeschichte weitgehend der empirischen Kulturwissenschaft überlassen.

Zur methodischen Vorgehensweise hat Schnabel auf der strukturellen Ebene vorgeschlagen, im Zusammenhang mit der „Machtergreifung" und Machtstabilisierung auf lokaler Ebene Parteien, Wahlen und lokale Machtstrukturen, Presseerzeugnisse, Vereine und Verbände sowie die Konfessionsstruktur und Sozial- und Wirtschaftsstruktur in den Blick zu nehmen. Auf der damit zu verbindenden Ereignisebene wären Skandale, führende Persönlichkeiten, die Rolle der Geistlichen, die finanzielle Lage der Gemeinden und der Anteil an Arbeitslosen zu berücksichtigen (vgl. Schnabel 1983, 10). Auch Norbert Jung hat am Beispiel der „Machtergreifung" Lernziele formuliert, die die Regionalgeschichte mit der „großen" Geschichte verbinden, und am Beispiel von Heilbronn, Neckarsulm und Umgebung Materialien für den Geschichtsunterricht zusammengestellt (vgl. Jung 1983, 35–63).

Aufgrund der guten Forschungslage und der Verfilmung bietet sich der einzigartige Mössinger Generalstreik vom 31. Januar 1933 als Ausgangspunkt für eine vergleichende regionale Analyse im historisch-politischen Lernen an.

2. Das „rote Mössingen" und der Generalstreik der KPD am 31. Januar 1933

2.1 Die unbequeme Erinnerung

In Mössingen fand am 31. Januar 1933 der einzige Generalstreik gegen die „Machtergreifung" Adolf Hitlers statt. Dieses bemerkenswerte Ereignis wurde von einer Tübinger Autorengruppe um Hans-Joachim Althaus 1982 unter Auswertung archivalischer Quellen und Zeitzeugenbefragungen dokumentiert (Althaus 1982). 1983 erschien ein Dokumentarfilm mit dem Titel „Da ist nirgends nichts gewesen außer hier" (VHS-Kassette im Kreismedienzentrum Albstadt). Mittlerweile ist das Ereignis in Wikipedia und auf der Homepage der Stadt Mössingen nebst anderen Internetseiten gut präsent (vgl. Internetquellen).

Mössingen tat sich lange schwer damit. Unter den Bürgermeistern Jakob Stotz (1945), Gottlieb Rühle (1945-1962), Erwin Kölle (1962-1982) und Hans Auer (1982-1998) wurde nicht an diese Aktion erinnert. Erst das Jahr 2003 brachte die Wende mit einer zweimonatigen Ausstellung zum 70. Jahrestag des Ereignisses in der Kulturscheune bei der Peters- und Paulskirche. Das „Schwäbische Tagblatt" berichtete in seiner Ausgabe vom 31. Januar 2003, dass der damalige Bürgermeister Werner Fifka (1998-2010) die von der Vereinigung der Verfolgten des Naziregimes/Bund der Antifaschisten (VVN-BdA) erhobene Forderung ablehnte, am Ausgangspunkt des Mössinger Generalstreiks, der Langgass-Turnhalle, eine Gedenktafel anzubringen. Fifka begründete dem Zeitungsbericht zufolge seine ablehnende Haltung damit, dass es aller Anstrengungen bedurft hätte, die Ausstellung im Gemeinderat durchzusetzen und eine Tafel zu so einem heiklen Thema nicht auch noch angebracht werden könne (vgl. Internetquellen). Doch der öffentliche Druck wurde zu groß. Am 17. März 2003 war es dann soweit. Bei fünf Gegenstimmen erging der längst überfällige Beschluss des Gemeinderates für das Anbringen einer Gedenktafel an der Langgass-Turnhalle mit der Inschrift: „Zum Gedenken an die Frauen und Männer, die von hier aus am 31. Januar 1933 den Mössinger Generalstreik gegen Hitler und die Nazidiktatur wagten" (Günther 2003). Jüngst kommentierte Esther Broß in der „Stattzeitung für Südbaden" im März 2008 (Ausgabe 71, 3. März 2008) eine Veranstaltung der VVN-BdA Ortenau und des Deutschen Gewerkschaftsbundes Südbaden-Hochrhein aus Anlass des 75. Jahrestages der Machtübertragung, die sich mit der Frage beschäftigte, warum nur in Mössingen gestreikt wurde. Da der Mössinger Generalsstreik nach Broß eine isolierte Aktion geblieben sei, wäre er noch am selben Nachmittag durch den Einsatz der Polizei beendet worden. Streik und Streikrecht seien immer Fremdkörper im bürgerlichen Staat. Nur die anerkannte Gewerkschaft dürfe zum Streik aufrufen. Deshalb sei die Verurteilung der Beteiligten in den Jahren 1933 bis 1936 wegen Hausfriedensbruch und Landfriedensbruch konsequent gewesen. Entfalle die Hülle der Gewerkschaft, die alles abdecke, erschienen die einzelnen Handlungen der Beteiligten als einzelne Straftaten gegen das bürgerliche Recht. Deshalb habe es nach 1945 zunächst keine Haftentschädigungen gegeben. Denn die Verurteilungen wären nach Weimarer Recht erfolgt. Erst in einem über zwei Instanzen, mit starker Unterstützung der VVN-BdA geführten Prozesses hätten Tübinger Richter in einem Urteil von 1953 festgestellt, dass das Mittel des Generalstreiks, hätte es sich flächenweit durchgesetzt, ein wirksames Mittel gewesen wäre, die Regierung Hitlers lahm zu legen und zum Rücktritt zu zwingen. So gesehen habe der Mössinger Streik vom 31. Januar 1933 mehr als eine rein lokale Bedeutung (vgl. Broß 2008).

Die Einschätzung der Richter ist jedoch ein realitätsferner Wunsch. Denn 1933 war nicht 1920, als ein Generalstreik der

Arbeiter den Kapp-Lüttwitz-Putsch in wenigen Tagen scheitern ließ. In den Gewerkschaftskassen herrschte aufgrund der Weltwirtschaftskrise Ebbe, um einen groß angelegten Streik finanzieren zu können. Zudem sah die KPD – zumindest auf Reichsebene – gerade nicht in der NSDAP ihren Hauptgegner, sondern in den bürgerlichen Parteien und der SPD, deren Mitglieder man als „Sozialfaschisten" diffamierte. Den Nationalsozialismus betrachtete man getreu der Devise Stalins als letztes Aufbäumen des Kapitalismus. Gerade wegen der gefährlichen Unterschätzung des Nationalsozialismus aus ideologischen Gründen und ihres staatszersetzenden Verhaltens sollte die Politik der KPD in der Weimarer Republik zumindest auf Reichsebene im Geschichtsunterricht kritisch beleuchtet werden. Ebenfalls ist eine Begriffsklärung von Nationalsozialismus und Faschismus dringend geboten. Denn unter dem Begriff „Faschismus" verstehen Kommunisten alle anderen politischen Richtungen und Parteien.

Tatsächlich war es 1933 für eine „rote Revolution" längst zu spät. Auf Grund der politischen Mehrheitsverhältnisse im Reichstag und der Kamarilla um Hindenburg gab es nur zwei Alternativen, die nicht mehrheitsfähige nationalkonservative Restauration oder die nationalsozialistische Revolution, gestärkt durch die durchschlagenden Erfolge der letzten beiden Reichstagswahlen. Denn der Wählerwille war eindeutig: die Deutschen wollten in ihrer überwiegenden Mehrheit keine parlamentarische Demokratie.

2.2 Die innere Struktur eines Arbeiterdorfes

Mössingen, der Zentralort im Steinlachtal zwischen Reutlingen und Hechingen, zählte 1933 stolze 4.216 Einwohner und wies viele Handwerks- und Industriebetriebe auf, in denen vor allem Holz und Metall verarbeitet wurde. Die größten Arbeitergeber waren drei zwischen 1871 und 1900 gegründete Textilfabriken: die Trikotfabrik Merz, die mechanische Buntweberei Pausa und ein Zweigwerk der Reutlinger Buntweberei Burkhardt. Hinzu kamen zwei Baustein- und Zementwerke (vgl. Althaus 1982, 50 f.). Die meisten Beschäftigten waren Nebenerwerbslandwirte. Mössingen galt daher als „halbes Arbeiterdorf" (vgl. Althaus 1982, 52). Die Sozialstruktur Mössingens war typisch für Württemberg im Jahr 1933, wo noch 36,4 Prozent der Erwerbstätigen in der Land- und Forstwirtschaft und 40,6 Prozent in Industrie und Handwerk arbeiteten (vgl. Schanbacher 1982, 318).

Erst die Weltwirtschaftskrise ließ die Wählerstimmen für die KPD in die Höhe schnellen. Bei der Reichstagswahl vom 14. September 1930 verzeichnete die Partei vor allem in den ländlichen Wahlbezirken prozentual größere Gewinne als in den größeren Städten. Gegenüber der Reichstagwahl von 1928 stiegen die Stimmen der KPD in Mössingen von 18,5 auf 30,8 Prozent; ein Trend, der sich auch in den benachbarten Gemeinden zeigte (Althaus 1982, 89).

Die ansteigende örtliche Arbeitslosigkeit ließ die Konflikte zwischen den bürgerlich-bäuerlichen Gruppierungen und der Arbeiterbewegung anschwellen. Die KPD als tonangebende Arbeiterpartei mobilisierte die Massen außerhalb des Gemeinderates (Althaus 1982, 73). Der aus 16 Mitgliedern bestehende Mössinger Gemeinderat wurde von 1902 bis 1933 von dem politisch neutral agierenden Karl Jaggy geleitet (Althaus 1982, 69–71). Die Ergebnisse der Ergänzungswahlen zum Mössinger Gemeinderat von 1931 zeigen die Machtverhältnisse im Ort. Während die rechtsgerichtete Fraktion „Deutsch gesinnte Arbeiter, Angestellte, Landwirte und Gewerbetreibende" auf Anhieb zwei Sitze gewann (4.569 Stimmen) und die Fraktion der „Wählervereinigung für Landwirtschaft und Gewerbe" nun auf elf Sitze kam (6.034 Stimmen), hatte die KPD nur zwei Sitze (3.946 Stimmen) und die SPD gar keinen mehr (Althaus 1982, 74). Die KPD konzentrierte ihre innerörtliche Agitation gegen den von den anderen Parteien propagierten freiwilligen Arbeitsdienst und ging mehr und mehr im Gemeinderat zu einer politischen Blockadehaltung über, indem sie etwa am 3. August 1932 ihre Zustimmung zum Haushaltsplan verweigerte (Althaus 1982, 77).

Dagegen wollte die KPD durch eine möglichst breite Verankerung im dörflichen Leben bürgerliche Wähler ansprechen. So
konnte sich die Kaderpartei mit nur etwa zwanzig Mitgliedern auf
zahlreiche Sympathisanten im Arbeiterturn- und Gesangverein
und in den Nebenorganisationen der KPD, dem Kampfbund
gegen den Faschismus, der Antifaschistischen Aktion und der
Roten Hilfe, stützen. Der seit 1930/31 in Mössingen bestehende
Kampfbund hatte etwa dreißig Mitglieder. 1932 kam die über-
parteiliche Antifaschistische Aktion hinzu, die als Schutzverband
gegen die SA und die SS gedacht war und Versammlungen der
NSDAP stören sollte. Die Rote Hilfe unterstützte als Rechts-
schutz- und Solidaritätsorganisation in Not geratene Parteimitglieder und deren Familien (Althaus 1982, 93-95). Hinzu kam
das hin und wieder im Ort agierende Aufklärungs-, Revue- und
Agitprop-Theater, der „Spieltrupp Südwest" unter der Leitung des
Hechinger Arztes Friedrich Wolf. Auch die Mössinger Ortszeitung
„Sichel und Hammer" verbreitete kommunistische Propaganda
und wandte sich insbesondere an die kleinbürgerlichen und
kleinbäuerlichen Schichten. Immer wieder wurden auswärtige
Referenten eingeladen, die die KPD-Politik auf Reichsebene erläu-
terten (Althaus 1982, 86 f.). Die dorfbezogene Politik der KPD,
der zusammen mit der SPD initiierte Bau der Arbeiterturnhalle,
des Gemeindebades oder der Siedlung auf der Hilb, verschaffte
ihr Achtung über die eigenen Reihen hinaus (vgl. Althaus 1982,
105-107). Damit wurde die Leninsche Maxime „zwei Schritte
vorwärts, ein Schritt zurück" an die örtlichen Gegebenheiten
angepasst - ungeachtet der politischen Generallinie in Berlin.

Die „Steinlach-Zeitung" berichtete in einem Artikel vom
25. April 1932, dass jemand eine rote Fahne auf dem hohen
Schornstein der Buntweberei Pausa angebracht hatte und der
Betriebsheizer sie durch stärkeres Einheizen zerstören sollte
(Althaus 1982, 87). In diesem Betrieb hatte die KPD die meisten
Anhänger, darunter einer der aktivsten Mössinger Kommunisten,
Otto Wick, Sekretär der Textilarbeiter-Gewerkschaft (Althaus
1982, 89). Das alles zeugt von einem Selbstbewusstsein der

Mössinger Kommunisten, der auch in den Zeitzeugenberichten zum Ausdruck kommt.

Politischer Leiter der Mössinger KPD war der Glasermeister Jakob Stolz, Organisationsleiter Otto Wick und Paul Renz Kassierer. Die politisch-geographische Isoliertheit, kaum einer hatte Telefon, geschweige denn ein Auto, wirkte sich nach Althaus auch auf die Generallinie der Partei aus, über die nicht groß debattiert wurde (vgl. Althaus 1982, 96). Dies paarte sich mit einem ausgesprochenen Regionalbewusstsein, wie Zeitzeugenberichte zeigen (vgl. Althaus 1982, 97). Hinzu kam eine gewisse Bildungsferne der meisten Parteimitglieder, die nur über eine geringe Schulbildung verfügten. Politisiert wurde auf Schulungen oder beim Friseur am Samstagabend. Parteiversammlungen wurden in Werkstätten und seit 1925 in der Arbeiterturnhalle abgehalten (vgl. Althaus 1982, 97–100). Mössingen galt landauf landab als „rotes Dorf" (vgl. Althaus 1982, 100–103).

Im „roten Mössingen" hatte die NSDAP zunächst keine Erfolgsausschichten. Im Februar und im Juli 1931 veranstalteten die Nationalsozialisten einen Propagandamarsch und eine Kundgebung im Ort, worauf die örtliche KPD mit einem Flugblatt dazu aufrief, die Mössinger Nazis zu boykottieren (vgl. Althaus 1982, 142 f.). Erst bei den Reichstagswahlen im September 1930 konnte die NSDAP einen Stimmenzuwachs von 13 auf 186 verzeichnen (vgl. Althaus 1982, 144). Am 10. Juli 1932 demonstrierte die Mössinger Antifaschistische Aktion auf dem „Roten Tag" in Tübingen gegen den „Faschismus" (vgl. Althaus 1982, 150).

Der Einsatz der Mössinger Kommunisten war nicht umsonst. Denn die beiden Reichstagswahlen von 1932 konnte wiederum die KPD mit 30,6 Prozent und 32,2 Prozent gewinnen. Im Vergleich lagen die KPD-Reichstagswahlergebnisse zwischen 1920 und 1932 in Mössingen vor allem seit 1928 deutlich höher als im Oberamt Rottenburg, in Württemberg und im Reich. Bei der letzten freien Reichstagwahl vom 5. November 1932 erhielt die KPD in Mössingen 32,2 Prozent der Stimmen, im Reich dagegen nur 16,9 Prozent (vgl. Althaus 1982, 46 f).

Tabelle 1: Reichstagswahl vom 6. November 1932

	Zentrum	SPD	KPD	NSDAP
Reich	15,5%	20,4%	16,9%	33,1%
Württemberg	20,5%	15,2%	14,5%	26,3%

Quelle: Rotermund 1983, 172 f.

2.3 Zeitzeugen im Film

Der Dokumentarfilm von 1983 mit dem Titel „Da ist nirgends nichts gewesen außer hier" beginnt mit einer Demonstration von „Antifaschisten" und Anhängern der Friedensbewegung im Zusammenhang mit dem so genannten „NATO-Doppelbeschluss" in Mössingen unter Beteiligung einiger ehemaliger Streikteilnehmer. Ein betagter Zeitzeuge gab im Interview an, dass man heute wieder wachsam sein müsse. Die Instrumentalisierung der älteren Zeitzeugen für politische Ziele der linken Szene ist leider offenkundig und sollte im historisch-politischen Lernen thematisiert werden. Da mittlerweile alle Zeitzeugen verstorben sind, stellt der Film aber ein einzigartiges Dokument dar. Umso verwunderlicher ist es, dass er keine weitere Verbreitung über die Landesmedienzentren erfahren hat und auch nicht auf CD-ROM verfügbar ist. Didaktisch gesehen liegt der besondere Reiz des Filmes darin, dass hier „einfache" Menschen zu Wort kommen und so dem Ansatz der Personifizierung im Geschichtsunterricht Rechung getragen wird. Die Zeitzeugenberichte zeigen, dass man sich über die politische Einschätzung der NSDAP durch Moskau und die KPD auf Reichsebene in Mössingen nicht im Klaren war. Die im Film zu Wort kommenden alten Männer würden wir heute als Arbeiterbauern charakterisieren. Höhere Bildung besaß kaum jemand. Viele arbeiteten als einfache Arbeiter, zum

Beispiel als Zuschneider in den Textilfabriken vor Ort. Manch
einer ging einer auswärtigen Tätigkeit nach, etwa im benachbarten
Reutlingen, und kam dort in Kontakt mit sozialdemokratischen
oder politischen Parolen. Zwei Herzen schlugen in der Brust
dieser Menschen, das des Bauern und das des Arbeiters. Auf den
ersten Blick wären das ideale Wähler und Anhänger der NSDAP
gewesen, deren Blut- und Boden-Propaganda sich ausdrücklich
an diese Schichten richtete. Aber voller Arbeiterstolz, der sich
mit einem starken Lokalbewusstsein paarte, hielt man viel auf
die dörfliche Tradition, Unabhängigkeit und das Vereinsleben.
Marx dürfte kaum einer gelesen haben. Die kommunistische
Ideologie wurde an die örtlichen Bedingungen angepasst. Alles
in allem waren die Streikteilnehmer Pragmatiker, die wussten,
dass Hitler Krieg bedeutete, und keine idealtypischen, d.h.
städtisch-intellektuelle Revolutionäre. Sie handelten, wo andere
über politische Grundsatzdebatten nicht hinaus kamen. Ihnen
war bewusst, dass die von der SPD vertretene Strategie einer
legalen Opposition in der Diktatur nicht aufgehen konnte und
man sofort etwas dagegen unternehmen müsse. Daher verdient
ihre Aktion höchste Anerkennung und ist ein Zeichen für
Zivilcourage.

2.4 „Da ist nirgends nichts gewesen außer hier": Der Generalstreik und seine Folgen

Am 30. Januar 1933 ernannte Reichspräsident Paul von Hindenburg
Adolf Hitler zum Reichskanzler. Die Meldung wurde über den
Reichsrundfunk um 12.00 Uhr verbreitet. Daraufhin entsandte
die Unterbezirksleitung in Reutlingen einen Motorradkurier nach
Mössingen mit einer Nachricht zum reichsweiten Streikaufruf. Am
selben Abend berief Martin Mayer, Vorsitzender der Mössinger
KPD, eine öffentliche Versammlung in der Arbeiterturnhalle ein,
zu der um die 200 Teilnehmer, darunter Mössinger, Auswärtige,
KPD-Mitglieder und Sympathisanten, SPD-Mitglieder und An-
gehörige der Antifaschistischen Aktion erschienen. Nach einer
Diskussion über die Vorgehensweise wurde die Entscheidung

auf den 31. Januar um 12.00 Uhr verschoben. Ein Zug der Antifaschistischen Aktion mit Trommlern und Pfeiffern durch das nächtliche Mössingen schloss sich an die Zusammenkunft an. In der Nacht zum 31. Januar 1933 erreichte das Flugblatt der Stuttgarter KPD-Bezirksleitung mit dem Streikaufruf Mössingen. Über einhundert Menschen, zumeist Arbeitslose, versammelten sich daraufhin vor der Arbeiterturnhalle um 12.30 Uhr. In Mössingen glaubte man an eine reichsweite Befolgung des Streikaufrufs der KPD. Der Demonstrationszug setzte sich mit drei Fahnenträgern an der Spitze, gefolgt von dem Transparentträger Jakob Textor mit dem Streikaufruf und Viererreihen von Demonstranten in Richtung des Betriebes Pausa in Bewegung. Die Mössinger Polizisten, ein Landjäger und zwei Schutzleute, sahen tatenlos zu. In den Pausa-Werken hatte sich eine der beiden Abteilungen für den Streik, die andere mehrheitlich dagegen ausgesprochen. Eine neue Versammlung wurde um 13.00 Uhr angesetzt. Kurz vor 13.00 Uhr trafen die Demonstranten ein. Fritz Wandel (KPD) hielt eine Ansprache auf der Treppe des Gasthauses Schwanen gegenüber dem Werkseingang, gefolgt von einem dreimaligen „Rotfront-Ruf" und dem Singen der Internationale. Die Belegschaft der Pausa stimmte jetzt in einer geheimen Abstimmung für den Streik und wählte Christoph Gaugner (KPD) als Kampfleiter. Die Betriebsleitung gab der Belegschaft frei. Mehrere hundert Demonstranten zogen weiter zur Trikotfabrik Merz. Otto Merz sprach zu den Streikenden im Innenhof und wollte die Beschwerden von einigen älteren Arbeitern entgegennehmen, was von den Demonstranten verweigert wurde. Daraufhin bat Merz telefonisch den Bürgermeister Jaggy um Polizeischutz, was dieser verweigerte. Merz rief sodann den Rottenburger Oberamtmann an, der die Reutlinger Schutzpolizei alarmierte, die mit einer vierzig Mann starken Abteilung ausrückte. Im Websaal und im Nähsaal der Fabrik fanden Auseinandersetzungen zwischen Streikbefürwortern und Streikgegnern statt. Der Streikzug indessen zog weiter zur Buntweberei Burkhardt. Dort hatte die Betriebsleitung eine Streikabstimmung verboten und die Tore schließen lassen. Die Streikteilnehmer gingen daraufhin zum Dorfzentrum, wo die Polizei die Bahnhofstraße abgeriegelt hatte. Gegen 16.00 Uhr wurde der Demonstrationszug augenblicklich aufgelöst. Viele flüchteten über die Felder, wie aus einem Bericht des „Schwäbischen Merkur" vom 5. Februar 1933 hervorgeht. Die Polizei stellte die Personalien einiger Streikteilnehmer fest, nahm aber zunächst keine Verhaftungen vor, schaltete jedoch die Tübinger Staatsanwaltschaft ein. Diese informierte die politische Abteilung des Landeskriminalamtes in Stuttgart, die zwei Kriminalkommissare und eine Schupoabteilung nach Mössingen sandte und vom 1. bis zum 3. Februar 1933 22 Streikteilnehmer aus Mössingen und Belsen verhaftete und auf dem Mössinger Rathaus verhörte. Im Laufe der nächsten Wochen wurden weitere 54 Menschen festgenommen. Die Verhafteten wurden auf mehrere württembergische Gefängnisse verteilt. Insgesamt wurden 98 Personen, darunter vier Frauen, angeklagt. In 92 Fällen plädierte die Anklage auf „Landfriedensbruch", sechsmal auf „Vorbereitung zum Hochverrat". 74 von 81 Angeklagten wurden verurteilt. Die Urteile gegen die Streikführer lauteten: Martin Maier: ein Jahr, neun Monate Gefängnis wegen Vorbereitung zum Hochverrat und Landfriedensbruch; Hermann Ayen und Christoph Augner: zwei Jahre Gefängnis; Albert Buchmann (Stuttgarter Bezirksleiter der KPD und Herausgeber des Flugblattes): drei Jahre Gefängnis; Fritz Wandel: viereinhalb Jahre Gefängnis (ab 1937 KZ Welzheim, danach KZ Dachau, 1943 Freilassung, bis 1945 „Bewährungsbataillon 999", schwere Verwundung 1945 und ein Jahr sowjetische Kriegsgefangenschaft).

Am 31. März 1933 wurde der Mössinger Gemeinderat auf der Basis des „Vorläufigen Gesetzes zur Gleichschaltung der Länder mit dem Reich" entsprechend dem Ergebnis der Reichstagswahl vom 5. März 1933 umgebildet. Ab dem 1. März 1933 wehte die Hakenkreuzflagge auf dem „roten Rathaus". Am 12. März 1933 wurden die Arbeitervereine verboten. Die Arbeiterbewegung meldete sich in Mössingen nicht mehr zu Wort (vgl. Althaus 1982, 151–181).

3. Woanders ist auch etwas gewesen

Waren die Ereignisse in Mössingen am 31. Januar 1933 einzigartig? Ja, wenn man nur diesen Tag berücksichtigt, nein, wenn man die gesamte Phase der „Machtergreifung" vom 30. Januar bis zum 24. März 1933 (Verabschiedung des „Ermächtigungsgesetzes") betrachtet. Denn auch an anderen Orten in Württemberg gab es viele Aktionen gegen die braune Flut bis zum März 1933. Greifen wir einige dokumentierte Beispiele heraus:

Im nicht weit entfernten Balingen, einer Hochburg der NSDAP und der SA, veranstaltete die KPD am 18. Februar 1933 im Hof der Sichelschule nach einer Demonstration eine Kundgebung, und die Eiserne Front ließ ihre Reichsbannerformation unter Polizeischutz durch die Stadt marschieren, wobei auch der SPD Reichstagsabgeordnete Karl Ruggaber sprach. Die kommunistische Demonstration führte vom Kolonnenhaus über den Bahnhof bis zur Sichelschule. Dort hielt der Tailfinger Kommunist und Fabrikarbeiter Reinhold Gonser eine Rede, in der er Hitlers haltlose Versprechungen kritisierte, für eine „Kampffront" aller Arbeiter gegen die „heutige Gesellschaftsordnung" warb und die Lohnkürzungen kritisierte. Danach versammelten sich die Anhänger der SPD. Auch der Reichsbannerangehörige und Sozialdemokrat Hahn warf Hitler Tatenlosigkeit vor und sagte, dass Hitler zwar die SPD, die Versammlungen und die Zeitungen, nicht aber das Reden verbieten könnte. Ebenfalls forderte er alle Arbeiter zu einer Einheitsfront gegen den „Faschismus" auf (vgl. Steinhart 1993, 148 f.). Am selben Tag hielt das Zentrum mit dem württembergischen Staatspräsidenten Dr. Eugen Bolz als Gastredner eine Kundgebung in Hechingen ab. In Balingen erhoben die sozialdemokratischen Stadträte Beutter und Neher ihre Stimme gegen eine Nutzung des Rathausbalkons durch einen Redner der NSDAP und einen geplanten Fackelmarsch von SA und SS durch die Stadt, konnten sich aber nicht durchsetzen, da Bürgermeister Rommel dem Druck der Nationalsozialisten nachgab (vgl. Steinhart 1993, 151). In der Märzwahl kam die

NSDAP in Balingen auf 50,2 Prozent und lag damit 6,2 Prozent-
punkte über dem Reichsdurchschnitt (vgl. Steinhart 1993, 154).
Nun wehte auch auf dem Rathaus das Hakenkreuz. Ab dem 10.
März setzten in Balingen und den benachbarten Gemeinden die
Verhaftungen von Regimegegnern ein. Am 16. März wurden in
Württemberg das Reichsbanner Schwarz-Rot-Gold, die Eiserne
Front und der Kampfbund gegen den Faschismus verboten. Auf
dem Heuberg wurde ein Konzentrationslager eingerichtet (vgl.
Steinhart 1993, 156). Die vier sozialdemokratischen Gemein-
devertreter schieden unter dem Druck aus der Partei und dem
Stadtrat aus (vgl. Steinhart 1993, 159).

Ein anderes Beispiel: Mühlacker, eine schwäbische Kleinstadt in
der Nähe von Pforzheim, hatte 1933 6.088 Einwohner, darunter
2.606 Erwerbstätige und 348 Erwerbslose. In der Landwirtschaft
arbeiteten 529 Menschen (20,3 Prozent) und in Industrie und
Handwerk 1.318 (50,6 Prozent). 1.370 Menschen (46,4 Prozent)
waren Arbeiter (vgl. Burkhardt 1980, 154 f.). Damit ähnelte die
Sozial- und Erwerbsstruktur der von Mössingen. Bei der Land-
tagswahl in Württemberg vom 24. April 1932 wurden insgesamt
2.319 gültige Stimmen bei einer Wahlbeteiligung von 56,8
Prozent abgegeben. Davon entfielen auf die SPD 15,9 Prozent
(in Württemberg 16,6 Prozent), auf die KPD 14,7 Prozent (in
Württemberg 9,4 Prozent) und auf die NSDAP 32,8 Prozent
(in Württemberg 26,4 Prozent) (Burkhardt 1980, 158). Bei der
letzten freien Reichstagswahl vom 6. November 1932 mit einer
Wahlbeteiligung von 66,7 Prozent (im Reich 80,6 Prozent)
und 2.673 abgegebenen gültigen Stimmen konnte die NSDAP
1.092 Stimmen (40,6 Prozent) (im Reich 33,1 Prozent) auf sich
vereinigen, die SPD nur noch 293 (10,9 Prozent) (im Reich 20,4
Prozent) und die KPD ganze 579 Stimmen (21,5 Prozent) (im
Reich 16,9 Prozent). Nach der NSDAP war die KPD zweitstärks-
te Kraft im Ort, und die vormals starke SPD hatte erheblich
an Stimmen verloren (vgl. Burkhardt 1980, 156 f.). Gegenüber
Mössingen hatten bei der letzten freien Reichstagswahl 10,7
Prozent weniger Wahlberechtigte der KPD ihre Stimme gegeben.

Am 28. Januar 1933, dem Rücktritt des Reichskanzlers Kurt von Schleicher, veranstaltete die KPD eine Großkundgebung, die sich ebenso gegen von Schleicher wie auch gegen die württembergische Landesregierung unter der Führung des Staatspräsidenten Dr. Eugen Bolz (Zentrum) richtete (vgl. Burkhardt 1980, 102). Das Oberamt Maulbronn gab der Ortspolizei entsprechende Anweisungen, den Weg des etwa zweihundert Personen umfassenden Demonstrationszuges festzulegen (vgl. Burkhardt 1980, 101). Die örtlichen Kommunisten hielten den Zerfall der NSDAP für gekommen, getreu der Generallinie der Partei, die den Nationalsozialismus als letzte Ausgeburt des Kapitalismus verstand. So lesen wir am 28. Januar in der kommunistischen Ortszeitung „Der rote Sender":

> „Die Ratten verlassen das sinkende Schiff! Die Zersetzungserscheinungen innerhalb der Nazi-Partei machen immer weitere Fortschritte. Ganze SA-Stürme haben die Nase voll von der Korruptionswirtschaft ihrer Bonzen und treten aus.
>
> Je mehr die Zersetzung fortschreitet, umso fieberhafter bemüht sich Hitler, um noch rasch an die Futterkrippe ranzukommen. Er verhandelte mit den von ihm bekämpften feinen Leuten: Mit Papen, Hugenberg usw. und ist bereit, mit den Reaktionären eine Regierung zu bilden. Die ganze Erbärmlichkeit und der Volksbetrug kommen in diesem Kuhhandel zum Ausdruck. Was Wunder, wenn die ehrlichen, noch nicht korrumpierten Elemente die Nazipartei in Scharen verlassen. Hitler versucht verzweifelt zu retten, was noch zu retten ist. Vergeblich. Seine bisher treuesten Trabanten versuchen sich noch schleunigst zu retten, bevor er das Parteischiff in den Abgrund steuert!"

(vgl. Burkhardt 1980, 102 f.)

Unklar ist, ob die KPD in Mühlacker versuchte, in den örtlichen Betrieben Streiks zu organisieren. Jedenfalls bemühte sich die örtliche NSDAP, die angeblichen Streikabsichten der Kommunisten für ein scharfes Vorgehen gegen die Kommunisten zu nutzen, was aus einem diffamierenden Artikel aus deren Presseorgan „Das Hakenkreuzbanner" hervorgeht (vgl. Burkhardt 1980, 108 f.). Als der Ortsgruppenleiter der NSDAP im Februar 1933 eine Rede hielt, in der er ankündigte, den „Saustall auszuräumen", kam es zu spontanen Protesten der Regimegegner vor allem aus den Reihen der SPD und KPD, die zur Auflösung der braunen Versammlung führten. Kurze Zeit später versammelten sich Kommunisten und Sozialdemokraten drei Tage und Nächte lang in der Turnhalle und warten vergeblich auf den Befehl zum allgemeinen, auch bewaffneten Aufstand gegen das Naziregime (vgl. Burkhardt 1980, 111). Anträge des Mühlacker Bürgermeisteramtes unter Richard Osswald Woerner (Bürgermeister 1918–1945) und des Oberamtes Maulbronn, die KPD-Ortszeitung verbieten zu lassen, scheiterten am 14. Februar 1933 am württembergischen Staatspräsidenten Dr. Eugen Bolz (vgl. Burkhardt 1980, 112). Bolz verhinderte durch sein entschiedenes und mutiges Auftreten eine Umsetzung der „Verordnung des Reichspräsidenten zum Schutze des Deutschen Volkes" vom 4. Februar 1933 auf regionaler Ebene, die die Versammlungs- und Pressefreiheit erheblich eingeschränkt und dem Reichsinnenminister Wilhelm Frick weit reichende Vollmachten erteilt hatte. Der Regimegegner Bolz wurde von Hitler in dessen Wahlkampfrede in Stuttgart vom 15. Februar 1933 heftig kritisiert, was zur Unterbrechung des Übertragungskabels zwischen dem Versammlungssaal und dem Stuttgarter Funkhaus führte. „Der Rote Sender" aus Mühlacker kommentierte am 25. Februar das abrupte Ende der Hitlerrede mit den Worten:

> „Hitler reist im Lande herum und hält Reden. Der Inhalt seiner Reden ist so ziemlich derselbe. Vierzehn Jahre Marxismus, ein furchtbarer Trümmerhaufen, Novemberverbrecher, Ausrottung des Marxismus, sittliche Erneuerung, gebt mir vier Jahre Zeit – usw. Diese Reden, die auf das deutsche Volk losgelassen werden, haben in Stuttgart einige gescheite Menschen, die dem Roten Frontkämpferbund angehören sollen, nicht mehr ertragen können und durch einen Beilhieb auf die Quasselstrippe dem Wunsch des größten Teils der Bevölkerung Rechnung getragen, die es müde ist, immer nur Reden und Versprechungen zu hören."

(vgl. Burkhardt 1980, 113 f.)

In derselben Ausgabe kritisierte die Ortszeitung der KPD das große Polizeiaufgebot während der Hitlerrede zum Schutz des Großsenders (Burkhardt 1980, 114). Am 11. Februar 1933, kurz vor dem Verbot, lesen wir in „Der Rote Sender" unter der Schlagzeile „Nieder mit dem Faschismus" als Bildunterschrift zu streikenden Arbeitern mit Hammer und Sichel nebst (roten) Fahnen:

> „Einige Zeit ist schon verstrichen, seit Hitler von Hindenburg, der mit den Stimmen der SPD gewählte Reichspräsident, der von der SPD-Führung als ‚Bollwerk gegen den Faschismus' bezeichnet wurde, als Reichskanzler ernannt wurde. Die Beauftragung der Hitler-Papen-Hugenberg-Seldte bedeutet einen konzentrierten Angriff auf die Lebenshaltung und Lebensinteressen der werktätigen Massen, bedeutet neuen, noch schärferen Lohnraub, schärfsten Unterstützungsabbau, ungeheuerlichen Blutterror gegen die Arbeiterklasse und gesteigerte Rüstung und chauvinistische Vorbereitung des imperialistischen Krieges."
>
> *(vgl. Burkhardt 1980, 115)*

Am 4. März 1933, ein Tag vor der Reichstagswahl, verteilte die „Eiserne Front" ein an die Adresse der KPD gerichtetes Flugblatt mit dem Titel „Wir wollen die Einheit", das zur Zusammenarbeit gegen den „Faschismus" aufrief (vgl. Burkhardt 1980, 119 f.). Die KPD ließ sich nicht darauf ein, sondern griff im Gegenteil im Wahlkampf neben ihrer scharfen Kritik an der NSDAP und DNVP auch die SPD an. Zu tief saßen die traumatischen Erfahrungen des durch das Bündnis der SPD mit der Reichswehrführung niedergeschlagenen Spartakusaufstandes vom Januar 1919. Auch „Der Rote Sender" hielt sich an die Generallinie der Partei:

> „Sozialdemokratische Klassengenossen und Wähler!!!
> Die Politik und ‚Strategie' der sozialdemokratischen Führer hat uns den Faschismus gebracht. Sozialdemokratische Arbeiterlokale werden zertrümmert, sozialdemokratische Zeitungen verboten, Reichsbannerarbeiter niedergemacht, sozialdemokratische Versammlungen gesprengt usw.

Was tun eure Führer? [Hervorhebung im Original] Organisieren sie
den Abwehrkampf gegen die braune Mordpest? Nein, sie empfehlen
Euch: ‚Geht baden, geht ins Grüne, geht spielen.' [...] Rechtsfragen
und Verfassungsfragen sind Machtfragen, und die Nazis wären Esel,
wenn sie ihre Macht nicht ausnützten.
Sozialdemokratische Klassengenossen: [Hervorhebung im Original]
Es gilt nun für alle von uns, sofort den Kampf gegen die Hitler-Papen-
Diktatur zu organisieren, die von uns allen ersehnte Einheitsfront
auf dem Wege des gemeinsamen Kampfes herzustellen. Dass die
Kommunistische Partei den richtigen Weg weist, zeigt das Beispiel
in Russland, wo der Faschismus etwas Unbekanntes ist. *Darum
her zu uns!* [Hervorhebung im Original] Gebt als Protest gegen
die schandvolle Kapitulation Eurer Führer den Kommunisten Eure
Stimme, der *Liste 3* [Hervorhebung im Original]."

(vgl. Burkhardt 1980, 113 f.)

Am 3. März 1933, zwei Tage vor der Kreistagswahl, hielt die
SPD ihre letzte Versammlung in Mühlacker ab, zu der Stadtrat
Großhans aus Stuttgart mit einem Vortrag zum Thema „Freiheit
oder Sklaverei?" eingeladen wurde. Die Reichstagwahlen endeten
auch in Mühlacker mit einem hohen Wahlerfolg von NSDAP und
DNVP. Auf dem Rathaus wehten jetzt Schwarz-Weiß-Rot und
die Hakenkreuzfahne. Die SA verbrannte die schwarz-rot-goldene
Fahne im Rathaus. Die Regierung Bolz musste zurücktreten (vgl.
Burkhardt 1980, 128–130).

In vielen Rathäusern wurde nach der Ernennung Hitlers
zum Reichskanzler zunächst keine Hakenkreuzflagge gehisst. So
schrieb etwa das „Heilbronner Tagblatt" am 1. Februar 1933,
dass der Oberbürgermeister Beutinger sich weigerte, die Hakenkreuzflagge auf dem Rathaus aufzuziehen und nicht zugestehen
wollte, „dass die Gerichtsstunde der Demokratendämmerung
gekommen ist", was man sich merken wolle (vgl. Jung 1983, 49).
Am 9. März 1933 berichtete dieselbe Zeitung voller Stolz, dass
nunmehr die Beflaggung des (roten) Rathauses mit den Fahnen
des Reiches „in feierlicher Weise" erfolgt sei (vgl. Jung 1983, 51).
Der Oberbürgermeister Beutinger wurde im April 1933 wegen

angeblicher Untreue seines Amtes enthoben und angeklagt, aber freigesprochen (vgl. Jung 1983, 55).

Anderenorts handelten Bürgermeister anders, etwa im „roten" Sindelfingen, wo der Bürgermeister Karl Pfitzer im Frühjahr 1933 der NSDAP beitrat. Dabei saßen im Gemeinderat seit 1931 sechs Vertreter der SPD, zwei der KPD, fünf der DDP, vier der Freien Wähler, aber nur ein Nationalsozialist. Die NSDAP hatte bei den Reichstagswahlen vom 5. März nur 33,6 Prozent erreicht, ganze 10,6 Prozent weniger als im Reichsdurchschnitt. Noch am 26. Februar hatten auch hier SPD und „Eiserne Front" Gegenkundgebungen veranstaltet (vgl. Die Macht-Ergreifung in Sindelfingen 1933. 1983, 13–17).

4. Ergebnisse

Die Beispiele aus Balingen und Mühlacker zeigen, dass neben Mössingen auch in anderen württembergischen Städten und Gemeinden der Aufstieg des Nationalsozialismus sich keinesfalls einheitlich und widerstandslos vollzog.

Das lag auf überregionaler Ebene an der standhaften württembergischen Staatsregierung unter Dr. Eugen Bolz, an der starken Stellung des Bürgermeisteramtes in Württemberg, an dem aus den Wahlen siegreich hervorgegangen Zentrum vor allem in den katholischen Oberämtern, an den verhältnismäßig stabilen wirtschaftlichen Verhältnissen und nicht zuletzt an der inneren Zerrissenheit der NSDAP. Die württembergische Polizei stellte dann auch in einem Bericht vom 20. Dezember 1931 fest, dass nach den Septemberwahlen 1930 der Nationalsozialismus „im Hinblick auf Mitgliederzuwachs und Einflussgewinn weit hinter anderen Ländern zurückgeblieben" ist (BA, NS 26/104, vgl. Schnabel 1982, 49). Auch bei den beiden Reichstagswahlen 1932 lag die NSDAP um sieben Prozent unter dem Durchschnitt im Reich (vgl. Schnabel 1982, 49). Bis 1930 gelang es der Partei in Württemberg nicht, durchschlagende Erfolge in den kleineren Gemeinden (bis 2.000 Einwohner) zu erzielen,

wo nur 7,8 Prozent die NSDAP wählten. Größere Erfolge hatte
die Partei dagegen in Städten über 20.000 bis 100.000 Einwoh-
nern, wo sie durchschnittlich zwölf Prozent der Stimmen auf
sich vereinigen konnte (vgl. Schnabel 1982, 59). Trotz Erfolge
bei den Kommunalwahlen konnten die Nationalsozialisten die
Rathäuser nicht erobern (vgl. Schnabel 1982, 63 f.). Die Land-
tagswahlen von 1932 endeten ebenfalls mit einem Misserfolg.
Die NSDAP hatte mit 26,4 Prozent der Stimmen das niedrigs-
te Ergebnis im Reich erzielt. Ihre meisten Anhänger fand sie
im evangelischen Teil Ostwürttembergs und in den kleineren
Gemeinden (vgl. Schnabel 1982, 67 f.). Bis zum März 1933
kam es zu einer Umstrukturierung der nationalsozialistischen
Wählerschaft in Württemberg. Die klein- und mittelständischen
Gruppierungen, also Handwerker und Gewerbetreibende, gingen
prozentual zurück und die Bauern und Nebenerwerbslandwirte,
die Angestellten und Beamten, aber auch die Frauen nahmen
prozentual zu (vgl. Schanbacher 1982, 306). Anfang 1929 hatte
die NSDAP in Württemberg gerade einmal 1.150 Mitglieder, die
SPD in Heilbronn allein über 1.000 (vgl. Schnabel 1982, 52).
Hinzu kamen innere Auseinandersetzungen und Schulden (vgl.
Schnabel 1982, 72). Ende 1932 stand auch die württembergische
NSDAP vor einer inneren Zerreißprobe.

Erst die Reichstagswahlen vom 5. März 1933 endeten für die
NSDAP in Württemberg mit einem Erfolg. Mit ca. 42 Prozent
der Wählerstimmen hatte sie fast den Reichsdurchschnitt von
43,9 Prozent erreicht (vgl. Schnabel 1982, 72). Reichsinnenminister Frick ernannte am 8. März 1933 den SA-Gruppenführer
Dietrich von Jagow zum Polizeikommissar von Württemberg.
In der Nacht vom 10. auf den 11. März 1933 wurden die wichtigsten kommunistischen Funktionäre verhaftet. Am 23. März
ließ der Leiter der Gestapo in der „Schwäbischen Tageszeitung"
verkünden, dass „staatsfeindliche Elemente (...) körperlich
ausgerottet [werden]" (Schwäbische Tageszeitung Nr. 69 vom
23. März 1933, 3). Dann aber verhinderten machtpolitische
Streitigkeiten innerhalb der nationalsozialistischen „Bewegung"

eine zügige „Machtergreifung". Erst am 15. März wählten die Abgeordneten von NSDAP, DNVP, Bauernbund und Christlich-Sozialem Volksdienst (CSVD) gegen die Stimmen der SPD und bei Stimmenthaltung von Zentrum und DDP den von der SS favorisierten Wilhelm Murr zum Staatspräsidenten und Reichsstatthalter. Murr beschwerte sich vergeblich am 30. Juni bei Hitler, als der der SA nahe stehende Mergenthaler gegen seine Bedenken zum Ministerpräsidenten gewählt wurde (vgl. Schnabel 1982, 72–74). Mit dem „Vorläufigen Gesetz zur Gleichschaltung der Länder mit dem Reich" vom 31. März 1933 wurden überall die Landtage und Gemeindevertretungen aufgelöst und gemäß dem Ergebnis der Reichstagswahl vom 5. März umgebildet. Am 8. Juni beschloss der württembergische Landtag ein „Landesermächtigungsgesetz" mit den Stimmen von Zentrum, DNVP, Bauernbund, Christlich Sozialem Volksdienst (CSVD) und der NSDAP bei Stimmenthaltung der SPD-Abgeordneten (die KPD-Vertreter waren mittlerweile verhaftet) und stimmte damit seiner Selbstentmachtung zu. Am 14. Oktober wurde der württembergische Landtag ganz abgeschafft. Die NS-Diktatur saß nun fest im Sattel.

Weitere regionalgeschichtliche Forschungen nach dem Wegfall personenbezogener Sperrfristen sind also dringend geboten, um ein differenziertes Bild der nationalsozialistischen „Machtergreifung" und lokaler Widerstände zu gewinnen, die oft hinter den Ereignissen auf Reichsebene zurücktreten. Das können auch Schülerarbeitsgruppen höherer Klassenstufen in Projekten leisten, sofern am Ort Zeitungsarchive aus dieser Periode vorhanden sind. Regionale Widerstände dürfen aber nicht überbewertet werden. Denn Hitler hatte in den ersten Wochen nach seiner Ernennung zum Reichskanzler illegale Eingriffe in die Verfassungsstruktur vermieden, so dass anfänglich noch regimekritische Aktionen möglich waren. Das änderte sich erst mit der „Reichstagsbrandverordnung" vom 28. Februar 1933. Über Deutschland breitete sich das braune Leichentuch aus.

Literatur

Allen, William Sheridan (1966): „Das haben wir nicht gewollt!" Die nationalsozialistische Machtergreifung in einer Kleinstadt 1930–1935. Gütersloh.

Althaus, Hans Joachim u.a. (1980): Das rote Mössingen. Ein Forschungsprojekt des Ludwig-Uhland-Instituts. In: Ästhetik und Kommunikation. Beiträge zur politischen Erziehung, 42/1980, S. 121–135.

Althaus, Hans Joachim u.a. (1982): Da ist nirgends nichts gewesen außer hier. Das „rote Mössingen" im Generalstreik gegen Hitler. Geschichte eines schwäbischen Arbeiterdorfes. Berlin.

Beck, Stefan/Schönberger, Klaus (1984): Von „Spartania" nach „Germania". Das Ende der Weimarer Republik und die Machtübernahme 1933 in Marbach a.N. (Schriften der Alexander-Seitz-Geschichtswerkstatt Marbach und Umgebung, Bd. 1). Marbach a.N.

Biedert, Hans-Karl (1984): Die Machtergreifung der NSDAP im Aalen und Umgebung. In: Aalener Jahrbuch 1984, S. 264–284.

Binder, Hans-Otto (1991): Biberach in der Zeit der Weimarer Republik und der nationalsozialistischen Diktatur. In: Stievermann, Dieter (Hrsg.): Geschichte der Stadt Biberach. Stuttgart, S. 553–601.

Binder, Heidemarie (1980): Die „Machtergreifung" in Geislingen an der Steige 1933–36. Schwäbisch Gmünd.

Borst, Otto (Hrsg.) (1988): Das Dritte Reich in Baden und Württemberg. Stuttgart.

Bosch, Michael/Niess, Wolfgang (Hrsg.) (1984): Der Widerstand im deutschen Südwesten 1933–1945. Stuttgart.

Broß, Esther: Vor 75 Jahren – Generalstreik in Mössingen. In „Stattzeitung für Südbaden", Ausgabe 71, 3.März 2008. URL: http://www.stattweb.de/baseportal/ArchivDetail&db=Archiv&Id=959 [21.06.2011].

Burkhardt, Bernd (1980): Eine Stadt wird braun. Die nationalsozialistische Machtergreifung in der Provinz. Hamburg.

Da ist nirgends nichts gewesen außer hier (1983), 37 min sw/VHS-Videokassette/ Kreismedienzentrum Albstadt Ebingen Nr. 4251495.

Die Macht-Ergreifung in Sindelfingen 1933. Hrsg. von der Schülerarbeitsgruppe des Sindelfinger Goldberg-Gymnasiums unter Leitung von Michael Kuckenburg. Sindelfingen 1983.

Duldner, Erika (1980): Die NS-Machtergreifung in Stadt und Amt. Schorndorf (Zulassungsarbeit).

Ebert, Hans-Jörg (o. O., o. J.): Die Machtergreifung des Nationalsozialismus in der badischen Kleinstadt Bretten. (Staatsexamensarbeit Universität Mannheim).

Engehausen, Frank/Bräunche, Ernst Otto (Hrsg.): 1933 – Karlsruhe und der Beginn des Dritten Reiches. Leinfelden-Echterdingen 2008.

Fleischer, Kurt (1978): Die Machtergreifung in zwei Gemeinden des Filstals. Deggingen 1978 (Zulassungsarbeit)

Forstner, Benno/Gienger, Johannes/Würthwein, Volker (1982): Weil der Stadt in der Zeit des Nationalsozialismus. Ein lokales Beispiel. Stuttgart.

Funk, Erwin (1987): Böblingen im Dritten Reich. 2. Bände. Böblingen.

Günther, Elke: Streik ja, aber eine Gedenktafel? In: VVN-BdA Baden-Württemberg, Nr. 2, April 2003. URL: http://www.vvn.telebus.de/anachric/2003/02/01h.htm [21.06.2011].

Hildenbrand, Manfred (1983): Die nationalsozialistische Machtergreifung in einer Kleinstadt. Haslach i. K. im Jahre 1933. Kehl.

Hoffmann, Herbert (1985): Im Gleichschritt in die Diktatur? Die nationalsozialistische Machtergreifung in Heidelberg und Mannheim 1930–1935. Frankfurt/M.

Jacobi, Uwe (1981): Die vermissten Ratsprotokolle. Aufzeichnungen der Suche nach der unbewältigten Vergangenheit. Nach der gleichnamigen Serie in der „Heilbronner Stimme". Heilbronn.

Jeggle, Utz (1977): Kiebingen – Eine Heimatgeschichte. Zum Prozess der Zivilisation in einem schwäbischen Dorf. Tübingen.

Jung, Norbert (1983): Die nationalsozialistische Machtergreifung am Beispiel Heilbronn, Neckarsulm und Umgebung. In: Schnabel, Thomas (Hrsg.) (1983): Lokalmodelle nationalsozialistischer Machtergreifung. Heidelberg, S. 35–63.

Keller, Margret (1962): Die Entwicklung des Nationalsozialismus in Geislingen/Steige in den Jahren 1923–1933. Wie konnte hier eine Hochburg entstehen? Tübingen.

Kraus, Uwe (1982): Reichstagswahlen und Phasen der nationalsozialistischen Machtergreifung und Gleichschaltung in Württemberg am Beispiel der Stadt Ravensburg. Tübingen (Magisterarbeit).

Kümmel, Renate (1994): Erfahrungen des Nationalsozialismus in einer Kleinstadt – Verarbeitung oder Verdrängung? Vom Umgang mit der Stadtgeschichte in Geislingen/Steige. (Magister-Arbeit vorgelegt an der Freien Universität Berlin 1994).

Lienert, Eva/Lienert, Wilhelm (1983): Die nationalsozialistische Machtergreifung dargestellt an der lokalen Geschichte von Schwäbisch-Gmünd. In: Schnabel, Thomas (Hrsg.) (1983): Lokalmodelle nationalsozialistischer Machtergreifung. Heidelberg, S. 65–103.

Moser, Hans (1975): Nationalsozialistische Machtergreifung in Ulm a. D. (Zulassungsarbeit zur 1. Dienstprüfung. PH Weingarten).

Mroßko, Karl-Dietrich (1983): Die nationalsozialistische Machtergreifung im Oberrheinischen Ried. In: Schnabel, Thomas (Hrsg.) (1983): Lokalmodelle nationalsozialistischer Machtergreifung. Heidelberg, S. 105–162.

Rotermund, Gisela (1983): Nationalsozialistische Machtergreifung in Ulm. Eine Unterrichtseinheit für die Sekundarstufen I und II. In: Schnabel, Thomas (Hrsg.) (1983): Lokalmodelle nationalsozialistischer Machtergreifung. Heidelberg, S. 163–200.

Schanbacher, Eberhard (1982): Das Wählervotum und die „Machtergreifung" im deutschen Südwesten. In: Schnabel, Thomas (Hrsg.) (1982): Die Machtergreifung in Südwestdeutschland. Das Ende der Weimarer Republik in Baden und Württemberg 1928–1933 (Schriften zur politischen Landeskunde Baden-Württembergs, Band 6). Stuttgart, S. 295–317.

Scheck, Manfred: Machtübernahme und Gleichschaltung. Die Oberamtsstadt Vaihingen an der Enz 1932/33. In: Schriftenreihe der Stadt Vaihingen an der Enz, 4/1985, S. 9–88.

Scheurich, Ellen (1983): Aufstieg und Machtergreifung des Nationalsozialismus in Wertheim am Main. Ein lokalgeschichtlicher Beitrag zu den Anfängen des Dritten Reiches. Wertheim.

Schirpf, Michael: Die nationalsozialistische Machtergreifung in Bietigheim, Bissingen und Untermberg. In: Blätter zur Stadtgeschichte, 1/1983, o. S.

Schmid, Heinz Dieter (1979): Die nationalsozialistische Machtergreifung in einer Kleinstadt [d. i. Reutlingen]. Ein Lokalmodell zur Zeitgeschichte. Frankfurt/M.

Schnabel, Thomas (1982): Die NSDAP in Württemberg 1928–1933. Die Schwäche einer regionalen Parteiorganisation. In: Schnabel, Thomas (Hrsg.) (1982): Die Machtergreifung in Südwestdeutschland. Das Ende der Weimarer Republik in Baden und Württemberg 1928–1933 (Schriften zur politischen Landeskunde Baden-Württembergs, Band 6). Stuttgart, S. 49–81.

Schnabel, Thomas (Hrsg.) (1983): Lokalmodelle nationalsozialistischer Machtergreifung. Heidelberg, S. 163–200.

Speer, Markus (2010): Entstehung und Verbreitung des Nationalsozialismus in Pforzheim. Aus dunklen Zeiten 1918–1934. 2. Auflage, Pforzheim.

Steinhart, Margarete (1993): Balingen. Kleinstadt im Wandel 1918–1948. (Veröffentlichungen des Stadtarchivs, Bd. 3). Balingen.

Tietz, Gunter (1983): Die nationalsozialistische Machtergreifung in einer hohenzollerischen Kleinstadt. In: Schnabel, Thomas (Hrsg.) (1983): Lokalmodelle nationalsozialistischer Machtergreifung. Heidelberg, S. 201–250.

Wolf, Friedrich (1983): Die Machtergreifung. Von der republikanischen zur braunen Stadt [Stuttgart]. o. O.

Internetquellen

„Schwäbisches Tagblatt" vom 31. Januar 2003.
URL: http://www.cityinfonetz.de/das.magazin/2003/05/artikel6.html [21.06.2011].

Günther, Elke: Streik ja, aber eine Gedenktafel? In: VVN-BdA Baden-Württemberg, Nr. 2, April 2003. URL: http://www.vvn.telebus.de/anachric/2003/02/01h.htm [21.06.2011].

Homepage der Stadt Mössingen: Der Generalstreik von 1933.
URL: http://www.moessingen.de/ceasy/modules/cms/main.php5?cPageId=177 [21.06.2011].

Landesarchivgesetz. URL: http://www.uni-stuttgart.de/archiv/LArchG.pdf [27.06.2011].

Wikipedia: Mössinger Generalstreik.
URL: http://de.wikipedia.org/wiki/M%C3%B6ssinger_Generalstreik [21.06.2011].

Werner Bundschuh

Deserteure im Zweiten Weltkrieg – strafbare Fahnenflucht oder legitime Verweigerung?

1. Die gespaltene Erinnerung an den Zweiten Weltkrieg

Die „Erinnerungspolitik" einer Gesellschaft beeinflusst ganz wesentlich unseren Blick auf die Vergangenheit: Es ist letztlich die Politik, die uns sagt, welcher historischer Ereignisse wir uns in der Öffentlichkeit erinnern sollen. Ein Blick auf die Denkmallandschaft und Gedenkstätten oder in die Geschichts- und Schulbücher, ein Blick auf die Namensgebung von Straßen und öffentlichen Plätzen lehrt uns, was gesellschaftlich für erinnernswert gehalten wird. Fehlende Denkmäler und Gedenkstätten verweisen auf Ereignisse, die in der öffentlichen Wahrnehmung nicht vorkommen sollen. Aus der öffentlichen Wertschätzung oder Diffamierung von Personen bzw. Gruppen können wir Rückschlüsse über deren gesellschaftliche Wertschätzung ziehen. Dies gilt auch für die Deserteure aus der deutschen Wehrmacht während des Zweiten Weltkriegs.

Deserteure waren nach 1945 vielfältigen Pauschalurteilen ausgesetzt. Oft galten sie als „Vaterlandsverräter" oder Soldaten, die ihre Kameraden im Stich gelassen hatten.

Die Frage der Desertion im Zweiten Weltkrieg lässt sich nicht trennen vom Charakter dieses Krieges, der von Anfang an auf die Unterjochung und Vernichtung ganzer Völker zielte. Angesichts dieser verbrecherischen Dimension des Krieges waren „Wehrkraftzersetzung" und „Fahnenflucht", war „überhaupt jede

Form der Verweigerung eine achtenswerte, moralisch gebotene
Handlung" (Geldmacher 2003, 134).

In seiner Diplomarbeit „Denkmäler für österreichische
Wehrmachtsdeserteure – Widersprüche und Mängel heimischer
Vergangenheitsaufarbeitung" stellt Peter Bruck dazu fest:

> „Vor allem (aber nicht nur) von rechts-konservativer Seite wird gerne
> behauptet, Wehrmachtssoldaten hätten nicht für Hitler, sondern für
> ihre Familien und Freunde oder auch ihre Wehrmachtskameraden
> gekämpft. Es wird hier gerade so getan, als beruhe Kriegführung auf
> der persönlichen Entscheidung eines einzelnen Soldaten anstatt auf
> einem realpolitischen Machtverhältnis. Von dieser Logik ausgehend
> wird dann behauptet, der Deserteur hätte Verrat an seiner Familie
> oder seinen Kameraden begangen. Freilich kann kein Wehrmachts-
> soldat behaupten, er hätte etwa in Stalingrad, in der Bretagne oder
> in Nordafrika aus Sorge um die Sicherheit seiner Familie gekämpft.
> Es handelte sich immerhin um völkerrechtswidrige, auf den Expan-
> sionsgelüsten der Nazis beruhende Angriffskriege. Teilweise sogar
> um sogenannte Weltanschauungskriege gegen die Sowjetunion, bei
> denen alles ‚Bolschewistische' vernichtet und keine Gefangenen ge-
> macht werden sollten. Wer das auf eine persönliche Ebene herunter
> brechen will und sagt, er habe sich an solchen Kriegen aus Liebe zu
> seiner Familie oder aus Freundschaft zu seinen Mitstreitern beteiligt,
> versucht entweder nachträglich etwas Sinnlosem durch Selbstbetrug
> Sinn zu verleihen (was rein menschlich vielleicht verständlich ist)
> oder aber er steht nach wie vor im Einklang mit den nationalsozi-
> alistischen Grundwerten [...]. Den politischen Kontext des Krieges
> von der Desertion abstrahieren zu wollen ist nicht nur verkürzend,
> es relativiert den Nationalsozialismus, da es die Desertion aus der
> Wehrmacht zum Beispiel mit der Desertion aus dem heutigen
> österreichischen Bundesheer gleichsetzen würde."

(Bruck 2009, 12)

Peter Bruck bewertet die Desertion aus heutiger Sicht als moralisch
gebotenen Akt des Widerstandes gegen den Nationalsozialismus.
Er übersieht jedoch, dass bei weitem nicht alle Deserteure aus
politischer Überzeugung handelten. Vielmehr ließen vielfältige
Motive, wie Angst oder psychische Erschöpfung, Soldaten

ebenfalls zu Deserteuren werden. Soldaten kämpfen auch für das eigene Überleben und das der Kameraden und handeln an der Front aus einer permanenten Notsituation heraus. Für ideologische, moralische oder politische Überlegungen war dabei oft nur wenig Platz, weil die Schrecken des Krieges das Denken dominierte.

1.1 Gebirgsjägergedenken am Hoher Brendten

Auf dem Hohen Brendten bei Mittenwald in Bayern unterhält die Bundeswehr einen Standortübungsplatz. Dort befindet sich „ein Ehrenmal für die gefallenen Soldaten der Gebirgstruppe beider Weltkriege".

Jahrzehntelang galt das Edelweiß, das Erkennungszeichen der 1. Gebirgsdivision der Wehrmacht, als Symbol „besten deutschen Soldatentums im Frieden und im Krieg", und seit 1957 findet alljährlich um Pfingsten am Hohen Brendten eine Gedenkfeier des „Kameradenkreises der Gebirgstruppe" statt. Zunächst war dieses Gedenken nur den Toten der deutschen Gebirgstruppe in den Weltkriegen gewidmet. Doch ab 1979 knüpfte der „Kameradenkreis" erste Kontakte zu Traditionsverbänden in anderen Ländern, so zum Beispiel zur 10. US-Gebirgsdivision und zur Associazione Nationale Alpini. Daraus entstand 1985 in Mittenwald die International Federation of Mountain Soldiers (IFMS). Die gemeinsame Erinnerung an die Weltkriegsopfer galt nun für viele als vollzogene Exkulpierung der Wehrmacht. Allerdings blieb die Erinnerungskultur, die dort gepflegt wurde, äußerst umstritten.

Dazu haben die zeitgeschichtlichen Forschungen über die Beteiligung der Gebirgstruppe der Wehrmacht an Kriegsverbrechen beigetragen. Besonders Hermann Frank Meyers Forschungen zur 1. Gebirgsdivision im Zweiten Weltkrieg haben gezeigt, wie sehr die Gebirgstruppe in Kriegsverbrechen verstrickt war. Im Jahr 2002 publizierte er das Buch: „Von Wien nach Kalavryta". Meyer verfolgte darin die blutige Spur der 117. Jägerdivision durch Serbien und Griechenland. Und zu Beginn des Jahres 2008 publizierte er die voluminöse Geschichte der 1. Gebirgsdivision unter dem Titel „Blutiges Edelweiß". Darin setzt er sich auch kritisch mit der Traditionspflege in der Bundeswehr auseinander (Meyer 2008, 665 ff.).

Als 1982 Hubert Lanz, einst Generalstabschef der Gebirgstruppe, Ritterkreuzträger mit Eichenlaub und 1948 in Nürnberg verurteilter Kriegsverbrecher, verstarb, erschien eine illustere Schar von Bundeswehrkommandeuren am Grab. In seiner Gedenkrede stellte der Vorsitzende der „Kameradschaft" und ehemalige Bundeswehrgeneral Werner Daumiller, der für Geiselerschießungen in Montenegro nie zur Verantwortung gezogen wurde, Lanz als militärisches Vorbild hin und hob hervor, dass er stets seine „Treue" gegenüber seinen „Kameraden" dadurch bewiesen habe, dass er „den Kampf gegen die Diffamierung des deutschen Soldaten und die Verunglimpfung seiner Tugenden" nach 1945 aufgenommen habe. General Eberhard Hackensellner ging noch weiter: Im Namen der Bundeswehr legte er einen Kranz nieder und betonte, dass „General Lanz für alle Gebirgsjäger, auch für die Bundeswehrsoldaten, ein Vorbild war und bleiben wird" (Meyer 2008, 675).

Die exzessiven Geiselerschießungen, wie sie im Zweiten Weltkrieg von SS und Wehrmacht durchgeführt wurden, sprengten den völkerrechtlichen Rahmen. Am 10. Oktober 1941 erließ der aus der Steiermark stammende kommandierende General in Serbien, Franz Böhme, folgenden Befehl: „In allen Standorten in Serbien sind durch schlagartige Aktionen umgehend alle Kommunisten, als solche verdächtige männliche Einwohner, sämtliche Juden, eine bestimmte Anzahl nationalistischer und demokratisch gesinnter Einwohner als Geiseln festzunehmen. [...] Treten Verluste an deutschen Soldaten oder Volksdeutschen ein, so haben die territorial zuständigen Kommandeure [...] umgehend die Erschießung von Festgenommenen in folgenden Sätzen anzuordnen: a) Für jeden getöteten oder ermordeten deutschen Soldaten oder Volksdeutschen (Männer, Frauen oder Kinder) 100 Gefangenen oder Geiseln. b) Für jeden verwundeten deutschen

Soldaten oder Volksdeutschen 50 Gefangene oder Geiseln. Die Erschießungen sind durch die Truppe vorzunehmen. Nach Möglichkeit ist der durch den Verlust betroffene Truppenteil zur Exekution heranzuziehen."

So geschah es zum Beispiel in Kragujevac. Die Gedenkstätte Buchenwald widmete diesem größten Verbrechen der Wehrmacht an serbischen Zivilisten im Mai 2011 eine Sonderausstellung. Am 21. Oktober 2011 jährte sich zum 70. Mal der Massenmord, den Soldaten des 749. und des 727. Infanterieregiments der deutschen Wehrmacht unter Führung von Major Paul König im serbischen Kragujevac verübten. Nachdem die Truppe im Kampf gegen Partisanen zehn Tote und 26 Verletzte zu verzeichnen hatte, suchte man willkürlich nach 2.300 Sühneopfern. Der Standortkommandant Major König, der die Erschießungen befehligte, übertraf diesen Befehl. Er ließ vom 19. bis 21. Oktober 1941 in und um die Orte von Kragujevac 2.859 Männer, Frauen und Jugendliche, selbst Schulklassen samt Lehrpersonal in Massenerschießungen hinrichten.

Die fragwürdige Traditionsarbeit des Kameradenkreises führte 2002 zur Gründung des „Arbeitskreises Angreifbare Traditionspflege". Er bekämpft die unreflektierte soldatische Traditionspflege in Mittenwald und versucht die Massaker und die anderen Kriegsverbrechen, die die Gebirgstruppe während des Zweiten Weltkriegs in Griechenland, Italien, Frankreich und in anderen von Deutschland besetzten Ländern Europas begangen hat, verstärkt ins öffentliche Bewusstsein zu tragen. Der Arbeitskreis prangert an, dass Kriegsverbrechen noch immer als „Pflichterfüllung" und als „heldenhaftes" soldatisches Handeln glorifiziert werden.

Auch wenn im modernen Krieg die Grenzen zwischen Kriegshandlungen und Kriegsverbrechen oft verschwimmen, so müssen Kriegsverbrechen gerade im Interesse aller Soldaten, die unter Beachtung des Kriegsrechtes gekämpft haben, gebrandmarkt werden. Kriegsverbrechen wurden auch von der sowjetischen Armee oder von den westlichen Alliierten begangen. Die bloße

Teilnahme an einem Eroberungskrieg ist selbstredend kein Kriegsverbrechen. Was Kriegsverbrechen sind, wussten jedoch die deutschen Offiziere ganz genau, da die Haager Landkriegsordnung (auch nach 1933!) zum Pflichtprogramm der Offiziersausbildung gehörte. Daher konnte auch jeder Offizier erkennen, dass etwa der berüchtigte „Kommissarbefehl" völkerrechtswidrig war.

An Pfingsten 2009 stiftete der Arbeitskreis der Gemeinde Mittenwald ein Denkmal, das der Bürgermeister jedoch beseitigen ließ. Auch zwei Jahre zuvor wurde eine Installation, bestehend aus 100 Kisten, von denen jede den Namen eines Ortes trug, in dem Gebirgsjäger an Massakern beteiligt waren, von der Müllabfuhr abgeräumt. Erst nach monatelangen internationalen Protesten konnte die Gemeinde bewegt werden, das Denkmal aufzustellen. Es enthält Ruinensteine des italienischen Ortes Falzano di Cortona, der 1944 von Gebirgsjägern ausgelöscht wurde.

Der Arbeitskreis wies damit auch der soldatischen Traditionspflege den richtigen Weg, nämlich an vergangenes Leiden und Sterben zu erinnern und zu verdeutlichen, wie nahe im Krieg „legitime" Kriegshandlung und Kriegsverbrechen beieinander liegen können.

1.2 Gedenken am Ulrichsberg in Kärnten

Am Ulrichsberg bei Klagenfurt gedenken am ersten Sonntag im Oktober seit 1958 Politiker, Kirchenvertreter und Kriegsveteranen der Wehrmacht, einschließlich der Angehörigen der SS-Verbände, der Kriegsopfer. Doch dahinter steht noch etwas anderes: Gemeinsam ist ihnen die Vorstellung, dass sie eigentlich alle „Opfer" waren – vor allem nach 1945, als sie die von ihnen so bezeichnete „Unrechtsjustiz" der Nachkriegszeit (der so genannten „Siegerjustiz") ertragen mussten. Das Ulrichsberggedenken „steht nicht nur für Geschichtsrevisionismus und für das Reinwaschen und Behübschen des deutschen Angriffs- und Vernichtungskrieges im Osten, die Ulrichsbergverehrung steht auch für die Schaffung von positiven Vergangenheiten, von zustimmungsfähigen Werten und Tugenden, in erster Linie für den Charaktertyp des gehorsamen Pflichterfüllers, für den soldatischen Menschen schlechthin" (Gstettner 2000).

Soldatische Kameradschaft und Pflichterfüllung im Rahmen der völkerrechtlichen Kriegsordnungen gewährleisten im Krieg das eigene Überleben und das der Kameraden. Das steht außer Streit. Gstettners Kritik richtet sich gegen die Form der Erinnerung an einen verbrecherisch konzipierten Eroberungskrieg. Denn es ist problematisch, Gedenken und Erinnern an Ereignisse des Zweiten Weltkrieges allein rechtsradikalen Parteien und Gruppen zu überlassen, wie das zunehmend in den vergangenen Jahrzehnten geschehen ist.

Bekannt ist die „Krumpendorf-Rede" (1995) des vor drei Jahren verstorbenen Landeshauptmanns von Kärnten, Dr. Jörg Haider, der in dieser Rede am Vorabend des Ulrichberg-Treffens die ehemaligen Waffen-SSler der „Kameradschaft IV" als „Vorbild" für die Jugend hinstellte, weil sie „anständige Menschen" geblieben seien, „die einen Charakter haben und die auch bei größerem Gegenwind zu ihrer Überzeugung stehen und ihrer Überzeugung bis heute treu geblieben sind".

Welche „Überzeugungen" teilen die Ulrichsberg-Besucher aus ganz Europa? Es ist z.B. die Überzeugung, dass die Soldaten der auf Adolf Hitler vereidigten Wehrmacht „Vorkämpfer für den Frieden" und für die Demokratie in einem „vereinten Europa vom Atlantik bis zum Ural" gewesen seien, dass die deutsche Wehrmacht ebenso „ritterlich kämpfte, wie die Soldaten anderer Nationen auch", dass es wohl nicht als Unrecht bezeichnet werden könne, wenn die deutschen Soldaten mit ihren Feldzügen nur eines im Sinn hatten, nämlich „ihre kleine Heimat und das große Vaterland zu lieben und einer Pflicht und einem Eid zu gehorchen" (Gstettner 2000).

Ob tatsächlich alle Teilnehmer so denken, wie Gstettner behauptet, wissen wir nicht. Unrecht ist es sicherlich nicht, aus „Liebe zu Volk und Heimat" (nach wie vor Erziehungsideal im Schulgesetz von Baden-Württemberg) in den Krieg zu ziehen. Aber Unrecht ist es dann eben auch nicht, aus eben denselben

Idealen heraus den Kriegsdienst zu verweigern, wenn es sich um einen völkerrechtswidrigen Angriffskrieg handelt oder es gilt, verbrecherische Befehle zu verweigern.

An Orten wie dem Ulrichsberg in Kärnten wird bewusst eine einseitige Version der historischen Ereignisse präsentiert: Der Holocaust, die millionenfache Zwangsarbeit von „Untermenschen" – vorwiegend aus dem Osten – werden in dieser Form der Traditionspflege verschwiegen oder tabuisiert.

Das offiziell gepflegte Geschichtsbild in Österreich hat nach 1945 lange Zeit dieses Doppelspiel getrieben, bis die Affäre um die Wahl Kurt Waldheims zum Bundespräsidenten (1986), der nichts als seine „Pflicht" als Soldat auf dem Balkan getan haben wollte, diese „Lebenslüge der Zweiten Republik" ins Wanken brachte.

Seit den 1980er Jahren gab es in Deutschland und Österreich ein erwachendes Interesse für eine historisch angemessene Erinnerungskultur an den Zweiten Weltkrieg und damit für die Frage, wer im „kollektiven Gedächtnis der Gesellschaft" Platz einnehmen soll. Damit eng verbunden ist auch die Frage nach der Funktion von Kriegerdenkmälern, denn Denkmalsetzungen sind in erster Linie eine Frage der gesellschaftlichen Hierarchien und Machtverhältnisse. Kriegerdenkmäler wurden nach 1945 fast wie selbstverständlich in die dörfliche und kleinstädtische Gedächtnis- und Erinnerungslandschaft integriert, während die Gedenkstätten für die Freiheitskämpfer und -kämpferinnen gegen die NS-Herrschaft und die Opfer der NS-Gewaltherrschaft außerhalb der urbanen Zentren praktisch nicht vorhanden waren. Dies gilt vor allem auch in Hinsicht auf Erinnerungsstätten an Deserteure und an andere Verfolgte der Militärjustiz.

Eine neue Generation stellt allerdings heute neue Fragen an die Geschichte. An Denkmälern, die an den Zweiten Weltkrieg erinnern, entzündeten sich zunehmend lokale Konflikte – etwa bei der Frage, ob es Denkmäler für Deserteure geben soll (vgl. Uhl 2010, 11 f.). In Österreich gibt es – im Gegensatz zu

Deutschland – allerdings immer noch kein einziges Denkmal, das explizit „den Deserteuren" gewidmet ist!

2. Denkmäler für Deserteure?

In der alten Festungs- und Garnisonsstadt Ulm wurde am 19. November 2005 vom „Friedensnetzwerk" ein Denkmal der Öffentlichkeit übergeben, das an die Deserteure aus der Hitler-Wehrmacht erinnert. Das tonnenschwere Kunstwerk von Hannah Stütz-Mentzel, das fallende Dominosteine darstellt, wurde mit einer Tafel versehen, auf der ein Zitat von Kurt Tucholsky steht: „Hier lebte ein Mann, der sich geweigert hat, auf seine Mitmenschen zu schießen. Ehre seinem Andenken." Doch das Denkmal war nicht neu, sondern hatte bereits eine lange Geschichte aufzuweisen: 1989 musste das kurz zuvor aufgestellte Denkmal auf Beschluss des Stadtrates wieder entfernt werden. Es fand in einem Privatgarten „Exil" und verblieb dort die nächsten 16 Jahre. Erst als die „Jugend für den Frieden" in Ulm das Mahnmal in Halbe zugänglich machen wollte, kam Bewegung in die Diskussion: Im brandenburgischen Halbe – südöstlich von Berlin – befindet sich einer der größten Soldatenfriedhöfe in Deutschland, und dort halten Rechtsradikale regelmäßig „Heldengedenkfeiern" ab. Als Gegengewicht entstand dort eine „Initiative für ein Denkmal für die Wehrmachtsdeserteure in Halbe". Der Vorschlag, das Ulmer Deserteurdenkmal in Halbe aufzustellen, führte schließlich dazu, dass es doch noch einen Platz in Ulm erhielt.

Der Deserteurdenkmal-Streit von Ulm ist ein exemplarisches Beispiel für den Umgang mit „Deserteuren" nach 1945: Deserteure, Wehrdienstverweigerer, Fahnenflüchtige oder Selbstverstümmler galten in der bundesdeutschen Öffentlichkeit nur allzu oft als Feiglinge, „Kameradenverräter" oder gar als „Kameradenmörder" – jedenfalls wurden sie nicht öffentlich geehrt. Der Wehrmachtsdeserteur und Sprecher der 1990 gegründeten „Bundesvereinigung Opfer der NS-Militärjustiz e.V.", Ludwig Baumann, formulierte

es im Vorwort zu Hannes Metzlers Buch „Ehrlos für immer?
Die Rehabilitierung der Wehrmachtsdeserteure in Deutschland
und Österreich" so:

> „Man nannte uns ‚Verräter' und ‚Feiglinge', in Österreich gar ‚Ka-
> meradenmörder'. Wir waren materiell benachteiligt, vorbestraft,
> ausgegrenzt und mussten zusehen, wie in Deutschland und Ös-
> terreich Legenden einer angeblich ‚sauberen Wehrmacht' so lange
> verbreitet wurden, bis sie schließlich alle für wahr hielten. Wir sind
> Deserteure, die ‚anderen' Soldaten, jene Männer, die sich weigerten,
> in Hitlers Vernichtungsfeldzug einfach mitzumarschieren, und die
> dafür nicht nur Lagerhaft, Zwangsarbeit und Tod in Kauf nahmen,
> sondern auch nach 1945 mit dem Stigma des ‚Kameradenschweins'
> zu leben hatten."

(Metzler 2007, 10 f.)

Baumann zählte zu jenen, die aus moralischen, ethischen oder
politischen Gründen es als ihre Pflicht ansahen, ihre „angebliche
Pflicht" in einer verbrecherisch agierenden Wehrmacht nicht zu
erfüllen. Er desertierte mit seinem Freund Kurt Oldenburg aus
der Kriegsmarine im Frühjahr 1942 in Bordeaux. Dafür wurde
er zum Tode verurteilt, doch dann begnadigt: Es folgte der
Aufenthalt im Soldaten-KZ Esterwegen als „Moorsoldat", dann
der Aufenthalt im Wehrmachtsgefängnis Torgau/Fort Zinna,
anschließend die Verschickung zu einer „Bewährungstruppe"
an der Ostfront. Nach seiner glücklichen Rückkehr folgte eine
weitere Traumatisierung: Als „Nichtpflichterfüller" war er jahrzehntelang der Verachtung ausgesetzt.

Zumindest in Hinsicht der „Pflichterfüllung" kamen dem aus
Vorarlberg stammenden Gebirgsjägergeneral und Ritterkreuzträger
Valentin Feurstein Bedenken: 1963 veröffentlichte er ein Buch
mit dem Titel: „Irrwege der Pflicht 1938–1945". Im Vorwort legte
der Ex-General, der sich als „kleines Rädchen" (sic!) bezeich-
nete, seine angeblichen Motive dar: „Meine schlagwortartigen
Tagebuchnotizen aus dem Kriege während unserer Irrwege der
Pflicht für meine Söhne zusammenzufassen, war der erste Anlass

dieses Buches. Während der Arbeit ist Seite um Seite gewachsen in dem Bemühen, von dem Triebwerk des Geschehens ein Bild zu vermitteln, dem ich als winziges Zahnrad angehörte." Er bekenne sich „zu Irrtümern und Fehlern" in der Hoffnung, „dass die Jugend aus den Erfahrungen der vorangegangenen Nutzen ziehen" könne (Feurstein 1963). Tatsächlich wollte er jedoch die Wehrmacht exkulpieren und strickte am „Mythos der sauberen Wehrmacht". „Fehler" lastete er dem toten „Führer" Adolf Hitler an – ganz in der Tradition der „Arbeitsteilung": hier die „die im Prinzip gute Wehrmacht", dort „die böse SS", die alle Verbrechen begangen hat.

Erst die Wanderausstellung „Verbrechen der Wehrmacht. Dimensionen des Vernichtungskrieges 1941-1944" des Hamburger Instituts für Sozialforschung, die ab 1995 gezeigt wurde, sensibilisierte die Öffentlichkeit dafür, dass auch Soldaten der Wehrmacht an Kriegsverbrechen beteiligt waren (vgl. Hamburger Institut für Sozialforschung 1996). Ein Problem dieser Ausstellung war allerdings, dass zu wenig klar darauf hingewiesen wurde, dass die Mehrheit der deutschen Soldaten persönlich nicht an Kriegsverbrechen beteiligt war, denn nicht jede Kriegshandlung ist schon ein Kriegsverbrechen. Außerdem führte die ungenaue Recherche in einigen Details zu fehlerhaften Informationen – und dies machte die Ausstellung angreifbar.

In Marburg wurde wenige Jahre vor der „Wehrmachtsausstellung" noch eine exemplarische Diskussion um ein Deserteurdenkmal und die Frage der soldatischen Pflichterfüllung geführt. Besonders Oberstleutnant Leyherr sorgte mit seinen Wortmeldungen für eine hitzige Debatte. Im Marburger Magazin „Express" (11/88, 20.5.1988, 5) nahm er als Vertreter der Bundeswehr zum geplanten Denkmal Stellung:

„Für mich sind Deserteure ganz klare Gesetzesbrecher, Männer, die ihre Pflicht gegenüber dem Staat und – das möchte ich besonders hervorheben – ihren Kameraden mißachtet und verletzt haben. Man muß sehen, daß eine Gruppe von Soldaten zusammenhält, da muß sich einer auf den anderen verlassen können. Nehmen wir nur die Geschützbedienung: Wenn ein Mann desertiert, kann die Geschützbedienung ihren Auftrag nicht mehr erfüllen. Der Deserteur läßt also seine Kameraden im Stich. Wir haben im Soldatengesetz den § 12 der Kameradschaft – schon immer eine der Säulen der Armee –, gegen den diese Leute eindeutig verstoßen."

Der Schriftsteller und Deserteur Gerhard Zwerenz stellte hierauf in der übernächsten Folge dieser Zeitschrift die Frage: „Verweigerung eine Schande?" und bezog gegen den „geschichts- und unterschiedsblinden" Oberstleutnant Leyherr Stellung:

„Also war es keine Schande, Hitler gehorchend Nachbarländer zu überfallen. Schande ist demnach die verweigerte Teilhabe am befohlenen Krieg und Massenmord. Nicht der Verbleib in einer Gang ist kriminell, sondern die Verweigerung. Nicht die Teilnahme an Kriegsverbrechen ist eine Schande, sondern die Nichtteilnahme. Oberstleutnant Leyherr legitimiert den Krieg Hitlers, entschuldigt Kriegsverbrechen und diffamiert die Deserteure, die ihr Leben wagten, um nicht schuldig zu werden."

Beide Zitate verdeutlichen das Grundproblem, vor das sich nicht nur deutsche Soldaten gestellt sahen. Wer seine Kameraden in einer militärischen Notsituation im Stich lässt, kann für deren unmittelbaren Tod mitverantwortlich sein. Wer bleibt und weiterkämpft, kann deren Leiden noch verlängern. Falsch ist es, diese moralischen Bewertungen aber gegeneinander auszuspielen. Wir, die wir uns nicht in einer derartigen Zwanglage befinden wie der zitierte Mann am Geschütz oder der Deserteur, sollten uns hier vor moralischen Wertungen hüten.

Die Idee, ein Deserteurdenkmal in Ulm aufzustellen, stammte ebenfalls bereits aus den 1980er Jahren und fußte auf einer Initiative, deren Kernsatz lautete: „Nicht das Desertieren ist verwerflich, sondern der Krieg" (Schwäbische Zeitung, 21.11.2005).

Ulm und Marburg waren damals nicht die einzigen Orte in der Bundesrepublik Deutschland, in denen heftig über die Rolle der NS-Militärjustiz, die der Deserteure und über den Charakter des Zweiten Weltkrieges als Ausbeutungs- und Vernichtungskrieg gestritten wurde. Die Justiz der deutschen Armee, die über 30.000 Todesurteile gegen eigene Soldaten fällte und rund 20.000 vollstrecken ließ, galt damals jedoch noch weitgehend als Teil der „sauberen Wehrmacht" – trotz des „Falles Filbinger".

3. „Was Unrecht war, kann nicht Recht sein!" – Lehren aus dem „Fall Filbinger"

Der Dramatiker Rolf Hochhuth entfachte im Jahre 1978 jene Auseinandersetzung, die später als „Fall Filbinger" in die Geschichte der Bundesrepublik Deutschland eingehen sollte. Hochhuth veröffentlichte in der Wochenzeitung „Die Zeit" einen Vorabdruck aus seinem neuen Roman „Eine Liebe in Deutschland". Darin bezeichnete er den amtierenden baden-württembergischen Ministerpräsidenten und früheren Marinerichter Dr. Hans Filbinger als „Hitlers Marine-Richter, der sogar noch in britischer Gefangenschaft nach Hitlers Tod einen deutschen Matrosen mit Nazi-Gesetzen verfolgt hat", und charakterisierte ihn als „furchtbaren Juristen". Filbinger und Gleichgesinnte empfanden diesen Angriff als Provokation, und der Ministerpräsident unternahm juristische Schritte: Am 9. Mai 1979 kam es vor der 17. Zivilkammer des Stuttgarter Landgerichts zum Prozess. Filbinger verteidigte sich jedoch nicht vor Gericht, sondern vor der Presse. Mit fatalen Folgen: Er präsentierte sich als Opfer und nicht als Täter, er pochte auf seine „antinazistische Gesinnung" während des „Dritten Reiches" und gab an, dass er kein einziges Todesurteil selbst gefällt habe, was sich als falsch herausstellte. Der einstige Militärjurist verteidigte sich in der Folge gegenüber „Spiegel"-Journalisten mit dem Satz, der zum geflügelten Wort werden sollte: „Was damals Recht war, kann heute nicht Unrecht sein." Dieser Satz ließ jede moralische Distanzierung von der NS-Zeit vermissen und ebnete die Unterschiede zwischen dem

nationalsozialistischen Unrechtsstaat und dem demokratischen
Rechtsstaat umstandslos ein. Mit diesem Satz hatte sich Filbinger
zum Sprachrohr jenes Teils der Kriegsgeneration gemacht, der
auch Jahrzehnte nach dem Kriegsende und der Befreiung vom
nationalsozialistischen Unrechtssystem nicht in der Lage war,
die erforderlichen moralischen und rechtspolitischen Schlussfolgerungen aus den historischen Ereignissen während der NS-Zeit
zu ziehen. Diese Rolle nahm er dann – als er sein Amt verloren
hatte – ganz bewusst ein: Er gab seiner autobiographischen
Publikation 1987 den Titel: „Die geschmähte Generation", in
der er sich als Vertreter der „Kriegsgeneration" ausgab, der nun
Unrecht getan wurde (vgl. Wette 2003).

Doch der Bewusstseinswandel in der Öffentlichkeit in Hinblick auf die NS-Vergangenheit blieb nicht ohne Einfluss auf
die Justiz und die Politik. 1991 sprach das Bundessozialgericht
der Hinterbliebenen eines Deserteurs eine Opferentschädigung
zu und bezeichnete die Urteile der NS-Militärgerichte gegen
Deserteure als „offensichtlich unrechtmäßig" und die Tätigkeit
der Militärrichter als „terroristisch" und „verbrecherisch". 1995
bezeichnete der Bundesgerichtshof die in der NS-Militärjustiz
tätig gewesenen Richter als „Blutrichter", die sich eigentlich
„wegen Rechtsbeugung in Tateinheit mit Kapitalverbrechen
hätten verantworten müssen". Die Kriegsrichter hätten die
Todesstrafe missbraucht und sie hätten als „Terrorjustiz"
gehandelt.

Ein weiterer wichtiger Schritt war der Bundestagsbeschluss
vom 15. Mai 1997: Die Wehrmacht galt nun offiziell als
Verursacher eines Angriffs- und Vernichtungskriegs, und der
Zweite Weltkrieg wurde als „ein vom nationalsozialistischen
Deutschland verschuldetes Verbrechen" qualifiziert. Mit
den Stimmen der Mitglieder aller Fraktionen beschloss der
Bundestag im Mai 1998 dann das Gesetz zur Aufhebung na-
tionalsozialistischer Unrechtsurteile. Dazu gehörten auch die
Urteile gegen Kriegsdienstverweigerer und Wehrkraftzersetzer,
allerdings waren die NS-Militärgerichte noch ausgenommen.

Erst am 17. Mai 2002 – nach zwölfjährigem parlamentarischen Ringen – beschloss der Deutsche Bundestag mit den Stimmen der SPD, der Grünen und der PDS (gegen die Stimmen von CDU/CSU und FDP) die pauschale Aufhebung der Urteile gegen Deserteure der Wehrmacht und deren moralische Rehabilitierung. Aber erst im Jahre 2009 wurde der letzte Schritt gesetzt: die NS-Urteile wegen „Kriegsverrat" wurden aufgehoben.

4. „Was damals Recht war ..."

2007 – 62 Jahre nach Kriegsende – wurde der erste Teil des Filbinger-Zitats Namensgeber einer Ausstellung der „Stiftung Denkmal für die ermordeten Juden Europas". Den Anstoß zu dieser Ausstellung hatte der Militärhistoriker Manfred Messerschmidt im Beirat der Stiftung gegeben. Er regte an, durch eine Ausstellung auf das Schicksal der Opfer der Militärjustiz aufmerksam zu machen. Ludwig Baumann, der Vorsitzende der „Bundesvereinigung Opfer der NS-Militärjustiz", verfolgte hartnäckig diese Idee, und der Historiker Magnus Koch entwickelte ein erstes Konzept, das ab 2005 – trotz aller Widerstände – realisiert wurde. Zwei Jahre später wurde die Ausstellung ‚Was damals Recht war ...' – Soldaten und Zivilisten vor Gerichten der Wehrmacht" in Berlin gezeigt. Dazu wurde ein umfassender Ausstellungskatalog erstellt (Baumann/Koch 2008).

Im Jahre 2009 kam die Ausstellung in adaptierter Form nach Wien. Die Ausstellung war nicht nur ein ungeahnter Ausstellungserfolg, sondern sie trug auch entscheidend dazu bei, dass sich in der „Deserteursfrage" auf parlamentarischer Ebene in Österreich entscheidende Veränderungen ergaben: Der Nationalrat beschloss am 21. Oktober 2009 das „Aufhebungs- und Rehabilitationsgesetz". Damit galten die österreichischen Wehrmachtsdeserteure und die anderen Opfer der NS-Militärjustiz pauschal als rehabilitiert (siehe Metzler 2010).

Was Ludwig Baumann für Deutschland, ist der Deserteur Richard Wadani für Österreich: Er hat als Sprecher des nach deutschem Vorbild 2003 gegründeten Personenkomitees „Gerechtigkeit für die Opfer der NS-Militärjustiz" unermüdlich die Position der NS-Militärjustizopfer vertreten. Im Jahre 2003 schrieb er anlässlich einer Veranstaltung in Dornbirn einen Brief an den Autor dieses Beitrags, in dem es hieß:

> „Wir Deserteure, Kriegsdienstverweigerer, Wehrkraftzersetzer und andere Opfer der NS-Militärjustiz wollen es nicht länger hinnehmen, dass unsere Haltung nicht anerkannt und gewürdigt wird. Wir sind empört darüber, dass uns Entschädigungsleistungen und Pensionsersatzzeiten vorenthalten werden, während all jenen, die dem Hitler-Regime gedient und an seinem verbrecherischen, völkermörderischen Krieg widerspruchslos teilgenommen haben, Recht gegeben wird und sie anstandslos finanzielle und soziale Leistungen dafür erhalten. Wir wurden und werden immer noch von bestimmten Kreisen als Landes- oder Hochverräter, Eidbrüchige und Feiglinge bezeichnet. Mit einem Wort: Man will uns bis heute nicht verzeihen, dass wir nicht länger bereit waren, für die Hitler-Wehrmacht zu kämpfen. Um die Gerechtigkeit auszuüben, muss man die Wahrheit kennen: Die Wahrheit ist, dass wir aus keiner österreichischen Armee, sondern aus einer fremden, der Hitler-Armee, der Armee des Okkupanten desertiert sind bzw. ihr nicht dienen wollten."

5. Zwei Fallbeispiele aus Vorarlberg für „Ungehorsame": Ernst Volkmann und August Weiß

Auch die Vorarlberger Ernst Volkmann und August Weiß wollten nicht in der deutschen Wehrmacht dienen. Volkmann bezahlte dafür mit seinem Leben. August Weiß hatte das Glück, die NS-Justizmaschinerie zu überleben, musste allerdings dafür nach 1945 lange Zeit die Ächtung der Nachkriegsgesellschaft ertragen.

5.1 Der hingerichtete Wehrdienstverweigerer Ernst Volkmann wird nach 1945 auf einem Kriegerdenkmal verewigt

Auch das Beispiel von Ernst Volkmann zeigt, wie problematisch Kriegerdenkmäler in der Erinnerungslandschaft sind. Die österreichischen Kriegerdenkmäler stellten nach 1945 eine äußerst fragwürdige historische Kontinuität zwischen dem Ersten und dem Zweiten Weltkrieg her. Die nationalsozialistischen Verbrechen wurden ausgeklammert und die gefallenen Soldaten unhinterfragt als „Helden" verewigt. Deserteure hatten keinen Platz in dieser Erinnerungskultur.

Als der tief religiöse Katholik Ernst Volkmann (1902–1941) im Februar 1941 zur Wehrmacht nach Lienz eingezogen wurde, ließ er den dortigen Kompanieführer wissen, dass er den Eid auf Hitler verweigere, da seine religiöse Anschauung nicht mit dem Nationalsozialismus vereinbar sei. Er wurde zunächst in die Psychiatrie eingewiesen, dann wurde der Fall schließlich ans Reichskriegsgericht Berlin weitergeleitet, das Ernst Volkmann zum Tod verurteilte. Am 9. August 1941 wurde er in Brandenburg an der Havel hingerichtet (vgl. Eder 2011).

Wozu die Nationalsozialisten Ernst Volkmann nicht zu zwingen vermocht hatten, das schafften die Traditionsverwalter nach 1945: Aus dem hingerichteten Wehrdienstverweigerer wurde auf dem Bregenzer Kriegerdenkmal ein „gefallener" Soldat der deutschen Wehrmacht. Am 23. September 2007 – 62 Jahre nach dem Ende der NS-Diktatur – wurde in Vorarlberg erstmals öffentlich und feierlich eines Wehrdienstverweigerers gedacht und eine Gedenktafel für ihn an der St. Galluskirche in Bregenz angebracht. Drei Jahre später folgte eine Gedenkstele.

5.2 Der Massenmörder Josef Vallaster auf einem Kriegerdenkmal

Gleichzeitig wurde in der Gemeinde Silbertal nach einem über zwei Jahre dauernden Erinnerungsprozess das Kriegerdenkmal entfernt und durch ein neues ersetzt: Stein des Anstoßes war der Name des Massenmörders Josef Vallaster auf dem örtlichen Kriegerdenkmal. Josef Vallaster, „Mordbrenner" im „Euthanasie-Schloss" Hartheim und im Tötungslager Sobibor, wo er beim Häftlingsaufstand 1943 erschlagen wurde, galt als „Gefallener des 2. Weltkrieges" (vgl. Weber 2008).

Antonia Winsauer hat die Arbeit der Geschichtswerkstatt Silbertal von 2007 bis 2010 begleitet und in einer Diplomarbeit der Universität Wien ausgewertet:

> „Durch die Kombination aus Forschungs- sowie Erfahrungskompetenz, das Verbinden von historischem Fachwissen mit Oral History, hat sich die von der Geschichtswerkstatt angestrebte Arbeitsweise bewahrheitet – dies zeigt sich unter anderem durch Vorträge, Gesprächsabende, Exkursionen, eine Ausstellung, der Zusammenarbeit mit HistorikerInnen und Institutionen, die seit Sommer 2007 von der Geschichtswerkstatt ausgegangen sind. Im Rahmen dieser konnten die beiden inhaltlichen Schwerpunkte, also einerseits die Auseinandersetzung mit der Tatsache, dass mit Josef Vallaster ein NS-Verbrecher als Kriegsopfer auf dem Kriegerdenkmal vermerkt war, und andererseits der Blick auf die Seite der Opfer des nationalsozialistischen Regimes, behandelt werden. Auch wurden Leitfragen, den historischen Kontext betreffend, etwa die Frage nach der Situation in der eigenen Gemeinde während der NS-Zeit sowie nach dem dörflichen Umgang mit Krieg und Tod, beantwortet. Durch Erarbeitung und Umsetzung eines neuen Erinnerungskonzepts, das auf einer kritischen Betrachtung des in der Gesellschaft gültigen Geschichtsbilds und der anschließenden Herauslösung daraus beruht, entstand in Silbertal eine neue, in dörflicher Umgebung bislang noch unübliche Form von Erinnerungskultur. Die dortige Gedenkform definiert sich nicht mehr über die Heldenverehrung, beschränkt sich nicht mehr auf das Soldatenbild, sondern hat sich an den heutigen historischen Wissensstand angeglichen und sich von der Verdrängung der nationalsozialistischen Vergangenheit entfernt."
>
> *(Winsauer 2011, 108)*

Doch dies gilt nur eingeschränkt: Das Fehlen eines Deserteurdenkmals wirft ein bezeichnendes Licht auf die österreichische

Erinnerungskultur, mit der auch August Weiß bis zu seinem Tod im Sommer 2008 zu kämpfen hatte.

5.3 Der Deserteur August Weiß: „Es soll keiner mehr das erleben, was ich erlebt habe."

Am 13. August 2008 verstarb der Deserteur August Weiß (Jahrgang 1921). Schon als Kind lehnte er Kriegsspiele ab. Eine antimilitärische und pazifistische Grundeinstellung prägte seinen gesamten Lebensweg, und Uniformen jeglicher Art waren ihm zutiefst verhasst. Deshalb war er nie bei einer Partei und schaffte es auch, der Hitlerjugend (HJ) nicht beizutreten: „Ich bin ein geborener Antimilitarist, dem Uniformen und militärischer Drill seit jeher verhasst waren. Militär beruht auf dem Prinzip der Diktatur – und die lehnte ich immer ab. Einfach nur Disziplin bis zum Verrecken, egal ob's sinnlos ist oder nicht!" (Bundschuh 2011, 37 f.).

Ab 28. Oktober 1940 musste er als „Dienstverpflichteter" seinen Reichsarbeitsdienst im Allgäu mit „unbestimmter Dienstzeit" ableisten. Nach wenigen Monaten – am 10. Februar 1941 – wurde er zu den Gebirgsjägern in Salzburg eingezogen. Doch er blieb nicht lange in der Kaserne. Nach kurzer Zeit verließ er die Truppe und begab sich nach Kärnten, mit der Absicht, nach Jugoslawien zu flüchten. An der Grenze wurde er gewarnt, dass die deutschen Truppen bald Jugoslawien überfallen würden. Deshalb fuhr er unter großen Schwierigkeiten im Zug zurück nach Vorarlberg. Seine Mutter riet ihm, sich zu stellen, doch August lehnte dies kategorisch ab – er wollte in die Schweiz. Seine Flucht endete bereits in Frastanz. In Zivil und ohne Papiere wurde er von einer Patrouille am 7. Februar verhaftet. Vom 28. Februar bis zum 10. Mai 1941 war er in Salzburg im Zuchthaus inhaftiert. Für August Weiß war klar, dass er mit einem Todesurteil rechnen musste. Vor allem, nachdem er in der Zelle Hitlers „Mein Kampf" ausgehändigt bekommen hatte. Das erste, was er las, war: „Als Soldat kann man sterben, als Deserteur muss man sterben."

Bei seinem Gefängnisaufenthalt in Salzburg konnte er mit dem Wehrdienstverweigerer Ernst Volkmann – kurz bevor dieser zum Tode verurteilt wurde – Kontakt aufnehmen. August Weiß kam glimpflicher davon: Ein älterer „altösterreichischer Richter" sah vom Todesurteil ab. Am 27. März 1941 wurde August Weiß wegen Fahnenflucht vom „Feldgericht der Division 188" zu sechs Jahren Zuchthaus und zum „Verlust der Wehrwürdigkeit" verurteilt. Die Strafe wurde – wie im Gesetz vorgesehen – für die Dauer des Krieges ausgesetzt, und August Weiß kam nach etlichen Aufenthalten in Polizeigefängnissen (München, Nürnberg, Frankfurt/M., Hamm) am 5. Juni ins Soldaten-KZ Aschendorfer Moor bei Esterwegen, nahe der holländischen Grenze. Dort blieb er, mit der Gefangenennummer 503/41, bis zum 1. September 1942. Über das dort erlebte und erlittene Grauen verfasste er persönliche Aufzeichnungen, die er 1999 der jungen Historikerin Maria Fritsche zur Auswertung übergab.

Nach 15 Monaten Lagerhaft als „Moorsoldat" wurde es für ihn noch schlimmer: Er wurde ins Wehrmachtsgefängnis Fort Zinna (Torgau an der Elbe) überstellt. Dort verschlechterte sich sein ohnehin angegriffener Gesundheitszustand auf Grund der Mangelernährung und des militärischen Drills rapid. Das Strafgefängnis Fort Zinna war in den Jahren 1938/39 zur größten militärischen Haftanstalt NS-Deutschlands ausgebaut worden. In regelmäßigen Abständen wurden Insassen der Emslandlager in Fort Zinna auf ihre Tauglichkeit zum Fronteinsatz überprüft. Auf diesem Wege gelangten im Verlauf des Krieges zirka 5.000 Gefangene wieder in den Dienst der Wehrmacht. Die verurteilten „Wehrunwürdigen" galten nunmehr als „bedingt wehrwürdig" – unter ihnen August Weiß. Sein „Glück" war, dass er am 1. Dezember 1942 zum Bewährungsbataillon 500 nach Fulda überstellt wurde. Dort blieb er ein halbes Jahr – dann wurde er als „Kanonenfutter" an die russische Front geschickt. Und er überlebte gegen jede Wahrscheinlichkeit. In seinem im Band „Opfer der Militärjustiz" veröffentlichen Lebenslauf heißt es über seine Zeit nach dem Aufenthalt im „Moor":

„Am 1. Dezember 1942 kam ich nach Fulda zum Bewährungsbataillon 500 ‚zur besonderen Verwendung' und im Mai 1943 an die Front. Ich kam in Leningrad, Wolchow, Radom, in Oberschlesien und im Altvatergebirge zum Einsatz, wurde dabei viermal verwundet und war viele Monate in Lazaretten. Am Ende des Krieges wurde ich von tschechischen Partisanen gefangen genommen und kam in sowjetische Kriegsgefangenenlager in Oppeln [Opole] und Breslau [Wroclaw] und dann nach Bjelgorod und Kursk in der Sowjetunion. Krankheitshalber wurde ich entlassen und kam am 17. Oktober 1946 nach Hause. Ich hätte den Militärdienst verweigern können wie einige Leidensgenossen (Bibelforscher), die dann auf dem Schafott in Bremen hingerichtet wurden. Nach meiner Rückkehr nach Österreich arbeitete ich als Bauarbeiter und später bei der Leuchtenfirma Zumtobel, wo ich auch im Betriebsrat tätig war. Ich vermied es weitgehend, über meine Desertion zu sprechen, und entwickelte die Tugend des Schweigens. Erst Jahrzehnte später, in den Achtzigerjahren, sprach ich an einigen Schulen über meine damaligen Erlebnisse."

(Metzler 2003, 597)

August Weiß war ein wichtiger „Zeitzeuge", der nicht nur in Schulen auftrat, sondern auch bereit war, sich in mehreren ORF-Dokumentationen zu seiner „Fahnenflucht" zu äußern. Doch der Weg dahin war für ihn schwierig: „Nach dem Krieg habe ich leichte Kontaktstörungen gehabt. Ich bin halt ein wenig durcheinander gekommen. Habe nichts mehr wissen wollen von allem. Mein seelisches Gleichgewicht war einfach erschüttert nach allem, was ich mitgemacht habe" (a.a.O.).

Erst Mitte der 1980er Jahre änderte sich die Situation für ihn: 44 Jahre nach August Weiß' Einlieferung ins Soldaten-KZ erschien Meinrad Pichlers Aufsatz „Widerstand und Widersetzlichkeit in der Wehrmacht". Er brachte für Deserteure wie August Weiß eine Zäsur, denn das Thema Deserteure war nun in Vorarlberg nicht mehr völlig tabuisiert.

Den steinigen Weg zum Rehabilitationsgesetz, das er nicht mehr erlebte, begleitete seinen Lebensweg. Als Mitglied der deutschen „Bundesvereinigung Opfer der NS-Militärjustiz e.V." hatte er enge Verbindungen zum „Dokumentations- und Informationszentrum Emslandlager Papenburg" (DIZ). Diese Vereinigung versuchte vergeblich, für ihn über die deutschen Behörden die Rehabilitierung und eine Entschädigungszahlung zu erreichen.

Im Jahre 2000 wurde sein Ansuchen um Entschädigung auch vom „Nationalfonds der Republik Österreich für Opfer des Nationalsozialismus" ohne nähere Begründung abgelehnt. Durch hartnäckige Interventionen wurde der „Fall Weiß" noch einmal behandelt und nun positiv beschieden. Damit war August Weiß der erste Deserteur in Österreich, der als „Opfer typisch nationalsozialistischen Unrechts" anerkannt wurde und eine Entschädigung aus dem NS-Opferfonds erhielt.

Jetzt erhält August Weiß in der neuen Dauerausstellung des „Dokumentations- und Informationszentrum (DIZ) Emslandlager, Papenburg" eine eigene Vitrine unter dem Titel: „Dornbirner, Vorarlberger, Österreicher, Europäer, Weltbürger und Mensch". So beantwortete er in seinem Antrag auf Entschädigung aus dem „Nationalfonds der Republik Österreich für Opfer des Nationalsozialismus" die Frage nach seiner „Abstammung".

6. Noch kein Denkmal für Deserteure in Österreich

Die rot-grüne Koalitionsregierung in Wien hat die Errichtung eines Deserteurdenkmals für das Jahr 2013 in Aussicht gestellt. Nicht mehr so lange warten wollen die Johann-August-Malin-Gesellschaft und die Grünen in Bregenz. Sie erhoben anlässlich des „Tages des Denkmals" (25. September 2011) die Forderung, die Stadt Bregenz solle ein Deserteurdenkmal errichten. Im Pressetext heißt es:

> „Die 2. Republik hatte kein Problem damit, Kriegsverbrechern wie Walter Reder, der wegen Massenmordes zu einer lebenslangen Haft verurteilt war, eine Rente nach dem Kriegsopferversorgungsgesetz auszubezahlen. Sehr wohl jedoch bei den Versorgungsleistungen für

Deserteure [...]. In jeder der 96 Gemeinden des Landes gibt es ein ‚Kriegerdenkmal', aber nirgends ein ‚Denkmal', das an jene erinnert, die in einer verbrecherischen, fremden Wehrmacht aus den verschiedensten Gründen ihre ‚angebliche Pflicht' nicht erfüllt haben. Ein solches Denkmal ist ein wichtiger Schritt für die Erinnerungskultur in diesem Lande [...]. Es soll an jene Vorarlberger erinnern, die von der NS-Unrechtsjustiz zum Tode verurteilt wurden, wie z.B. Dr. Hermann Sinz aus Bregenz. Am 13. November wird das NS-Opfer Provikar Lampert von der katholischen Kirche als ‚Glaubensmärtyrer' in Dornbirn selig gesprochen. Dieser Akt könnte Anlass sein, auch der NS-Militärjustizopfer zu gedenken und sie entsprechend zu würdigen. 66 Jahre nach dem Zusammenbruch des Hitler-Regimes ist es an der Zeit!"

Ob das Denkmal tatsächlich realisiert wird, wird sich zeigen. Jedenfalls sind heute Wehrmachtsdeserteure in Deutschland und Österreich gesetzlich rehabilitiert – tragisch aber ist, dass die meisten ehemaligen Soldaten das nicht mehr miterlebt haben.

Ausstellung „Was damals Recht war..." Soldaten und Zivilisten vor Gerichten der Wehrmacht in Dornbirn (Vorarlberg/Österreich) im September/Oktober 2011. (Foto: Werner Bundschuh)

Literatur

Baumann, Ulrich/Koch, Magnus/Stiftung Denkmal für die ermordeten Juden Europas (Hrsg.) (2008): „Was damals Recht war..." Soldaten und Zivilisten vor Gerichten der Wehrmacht. Berlin-Brandenburg.

Bundschuh, Werner (2011): August Weiß (1921–2008) Moorsoldat Nr. 503/41: „Es soll keiner mehr das erleben, was ich erlebt habe". In: Platzgummer, Hanno/ Bitschnau, Karin/Bundschuh, Werner (Hrsg.): „Ich kann einem Staat nicht dienen, der schuldig ist..." Vorarlberger vor den Gerichten der Wehrmacht. Dornbirn, S. 37–50.

Bruck, Peter (2009): Denkmäler für österreichische Wehrmachtsdeserteure – Widersprüche und Mängel heimischer Vergangenheitsaufarbeitung. Diplomarbeit, Universität Wien.

Eder, Andreas (2011): Ernst Volkmann (1902–1941). Katholischer Kriegsdienstverweigerer aus Gewissensgründen: „Ich gehe einen geraden, eindeutigen Weg". In: Platzgummer, Hanno/Bitschnau, Karin/Bundschuh, Werner (Hrsg.): „Ich kann einem Staat nicht dienen, der schuldig ist..." Vorarlberger vor den Gerichten der Wehrmacht. Dornbirn, S. 25–36.

Feurstein, Valentin (1963): Irrwege der Pflicht. München, Wels.

Fritsche, Maria (2004): Entziehungen. Österreichische Deserteure und Selbstverstümmler in der Deutschen Wehrmacht. Wien, Köln, Weimar.

Gstettner, Peter: Referat „Politik mit der Erinnerung". Tagung „Zweierlei Gedenken". Oberwart/Rechnitz, 25./26.März 2000.

Geldmacher, Thomas (2003): „Auf Nimmerwiedersehen!" Fahnenflucht, unerlaubte Entfernung und das Problem, die Tatbestände auseinander zu halten. In: Manoschek, Walter (Hrsg.): Opfer der NS-Militärjustiz. Urteilspraxis – Strafvollzug – Entschädigungspolitik in Österreich. Wien, S. 133–194.

Hamburger Institut für Sozialforschung (Hrsg.) (1996): Vernichtungskrieg. Verbrechen der Wehrmacht 1941 bis 1944. Ausstellungskatalog. Hamburg.

Metzler Hannes (2003): Die Opfer erzählen. „Soldaten, die einfach nicht im Gleichschritt marschiert sind..." Zeitzeugeninterviews mit Überlebenden der NS-Militärgerichtsbarkeit. In: Manoschek, Walter (Hrsg.): Opfer der NS-Militärjustiz. Urteilspraxis – Strafvollzug – Entschädigungspolitik in Österreich. Wien, S. 494–603.

Metzler, Hannes (2007): Ehrlos für immer? Die Rehabilitierung der Wehrmachtsdeserteure in Deutschland und Österreich. Wien.

Metzler, Hannes (2010): Folgen einer Ausstellung. Die Rehabilitierung der Wehrmachtsdeserteure in Österreich. In: Geldmacher, Thomas/Koch, Magnus/Metzler, Hannes/Rettl, Lisa (Hrsg.): „Da machen wir nicht mehr mit..." Österreichische Soldaten und Zivilisten vor Gerichten der Wehrmacht. Wien, S. 50–62.

Meyer, Hermann Frank (2008): Blutiges Edelweiß. Die 1. Gebirgs-Division im Zweiten Weltkrieg. 2. Auflage, Berlin.

Pichler, Meinrad (1985): Widerstand und Widersetzlichkeit in der Wehrmacht. In: Johann-August-Malin-Gesellschaft (Hrsg.): Von Herren und Menschen. Verfolgung und Widerstand. Bregenz, S. 143–152.

Uhl, Heidemarie (2010): Warum Gesellschaften sich erinnern. In: Forum Politische Bildung (Hrsg.): Informationen zur Politischen Bildung, 32/2010, S. 5–15.

Weber, Wolfgang (2008): Von Silbertal nach Sobibor. Über Josef Vallaster und den Nationalsozialismus im Montafon. Feldkirch (Heft 48 der Schriftenreihe der Rheticus Gesellschaft).

Wette, Wolfram (2003): Der Fall Filbinger. Ausstellungseröffnung „Was Unrecht war, kann nicht Recht sein!", 14. September, Freiburg/Breisgau; unter: http://www.vauban.de/pub/wette.pdf

Winsauer, Antonia (2011): Hartheim, Sobibór und Josef Vallaster. Die Silbertaler Kriegerdenkmaldebatte als Folge einer Konfrontation mit der nationalsozialistischen Vergangenheit. Diplomarbeit, Universität Wien.

Abstracts

Siegfried Frech/Frank Meier
**Einführung: Gewalt als Thema
des historisch-politischen Unterrichts**

In historischer Perspektive ist Gewalt ein vielschichtiges Problem. Unterschiedlichste Formen von Gewalt scheinen zu Menschen und Gesellschaften aller Epochen zu gehören. Gewalt in der Geschichte ist weder durch (gute) Wünsche noch durch Ignorieren oder durch so genannte „Zivilisationsprozesse" (Norbert Elias) auszublenden. Der einführende Beitrag grenzt zunächst den Gewaltbegriff ein und skizziert sodann die inhaltlichen Schwerpunkte bzw. die Bandbreite der nachfolgenden Buchbeiträge. Die Beiträge werfen zahlreiche Fragen auf, geben an Fallbeispielen mögliche Antworten für die didaktische Unterrichtsplanung und methodische Unterrichtsgestaltung und wollen zum weiteren Nachdenken anregen.

Karl H. Metz
Gewalt in der Geschichte

Die Frage nach der Gewalt ist die größte in der Geschichte: der Menschen in der Geschichte wie derer, die auf sie zurückblicken und dabei nach ihrer eigenen Geschichte, d.h. nach ihrer Gegenwart und Zukunft fragen. Der vorliegende Beitrag sucht nach Formen der Gewalt in der Geschichte wie nach Weisen ihrer Befriedung. Er tut es in der Zuversicht, dass Menschen aus der Geschichte lernen können, wenn sie es sich nicht zu leicht machen mit den Antworten.

Frank Meier
Individuum und staatliche Gewalt als Thema der historisch-politischen Didaktik

Der Beitrag skizziert einleitend fünf grundsätzlich verschiedene didaktische Zugänge zu dem komplexen Themenfeld, die in den Einzelbeiträgen zum Teil näher ausgeführt werden: erstens die Klärung der verfassungsrechtlichen Voraussetzungen von Ausnahmezustand und Notstandsrecht in historischen und gegenwärtigen Verfassungen, zweitens die Analyse von sozialen Utopien im Hinblick auf ihre wünschenswerte gesellschaftliche Realisierbarkeit, drittens die Untersuchung der Abgrenzung der staatlichen Souveränität gegenüber den Freiheitsrechten von Individuen in idealen Verfassungsentwürfen der Frühen Neuzeit, viertens die Erörterung der mit Verweigerung, Widerstand und Tyrannenmord zusammenhängenden Probleme und fünftens die Analyse alteritärer, d.h. fremder Gesellschaftsordnungen ohne staatliches Gewaltmonopol im Hinblick auf die Regulierung der Gewalt. Ferner wird nach den Kompetenzen gefragt, die diese didaktischen Zugänge im Hinblick auf demokratische Erkenntnisse und demokratisches Verhalten fördern können.

Elfriede Windischbauer
Individualisierter Geschichtsunterricht zum Thema „Krieg" – Möglichkeiten und Grenzen

Der Beitrag geht der Frage nach, wie historische und aktuelle Darstellungen von Kriegen genutzt werden können, um im offenen Geschichtsunterricht historische Kompetenzen (z.B. Fragekompetenz, Methodenkompetenz, Sachkompetenz, Orientierungskompetenz) zu entwickeln. Schülern und Schülerinnen sind sehr heterogen in Bezug auf Motivation, soziokulturelles Herkommen, Interessenentwicklung, Lernstile sowie Leistungsdispositionen. Will man dieser Heterogenität gerecht werden, müssen individualisierende Unterrichtsformen zum Tragen kommen, welche zur optimalen Ausschöpfung der Lernpotenziale der Schülerinnen und Schüler beitragen. Wenn ein individualisierender Geschichtsunterricht historische Kompetenzen vermitteln soll, müssen den Lernenden didaktisch gestaltete Materialien und adäquat formulierte Aufgaben zur Verfügung gestellt werden. Dies wird am Beispiel von drei Formen offenen Unterrichts (Projektunterricht, Stationenlernen und Wochenplanarbeit) zum Thema „Krieg" konkretisiert und veranschaulicht.

Elisabeth Erdmann
Aristokratisches Konsensbedürfnis versus starke Individuen. Zum Gewaltausbruch bei der Bekämpfung der Gracchen – (k)ein Thema für aktuelle Schulbücher und den Geschichtsunterricht?

In der römischen Republik gab es ein starkes aristokratisches Konsensbedürfnis, das jedoch infolge der römischen Expansion in Frage gestellt wurde. Zudem waren Reformen notwendig geworden, doch abgesehen von einer starren Verweigerungshaltung gab es auch berechtigte Ängste der Senatoren, dass Tiberius Gracchus nach der Alleinherrschaft strebe. Der Gewaltausbruch führte dazu, dass sein Bruder Gaius nur die Möglichkeit sah, die Struktur der Republik zu verändern. Nach einem Blick in einige aktuelle Schulbücher wird begründet, weshalb es sinnvoll ist, die Reformen der Gracchen weiterhin im Geschichtsunterricht zu behandeln.

Franka Rößner
Opfer staatlicher Gewalt – Gedenkstättenarbeit am Beispiel Grafeneck

Wie lässt sich in der historisch-politischen Bildungsarbeit der viel beschworene „Zivilisationsbruch", der die Geschichte des 20. Jahrhunderts durchzieht, pädagogisch angemessen vermitteln? Franka Rößner zeigt dies am Beispiel der Gedenkstätte Grafeneck. Auf dem Gelände des Schlosses wurden zwischen Januar und Dezember 1940 insgesamt 10 654 geistig behinderte und psychisch kranke Männer, Frauen und Kinder systematisch-industriell ermordet. Die Spuren der Täter und der von ihnen entwickelten Tötungsverfahren führen von Grafeneck in die Vernichtungslager des Holocaust. Grafeneck ist heute ein Lebensort und Arbeitsplatz von Menschen mit geistigen Behinderungen und chronischen psychischen Erkrankungen. Wer sich in Grafeneck mit den „Euthanasie"-Morden beschäftigt, tut dies immer auch an einem Ort der Behindertenhilfe und Sozialpsychiatrie. Dies prägt die Arbeit der Gedenkstätte und macht die Besonderheit des Ortes aus. Die

1990 errichtete Gedenkstätte ist heute ein Lern- und Bildungsort, an dem – neben der wissenschaftlichen Forschung – ein überzeugendes gedenkstättenpädagogisches Konzept zum Tragen kommt. Franka Rößner erläutert aus dem sich an Schüler- und Jugendgruppen richtenden Bildungsangebot die inhaltliche und methodische Ausgestaltung zweier Themenschwerpunkte. Deutlich wird, dass ein Gedenkstättenbesuch – will er denn zu aktiven Lernprozessen führen – gewisse Standards erfüllen muss: Je offener das Lernen gestaltet ist, je „freiwilliger" der Besuch durchgeführt wird und je sensibler die Pädagogen mit Emotionen, auch Abwehrreaktionen, umgehen, desto nachhaltiger kann er wirken.

Wigbert Benz
Totalitärer Staat und Krieg – der Hungerplan
im „Unternehmen Barbarossa" 1941

Der Tod von 27 Millionen Menschen in der Sowjetunion, darunter mindestens vier Millionen Hungertoten, spielt in der Gedenkkultur im deutschsprachigen Raum und damit auch im Geschichtsunterricht eher eine marginale Rolle. Der deutsche Überfall auf die UdSSR, das „Unternehmen Barbarossa", wurde im Kern als Vernichtungs- und Ernährungskrieg geplant. Millionen Menschen sollten in den besetzten Gebieten der Sowjetunion verhungern, um Nahrungsmittel für die Wehrmacht und die deutsche Bevölkerung zu gewinnen. Wigbert Benz analysiert die dem verbrecherischen Plan zugrunde liegenden Dokumente, benennt die verantwortlichen Akteure und stellt die Auswirkungen des „Hungerplans" dar. Zum Schluss werden zwei Unterrichtseinheiten skizziert.

Siegfried Frech
Thomas Morus und seine „Utopia":
ein gewaltfreies und ideales Gemeinwesen?

Utopische Entwürfe sind so alt wie das (Nach-)Denken über ideale Gesellschaftsmodelle und Staatsverfassungen, die Freiheit, Gleichheit und Gerechtigkeit als oberste Ziele des Gemeinwohls proklamieren. In der politischen Ideengeschichte haben sich Elemente utopischen Denkens abgelagert sowie in konkreten Staatsformen – wenngleich zumeist in autoritären Ausprägungen – in der Realität durchgesetzt. Die „Utopia" von Thomas Morus lädt zur unterrichtlichen Auseinandersetzung mit utopischen Entwürfen ein, die mithin als Gegenmodell zu einer gewaltsamen und ungerechten zeitgenössischen Gegenwart entworfen wurden.

Gerhard Fritz
Vom „Theater des Schreckens" zur Resozialisierung.
Strafjustiz vom Mittelalter über die frühe Neuzeit und
das 19. Jahrhundert bis in die Gegenwart

Der Aufsatz behandelt zunächst die verbalradikale und blutrünstige Theorie des vormodernen Rechts. Laut ihr wurden sogar Eigentumsdelikte wie Diebstähle mit brutalen verstümmelnden Strafe oder Todesstrafen geahndet. Die Rechtsgeschichte hat diese Theorie der alten Rechtstexte für bare Münze genommen. In den letzten Jahrzehnten

hat die kriminalitätsgeschichtliche Forschung das Bild erheblich differenziert. Die Rechtspraxis unterschied sich erheblich von der Rechtstheorie. Insgesamt gab es viel weniger
Körperstrafen als ursprünglich vermutet, stattdessen gab es in erheblichem Umfang den
Täter-Opfer-Ausgleich und die Bürgschaft „guter Freunde" für einen Täter. Zwischendurch
erinnerte der vormoderne Staat mit harten exemplarischen Bestrafungen immer wieder
daran, dass er theoretisch sehr wohl hart agieren konnte. Schon seit dem 16. Jahrhundert
nahm die Zahl der Körperstrafen stark ab. Ursächlich für den Wandel der Strafpraxis
war die zunehmende Tätigkeit akademisch gebildeter Juristen, seit dem 18. Jahrhundert
zusätzlich die Aufklärung. An die Stelle der Körperstrafen traten seit dem 17. Jahrhundert
Freiheitsstrafen, mit denen die Täter sowohl gebessert als auch ökonomisch ausgenützt
werden sollten. Mit dem Ende des Alten Reiches wurde auch dessen Rechtssystem binnen
weniger Jahrzehnte völlig verändert. Im 19. Jahrhundert sah sich die Todesstrafe einer
immer heftigeren Kritik ausgesetzt. Abgeschafft wurde sie – außer kurzzeitig im Zuge der
Revolution 1848/49 - aber nicht. In der NS-Zeit erlebte sie einen zahlenmäßigen Anstieg,
der alle historischen Vergleiche sprengte. Erst 1949 wurde sie in der Bundesrepublik ganz
beseitigt, nicht dagegen in der DDR, wo sie erst 1987 abgeschafft wurde. An die Stelle der
Todesstrafe trat seit dem 19. Jahrhundert endgültig und ausschließlich die Freiheitsstrafe,
innerhalb derer der Gedanke der Resozialisierung eine immer größere Rolle spielte.

Dieter Brötel
Mahatma Gandhi und Ho Chi Minh –
unterschiedliche Wege zur nationalen Befreiung

Die Hauptwelle der asiatischen Dekolonisation zwischen 1946 und 1949 umfasste u.a. die
nationalen Freiheitsbewegungen in Indien und Vietnam. Die Führungspersönlichkeiten
dieser Freiheitsbewegungen, Mahatma Gandhi und Ho Chi Minh, erwarben schon zu
Lebzeiten einen legendären Status als Symbol einerseits des gewaltlosen Widerstands gegen
die britische Kolonialherrschaft in Indien sowie andererseits der revolutionär-kriegerischen
Ablösung der französischen bzw. US-Herrschaft in Vietnam. Der Beitrag betont weniger
Gemeinsamkeiten in Leben und Wirken der beiden, sondern akzentuiert Unterschiede in
Bezug auf die Bedeutung von Religion, die Vorstellungen von sozialer und ökonomischer
Entwicklung und die im Befreiungskampf verfolgten politischen Strategien, eingebettet
in den jeweiligen Rahmen der kulturellen Tradition.

Gerd M. Willers
Zwischen Zivilcourage und Selbstaufopferung –
Widerstand im totalitären Staat

Eine pädagogische Antwort auf die Frage, wie junge Menschen für die Gefährdung des
Einzelnen durch totalitäre Systeme und für Fragen des Widerstands sensibilisiert werden
können, lässt sich durch die Analyse der Persönlichkeit und des Wirkens von Menschen
geben, die sich dem Nationalsozialismus entgegengestellt haben. Exemplarisch stehen
hierfür Leben und Verhalten von Helmuth James Graf von Moltke, Kurt Schumacher
und Fritz Bauer. An Moltkes innerem und äußerem Kampf während der Haft und dem
Prozess vor dem Volksgerichtshof soll der Triumph von Ethik, Glaube und Rechtsbewusstsein eines Opfers über die NS-Herrschaft gezeigt werden. Kurt Schumacher verkörpert

den unerschrockenen politischen Kämpfer, der trotz zwölfjähriger Haft und Isolation ungebrochen für die Demokratie eintrat. Fritz Bauer, ebenfalls im „Dritten Reich" verfolgt und vertrieben, kämpfte nach 1945 sofort wieder als demokratischer Jurist für die Verwirklichung des Rechts und gegen die Schlussstrichmentalität sowie die unzureichende Aufarbeitung der Kriegsverbrechen.

Frank Meier
Das „rote Mössingen" im regionalen Vergleich –
Möglichkeiten und Potenziale der Regionalgeschichte

Der Aufsatz zeigt am Beispiel des „roten Mössingens" Möglichkeiten und Potenziale der Regionalgeschichte in vergleichender Perspektive auf und verdeutlicht die Differenziertheit historischer Abläufe während der ersten Tage der nationalsozialistischen „Machtergreifung" an einigen ausgewählten Beispielen aus Württemberg. Zugleich geht er der Frage der heutigen Erinnerung des Mössinger Generalstreiks der KPD vom 31. Januar 1933 nach und unterzieht den Dokumentarfilm dazu einer kritischen Analyse im Hinblick auf seinen Einsatz im historischen Lernen.

Werner Bundschuh
Deserteure im Zweiten Weltkrieg –
strafbare Fahnenflucht oder legitime Verweigerung?

Nicht zuletzt der Mythos von der „sauberen Wehrmacht" drängte Deserteure an den Rand der Nachkriegsgesellschaft. Sie hatten ihre angebliche „soldatische Pflicht" nicht erfüllt – sowohl in Deutschland als auch in Österreich –, galten als „Feiglinge" und „Kameradenschweine". Ihre gesetzliche Rehabilitierung erfolgte erst in jüngster Zeit. Während Kriegerdenkmäler selbstverständlich sind, gibt es in Österreich immer noch kein einziges Deserteurdenkmal, das an jene erinnern soll, die aus den verschiedensten Motiven heraus nicht mehr in der Hitler-Armee dienen wollten.

Autorinnen und Autoren

Wigbert Benz, Lehrer a.D. und Historiker; zahlreiche Veröffentlichungen zu Nationalsozialismus und Zweitem Weltkrieg, insbesondere zum „Unternehmen Barbarossa" 1941. Jüngste Buchveröffentlichung: Der Hungerplan im „Unternehmen Barbarossa" 1941 (Berlin 2011). Vollständige Publikationsliste und weitere Infos: http://wigbertbenz.wordpress.com/

Prof. Dr. Dieter Brötel, Professor für Neuere Geschichte und ihre Didaktik an der Pädagogischen Hochschule Ludwigsburg 1980-2006. Seine Forschungsschwerpunkte sind: Frankreichs koloniale Expansion, Dekolonisation des Empire, französische und deutsche Bankengeschichte sowie Internationale Geschichtsdidaktik.

Dr. Werner Bundschuh, MAS, unterrichtete von 1975 bis 2011 am Bundesgymnasium Dornbirn Deutsch und Geschichte. Außerdem Lehrbeauftragter der Johannes-Kepler-Universität Linz am Studienzentrum Bregenz. Seit 1991 Obmann der Johann-August-Malin-Gesellschaft. Zahlreiche Publikationen zur regionalen Zeitgeschichte, zuletzt Mitherausgeber des Begleitbandes zur Ausstellung „Was damals Recht war..." in Dornbirn (2011). Mitarbeiter bei _erinnern.at_ , Nationalsozialismus und Holocaust: Gedächtnis und Gegenwart.

Prof. Dr. Elisabeth Erdmann studierte Geschichte und Latein, war mehrere Jahre im höheren Schuldienst tätig; Promotion in Alter Geschichte; Habilitation in Didaktik der Geschichte; Lehrstuhlinhaberin für Didaktik der Geschichte an der Universität Erlangen-Nürnberg bis 2007. Arbeitsschwerpunkte: Didaktik der Geschichte, besonders Fremdverstehen, Bilder, Museumspädagogik, Alte Geschichte und Archäologie.

Dipl.-Päd. Siegfried Frech ist Publikationsreferent bei der Landeszentrale für politische Bildung Baden-Württemberg und verantwortet die Zeitschrift „Der Bürger im Staat" und die Didaktische Reihe. Er hat einen Lehrauftrag (Didaktik politischer Bildung) am Institut für Politikwissenschaft der Eberhard Karls-Universität Tübingen.

Prof. Dr. Gerhard Fritz studierte Geschichte, Germanistik, Geographie und Politikwissenschaft an der Universität Stuttgart; 1980-2002 Schuldienst; Promotion 1983; 1990-2002 nebenamtliche Leitung des Stadtarchivs Backnang; 1997 Berufung in die Kommission für geschichtliche Landeskunde Baden-Württemberg; 1997-2002 Lehrtätigkeit an der Universität Stuttgart; 2002 Habilitation in Neuerer Geschichte und Landesgeschichte mit einer Arbeit zur öffentlichen Sicherheit im Alten Reich; seit 2002 Professur für Geschichte und ihre Didaktik an der Pädagogischen Hochschule Schwäbisch Gmünd.

Prof. Dr. Frank Meier studierte Geschichte und Biologie an der Universität Konstanz, promovierte in mittelalterlicher Stadtgeschichte, arbeitete anschließend als Studienrat an einem beruflichen Gymnasium und als Akademischer Rat an der Pädagogischen Hochschule Weingarten. 2006 wurde er auf eine Professur für mittelalterliche und frühneuzeitliche Geschichte und Didaktik der Geschichte an der Pädagogischen Hochschule Karlsruhe berufen. Er ist Autor mehrerer Fach- und Sachbücher, regionalgeschichtlicher und geschichtsdidaktischer Aufsätze.

Prof. Dr. Karl H. Metz, zuerst Schlosser, Abendschule und Abitur, Lehramtsstudium an der Universität München, Promotion (1976), Habilitation (1983), nach Tätigkeiten in Oxford und Bielefeld ab 1986 Professor für Westeuropäische Geschichte an der Universität Erlangen.

Franka Rößner, Studium der Neueren Geschichte und Ethnologie in Tübingen. Seit 2005 wissenschaftliche und pädagogische Mitarbeiterin der Gedenkstätte Grafeneck-Dokumentationszentrum. Forschungs- und Arbeitsschwerpunkte sind die Geschichte der evangelischen Kirche und Diakonie im Nationalsozialismus, Gedenkstättenpädagogik und „barrierefreie" historisch-politische Bildung für Menschen mit geistigen Behinderungen/ Lernbehinderungen, Aus- und Weiterbildung von ehrenamtlichen Gedenkstättenmitarbeitern.

Gerd M. Willers, Volljurist. LRDir a.D.; zusätzliche Eigen- und Fernstudien in Kunst, Psychologie und Pädagogik; Tätigkeit in der Bundesverwaltung mit Arbeitsschwerpunkten im Personal- und Hochschulwesen. In den letzten Jahren u.a. mit der Entwicklung von Friedensprojekten und Vorträgen über die sozialpsychologischen Aspekte von Gewalt und Widerstand beschäftigt.

Prof. Mag. Dr. Elfriede Windischbauer, Studium der Geschichte und Deutschen Philologie an der Universität Salzburg, Lehramt für AHS, Lehramt für Hauptschulen an der Pädagogischen Akademie, Lehrerin an verschiedenen Hauptschulen, Fachdidaktikerin für Geschichte und Politische Bildung an der Pädagogischen Hochschule (PH) Salzburg, seit 2008 Leiterin des Instituts für Didaktik und Unterrichtsentwicklung an der PH Salzburg, Mitarbeiterin der Zentralen Arbeitsstelle für Geschichtsdidaktik und Politische Bildung an der Universität Salzburg.

WOCHEN SCHAU VERLAG

... ein Begriff für politische Bildung

Didaktische Reihe

Siegfried Frech, Ingo Juchler (Hrsg.)

Bürger auf Abwegen?

Politikdistanz und politische Bildung

Das Buch liefert eine fundierte Analyse zum Verhältnis von Politik und Bürgerschaft und zeigt, wie politische Bildungsarbeit auch politik- und bildungsferne Zielgruppen erreichen kann. Die Autorinnen und Autoren stellen in ihren Beiträgen neueste Erkenntnisse und Strategien aus der sozialwissenschaftlichen Forschung und der praktischen politischen Bildungsarbeit vor.

Autorinnen und Autoren: N. Blome, J. Detjen, S. Frech, W. Gaiser, I. Juchler, O. Jung, H. Keller, J. Lanig, P. Massing, W. Molitor, O. Niedermayer, A. Petrik, W. Renner-Kasper, D. Richter, S. Schiele, M. Wehner

ISBN 978-3-89974656-3,
336 S., € 19,80

Georg Weißeno (Hrsg.)

Gemeinschaftskunde unterrichten

Die Beiträge des Bandes beleuchten die Situation der politischen Bildung an den Schulen und den Einrichtungen der politischen Jugend- und Erwachsenenbildung. Sie präsentieren die Sichtweisen und Fragestellungen der Hochschulen, der Einrichtungen, der Verbände, des Kultusministeriums und der Landeszentrale für politische Bildung Baden-Württemberg. Der Band wendet sich an Lehrer, Studierende, Referendare sowie an politische Bildner.

Autorinnen und Autoren: P. Ackermann, V. Eck, S. Frech, G. Gandenberger, A. Götzmann, T. Halder, I. Juchler, H.-W. Kuhn, H. Rau, S. Schiele, W. Schütze, B. Thull, H. Uhl, M. Wehner, G. Weißeno

ISBN 978-3-89974336-4,
304 S., € 19,80

INFOSERVICE: Neuheiten für Ihr Fachgebiet unter **www.wochenschau-verlag.de** | Jetzt anmelden!

A.-Damaschke-Str. 10, 65 824 Schwalbach/Ts., Tel.: 06196/86065, Fax: 06196/86060, info@wochenschau-verlag.de